O JOGO DAS RUAS

MOVIMENTO DE ATLETAS CONTRA O RACISMO

Editora Appris Ltda.
1.ª Edição - Copyright© 2023 do autor
Direitos de Edição Reservados à Editora Appris Ltda.

Nenhuma parte desta obra poderá ser utilizada indevidamente, sem estar de acordo com a Lei nº 9.610/98. Se incorreções forem encontradas, serão de exclusiva responsabilidade de seus organizadores. Foi realizado o Depósito Legal na Fundação Biblioteca Nacional, de acordo com as Leis nᵒˢ 10.994, de 14/12/2004, e 12.192, de 14/01/2010.

Catalogação na Fonte
Elaborado por: Josefina A. S. Guedes
Bibliotecária CRB 9/870

F633j 2023	Florenzano, Gianluca O jogo das ruas : movimento de atletas contra o racismo / Gianluca Florenzano. – 1 ed. – Curitiba : Appris, 2023. 275 p. ; 23 cm. – (Ciências da comunicação). Inclui referências. ISBN 978-65-250-5260-1 1. Racismo. 2. Esportes. 3. Atletas. 4. Floyd, George. I. Título. II. Série. CDD – 305.8

Livro de acordo com a normalização técnica da ABNT

Appris
editora

Editora e Livraria Appris Ltda.
Av. Manoel Ribas, 2265 – Mercês
Curitiba/PR – CEP: 80810-002
Tel. (41) 3156 - 4731
www.editoraappris.com.br

Printed in Brazil
Impresso no Brasil

Gianluca Florenzano

O JOGO DAS RUAS
MOVIMENTO DE ATLETAS CONTRA O RACISMO

FICHA TÉCNICA

EDITORIAL	Augusto Coelho
	Sara C. de Andrade Coelho
COMITÊ EDITORIAL	Marli Caetano
	Andréa Barbosa Gouveia - UFPR
	Edmeire C. Pereira - UFPR
	Iraneide da Silva - UFC
	Jacques de Lima Ferreira - UP
SUPERVISOR DA PRODUÇÃO	Renata Cristina Lopes Miccelli
ASSESSORIA EDITORIAL	Miriam Gomes
REVISÃO	Bruna Fernanda Martins
PRODUÇÃO EDITORIAL	Miriam Gomes
DIAGRAMAÇÃO	Jhonny Alves dos Reis
CAPA	Tiago Reis
REVISÃO DE PROVA	Isabela Bastos

COMITÊ CIENTÍFICO DA COLEÇÃO CIÊNCIAS DA COMUNICAÇÃO

DIREÇÃO CIENTÍFICA Francisco de Assis (Fiam-Faam-SP-Brasil)

CONSULTORES

Ana Carolina Rocha Pessôa Temer
(UFG-GO-Brasil)

Antonio Hohlfeldt
(PUCRS-RS-Brasil)

Carlos Alberto Messeder Pereira
(UFRJ-RJ-Brasil)

Cicilia M. Krohling Peruzzo
(Umesp-SP-Brasil)

Janine Marques Passini Lucht
(ESPM-RS-Brasil)

Jorge A. González
(CEIICH-Unam-México)

Jorge Kanehide Ijuim
(Ufsc-SC-Brasil)

José Marques de Melo
(*In Memoriam*)

Juçara Brittes
(Ufop-MG-Brasil)

Isabel Ferin Cunha
(UC-Portugal)

Márcio Fernandes
(Unicentro-PR-Brasil)

Maria Aparecida Baccega
(ESPM-SP-Brasil)

Maria Ataíde Malcher
(UFPA-PA-Brasil)

Maria Berenice Machado
(UFRGS-RS-Brasil)

Maria das Graças Targino
(UFPI-PI-Brasil)

Maria Elisabete Antonioli
(ESPM-SP-Brasil)

Marialva Carlos Barbosa
(UFRJ-RJ-Brasil)

Osvando J. de Morais
(Unesp-SP-Brasil)

Pierre Leroux
(Iscea-UCO-França)

Rosa Maria Dalla Costa
(UFPR-PR-Brasil)

Sandra Reimão
(USP-SP-Brasil)

Sérgio Mattos
(UFRB-BA-Brasil)

Thomas Tufte
(RUC-Dinamarca)

Zélia Leal Adghirni
(UnB-DF-Brasil)

AGRADECIMENTOS

Agradeço a meus familiares, José Paulo Florenzano, Margarete Braz da Silva Florenzano e Giulia Catariana Florenzano, que durante toda minha vida deram todo o apoio possível para que pudesse alcançar meus sonhos.

Agradeço, em especial, à professora Vera Lúcia Michalany Chaia, que me deu confiança e mostrou os caminhos que deveriam ser trilhados para o desenvolvimento deste livro.

Agradeço aos professores Laurindo Leal Filho e Rosemary Segurado, pelas importantes contribuições no processo de pesquisa.

Bem como agradeço também a todos os professores do Programa de Estudos Pós-Graduados em Ciências Sociais da Pontifícia Universidade Católica de São Paulo (PEPG PUC-SP), em especial ao professor Miguel Wady Chaia, pela riqueza da interlocução e do material compartilhado.

Agradeço também ao professor Plínio José Labriola de Campos Negreiros, pelos apontamentos feitos para aperfeiçoar ainda mais a obra.

Agradeço a todos os meus amigos. Com certeza o apoio de vocês é fundamental e faz toda a diferença na minha vida.

Por fim, agradeço a todos os professores e demais funcionários da PUC-SP que fizeram parte do meu processo de aprendizagem.

PREFÁCIO

O jovem atacante brasileiro do Real Madrid, Vinicius Junior, também conhecido como Vini Júnior, foi vítima de mais um ataque racista. A cena de ódio, dessa vez, foi protagonizada por uma parte da torcida do Valencia. Antes mesmo do jogo começar, ao redor do estádio Mestella, um grupo de torcedores do time da casa, sem demonstrar constrangimento e, até mesmo humanidade, gritavam que Vinicius Junior era um "mono".

(Artigo escrito pelo autor deste livro, por ocasião dos ataques sofridos pelo jogador brasileiro na Espanha)[1]

Essa cena de racismo tem uma história, e a análise do Gianluca Florenzano irá compreendê-la a partir de um ato criminoso que aconteceu nos Estados Unidos, o caso de George Floyd, que morreu em decorrência da violência policial na cidade de Minneapolis, estado de Minnesota, no dia 25 de maio de 2020. Foi a partir dessa data que grandes manifestações ocorrem em várias cidades estadunidenses, expandindo-se para outras cidades como Paris, Londres, Madrid e algumas cidades da América Latina, como o Brasil.

A frase "Black Lives Matter" ecoou em todos os movimentos contra o racismo, fortaleceu as manifestações e provocou uma mudança nas regulamentações e no significado de injúria racial e racismo. Por sua vez, a exclamação de Floyd ao ser atacado por um policial provocou uma compaixão e empatia: "I can't breathe".

Não foi o primeiro ato de racismo e de morte, nas abordagens policiais nos EUA, mas foi a partir desse caso que as manifestações se intensificaram. Para compreender esse fenômeno, o autor irá percorrer – neste livro – um caminho árduo e difícil, identificando o significado do racismo estrutural, institucional e sua manifestação nos esportes em diferentes modalidades. O livro também analisa as lutas ocorridas nos Estados Unidos durante o período do Movimento pelos Direitos Civis, desencadeado por Martin Luther King Jr. nos anos 60 e outros líderes que alastraram e fortaleceram essa luta.

---

[1] FLORENZANO, Gianluca. *Caso Vinicius Junior*: O Sonho que Virou Pesadelo. Núcleo de Estudos em Arte, Mídia e Política da Pontifícia Universidade Católica de São Paulo (NEAMP – PUC-SP). São Paulo, 29 maio 2023. Disponível em: https://neamp.org/2023/05/29/caso-vinicius-junior-o-sonho-que-virou-pesadelo/. Acesso em: 16 jun. 2023.

Para alcançar tão bom resultado, Gianluca trabalhou com uma bibliografia atualizada e com as redes sociais e imprensa. Nesse sentido, o autor realizou um trabalho criterioso na coleta de dados, exemplificando toda a sua pesquisa com matérias jornalísticas dos jornais *The New York Times* e *Folha de S. Paulo*, além de reproduzir textos e manifestações ocorridas no Twitter (atualmente X), Facebook, Blogs, dentre outras redes sociais.

Importante destacar que a conjuntura política de movimentos e agressões racistas foi gerada num período de políticos e práticas da extrema direita. No caso dos Estados Unidos, ele cita o governo de Donald Trump do Partido Republicano (2017-2020), e Jair Bolsonaro (2019-2022) no caso do Brasil. Os discursos de ódio e as fake news também ajudaram na expansão das reações racistas, de tal forma que a polarização foi se acentuando e expandindo os ataques, mas, ao mesmo tempo, acompanhamos um movimento antirracista que se ampliou, gerando novas leis e corretivos na defesa da população afrodescendente contra os ataques racistas. Para imprimir maior significado a esses fatos, é bom lembrar que essas manifestações ocorreram durante a pandemia da Covid-19.

As reações contra o racismo provocaram a participação de atletas da National Basketball Association (NBA), o que, conforme o autor, ampliou o "engajamento político" com boicotes, com manifestações que foram feitas durante os jogos.

No caso brasileiro, Gianluca analisa o governo de Jair Bolsonaro e o incentivo para que os brasileiros se armassem potencializando a expansão da violência. Ao mesmo tempo recupera algumas letras de grupos musicais, como O Rappa, e suas denúncias contra o racismo, a pobreza e a violência contra essa população. O diretor da Fundação dos Palmares, Sergio Camargo, foi um dos representantes do bolsonarismo que mais propagou o preconceito contra os afrodescendentes, apesar de ser negro, conforme explicado pelo autor, esclarecendo um fato que dá a real expressão desse período da política brasileira.

Uma questão relevante, ao presente no livro, refere-se às visões conflitantes para compreender o racismo no Brasil, citando o presidente Jair Bolsonaro, que afirmava haver uma "democracia racial" e que, portanto, não existia racismo no Brasil, e, em contrapartida, o autor analisa a contribuição de Silvio Almeida, que trabalha com o conceito de racismo estrutural, uma visão mais abrangente, ao afirmar: "[...] Achar que no Brasil não há conflitos raciais diante da realidade violenta e desigual que nos é apresentada cotidianamente beira o delírio, a perversidade ou a mais absoluta má-fé".[2] Gianluca problematiza e aprofunda essas distintas posições, e assumindo a perspectiva de Almeida, oferece ao leitor uma instigante análise das relações entre democracia e racismo no Brasil, destacando o período do governo de Bolsonaro.

No caso brasileiro, as manifestações raciais ocorrem em vários esportes, mas o autor exemplifica os casos no futebol, vôlei, ginástica e natação, citando, como exemplo, o caso da nadadora Etiene Medeiros, que chega a constatar: "Eu faço parte de um esporte que a gente não vê negros nadando".

Outro aspecto analisado pelo autor neste livro diz respeito à importância de algumas torcidas organizadas de futebol, como a do Corinthians, com a Gaviões da Fiel; dos torcedores do Atlético-MG; e do Cruzeiro-MG, todos se manifestando em defesa da Democracia, contra o racismo e o fascismo.

Este livro inovador de Gianluca aborda várias dimensões da discriminação racial no esporte, fundamentado em argutas análises, pesquisas consistentes e com uma linguagem primorosa. O leitor amplia seu conhecimento e consciência crítica e com vontade de saber mais sobre esse difícil tema.

São Paulo, julho de 2023.
Vera Chaia
Cientista política, coordenadora e pesquisadora do Neamp, professora do Programa de Pós-Graduação (PPG) em Ciências Sociais da PUC-SP, pesquisadora do CNPq e da Fapesp.

---

[2] ALMEIDA, Silvio. *Racismo estrutural.* São Paulo: Editora Feminismos Plurais, 2019. p. 191.

SUMÁRIO

INTRODUÇÃO 13

CAPÍTULO 1
O COMEÇO DE TUDO 21
1.0 O Capítulo 1. 21
1.1 O caso George Floyd 21
1.2 Minneapolis: A revolução começa. 38
1.3 A tomada das ruas 40
1.4 À beira do caos? 49
1.5 Donald Trump: Valente no Twitter (atualmente X), assustado na Casa Branca 55
1.6 A revolta se espalha pelo mundo. 68

CAPÍTULO 2
A LUTA CONTRA O RACISMO NO ESPORTE 73
2.0 O Capítulo 2. 73
2.1 Palavras não bastam 73
2.2 O jogo volta, mas a luta continua 83
2.3 As urnas nas quadras 96
2.4 Palavras não ditas 105
2.5 Os cavaleiros solitários – Lewis Hamilton e Bubba Wallace 121
2.6 A luta é árdua e contínua 134

CAPÍTULO 3
BRASIL: UM PARAÍSO TROPICAL E RACIAL. .147
3.0 O Capítulo 3. 147
3.1 Uma nação e seu mito 147
3.2 Atletas vão à luta 167
3.3 O jogo é contra o racismo 175
3.4 História, represálias e lutas no futebol brasileiro 180

CONCLUSÃO 219

POSFÁCIO. 231

REFERÊNCIAS 239

INTRODUÇÃO

Fim de uma vida. Começo de uma revolta. Imobilizado no chão de uma calçada, em Minnesota, nos Estados Unidos (EUA), e sem nenhum poder de reação, George Floyd, de 46 anos, via aos poucos a sua vida sendo tirada. Com a pouca força que lhe restava, ele implorava: "I can't breathe" ("eu não consigo respirar"). Tudo isso em vão. Ignorando a súplica e os gritos desesperados das testemunhas que acompanhavam a cena ao seu redor, o então policial Derek Chauvin pressionou por cerca de 10 minutos o seu joelho esquerdo contra o pescoço do detido. Esse era o fim da vida de Floyd, que deixava cinco filhos e uma esposa.[3]

A morte de Floyd fez acender o pavio de pólvora que colocaria os EUA em um estado de ebulição. Em mais de 75 cidades espalhas pelo país, brancos e negros, homens, mulheres e crianças, marchavam pelas ruas clamando pelo fim da discriminação e opressão racial contra a comunidade negra.[4] Nas passeatas, gritos de guerra e faixas deixavam um claro recado às autoridades: "Black Lives Matter" ("Vidas Negras Importam"). Essas três palavras, "Black Lives Matter", na verdade, davam nome a um dos principais movimentos antirracistas estadunidenses e global. O referido movimento surgiu após uma onda de revolta em Sanford, na Flórida, provocada pelo caso de Trayvon Martin, um jovem afro-estadunidense de 17 anos, que foi confundido com um criminoso e morto pelo vigilante voluntário George Zimmerman. Por mais que tenha despertado a fúria de boa parte da população local, no julgamento do caso, depois de alegar legítima defesa, Zimmerman foi absolvido.[5] Depois do resultado do júri, em forma de protesto, a ativista comunitária Alicia Garza postou uma simples hashtag no Facebook: #blacklivesmatter. Esse simples gesto, posteriormente, daria vida ao movimento Black Lives Matter.[6]

---

[3] George Floyd: o que aconteceu antes da prisão e como foram seus últimos 30 minutos de vida. *BBC News Mundo*, 31 maio 2020. Disponível em: https://www.bbc.com/portuguese/internacional-52868252. Acesso em: 3 abr. 2021.

[4] Fiery Clashes erupt between police and protesters over George Floyd death. *The New York Times*, Nova York, 30 maio 2020. Disponível em: https://www.nytimes.com/2020/05/30/us/minneapolis-floyd-protests.html. Acesso em: 21 abr. 2021.

[5] Entenda o caso do adolescente negro assassinado na Flórida. *BBC News Brasil*, 23 mar. 2012. Disponível em: https://www.bbc.com/portuguese/noticias/2012/03/120323_entenda_trayvon_florida_cc. Acesso em: 7 abr. 2021.

[6] TAYLOR, keeanga-Yamahtta. *#Vidas negras importam e libertação negra*. São Paulo: Editora Elefante, 2020. p. 294-295.

Ao viajar ainda mais no tempo, contudo, é possível perceber que a luta da comunidade negra contra a opressão e a discriminação vem de longa data. Nos anos de 1950, emergia em solo estadunidense o Movimento Pelos Direitos Civis, liderado pelo pastor e ativista Martin Luther King Jr., que, baseado no princípio da não violência, lutava pelos direitos políticos e sociais dos negros. O surgimento do movimento, considerado à luz da Segunda Guerra Mundial (1939-1945), escancarava ao mundo a incoerência dos EUA. Se, por um lado, a superpotência batalhava no exterior contra japoneses e nazistas em nome dos valores democráticos; por outro, dentro de seu próprio território consolidava-se o racismo sistêmico, no qual mantinha os negros segregados em moradias precárias nos guetos e sob vigilância constante do aparato repressivo do Estado, isto é, a polícia.[7] Em termos mais claros, o Movimento Pelos Direitos Civis mostrava que era uma falácia o *american dream* ("o sonho americano"), um discurso apoiado na ideologia da meritocracia, que dizia, resumidamente, que qualquer um poderia ser bem-sucedido nos EUA desde que trabalhasse para isso. Mas como a maioria dos negros poderia ser bem-sucedida vivendo em uma sociedade regrada pela segregação e discriminação racial? Não à toa, Malcolm X argumentava que o *american dream*, na prática, para a comunidade negra, era o *american nightmare* ("pesadelo americano").[8] Entretanto, havia um sonho que valeria a pena lutar. Em 1963, diante de milhares de pessoas, no episódio conhecido como Movimento da Marcha sobre Washington, Luther King iniciou o seu discurso com a frase que até hoje impacta os corações e as mentes das pessoas ao redor do mundo: "I have a dream" ("Eu tenho um sonho"). Um sonho que pregava o fim da segregação e clamava por justiça e igualdade racial.[9] Esse sim, o verdadeiro *american dream.*

Por mais que o Movimento Pelos Direitos Civis conquistou vitórias importantes, os negros ainda sofriam com a violência e repressão policial. Casos semelhantes ao de Trayvon Martin, como visto supra, repetiam-se ao longo dos anos nos EUA. Para citar apenas alguns, em 2014, um levante tomou conta das ruas da cidade de Ferguson, no estado de Missouri, depois que o jovem Michael Brown, de 18 anos, que estava desarmado, foi alvejado pelo menos seis vezes e morto pelas mãos da polícia.[10] Mais tarde, em 2015, era a vez da cidade

---

[7] KEYSSAR, Alexander. *O direito de voto:* a controversa história da democracia nos Estados Unidos. São Paulo: Editora Unesp, 2000. p. 339.

[8] *Apud* TAYLOR, keeanga-Yamahtta. *#Vidas negras importam e libertação negra.* São Paulo: Editora Elefante, 2020. p. 27.

[9] KEYSSAR, Alexander. *O direito de voto:* a controversa história da democracia nos Estados Unidos. São Paulo: Editora Unesp, 2000. *passim.*

[10] FAUS, Joan. O jovem negro morto recebeu pelo menos seis disparos de um policial. *El País,* 18 ago. 2014. Disponível em: https://brasil.elpais.com/brasil/2014/08/18/internacional/1408393124_372696.html. Acesso

de Baltimore, em Maryland, ver a ira de sua população ser despertada depois que Freedie Gray, de 25 anos, foi morto brutalmente por guardas. O jovem foi interpelado por supostamente fugir em uma bicicleta após fazer "contato visual" com as autoridades. Ele foi colocado com as mãos amarradas por fitas plásticas no chão de uma van da polícia sem cinto de segurança. Durante o trajeto à delegacia, ele bateu a cabeça e ficou desacordado. Quando finalmente chegou ao hospital, já era tarde demais. Mesmo depois de duas cirurgias, Gray não resistiu à abordagem truculenta e faleceu.[11] O caso mais emblemático, todavia, vem a seguir. Em Staten Island, no estado de Nova York, em 2014, ao discutir com policiais durante uma abordagem, Eric Garner, de 46 anos, foi morto após sofrer um golpe no pescoço aplicado por um dos policiais. Imobilizado no chão da calçada, com o guarda segurando o seu pescoço, ele dizia: "I can't breathe" ("Eu não consigo respirar").[12] Sim, Garner tinha a mesma idade e disse exatamente as últimas palavras de Floyd antes de perder a sua vida.

Martin, Brown, Gray e Garner retratavam a opressão sofrida pela comunidade negra. Em compensação, o policial Derek Chauvin podia ser caracterizado como a face do aparato repressivo do Estado. Segundo a ativista estadunidense Keeanga-Yamahtta Taylor, diariamente, os negros eram vítimas da violência policial, incluindo homicídio ou a sua tentativa. E o que era mais agravante. A maioria dos assassinatos cometidos pelas forças de segurança pública passava impune. De fato, para efeito ilustrativo, os agentes responsáveis pelas mortes de Martin, Brown, Gray e Garner não foram punidos – pelo menos não da maneira que mereciam – pelo sistema de Justiça. Além do mais, quando não mortos, uma parcela significativa da população afro-estadunidense encontrava-se atrás das grades. Para se ter uma ideia, nos EUA, os negros eram encarcerados numa proporção seis vezes maior do que brancos.[13] Dessa maneira, ainda de acordo com Taylor,

> [...] a excessiva e sistemática prisão de pessoas negras, e de homens negros em particular, tem confundido raça com risco e criminalidade – o que legitima a inspeção minuciosa nas comunidades negras, bem como as consequências dessas inspeções.[14]

---

em: 3 maio 2022.

[11] GOMES, Giovanna. A brutal morte de Freddie Gray por policiais nos EUA. *Uol*, 13 jan. 2021. Disponível em: https://aventurasnahistoria.uol.com.br/noticias/reportagem/a-brutal-morte-de-freddie-gray-por-policiais--nos-eua.phtml. Acesso em: 25 maio 2022.

[12] Passo a passo da prisão de Garner. *O Globo*. Disponível em: https://oglobo.globo.com/mundo/passo-passo-da-prisao-de-eric-garner-14735161. Acesso em: 25 maio 2022.

[13] TAYLOR, keeanga-Yamahtta. *#Vidas negras importam e libertação negra*. São Paulo: Editora Elefante, 2020. p. 28-29.

[14] TAYLOR, keeanga-Yamahtta. *#Vidas negras importam e libertação negra*. São Paulo: Editora Elefante, 2020. p. 29.

A morte de George Floyd, contudo, tomaria caminhos diferentes. Um levante antirracista, impulsionado pela crise de saúde e econômica provocada pela pandemia do Coronavírus (Covid-19),[15] não permitiria que Chauvin ficasse livre do crime que cometeu. Um dia atrás do outro, marchas, organizadas pelas redes sociais, aconteciam nas principais cidades do país. Além disso, viajando nas ondas da internet, não demoraria muito para que a revolta contra o preconceito racial alcançasse novos ares. Movidos pelos sentimentos de compaixão, solidariedade e indignação, Londres, Paris, Roma, Madrid, Karachi (Paquistão) e Pretória (África do Sul), apenas para mencionar alguns lugares, viram suas populações irem às ruas e protestar pelo fim do racismo e da violência policial. Gritos de "sem justiça, sem paz", "vocês racistas são terroristas" e "eu não consigo respirar" ecoaram mundo afora.[16]

Não há dúvidas de que a internet foi peça-chave para que atos antirracistas se espalhassem pelo globo. Na verdade, o universo eletrônico desempenha um papel ambíguo na sociedade. Para o sociólogo estadunidense, Douglas Kellner, a mídia tradicional constitui-se como um falso espaço democrático, pois, a princípio, parece contemplar um leque bastante diverso de representações culturais, no entanto ela seleciona os discursos que serão exibidos ou publicados, exaltando as falas que estão ligadas ao poder e, em contrapartida, marginaliza as narrativas das minorias sociais que de alguma maneira buscam confrontar os poderes das instituições estabelecidas. Em outros termos, os meios de comunicação tradicionais podem ser entendidos como órgãos fiscalizadores de discursos que atuam para minar as falas de grupos sociais que vão de encontro às posições tradicionais e hegemônicas na sociedade.[17] Entretanto, os tempos são outros. Se antes, de acordo com o sociólogo espanhol Manuel Castells Oliván, conhecido popularmente apenas como Manuel Castells, as pessoas recebiam informações e formavam suas opiniões quase que única e essencialmente por intermédio da mídia;

---

[15] No dia 31 dez. 2019, a Organização Mundial da Saúde (OMS) foi alertada a respeito de um surto de casos de pneumonia na cidade de Wuhan, na China. No dia 7 de janeiro de 2020, as autoridades chinesas declararam que haviam descoberto um novo tipo de coronavírus responsável por causar a doença da Covid-19. Posteriormente, no dia 11 mar. 2020, a OMS classificou a Covid-19 como uma pandemia. (Informações retiradas em Histórico da Pandemia da Covid-19. Organização Pan-Americana de Saúde [Opas]. Disponível em: https://www.paho. org/pt/covid19/historico-da-pandemia-covid-19. Acesso em: 5 fev. 2023).

[16] Artigo da France Presse "Após morte de George Floyd, onda de manifestações contra o racismo chega à Espanha e à Itália". Publicado no site *G1*, em 7 jun. 2020. Disponível em: https://g1.globo.com/mundo/noticia/2020/06/07/apos-morte-de-george-floyd-onda-de-manifestacoes-contra-racismo-chega-a-espanha-e-a-italia. ghtml. Acesso em: 15 jun. 2021.

[17] KELLNER, Douglas. *A cultura da mídia*. Bauru: Editora EDUSC, 2001. p. 86.

agora, com o advento de novas tecnologias de comunicação, as regras do jogo mudaram, isto é, a imprensa tradicional não mais tem o controle absoluto das pautas a serem debatidas pela sociedade.[18] Sendo assim, sob essa perspectiva, a internet caracteriza-se como um instrumento a ser utilizado pelos movimentos sociais para desfrutarem "da visibilidade, do espaço e da voz" que lhes são negados pela imprensa.[19] Essa visão é corroborada por uma das maiores tenistas estadunidense de todos os tempos, Serena Jameka Williams, conhecida popularmente como Serena Williams. Em entrevista à revista *Vogue,* ao ser perguntada sobre as redes sociais, ela disse: "Agora, nós, como negros, temos uma voz".[20]

O universo eletrônico, todavia, tem o seu lado sombrio. Não são apenas os movimentos sociais que, graças às mídias digitais, conseguem potencializar suas falas e catalisar apoiadores para as suas causas.[21] Os grupos de extrema-direita têm demonstrado serem hábeis, ágeis e articulados em busca de seus objetivos políticos e ideológicos. Escondidos atrás da máscara do anonimato, segundo o sociólogo Sérgio Henrique Hudson de Abranches, discursos de ódio, difamação e ataques ferozes contra adversários podem ser propagados livremente por indivíduos raivosos e milícias digitais ligadas à extrema-direita.[22] Aliás, essa mistura de ataques, fake news, isto é, notícias falsas, e discursos de ódio, muitas vezes disfarçados de *memes* divertidos, possibilitaram que líderes autoritários e de agenda ultraconservadora, tais como, Donald Trump nos EUA, Jair Bolsonaro no Brasil e Viktor Orbán na Hungria, conquistassem o poder. Dessa maneira, ao mesmo tempo que as redes sociais podem ser utilizadas pelos movimentos sociais; por outro ângulo, elas se constituem como uma espécie de "terras sem lei", em que falas racistas, xenófobas, misóginas e homofóbicas circulam sem empecilhos e atingem uma parcela significativa da população. Esse papel duplo e ambíguo que a internet desempenha será observado ao longo da obra. Atletas ligados à causa negra, como, por exemplo, Le Bron James, Lewis Hamilton e Colin Kaepernick, transformaram as suas mídias sociais em

---

[18] CASTELLS, Manuel. *A era da informação: economia, sociedade e cultura.* Vol II O poder da identidade. São Paulo: Editora Paz e Terra, 1999. *passim.*

[19] SEGURADO *apud* CHAIA, Vera; COELHO, Cláudio; CARVALHO, Rodrigo de. *Política e Mídia:* estudo sobre a democracia e os meios de comunicação no Brasil. São Paulo: Editora Anita Garibaldi, 2015. p. 203.

[20] ELKS, Sonia. Serena Williams afirma ser desvalorizada como mulher negra no tênis. *Agência Brasil,* 6 out. 2020. Disponível em: https://agenciabrasil.ebc.com.br/esportes/noticia/2020-10/serena-williams-afirma-ser-desvalorizada-como-mulher-negra-no-tenis. Acesso em: 3 mar. 2021.

[21] SEGURADO *apud* CHAIA, Vera; COELHO, Cláudio; CARVALHO, Rodrigo de. *Política e Mídia:* estudo sobre a democracia e os meios de comunicação no Brasil. São Paulo: Editora Anita Garibaldi, 2015. p. 214.

[22] *Apud* MELO *et al.,* 2019. p. 19.

palcos para que o debate e a luta contra o racismo pudessem ser aprofundados. Em contrapartida, a extrema-direita lançou a sua contraofensiva, com indivíduos raivosos, pegando emprestadas as palavras de Abranches, disparando ataques racistas contra os jogadores.

Sendo assim, o livro encontra-se dividido em três partes. O Capítulo 1 consiste em analisar o caso de George Floyd, demonstrando como ele morreu e como foram os protestos antirracistas que ocorreram nos EUA e no resto do mundo. Além disso, o referido caso joga luz no problema do racismo estrutural que há anos assola a sociedade estadunidense. Desse modo, argumento que o seu assassinato não foi uma casualidade infeliz e pontual provocada pela ação das forças de segurança pública, ao contrário, Floyd revela-nos a existência de uma engrenagem social, política e histórica montada para oprimir, marginalizar e segregar os afro-estadunidenses. Essa engrenagem, aliás, foi fomentada ainda mais quando o republicano Donald Trump se sentou na cadeira de presidente dos EUA em 20 de janeiro de 2017.

No Capítulo 2 será retratado o universo do esporte. O capítulo tem como finalidade analisar as manifestações contra o racismo realizadas pelos atletas das mais diversas modalidades esportivas dentro e fora das quadras. No começo, serão estudadas as ações promovidas pelos jogadores estadunidenses, no entanto no decorrer do capítulo irei percorrer outras partes do mundo. Importante destacar, contudo, que não se trata de descrever publicações protocolares, longe disso, será demonstrado as ações sociais dos atletas e seus impactos na sociedade. Além do mais, também será discutida a contraofensiva da extrema-direita, isto é, como os ataques racistas aos jogadores, autorizados, de certa forma, principalmente pelo trumpismo e pelo movimento do Brexit, intensificaram-se ao longo dos anos.

Por fim, no Capítulo 3, depois de uma longa viagem pelo globo, a pesquisa chega ao Brasil. Nesse capítulo, irei abordar o contexto político-social brasileiro. A essa altura, importante relembrar, o país vivia um cenário bastante conturbado. Além de ser assolado brutalmente pela pandemia do coronavírus, o Brasil via ao horizonte surgir a possibilidade de um golpe político liderado pelo então presidente Jair Bolsonaro. Na tentativa de evitar que o pior acontecesse, forças progressistas e democráticas, enfrentando o risco do contágio do vírus, foram às ruas. Assim sendo, os objetivos desse capítulo são analisar os atos democráticos no Brasil, como foram esses atos e se eles foram influenciados ou não pelos protestos antirracistas ao redor do mundo, e demonstrar as manifestações realizadas pelos atletas brasileiros, passando pelas mais diversas categorias esportivas, incluindo o universo do *eSports,* isto é, dos jogos eletrônicos, contra o racismo.

O trabalho, importante salientar, tem como ponto de partida o dia 25 de maio de 2020 (dia da morte de George Floyd) e se encerra no dia 20 de abril de 2021 (dia do julgamento do policial Derek Chauvin). Em determinadas partes, no entanto, com o objetivo de esclarecer e enriquecer a análise e o argumento, também analiso alguns casos que ocorreram fora do período mencionado, tanto de eventos que aconteceram antes como depois do recorte temporal estabelecido. A obra se baseia em dados e informações coletadas do jornal estadunidense *The New York Times* e do brasileiro *Folha de S. Paulo.* O critério da escolha dos referidos veículos de comunicação se deu porque ambos são jornais de grande circulação em seus respectivos países e, portanto, têm um enorme poder de influência sobre a sociedade que os circunda. Assim, nos Capítulos 1 e 2, sob a ótica do *The New York Times,* irei retratar o caso de George Floyd e os seus desdobramentos, ou seja, os protestos antirracistas que ocorreram após a sua morte, a tentativa frustrada das autoridades em acobertar o caso e, mais especificamente no Capítulo 2, as manifestações contra o racismo promovidas pelos atletas em solos internacionais. Já no Capítulo 3, ao falar de Brasil, irei analisar como foram os atos democráticos e antirracistas no país a partir do olhar da *Folha de S. Paulo.* Ademais, na parte relacionada ao esporte brasileiro, com o intuito de fomentar ainda mais a pesquisa, foram coletados dados e informações das reportagens realizadas pelo site especializado em notícias de esporte *GloboEsporte.com* (atualmente conhecido como *Ge*), que pertence ao Grupo Globo.

O aparato repressivo do Estado pode ter silenciado George Floyd para sempre. Entretanto, ele seria incapaz de conter um levante antirracista que percorreria o mundo todo.

Capítulo 1

O COMEÇO DE TUDO

1.0 O Capítulo 1

O primeiro capítulo abordará o caso de George Floyd, contando como ele morreu e como foram os protestos contra o racismo e a violência policial que ocorreram nos Estados Unidos e no resto do mundo após o seu falecimento. Além do mais, comprovarei que a morte de Floyd não foi um ponto fora da curva. Pelo contrário, ela simbolizava uma política de racismo estrutural que historicamente oprime, marginaliza e segrega os afro-estadunidenses e que, de certa maneira, foi fomentada ainda mais quando o republicano e líder da extrema-direita dos EUA, Donald Trump, assumiu o poder depois de vencer a eleição presidencial de 2016.

1.1 O caso George Floyd

Dia 25 de maio de 2020. Segunda-feira à tarde. Cidade de Minneapolis, Minnesota, Estados Unidos da América (EUA). A revolta tomou conta do mundo. Tudo começou com o que deveria ser uma simples abordagem policial. Os guardas Thomas Lane, Tou Thao, J. Alexander Kueng e Derek Chauvin[23] foram convocados para atender um chamado em uma loja de conveniência localizada na esquina da East 38th Street com a Chicago Avenue South. Segundo o relato dos oficiais, um homem tentou realizar uma compra com cédulas falsas de dinheiro.[24] Ainda conforme as autoridades, em uma nota policial intitulada "Homem morre após incidente médico durante interação policial", o suspeito foi encontrado sentado em cima do capô de um carro azul e "parecia estar intoxicado". Ao ser interpelado, o homem entrou em conflito físico com os guardas que mesmo assim conseguiram

---

[23] Protests continue to rage after death of George Floyd. *The New York Times*, Nova York, 28 maio 2020. Disponível em: https://www.nytimes.com/2020/05/28/us/george-floyd-national-guard.html#:~:text=Protesters%20breached%20a%20police%20station,were%20reported%20across%20the%20country.&text=This%20briefing%20has%20ended.,death%20of%20George%20Floyd%20here. Acesso em: 4 abr. 2021.

[24] George Floyd: o que aconteceu antes da prisão e como foram seus últimos 30 minutos de vida. *BBC News*, 31 maio 2020. Disponível em: https://www.bbc.com/portuguese/internacional-52868252. Acesso em: 3 abr. 2021.

imobilizá-lo. Depois de algemá-lo, os agentes notaram que ele "parecia estar sofrendo de problemas médicos" e, por conta disso, chamaram uma ambulância ao local. Mais tarde, às 21h25, o Centro Médico Hennepin County informou que o suspeito havia falecido.[25]

A história contada supra, no entanto, não se desenrolou dessa maneira. Longe disso, o vídeo produzido e disseminado nas redes sociais por uma das testemunhas que acompanhavam a abordagem policial mostrava uma cena completamente diferente. O homem não "sofria problemas médicos", ele foi assassinado.

O vídeo da testemunha mostrava um afro-estadunidense, de 46 anos, imobilizado e deitado de bruços no chão da calçada. O homem em questão era George Perry Floyd Jr. Nascido em Fayetteville, na Carolina do Norte, ele se mudou ainda pequeno para a cidade de Houston, no Texas. Criado no Third Ward, um dos bairros mais pobres e predominantemente de moradores negros da cidade texana, Floyd se destacava na região por conta de suas habilidades no futebol americano e no basquete durante a sua época de colegial. Entretanto, como a sua carreira no mundo do esporte não decolou, ele tentou se aventurar no ramo musical como cantor de hip-hop. Sua vida, contudo, por volta dos seus 20 e poucos anos, tomaria um rumo diferente. Floyd passaria boa parte de seu tempo atrás das grades em razão de crimes relacionados às drogas. Um deles, em 2004, por vender substâncias ilícitas, o que lhes custou 10 meses de detenção no presídio estadual. Mais tarde, seria preso novamente, dessa vez ficando quatro anos na cadeia após se declarar culpado de um assalto à mão armada. Pai de cinco filhos e buscando retomar a sua vida, depois de cumprir a sua sentença, ele seu mudou para Minneapolis, onde conseguiu um emprego como segurança no restaurante Conga Latin Bristo, trabalhando lá por quatro anos, até ser mandado embora devido à crise econômica global provocada pela pandemia da Covid-19.[26]

A história de George Floyd, especialmente com o seu envolvimento no submundo das drogas, não era nenhuma peculiaridade. Ao contrário, em razão da crescente dificuldade em encontrar empregos, muitos jovens negros residentes dos bairros pobres e segregados dos EUA, ou seja, os

---

[25] HAUSER, Christine; TAYLOR, Derrick Bryson; VIGDOR, Neil. 'Ican`t breathe': 4 minneapolis officers fired after black man dies in custody. *The New York Times*, Nova York, 26 maio 2020. Disponível em: https://www.nytimes.com/2020/05/26/us/minneapolis-police-man-died.html. Acesso em: 24 abr. 2021.

[26] FERNANDEZ, Manny; BURCH, Audra D. S. George Floyd, from 'I want to touch the world' to 'I can't breathe'. *The New York Times*, Nova York, 4 abr. 2021. Disponível em: https://www.nytimes.com/article/george-floyd-who-is.html. Acesso em: 21 abr. 2021.

guetos, recorriam ao tráfico de drogas, que, segundo o sociólogo francês, Loïc Wacquant, era o único setor econômico dessas regiões

> [...] em expansão e o principal empregador de jovens sem trabalho – o único tipo de negócio que estes conhecem de perto e para o qual podem começar a trabalhar a partir dos seis ou oito anos de idade. Além disso, é também o único setor em que a discriminação racial não é uma barreira.[27]

Sob esse prisma, nos bairros negros e segregados de East Harlem (Nova York), West Baltimore (Maryland), South Central (Los Angeles), dentre outros, a venda de entorpecentes, ainda de acordo com Wacquant, além de ser o primeiro e praticamente o único empregador regular de jovens afro-estadunidenses, também era responsável pelas altas taxas de encarceramento. Na verdade, a partir da década de 1980, com a substituição do Estado de bem-estar social voltado para programas de assistência pública para o Estado penal orientado para a repressão nos guetos, intensificaram-se as prisões em massa. Com efeito, houve um crescente número de todos os tipos de encarceramento: liberdade condicional, *probation*, monitoramento eletrônico, *boot camps* e toques de recolher, utilizados como forma de controle de parcela da população negra que se encontrava alijada do mercado de trabalho, vivendo sem qualquer perspectiva socioprofissional.[28] A substituição do Estado de bem-estar social pelo Estado penal se consolidou, segundo a ativista estadunidense Keeanga-Yamahtta Taylor, por meio da campanha de "guerra às drogas" liderada pelo então presidente, Ronald Wilson Reagan (1981-1989), que teve seu ápice em 1986 com a criação da Anti-Drug Abuse Act (Lei de Combate às Drogas). Dessa maneira, enquanto, por um lado, a população negra, especialmente as famílias das áreas mais pobres, sofria com a falta de oportunidades no mercado de trabalho e com os cortes orçamentários cada vez mais constantes dos frágeis programas de bem-estar social que, de certa forma, prestavam alguma assistência; por outro lado, cada vez mais recursos públicos eram destinados ao combate às drogas. Verdade seja dita, no entanto, não era apenas sob o comando dos republicanos que políticas que visavam, ou pelo menos tinham como consequência, o encarceramento em massa dos negros, eram implementadas. Na administração democrata de William Jefferson "Bill" Clinton (1993-2001), mais precisamente em 1994, a Violent Crime Control and Law Enforcement Act (Lei de Preservação da Ordem para o Controle de Crimes Violentos), que incluía o aumento da

---

[27] WACQUANT, Loïc. *As duas faces do gueto.* São Paulo: Editora Boitempo, 2008. p. 42.

[28] WACQUANT, Loïc. *As duas faces do gueto.* São Paulo: Editora Boitempo, 2008. p. 24; 59.

aplicação da pena de morte, sentenças de prisão perpétua para crimes não violentos, cem mil novos policiais nas ruas, uma eliminação arbitrária do financiamento federal para a educação dos detentos e, por fim, destinar US$ 10 bilhões para a construção de novas prisões foi colocada em prática. Como resultado, no final do mandato de Bill Clinton, a taxa de encarceramento dos negros havia triplicado e os EUA prendiam proporcionalmente mais habitantes do que qualquer outro país do mundo. O reflexo dessa política, aliás, dura até os dias de hoje. Para efeito ilustrativo, em 2016, mais de um milhão de afro-estadunidenses estavam atrás das grades.[29] Não à toa, para a comunidade negra dos guetos, especialmente os mais jovens, a "face" do Estado mais familiar era "aquela do policial, do encarregado da liberdade condicional e do guarda da prisão", e, não por acaso, jovens negros encontravam-se mais nas prisões ou sob tutela judicial do que em cursos universitários com quatro anos de duração.[30] O depoimento a seguir de um ex-líder da gangue que dominou a área de South Side, em Chicago, os Discípulos do Gângster Negro, nos anos de 1980, mostra como boa parte dos jovens dos bairros segregados via o sistema estadunidense:

> Para muitos negros, pobres, a América é uma prisão. [...] A cadeia, a cadeia é só uma extensão da América, pelo menos para os negros. Mesmo na cadeia, os brancos têm os melhores empregos. É verdade! Eles dão para os brancos os empregos que pagam mais e dão para os negros os piores empregos da cadeia: limpar o porão, e todo tipo de coisa dura e maluca.[31]

Voltando ao encontro fatal. Apesar de já estar imobilizado no chão e não esboçar qualquer tipo de reação, o então policial Derek Chauvin pressionava constantemente o seu joelho contra o pescoço de George Floyd. Perdendo o ar aos poucos e desesperado, o detido suplicava pela sua vida: "I can`t breathe" ("Eu não consigo respirar"). Seu desespero era compartilhado pelas demais testemunhas que também imploravam aos oficiais para pararem com a ação violenta. Tudo isso foi em vão. Ignorando completamente o clamor ao seu redor, Chauvin só retirou o seu joelho do pescoço de Floyd quando a ambulância chegou. Rapidamente, ele foi encaminhado ao hospital. Mas já era tarde demais. George Floyd estava morto.[32]

---

[29] TAYLOR, keeanga-Yamahtta. *#Vidas negras importam e libertação negra*. São Paulo: Editora Elefante, 2020. *passim*.

[30] WACQUANT, Loïc. *As duas faces do gueto*. São Paulo: Editora Boitempo, 2008. p. 24; 59.

[31] *Apud* WACQUANT, Loïc. *As duas faces do gueto*. São Paulo: Editora Boitempo, 2008. p. 38.

[32] HAUSER, Christine; TAYLOR, Derrick Bryson; VIGDOR, Neil. 'Ican`t breathe': 4 minneapolis officers fired after black man dies in custody. *The New York Times*, Nova York, 26 maio 2020. Disponível em: https://www.nytimes.com/2020/05/26/us/minneapolis-police-man-died.html. Acesso em: 24 abr. 2021.

Derek Chauvin violou por completo o código de conduta dos policiais. Sua atitude, na visão do ex-policial e professor de direito da Universidade da Carolina do Sul, Seth W. Stoughton, em entrevista ao jornal *The New York Times,* era incompreensível. De acordo com Stoughton, os agentes de segurança pública são treinados a manterem os suspeitos deitados enquanto são algemados o mais breve possível, pois esse tipo de posição pode provocar asfixia.[33] A conduta de Chauvin, no entanto, não era incompreensível apenas para o professor. A opinião pública, de um modo geral, começava a pressionar as autoridades por uma explicação sobre o caso. Sendo assim, um dos primeiros a se pronunciar foi o então governador democrata de Minnesota (estado onde aconteceu tragédia), Timothy James Walz, conhecido popularmente pelo apelido de Tim Walz, que prometeu obter "respostas" e "justiça".[34] Posteriormente, o então presidente republicano, Donald John Trump (2017-2021), classificou o episódio de "evento muito, muito triste".[35] A declaração mais incisiva, todavia, partiria do então prefeito democrata de Minneapolis, Jacob Lawrence Frey, que, um dia depois da fatalidade, em seu Twitter (atualmente X), além de informar que os quatros guardas envolvidos no caso tinham sido demitidos, deixou a seguinte mensagem:

> Esse é o tipo de coisa em que você não esconde a verdade, você se debruça sobre ela, porque a nossa cidade ficará melhor com isso, não importa quão feio e horrível seja. Se isso aponta para o racismo institucional contra o qual ainda estamos lutando, bem isso significa que temos muito trabalho pela frente.[36]

Sim, não há dúvidas de que havia muito trabalho a ser feito. A polícia de Minneapolis, por exemplo, possuía um longo histórico de acusações de abusos e discriminação. Inclusive, o então chefe da polícia, Medaria Arradondo, no começo de sua carreira, denunciou o departamento de segurança pública da cidade por tolerar o racismo. Ao assumir o cargo de chefe, Arra-

---

[33] BURCH, Audra D. S.; ELIGON, John. Bystander videos of George Floyd and others are policing the police. *The New York Times*, Nova York, 26 maio 2020. Disponível em: https://www.nytimes.com/2020/05/26/us/george-floyd-minneapolis-police.html. Acesso em: 4 abr. 2021.

[34] HAUSER, Christine; TAYLOR, Derrick Bryson; VIGDOR, Neil. 'Ican`t breathe': 4 minneapolis officers fired after black man dies in custody. *The New York Times*, Nova York, 26 maio 2020. Disponível em: https://www.nytimes.com/2020/05/26/us/minneapolis-police-man-died.html. Acesso em: 24 abr. 2021.

[35] FURBER, Matt; ELIGON, John; BRUCH, Audra D. S. Minneapolis police, long accused of racism, face wrath of wounded city. *The New York Times*, Nova York, 27 maio 2020. Disponível em: https://www.nytimes.com/2020/05/27/us/minneapolis-police.html. Acesso em: 21 abr. 2021.

[36] HAUSER, Christine; TAYLOR, Derrick Bryson; VIGDOR, Neil. 'Ican`t breathe': 4 minneapolis officers fired after black man dies in custody. *The New York Times*, Nova York, 26 maio 2020. Disponível em: https://www.nytimes.com/2020/05/26/us/minneapolis-police-man-died.html. Acesso em: 24 abr. 2021.

dondo procurou efetuar mudanças estruturais e estabelecer um vínculo de confiança entre os guardas com a comunidade negra local.[37] Na prática, no entanto, as mudanças não surtiram o efeito esperado. A violência policial, contudo, não era uma particularidade de Minneapolis. Segundo Taylor,

> [...] não é exagero dizer que homens e mulheres de farda, patrulhando as ruas dos Estados Unidos, receberam licença para matar – e demonstraram consistentemente propensão a usá-la. A violência policial, incluindo homicídio e tentativa de homicídio, é frequentemente dirigida a afro-estadunidenses.[38]

Com efeito, a maioria dos negros, por um ângulo, compreendia a polícia como um aparato repressivo; por outro ângulo, boa parte dos policiais associava os afro-estadunidenses, especialmente aqueles que moravam nas áreas mais pobres, com potenciais criminosos. Em termos mais claros, pode-se dizer que, sob uma perspectiva ampla, o racismo ainda imperava no meio dos agentes dos órgãos de segurança pública. Assim sendo, antes de qualquer coisa, precisamos elucidar esse conceito. Segundo o cientista político Silvio Luiz de Almeida, mais conhecido apenas como Silvio Almeida, o racismo pode ser entendido como

> [...] uma forma sistemática de discriminação que tem a raça como fundamento e que se manifesta por meio de práticas conscientes ou inconscientes que culminam em desvantagens ou privilégios para indivíduos, a depender do grupo racial ao qual pertençam.[39]

O racismo, portanto, caracteriza-se como uma forma sistemática de discriminação baseada na "raça" (entenda-se "raça" como uma construção social e histórica e não como uma categoria científica). Isso, por sua vez, conduz-nos ao conceito de preconceito racial, que se compreende como

> [...] o juízo baseado em estereótipos acerca de indivíduos que pertençam a um determinado grupo racializado, e que pode ou não resultar em práticas discriminatórias.[40]

Sob esse ponto de vista, considerar os negros como violentos e inconfiáveis, como visto supra, de uma maneira geral, pelos agentes de segurança

---

[37] FURBER, Matt; ELIGON, John; BURCH, Audra D. S. Minneapolis police, long accused of racism, face wrath of wounded city. *The New York Times*, Nova York, 27 maio 2020. Disponível em: https://www.nytimes.com/2020/05/27/us/minneapolis-police.html. Acesso em: 21 abr. 2021.

[38] TAYLOR, keeanga-Yamahtta. *#Vidas negras importam e libertação negra*. São Paulo: Editora Elefante, 2020. p. 28.

[39] ALMEIDA, Silvio. *Racismo estrutural*. São Paulo: Editora Feminismos Plurais, 2019. p. 32.

[40] ALMEIDA, Silvio. *Racismo estrutural*. São Paulo: Editora Feminismos Plurais, 2019. p. 32.

pública, corresponde a uma forma de preconceito racial. Entretanto, não era apenas na polícia que o racismo poderia ser encontrado, muito pelo contrário, ele estava presente em todas as esferas sociais. Dessa forma, entramos no conceito de discriminação racial. Ainda recorrendo às palavras de Almeida, entenda-se a discriminação racial como

> [...] o tratamento diferenciado a membros de grupos racialmente identificados. Portanto, a discriminação tem como requisito fundamental o poder, ou seja, a possibilidade efetiva do uso da força sem o qual não é possível atribuir vantagens ou desvantagens por conta da raça.[41]

A discriminação racial, ao longo do tempo, importante salientar, leva à *estratificação social,* um fenômeno *intergeracional,* no qual a vida de boa parte das pessoas de um determinado grupo social é afetada com a criação de obstáculos por parte dos segmentos dominantes que impedem, ou pelo menos dificultam, a ascensão social, o reconhecimento e o sustento material desse grupo social.[42] A título de ilustração, pensemos na paisagem social de Minneapolis. Por mais que seja considerada uma cidade progressista, na eleição legislativa de 2017, por exemplo, dois transgêneros, Andrea Jenkins e Phillipe Cunningham, defendendo a bandeira da causa negra, foram eleitos como representantes para o Conselho da Câmara Municipal; ainda assim, o cenário, sob a ótica da comunidade afro-estadunidense local, era desalentador. A maioria dos negros, conforme os repórteres do *The New York Times,* Matt Furber, John Eligon e Audra D. S. Burch, em 2020, recebia um terço do que os moradores brancos ganhavam, completava o ensino médio em taxas bem menores, tinha mais chances de ficarem desempregados e vivia nas áreas mais pobres da metrópole.[43] A paisagem social e desigual de Minneapolis, na verdade, equivalia-se ao horizonte nacional dos EUA. Como o racismo articula-se nos âmbitos das esferas econômica, política e da vida cotidiana, proporcionando privilégios a determinado grupo social em detrimento de outros, serviços e equipamentos públicos e privados, tais como escolas, ônibus e hospitais, acabam, de certo modo, separados para brancos e negros,[44] isto é, por conta de sua condição financeira favorável,

---

[41] ALMEIDA, Silvio. *Racismo estrutural.* São Paulo: Editora Feminismos Plurais, 2019. p. 32.

[42] ALMEIDA, Silvio. *Racismo estrutural.* São Paulo: Editora Feminismos Plurais, 2019. p. 32-33.

[43] FURBER, Matt; ELIGON, John, BURCH, Audra D. S. National guard called as Minneapolis erupts in solidarity of George Floyd. *The New York Times,* Nova York, 28 maio 2020. Disponível em: https://www.nytimes.com/2020/05/28/us/george-floyd-minneapolis-protests.html#:~:text=MINNEAPOLIS%20%E2%80%94%20Minnesota's%20governor%20activated%20the,Floyd's%20neck. Acesso em: 5 abr. 2021.

[44] ALMEIDA, Silvio. *Racismo estrutural.* São Paulo: Editora Feminismos Plurais, 2019. p. 34.

os brancos normalmente ingressam nas melhores escolas e frequentam os melhores hospitais da região; e, em compensação, os negros, em sua maioria, ficam relegados às escolas e aos hospitais públicos precários (isso sem contar quando a separação é formalizada nas letras das leis – **falarei mais adiante a respeito das Leis Jim Crow**). Logo, seguindo essa lógica, não era de se espantar que, salvo exceções, os brancos ocupassem os subúrbios de alta renda e os afro-estadunidenses morassem nos guetos das cidades.

Essa divisão econômica, social e urbana entre brancos e negros constitui-se no fenômeno histórico da segregação racial, presente até hoje nos EUA, no qual os guetos negros correspondem como um de seus principais símbolos. De acordo com Wacquant, há quem se engane que os guetos são meramente "um simples conglomerado de famílias pobres", ou a expressão de condições sociais adversas, como, por exemplo, "falta de renda, degradação das moradias ou criminalidade endêmica". São bem mais do que isso. Eles são um "instrumento de enclausuramento e de poder etnorracial", no qual uma população tida como perigosa é isolada e mantida sob controle.[45] Em outras palavras, os guetos são "a segregação forçada de negros norte-americanos em distritos compactos e degradados dos centros das cidades".[46] Formados a partir das grandes migrações de afro-estadunidenses dos estados do Sul ao Norte ocorridas na primeira metade do século XX e vivendo sob a vigilância constante da classe dominante branca, representada pelo aparato repressivo do Estado, os bairros pobres e segregados representam

> uma verdadeira cidade negra dentro da cidade, com sua rede comercial, seus órgãos de imprensa, suas igrejas, suas sociedades de assistência mútua, seus locais de distração, sua vida política e cultural próprias.[47]

Um mundo negro à parte dentro dos corações das metrópoles, as fronteiras dos guetos são claramente demarcadas pela mudança brusca de paisagem "de um bairro exclusivamente branco para outro totalmente negro sem a menor gradação". Em determinadas cidades, no entanto, verifica-se a existência de um bairro hispânico no meio que serve como uma espécie de "zona-tampão". De fato, a segregação dos negros se revela tão ampla e difundida, atingindo praticamente todas as dimensões possíveis da divisão espacial e dos contatos entre os grupos sociais, que os demógrafos

---

[45] WACQUANT, Loïc. *As duas faces do gueto*. São Paulo: Editora Boitempo, 2008. p. 65.

[46] WACQUANT, Loïc. *As duas faces do gueto*. São Paulo: Editora Boitempo, 2008. p. 62-63.

[47] WACQUANT, Loïc. *As duas faces do gueto*. São Paulo: Editora Boitempo, 2008. p. 18-19.

tiveram que forjar o termo "hipersegregação" para designá-la.[48] Com efeito, os guetos do Harlem (Nova York), South Side (Chicago) e Paradise Valley (Detroit) "nunca foram simples territórios de deterioração ecológica e de exclusão racial". Eles foram – e continuando sendo – a expressão concreta de "uma relação de poder entre a sociedade branca dominante e sua casta negra subordinada". Desse modo, valendo-se dos recursos do poder social, econômico e político, a elite branca buscava maximizar os lucros explorando uma mão de obra barata e abundante nos guetos, ao mesmo tempo que procurava minimizar os contatos, mantendo a segregação nos bairros, transportes, escolas e hospitais.[49]

Ora, o local do trágico encontro entre George Floyd e o policial Derek Chauvin, a esquina da East 38th Street com a Chicago Avenue South, é um dos retratos dessa "hipersegregação". Mesmo depois da Segunda Guerra Mundial, incentivado pelo governo federal e seus agentes locais e municipais, na tentativa de barrar a entrada dos afro-estadunidenses nos bairros brancos, várias casas, como, por exemplo, as que circundam a referida esquina, possuíam em suas escrituras normas que impediam que negros as adquirissem ou morassem nelas. Essas barreiras imobiliárias, que perduraram por décadas, foram derrubadas judicialmente em 1968 (época do Movimento dos Direitos Civis) pela lei *Fair Housing Act,* que proibia a discriminação de moradia.[50] Entretanto, isso não impediu que se estabelecesse um abismo econômico e urbano entre a comunidade branca e a negra. Para efeito ilustrativo, enquanto Floyd passou a sua vida em bairros pobres e perdia o seu emprego de segurança por conta da pandemia; Chauvin, por outro lado, além do seu trabalho de policial, era dono de duas casas localizadas em comunidades brancas, uma no subúrbio de Minneapolis e outra em Windemere, na Flórida. Não à toa, para a diretora do Mapping Prejudice, um projeto que pesquisa a história das residências de Minneapolis, Kirsten Delegard, na cidade existia "um sistema invisível de apartheid estadunidense".[51]

O "apartheid estadunidense", pegando emprestado o termo usado por Delegard, não atingia apenas a questão da moradia. Na educação, segundo

---

[48] WACQUANT, Loïc. *As duas faces do gueto.* São Paulo: Editora Boitempo, 2008. p. 22.

[49] WACQUANT, Loïc. *As duas faces do gueto.* São Paulo: Editora Boitempo, 2008. p. 65-66.

[50] WACQUANT, Loïc. *As duas faces do gueto.* São Paulo: Editora Boitempo, 2008. p. 25-26.

[51] FURBER, Matt; ELIGON, John, BURCH, Audra D. S. National guard called as Minneapolis erupts in solidarity of George Floyd. *The New York Times*, Nova York, 28 maio 2020. Disponível em: https://www.nytimes.com/2020/05/28/us/george-floyd-minneapolis-protests.html#:~:text=MINNEAPOLIS%20E2%80%94%20Minnesota's%20governor%20activated%20the,Floyd's%20neck. Acesso em: 5 abr. 2021.

Wacquant, durante o final da década de 1980 e começo da de 1990, em Chicago, 84% dos estudantes das escolas públicas pertenciam às minorias sociais negras ou latinas e cerca de 70% vinham de famílias que viviam abaixo da linha oficial da pobreza. Entretanto, o cenário que cercava esses jovens tornava-se praticamente impossível qualquer ascensão social: das quatro instituições de ensino médio da cidade que reuniam estudantes afro-estadunidenses, três não ofereciam cursos que permitiam o acesso à universidade, a maioria das escolas carecia de estrutura básica, como, por exemplo, salas, carteiras, lousas e bibliotecas, e, além do mais, havia uma enorme rotatividade de professores: quase um quarto do corpo docente de Chicago era formado por professores substitutos permanentes. Para agravar ainda mais a situação, a violência era uma marca do cotidiano dos bairros pobres e segregados da cidade. Basicamente, os perigos que as crianças estavam expostas nessas áreas eram tiroteios, extorsão por gangues e "escuridão – propícia a toda espécie de violência". Logo, não era de se espantar que todos os anos vários alunos desistiam de estudar por conta da insegurança que imperava nas escolas públicas. Para se ter uma ideia, embora não existissem exames para os alunos progredirem de série, em 1982, de cada 100 crianças que entraram na sexta série apenas 16 haviam alcançado o terceiro colegial. Na prática, o que realmente as crianças aprendiam era a se jogar no chão quando ouviam tiros para escapar das balas perdidas e as meninas, em especial, a se proteger de estupradores. Diante disso, não era de se admirar que os colégios públicos localizados nos guetos da referida grande metrópole tenham se transformado em uma, nas palavras de Wacquant, "mera *instituição de custódia,* incapaz de cumprir suas funções pedagógicas". Mais do que isso, porém, nesse ambiente bélico de incertezas, para muitos, "o simples fato de sobreviver, de alcançar a maturidade e a *fortiori* a velhice" era "considerado um feito digno de reconhecimento público" e "alguns analistas de problemas urbanos" chegavam "a falar abertamente sobre os jovens negros como uma 'espécie em extinção'", uma vez que "morrer por morte violenta e ir para a prisão" tornavam-se "eventos absolutamente banais".[52] Por mais que Wacquant tenha abordado especificamente a cidade de Chicago, os seus argumentos podem ser compreendidos como um panorama nacional dos EUA que perdura até os dias de hoje. Para o professor de direitos civis da Universidade de Minnesota, Myron Orfield, nas "Cidades Irmãs", ou seja, Minneapolis e a cidade vizinha Saint Paul, as escolas segregadas aumentaram de forma mais rápida do que em outras partes do país. Em

---

[52] WACQUANT, Loïc. *As duas faces do gueto.* São Paulo: Editora Boitempo, 2008. p. 37-38; 40.

2000, havia 11 escolas consideradas profundamente segregadas, com um corpo de alunos composto por mais de 90% de não brancos. Em 2019, esse número de colégios segregados aumentou consideravelmente para 170.[53]

Diante desse cenário todo, podemos entender que as Leis Jim Crow foram extintas nas letras da lei pelo Movimento pelos Direitos Civis, no entanto continuam na prática regulando os múltiplos aspectos da vida cotidiana sendo recriadas mediante mil artifícios, inclusive jurídicos. De acordo com o sociólogo britânico Ellis Cashmore, herdada de um nome comum de escravo e nome da canção de Thomas Rice, na qual ridicularizava os negros, as Leis Jim Crow eram uma série de estatutos sancionados pelos estados sulistas para segregar brancos e negros nas esferas sociais, tais como, educação, transporte, casamento e lazer. Essas leis surgiram décadas depois do término da Guerra Civil estadunidense (1861-1865), mais precisamente em 1883, quando a Suprema Corte estabeleceu que a Declaração dos Direitos Civis de 1875, que garantia a todos os cidadãos o mesmo acesso aos recursos públicos, não se aplicava a "atos pessoais de discriminação social". Assim sendo, criou-se o conceito de "separados, porém iguais" que, por exemplo, permitiu que em 1896 o estado de Louisiana segregasse os assentos dos trens. Em 1910, ainda conforme Cashmore, havia um "verdadeiro sistema de castas em prática" que servia "para manter os negros em suas posições subordinadas, negando-lhes o acesso à níveis razoáveis de educação e emprego". Mais tarde, em 1954, com o entendimento jurídico de que as escolas segregadas eram inconstitucionais, as Leis Jim Crow foram derrubadas.[54]

Esclarecidos os conceitos de racismo e discriminação racial, discutidos os aspectos mais característicos do gueto e ilustrada a existência renovada das práticas do Jim Crow, agora é preciso elucidar o conceito de racismo institucional apontado supra pelo então prefeito de Minneapolis, Jacob Frey. Segundo Silvio Almeida, o racismo institucional consiste no resultado do funcionamento das instituições que proporcionam desvantagens e privilégios baseados na "raça".[55] Dessa maneira, a desigualdade racial, nas palavras de Almeida,

---

[53] FURBER, Matt; ELIGON, John; BURCH, Audra D. S. National guard called as Minneapolis erupts in solidarity of George Floyd. *The New York Times*, Nova York, 28 maio 2020. Disponível em: https://www.nytimes.com/2020/05/28/us/george-floyd-minneapolis-protests.html#:~:text=MINNEAPOLIS%20%E2%80%94%20Minnesota's%20governor%20activated%20the,Floyd's%20neck. Acesso em: 5 abr. 2021.

[54] CASHMORE, Ellis. *Dicionário de relações étnicas e raciais*. 2. ed. São Paulo: Editora Selo Negro, 2000. p. 284-285-286.

[55] ALMEIDA, Silvio. *Racismo estrutural*. São Paulo: Editora Feminismos Plurais, 2019. p. 37-38.

> [...] é uma característica da sociedade não apenas por causa da ação isolada de grupos ou de indivíduos racistas, mas fundamentalmente porque as instituições são hegemonizadas por determinados grupos raciais que utilizam mecanismos institucionais para impor seus interesses políticos e econômicos.[56]

O racismo institucional procura manter a hegemonia do grupo racial no poder e, em contrapartida, impedir a ascensão social de minorias, dentre elas, a comunidade negra. Sendo assim, a ocupação majoritária de homens brancos nas instituições de poder, tais como o Legislativo, o Judiciário, o Ministério Público, reitorias de universidades, diretorias de empresas etc., naturaliza a dominação dos homens brancos, cria empecilhos para que a questão da desigualdade racial e de gênero seja debatida nesses espaços e, além do mais, estabelece como horizonte civilizatório a cultura e a estética do grupo social dominante.[57] Mais do que isso, porém, para os ativistas da causa negra e autores do livre *Black Power: Politics of Liberation in America*, Charles Venon Hamilton e Kwame Ture[58], o racismo institucional por se originar "na operação de forças estabelecidas e respeitas na sociedade" recebe "muito menos condenação pública", uma vez que esse tipo de racismo, aos olhos da opinião pública, torna-se "muito mais sutil" e "menos identificável" em termos de responsabilização dos indivíduos que cometerem os atos racistas.[59] Em outros termos, quando o racismo é praticado de forma individual e é repercutido nas mídias tradicionais e redes sociais, é fácil identificar e responsabilizar o sujeito que cometeu o ato discriminatório; em compensação, as desigualdades econômicas e sociais vividas diariamente pelos afrodescendentes passam, praticamente, despercebidas pela sociedade, que, além disso, não consegue apontar com exatidão os culpados por isso. Dessa maneira, de acordo com o sociólogo francês Michel Wieviorka, o conceito de racismo institucional tem como finalidade, sobretudo, ouvir aqueles que sofrem a discriminação e a segregação, reivindicando mudanças políticas e institucionais que retifiquem as desigualdades e as injustiças de que são vítimas.[60] Nas palavras de Wieviorka, o referido conceito é

> [...] um convite para debater, investigar, recusar uma cegueira que, em virtude da espessura e da opacidade dos mecanismos

---

[56] ALMEIDA, Silvio. *Racismo estrutural*. São Paulo: Editora Feminismos Plurais, 2019. p. 39-40.

[57] ALMEIDA, Silvio. *Racismo estrutural*. São Paulo: Editora Feminismos Plurais, 2019. p. 40-41.

[58] Nome africano adotado por Stokely Carmichael.

[59] *Apud* ALMEIDA, Silvio. *Racismo estrutural*. São Paulo: Editora Feminismos Plurais, 2019. p. 43-44.

[60] WIEVIORKA, Michel. *O racismo, uma introdução*. São Paulo: Editora Perspectiva, 2007. p. 32-33.

próprios ao funcionamento das instituições, permite a amplas parcelas da população beneficiar-se das vantagens econômicas ou estatutárias que o racismo ativo pode trazer, evitando ao mesmo tempo assumir seus inconvenientes morais. Ele preserva, dito de outra forma, a boa consciência daqueles que tiram proveito.[61]

O Movimento pelos Direitos Civis, de um lado, e a radicalização do Black Power, por outro lado, contribuíram para situar no centro do debate a existência de um racismo que se perpetua por meio das instituições sociais, econômicas, políticas e culturais, colocando-o como o principal responsável pela desigualdade da população negra. De fato, na introdução do relatório elaborado pela National Advisory Commission on Civil Disorders (Comissão Consultiva Nacional de Desordem Civil), também conhecida como Comissão Kerner, criada pelo então presidente democrata, Lyndon Baines Johnson (1963-1969), e encarregada de investigar as causas que levaram a "desordem civil" na década de 1960, deixava claro as desigualdades entre brancos e negros:

Nossa nação está se dividindo em duas sociedades, uma negra, uma branca – separadas e desiguais. A segregação e a pobreza criaram [...] um ambiente destrutivo totalmente desconhecido para a maioria dos brancos estadunidenses. O que os brancos estadunidenses nunca entenderam completamente – mas o que o negro nunca consegue esquecer – é que a sociedade branca está profundamente implicada no gueto. Instituições brancas o criaram, instituições brancas o mantêm, e a sociedade branca compactua com isso. As condições sociais e econômicas nas cidades onde ocorreram as rebeliões evidenciam um padrão de grave desvantagem para os negros em comparação aos brancos, sejam os negros moradores da área onde a revolta aconteceu ou de outra vizinhança.[62]

Portanto, segundo Keeanga-Yamahtta Taylor,

[...] o fato de o próprio Estado ter sido cúmplice do domínio sobre vidas negras legitimou que os negros exercessem seu direito de exigir que o Estado intervisse e desfizesse o que ele tinha evidentemente ajudado a criar. Mas essa demanda só se aplicava quando o movimento [Movimento

---

[61] WIEVIORKA, Michel. *O racismo, uma introdução*. São Paulo: Editora Perspectiva, 2007. p. 32-33.

[62] COMISSÃO KERNER & WICKER, 1968 *apud* TAYLOR, keeanga-Yamahtta. *#Vidas negras importam e libertação negra*. São Paulo: Editora Elefante, 2020. p. 39.

pelos Direitos Civis] estava nas ruas. Como o movimento retrocedeu na década de 1970, e um ataque político bipartidário sobre o Estado de bem-estar social ganhou força, os mantras de "cultura de pobreza" e "responsabilidade pessoal" ressurgiram como explicações comuns para a carência da população negra.[63]

A morte de George Floyd, ao que tudo indicava, reacenderia a chama do debate do racismo institucional nos EUA. Para o ativista comunitário de Minneapolis, Mike Griffin, em entrevista ao *The New York Times*, a morte de Floyd representava a luta pelo progresso negro:

> Nós queremos justiça para George Floyd, mas isso também é sobre a dignidade negra. Nós temos que lutar com unhas e dentes por quase toda necessidade básica para viver. Se você for branco, essa é uma ótima cidade [Minneapolis]. Se for negro, você sofre todos os dias.[64]

Obter justiça, como ansiava o ativista, não seria tão fácil. Conforme os registros de Minneapolis, desde 2012, apenas por volta de 1% das reclamações julgadas contra policiais resultou em punições disciplinares. O responsável pela morte de Floyd, Derek Chauvin, ao longo dos 19 anos em que se dedicou a servir o departamento de polícia da cidade, acumulava em seu currículo uma longa lista de reclamações contra ele. Três delas eram sobre reprimendas pelo tipo de linguagem e tom utilizados por ele em suas abordagens.[65] O buraco, contudo, era bem mais embaixo do que o linguajar inapropriado de Chauvin. O Sindicato da Polícia de Minneapolis, historicamente, possuía uma grande força política. Fundado na década de 1970, o sindicato conseguiu eleger por três vezes um de seus representantes para prefeito: o político independente, Charles A. Stenvig, que comandou a cidade de 1969 a 1973 e de 1976 a 1978 sob a plataforma da "Lei e da Ordem" usada para perseguir as minorias sociais (a mesma política que levou Donald Trump à Casa Branca em 2016). Por mais que tenha se passado bastante tempo, até os dias de hoje, no entanto, é possível ver resquícios dessa política. O então presidente do sindicato, o Tenente Robert J. Koll,

---

[63] TAYLOR, keeanga-Yamahtta. *#Vidas negras importam e libertação negra*. São Paulo: Editora Elefante, 2020. p. 39.

[64] FURBER, Matt; ELIGON, John; BURCH, Audra D. S. National guard called as Minneapolis erupts in solidarity of George Floyd. *The New York Times*, Nova York, 28 maio 2020. Disponível em: https://www.nytimes.com/2020/05/28/us/george-floyd-minneapolis-protests.html#:~:text=MINNEAPOLIS%20%E2%80%94%20Minnesota's%20governor%20activated%20the,Floyd's%20neck. Acesso em: 5 abr. 2021.

[65] FURBER, Matt; ELIGON, John; BURCH, Audra D. S. Minneapolis police, long accused of racism, face wrath of wounded city. *The New York Times*, Nova York, 27 maio 2020. Disponível em: https://www.nytimes.com/2020/05/27/us/minneapolis-police.html. Acesso em: 21 abr. 2021.

popularmente conhecido pelo apelido de Bob Koll, por exemplo, foi acusado de chamar um congressista muçulmano de "terrorista". Porém, esse não foi o seu pior "deslize". Em outro determinado momento, ele foi visto circulando com uma jaqueta com os dizeres "White Power" ("Poder Branco").[66] A aproximação entre as forças de segurança pública com a extrema-direita, importante salientarmos, não era uma exclusividade de Minneapolis. Esse fenômeno, na realidade, abrangia os departamentos de polícia espalhados pelos EUA. A letra da canção "Killing in the Name", da banda Rage Against the Machine, composta em 1991,[67] denunciava que alguns policiais eram membros, ou pelo menos simpatizantes, do grupo de supremacia branca Ku Klux Klan (KKK). A seguir os versos da música "Killing in the Name", que denuncia a aproximação entre a polícia e a Ku Klux Klan:

> Some of those that work forces
> (Aqueles que trabalham para o poder)
> Are the same that burn crosses
> (São os mesmos que queimam cruzes)[68]

Não à toa, os guardas, de uma maneira geral, sentiam-se autorizados a cometer abusos contra os negros. Nas palavras da então presidente da Comunidade Unida Contra a Brutalidade Policial, Michelle Gross, em entrevista ao *The New York Times,* mesmo quando eram filmados pela população executando algum tipo de abuso de poder, os policiais se sentiam "imunes a qualquer tipo de responsabilidade".[69] Não apenas se sentiam, eles praticamente eram imunes. Antes de George Floyd, outros casos semelhantes já haviam chocado os EUA. Em 2014, na cidade de Ferguson, no Missouri, o jovem Michael Brown, de 18 anos, estava desarmado, mas mesmo assim foi alvejado pelo menos seis vezes pela polícia.[70] Em 2015, dessa vez na cidade de Baltimore, em Maryland, Freedie Gray, de 25

---

[66] FURBER, Matt; ELIGON, John; BURCH, Audra D. S. Minneapolis police, long accused of racism, face wrath of wounded city. *The New York Times*, Nova York, 27 maio 2020. Disponível em: https://www.nytimes.com/2020/05/27/us/minneapolis-police.html. Acesso em: 21 abr. 2021.

[67] A música foi composta seis meses depois do caso Rodney King, um taxista afro-americano que foi espancado por policiais em Los Angeles. A cena foi filmada por um civil e transmitida no canal de notícias local KTLA, provocando protestos ao redor dos EUA.

[68] A cruz em chamas é um símbolo do grupo supremacista branco Ku Klux Klan.

[69] FURBER, Matt; ELIGON, John; BURCH, Audra D. S. Minneapolis police, long accused of racism, face wrath of wounded city. *The New York Times*, Nova York, 27 maio 2020. Disponível em: https://www.nytimes.com/2020/05/27/us/minneapolis-police.html. Acesso em: 21 abr. 2021.

[70] FAUS, Joan. O jovem negro morto recebeu pelo menos seis disparos de um policial. *El País*, 18 ago. 2014. Disponível em: https://brasil.elpais.com/brasil/2014/08/18/internacional/1408393124_372696.html. Acesso em: 3 maio 2022.

anos, teve suas mãos amarradas por fitas plásticas e colocado no chão de uma van policial, depois de supostamente fugir em sua bicicleta ao fazer "contato visual" com guardas. Durante o trajeto à delegacia, Gray bateu a cabeça e ficou desacordado. Quando chegou ao hospital, já era tarde demais. Ele não havia resistido à brutalidade policial.[71] Novamente em 2014, em Staten Island, no estado de Nova York, depois de ser abordado e se desentender com policiais, Eric Garner, de 46 anos, foi morto após sofrer um golpe no pescoço por um dos agentes. Enquanto estava imobilizado no chão da calçada, com o policial segurando o seu pescoço, ele dizia as mesmas palavras de Floyd: "Eu não consigo respirar".[72] Em todos os casos, houve passeatas em protesto às mortes, mas mesmo assim, todos os agentes envolvidos ficaram impunes. Assim sendo, apesar de violar os direitos dos negros à luz do dia, nas palavras de Taylor "[...] é praticamente impossível punir – muito menos indiciar, prender ou processar – a polícia por esse comportamento criminoso".[73]

Se por um lado os policiais tinham uma espécie de passe livre para infringir os direitos e – por que não dizer – assassinar os afro-estadunidenses; por outro lado, quando estes eram flagrados cometendo crimes contra os brancos, a mão da Justiça era rápida e severa. O episódio que ilustra perfeitamente a discriminação racial presente, sob uma perspectiva ampla, no sistema de Justiça dos EUA é o Caso McCleskey *vs* Kemp de 1987. Warren McClesky foi condenado pela Suprema Corte do país a pena de morte por assalto à mão armada e por assassinar o policial Frank Schlatt. Na apelação, os advogados de defesa argumentaram que a decisão da Corte foi baseada em premissas discriminatórias, demonstrando um estudo realizado pelo então professor de direito da Universidade de Iowa, David Chistopher Baldus. A pesquisa comprovava que indivíduos condenados por matar brancos tinham bem mais probabilidade de receber a pena de morte do que aqueles acusados de matar negros. Entretanto, esse argumento foi refutado pela Corte que manteve a sua decisão inicial.[74] Na visão de Almeida, esse caso

---

[71] GOMES, Giovanna. A brutal morte de Freddie Gray por policiais nos EUA. *Uol*, 13 jan. 2021. Disponível em: https://aventurasnahistoria.uol.com.br/noticias/reportagem/a-brutal-morte-de-freddie-gray-por-policiais-nos-eua.phtml. Acesso em: 25 maio 2022.

[72] Passo a passo da prisão de Garner. *O Globo*. Disponível em: https://oglobo.globo.com/mundo/passo-passo-da-prisao-de-eric-garner-14735161. Acesso em: 25 maio 2022.

[73] TAYLOR, keeanga-Yamahtta. *#Vidas negras importam e libertação negra*. São Paulo: Editora Elefante, 2020. p. 28.

[74] Mc Cleskey v Kemp. *Wikipedia*. Disponível em: https://en.wikipedia.org/wiki/McCleskey_v._Kemp. Acesso em: 25 maio 2022.

> [...] é considerado a chancela do judiciário à reprodução
> do racismo, pois em nome da *colorblindness* – neutralidade
> racial – a Suprema Corte dos Estados Unidos proibiu que
> fossem levadas em conta alegações de preconceito racial em
> condenações criminais, mesmo que apoiadas em estatísticas
> confiáveis, a não ser que fosse comprovada a intenção de
> discriminação dos agentes do Estado.[75]

A impunidade dos policiais, a princípio, continuaria a reinar. Três dias depois de George Floyd falecer, os promotores que cuidavam do caso não tinham decidido se processariam ou não os policiais envolvidos, incluindo Chauvin.[76] Mas dessa vez, a população, ao menos a parcela identificada com os valores de justiça e igualdade racial, demonstraria que não deixaria passar impune a brutalidade policial. No decorrer dos protestos ocasionados pela morte de Floyd, um dos promotores do caso, Michael Orville Freeman, também conhecido como Mike Freeman, externou que o seu escritório chegou a receber cerca de mil ligações por dia com pedidos para processar os agentes. Mais do que isso, um grupo de manifestantes se dirigiu até a sua residência para pressioná-lo.[77] Posteriormente, os guardas foram levados à Justiça. Mas não pense que os obstáculos acabaram por aí. Não demorou muito para que uma guerra de narrativas sobre os motivos que provocaram a morte do referido homem surgisse. A queixa criminal conduzida pelo Departamento de Polícia descartava asfixia traumática ou estrangulamento como possíveis causas da morte. Na nota oficial da polícia, a autópsia "não revelou nenhum fato físico que apoiasse o diagnóstico de asfixia traumática ou estrangulamento". Em palavras mais claras, a nota inocentava Chauvin.[78] Como não poderia ser diferente, discordando por completo dos resultados apresentados pelas autoridades, a família de Floyd prontamente requisitou uma autópsia independente. A análise particular, comandada pela então diretora de Autópsia e Serviços Forenses da Universidade de Michigan, a doutora Allecia Michelle Wilson,

---

[75] ALMEIDA, Silvio. *Racismo estrutural*. São Paulo: Editora Feminismos Plurais, 2019. p. 142.

[76] Protest continue to rage after death of George Floyd. *The New York Times*, Nova York, 28 maio 2020. Disponível em: https://www.nytimes.com/2020/05/28/us/george-floyd-national-guard.html#:~:text=Protesters%20breached%20a%20police%20station,were%20reported%20across%20the%20country.&text=This%20briefing%20has%20ended.,death%20of%20George%20Floyd%20here. Acesso em: 4 abr. 2021.

[77] Protest continue to rage after death of George Floyd. The New York Times, Nova York, 28 maio 2020. Disponível em: https://www.nytimes.com/2020/05/28/us/george-floyd-national-guard.html#:~:text=Protesters%20breached%20a%20police%20station,were%20reported%20across%20the%20country.&text=This%20briefing%20has%20ended.,death%20of%20George%20Floyd%20here. Acesso em: 4 abr. 2021.

[78] ROBLES, Frances; BURCH, Audra D. S. How did George Floyd die? Here's what we know. *The New York Times*, Nova York, 2 jun. 2020. Disponível em: https://www.nytimes.com/article/george-floyd-autopsy-michael-baden.html. Acesso em: 21 abr. 2021.

e pelo ex-legista-chefe de Nova York e então apresentador do programa de TV do canal HBO "Autopsy", o doutor Michael M. Baden, concluiu que o que provocou o falecimento do detido foi asfixia mecânica, autorizando a hipótese de homicídio. Além disso, ambos os doutores afirmavam que a vítima não apenas veio a óbito por causa do joelho de Chauvin, mas também pela pressão nas costas causada pelos outros policiais.[79]

Se dependesse das estruturas do aparato repressivo do Estado, não há dúvidas de que George Floyd seria apenas mais um número na estatística macabra de assassinatos cometidos pelas mãos das forças de segurança pública contra os filhos da comunidade negra estadunidense. Em entrevista ao canal de TV CNN, o irmão do falecido, Philonise Floyd, disse em tom de desabafo que estava "cansado de ver pessoas negras morrendo".[80] Não era apenas ele. A morte de seu irmão acarretou uma onda de protestos pela cidade e que, posteriormente, tomou conta dos EUA. Marchando pelas ruas, negros, brancos, homens, mulheres e crianças clamavam pelo fim do racismo e da violência policial. Os últimos suspiros de George Floyd não seriam em vão. Não poderiam ser em vão. Pelo contrário, eles se tornaram o sopro de esperança que daria novo fôlego a luta da causa negra. Era o fim da vida de Floyd. Mas também era o começo de uma revolução.

1.2 Minneapolis: A revolução começa

Fúria, indignação e revolta. Essas são as palavras para descrever os sentimentos que as pessoas, pelo menos aquelas comprometidas com os valores democráticos de uma sociedade livre de preconceitos raciais, sentiam ao ver o então policial Derek Chauvin deixar estirado na calçada o corpo sem vida de George Floyd. Nas palavras do então prefeito democrata de Minneapolis, Jacob Frey, "ser negro na América não deveria ser uma sentença de morte".[81] Não deveria e já havia passado da hora de dar um basta nisso. Movidos, de maneira poética, pela letra da canção, "Get Up Stand Up", da lenda do Reggae Bob Marley,

---

[79] ROBLES, Frances; BURCH, Audra D. S. How did George Floyd die? Here's what we know. *The New York Times*, Nova York, 2 jun. 2020. Disponível em: https://www.nytimes.com/article/george-floyd-autopsy-michael-baden. html. Acesso em: 21 abr. 2021.

[80] Protests continue to rage after death of George Floyd. *The New York Times*, Nova York, 28 maio 2020. Disponível em: https://www.nytimes.com/2020/05/28/us/george-floyd-national-guard.html#:~:text=Protesters%20 breached%20a%20police%20station,were%20reported%20across%20the%20country.&text=This%20briefing%20 has%20ended.,death%20of%20George%20Floyd%20here. Acesso em: 4 abr. 2021.

[81] HAUSER, Christine; TAYLOR, Derrick Bryson; VIGDOR, Neil. 'I can`t breathe': 4 minneapolis officers fired after black man dies in custody. *The New York Times*, Nova York, 26 maio 2020. Disponível em: https://www. nytimes.com/2020/05/26/us/minneapolis-police-man-died.html. Acesso em: 24 abr. 2021.

> Get up, stand up, stand up for your rights
>
> (Levante, resista, lute pelos seus direitos)
>
> Get up, stand up, don't give up the fight
>
> (Levante, resista, não desista da luta)

uma multidão invadiu as ruas da cidade. Longe do que as autoridades imaginavam, os dias iam se passando e nada das manifestações arrefecerem. Na verdade, parecia que a cada dia que se passava mais pessoas iam aderindo aos atos antirracistas. Era uma clara demonstração de que, de um modo geral, os estadunidenses, sobretudo os negros, parafraseando a música acima de Bob Marley, levantar-se-iam, resistiriam e não desistiram da luta contra o racismo.

Apesar do clima de união presente entre os manifestantes, os protestos, em determinados momentos, revestiam-se de um caráter violento. Na segunda noite consecutiva de passeatas, houve relatos de saques e incêndios às lojas, além do habitual confronto entre indivíduos com a polícia.[82] A violência se tornaria mais intensa com o passar do tempo. Na terceira noite seguida de manifestações, mais precisamente logo após as 22h, enquanto os guardas eram acionados para fiscalizar as marchas que aconteciam em Minneapolis, um grupo invadiu a Terceira Delegacia da cidade, responsável por investigar a morte de Floyd, e a incendiou.[83]

Um campo de batalha esfumaçado entre policiais e manifestantes. Esse era o cenário em que Minneapolis havia se transformado, ou, melhor dizendo, nas palavras do então governador de Minnesota, Tim Walz, era o "caos absoluto" (**realizarei uma análise a respeito dessa frase dita pelo então governador mais para frente**).[84] Diante dessa situação, Walz não viu outra saída a não ser declarar estado de emergência e, consequentemente, acionar o reforço da Guarda Nacional – que prontamente enviou 500 soldados para conter os protestos.[85] A Guarda Nacional, no entanto,

---

[82] FURBER, Matt; ELIGON, John; BURCH, Audra D. S. Minneapolis police, long accused of racism, face wrath of wounded city. *The New York Times*, Nova York, 27 maio 2020. Disponível em: https://www.nytimes.com/2020/05/27/us/minneapolis-police.html. Acesso em: 21 abr. 2021.

[83] Protest continue to rage after death of George Floyd. *The New York Times*, Nova York, 28 maio 2020. Disponível em: https://www.nytimes.com/2020/05/28/us/george-floyd-national-guard.html#:~:text=Protesters%20breached%20a%20police%20station,were%20reported%20across%20the%20country.&text=This%20briefing%20has%20ended.,death%20of%20George%20Floyd%20here. Acesso em: 4 abr. 2021.

[84] 'Absolute chaos', in Minneapolis as protests grow across U.S. *The New York Times*, Nova York, Estados Unidos. 29 maio 2020. Disponível em: https://www.nytimes.com/2020/05/29/us/floyd-protests-usa.html#:~:text=Minnesota's%20governor%20said%20the%20police,charged%20with%20murdering%20George%20Floyd. Acesso em: 22 abr. 2021.

[85] Protest continue to rage after death of George Floyd. *The New York Times*, Nova York, 28 maio 2020. Disponível em: https://www.nytimes.com/2020/05/28/us/george-floyd-national-guard.html#:~:text=Protesters%20

não seria capaz de segurar a ira da população.[86] Muito pelo contrário, logo a revolta que tomou conta da cidade rapidamente se espalharia para outras regiões. Os EUA entrariam em estado de ebulição.

1.3 A tomada das ruas

Os Estados Unidos nunca mais seriam os mesmos. Logo após Minneapolis, uma onda de protestos tomou conta do país. Conforme um levantamento realizado pelo jornal *The New York Times,* pelo menos 75 cidades apresentaram atos pedindo justiça a George Floyd e clamando pelo fim do racismo e da violência policial – algo então nunca visto desde o assassinato do líder do Movimento pelos Direitos Civis, Martin Luther King Jr., em 1968.[87] Memphis (Tennessee), Houston e Dallas (Texas), Detroit (Michigan) e Nova York, apenas para citar alguns lugares, tiveram relatos de protestos.[88] Nem mesmo o estado da Califórnia, ligado tradicionalmente ao campo progressista, escapou da insatisfação popular. Tanto as pequenas como as grandes cidades, tais como Los Angeles e San José, tiveram manifestações constantes contra o aparato repressivo do Estado. Isso obrigou o então governador democrata californiano, Gavin Christopher Nelson, a se comprometer publicamente a combater o racismo institucional no estado.[89] Em termos mais poéticos, recorrendo aos pensamentos do reverendo, ativista dos direitos civis e radialista, Alfred Charles "Al" Sharpton Jr., era como se a população inteira dos EUA estivesse gritando de maneira uniforme: "Tire seu joelho dos nossos pescoços".[90]

De fato, as manifestações viajavam por todo o país e, conforme os repórteres do *The New York Times,* John Eligon, Matt Furber e Campbell Robertson,

---

breached%20a%20police%20station,were%20reported%20across%20the%20country.&text=This%20briefing%20has%20ended.,death%20of%20George%20Floyd%20here. Acesso em: 4 abr. 2021.

[86] 'Absolute chaos', in Minneapolis as protests grow across U.S. *The New York Times*, Nova York, 29 maio 2020. Disponível em: https://www.nytimes.com/2020/05/29/us/floyd-protests-usa.html#:~:text=Minnesota's%20governor%20said%20the%20police,charged%20with%20murdering%20George%20Floyd. Acesso em: 22 abr. 2021.

[87] Fiery Clashes erupt between police and protesters over George Floyd death. *The New York Times*, Nova York, 30 maio 2020. Disponível em: https://www.nytimes.com/2020/05/30/us/minneapolis-floyd-protests.html. Acesso em: 21 abr. 2021.

[88] Absolute chaos', in Minneapolis as protests grow across U.S. *The New York Times*, Nova York, 29 maio 2020. Disponível em: https://www.nytimes.com/2020/05/29/us/floyd-protests-usa.html#:~:text=Minnesota's%20governor%20said%20the%20police,charged%20with%20murdering%20George%20Floyd. Acesso em: 22 abr. 2021.

[89] COWAN, Jil. From Sacramento to San Diego, californians join protests. *The New York Times*, Nova York, 1 jun. 2020. Disponível em: https://www.nytimes.com/2020/06/01/us/california-george-floyd-protests.html. Acesso em: 22 abr. 2021.

[90] George Floyd updates: 10th night of protest follows somber memorial. *The New York Times*, Nova York, 4 jun. 2020. Disponível em: https://www.nytimes.com/2020/06/04/us/george-floyd-video-funeral.html. Acesso em: 22 abr. 2021.

ocorriam de maneira espontânea provindas de uma frustração crescente em vários setores da sociedade. Nas palavras do ativista de Minneapolis, Mike Griffin, em entrevista ao referido jornal nova-iorquino, as marchas contra o racismo estavam "acontecendo sem que o pastor negro nos diga para fazer isso. Isso é orgânico. Esses são protestos orgânicos".[91] Sim, eram orgânicos, no entanto em todos eles estavam presentes as três palavras que formavam o nome de um dos principais movimentos antirracistas dos EUA e do mundo: "Black Lives Matter" ("Vidas Negras Importam"). O movimento surgiu após a revolta popular provocada pelo caso Trayvon Martin, um jovem negro de 17 anos, que, em 2012, ao voltar para a casa do seu pai, na cidade de Sanford, na Flórida, foi confundido com um criminoso e acabou morrendo após ser alvejado no peito pelo vigilante voluntário, George Zimmerman. O caso provocou a ira da população local e vários protestos aconteceram pela cidade. Entretanto, no julgamento, Zimmerman alegou que o jovem parecia estar "drogado" e "aprontando alguma coisa". Além disso, ele contou que, após persegui-lo pelas ruas do bairro, Martin teria iniciado uma briga e, portanto, atirou nele em legítima defesa. Esse argumentou bastou para convencer o júri de sua inocência. No veredito final, Zimmerman foi absolvido.[92] Depois do resultado do júri, retratando a desumanização, a opressão, a desigualdade e a discriminação com que os filhos da comunidade negra eram tratados pelo sistema estadunidense, a ativista comunitária Alicia Garza postou uma simples *hashtag* no Facebook: #blacklivesmatter.[93] Mal sabia ela que esse simples gesto se converteria no potente slogan de uma das principais organizações que lutaria para "erradicar a supremacia branca e construir poder local para intervir na violência infligida às comunidades negras" pelo Estado.[94] Segundo Garza, o Black Lives Matter é como

> [...] uma intervenção ideológica e política em um mundo onde as vidas negras são sistemática e intencionalmente levadas à morte. É uma afirmação das contribuições dos negros para

---

[91] ELIGON, John; FURBER, Matt; ROBERTSON, Campbell. Appeals for calm as sprawling protests threaten to spiral out of control. *The New York Times*, Nova York, 30 maio 2020. Disponível em: https://www.nytimes.com/2020/05/30/us/george-floyd-protest-minneapolis.html. Acesso em: 21 abr. 2021.

[92] Entenda o caso do adolescente negro assassinado na Flórida. *BBC News Brasil*, 23 mar. 2012. Disponível em: https://www.bbc.com/portuguese/noticias/2012/03/120323_entenda_trayvon_florida_cc. Acesso em: 7 abr. 2021.

[93] TAYLOR, keeanga-Yamahtta. *#Vidas negras importam e libertação negra*. São Paulo: Editora Elefante, 2020. p. 294-295.

[94] *Manifesto oficial do Blakc Lives Matter*. Disponível em: https://blacklivesmatter.com/about/. Acesso em: 3 fev. 2021.

essa sociedade: temos humanidade e resiliência diante da opressão mortal.[95]

Encabeçados pelo Black Lives Matter, as convocatórias para os atos antirracistas eram realizadas pela internet. De acordo com a cientista política da Pontifícia Universidade Católica de São Paulo (PUC-SP) Rosemary Segurado,

> [...] as redes sociais potencializam determinadas questões do campo social e podem catalisar sentimento de protesto ou de indignação em algumas convocatórias, demonstrando uma capacidade que há muito tempo os partidos políticos e movimentos sociais tradicionais vêm perdendo.[96]

Inúmeras marchas antirracistas foram organizadas por meio da internet. Nas redes sociais, eram anunciados os locais em que aconteceriam as passeatas e, cerca de uma hora depois, já aparecia um número considerável de pessoas.[97] Contudo, mais do que a capacidade de organizar e reunir rapidamente as pessoas, o universo digital desempenhava outro objetivo: desmascarar o conceito de daltonismo racial, também conhecido como sociedade pós-racial. Segundo Keeanga-Yamahtta Taylor, o conceito de daltonismo racial surgiu após a era dos Direitos Civis da década de 1960 e compreende-se como uma sociedade em que o racismo foi superado, ou seja, nos EUA, no passado, a "raça" poderia significar um obstáculo para alcançar uma vida bem-sucedida, no entanto, nos dias de hoje, com a suposta extinção da discriminação racial, a "raça" não seria mais um fator determinante para se obter ou não sucesso (**no Capítulo 3 será analisado o conceito de democracia racial no Brasil**). Essa ideia, respaldada pelo Congresso e pelos tribunais que argumentavam que com a ausência do racismo na Legislação os negros não poderiam mais reivindicar danos raciais, possibilitou que o Estado de bem-estar social fosse substituído por cortes de gastos públicos a partir dos anos de 1970.[98] Nas palavras de Taylor, a estrutura do daltonismo racial

---

[95] *Apud* TAYLOR, keeanga-Yamahtta. *#Vidas negras importam e libertação negra.* São Paulo: Editora Elefante, 2020. p. 294-295.

[96] *Apud* CHAIA, Vera; COELHO, Claúdio; CARVALHO, Rodrigo de. *Política e Mídia:* estudo sobre a democracia e os meios de comunicação no Brasil. São Paulo: Editora Anita Garibaldi, 2015. p. 214.

[97] ELIGON, John; FREYTAS-TAMURA, Kimiko. Today's activism: Spontaneous, leaderless, but not without aim. *The New York Times*, Nova York, 3 jun. 2020. Disponível em: https://www.nytimes.com/2020/06/03/us/leaders-activists-george-floyd-protests.html. Acesso em: 25 abr. 2021.

[98] TAYLOR, keeanga-Yamahtta. *#Vidas negras importam e libertação negra.* São Paulo: Editora Elefante, 2020. p. 31; 117.

> [...] permitiu que parte do poder político desvinculasse as dificuldades enfrentadas pelos negros das condições reais que as causavam, desmanchando uma relação que os ativistas [dos anos de 1960] tanto haviam se esforçado para expor. Era como se a promulgação das leis de direitos civis tivesse resolvido todos os problemas, dando aos negros estadunidenses a chance de um novo começo.[99]

O daltonismo racial caminhava lado a lado com o discurso do *american dream* ("o sonho americano"), que, apoiado na ideologia da meritocracia, colocava os EUA como supostamente sendo a Terra Prometida: onde, mediante trabalho duro, os sonhos de todos dos cidadãos poderiam ser tornar realidade.[100] Logo, sob esse ponto de vista, os programas públicos que davam assistência à comunidade negra estavam

> [...] fora da narrativa de livre mobilidade social estadunidense (a busca da felicidade e igualdade para todos), ou seja, uma maneira de tirar a culpa do sistema estadunidense e, simultaneamente, responsabilizar os afro-estadunidenses por suas próprias dificuldades.[101]

Porém, como os afro-estadunidenses, ou pelo menos a sua maioria, poderiam ser bem-sucedidos em uma sociedade baseada na segregação e discriminação racial, e tendo o Estado como uma verdadeira máquina mortífera? Na realidade, o *american dream* juntamente ao daltonismo racial eram discursos propagados pela classe branca dominante que tinham como objetivos negar ou encobrir o racismo que regia a sociedade estadunidense, culpar os negros pelas suas próprias mazelas, colocando-os como indivíduos preguiçosos que não queriam trabalhar, mas sim viver à custa do governo, ou então, como figuras potencialmente perigosas e criminosas, justificando, portanto, o abandono do Estado de bem-estar social e a constante vigilância e repressão da polícia sobre as áreas pobres e segregadas. A internet, todavia, revelava que o *american dream*, aos olhos dos negros, recorrendo ao termo empregado por Malcom X, era o verdadeiro *american nightmare* ("pesadelo americano").[102] Semanalmente, nas redes sociais, por exemplo, histórias de violência e até mesmo assassinatos cometidos por policiais contra os afro-estadunidenses eram contadas. Para Taylor, as câmeras

---

[99] TAYLOR, keeanga-Yamahtta. *#Vidas negras importam e libertação negra*. São Paulo: Editora Elefante, 2020. p. 117.

[100] TAYLOR, keeanga-Yamahtta. *#Vidas negras importam e libertação negra*. São Paulo: Editora Elefante, 2020. p. 67.

[101] TAYLOR, keeanga-Yamahtta. *#Vidas negras importam e libertação negra*. São Paulo: Editora Elefante, 2020. p. 38.

[102] *apud* TAYLOR, keeanga-Yamahtta. *#Vidas negras importam e libertação negra*. São Paulo: Editora Elefante, 2020. p. 27.

dos celulares trouxeram à luz do debate público os abusos que as forças de segurança cometiam contra os negros e que a grande mídia, de certo modo, subestimava.[103]

Somado à violência policial, a pandemia da Covid-19, que atingiu em cheio os EUA, escancarou o abismo econômico e social que existia entre brancos e negros no país. Segundo o filósofo francês Michel Foucault, o racismo estabelece uma

> [...] linha divisória entre superiores e inferiores, entre bons e maus, entre os grupos que merecem viver e os que merecem morrer, deixados para a morte, entre os que devem permanecer vivos e os que serão mortos. E que se entenda que a morte aqui não é apenas a retirada da vida, mas também é entendida como a exposição ao risco da morte, a morte pública, a expulsão e a rejeição.[104]

Partindo desse ponto, podemos entender que não era mera coincidência que os afro-estadunidenses liderassem os índices de contaminação e de morte pelo coronavírus. A maioria dos negros, segundo os repórteres do *The New York Times,* Jack Healy e Dionne Searcey, em 2020, era mal remunerada e arriscava a sua saúde para trabalhar em supermercados, casas de idosos, fábricas, matadouros e outros empregos que não podiam ser realizados remotamente.[105] Para agravar ainda mais esse quadro desigual, conforme uma pesquisa divulgada pelo Economic Policy Institute, também em 2020, a taxa de desemprego entre os negros era de 16,8%; enquanto a dos brancos girava em torno de 12%. Mesmo quando a economia dos EUA apresentou sinais de recuperação, o cenário para a comunidade negra manteve-se inalterado.[106] Logo, em uma perspectiva ampla, ao longo dos anos, pode-se dizer que os afro-estadunidenses vinham sendo, pegando emprestadas as palavras acima de Foucault, "deixados para morte". Isso, com efeito, era reflexo da mudança brusca econômico-social que ocorreu nas áreas pobres e segregadas onde vivia boa parte dos negros. Os guetos, nas décadas do pós-guerra, de acordo com Wacquant, por mais que tinham como função principal manter os afro-estadunidenses afastados da comuni-

---

[103]   TAYLOR, keeanga-Yamahtta. *#Vidas negras importam e libertação negra.* São Paulo: Editora Elefante, 2020. p. 41-42.

[104]   *Apud* ALMEIDA, Silvio. *Racismo estrutural.* São Paulo: Editora Feminismos Plurais, 2019. p. 115.

[105]   HEALY, Jack; SEARCEY, Dionne. Two crises convulse a nation: a pandemic and police violence. *The New York Times*, Nova York, 31 maio 2020. Disponível em: https://www.nytimes.com/2020/05/31/us/george-floyd-protests-coronavirus.html. Acesso em: 25 abr. 2021.

[106]   STOLBERG, Sherly Gay. 'Pandemic within a pandemic': coronavirus and police brutality roil black communities. *The New York Times*, Nova York, 7 jun. 2020. Disponível em: https://www.nytimes.com/2020/06/07/us/politics/blacks-coronavirus-police-brutality.html. Acesso em: 26 abr. 2021.

dade branca, desempenhavam um papel econômico relevante, pois serviam como uma espécie de reservatório de mão de obra barata para as indústrias em expansão. Entretanto, com a reestruturação do capitalismo nos EUA, ocorrida entre 1965 e 1982, os bairros negros segregados deixaram de cumprir essa função, "já que a maioria de seus habitantes atuais é rejeitada pelo mercado de trabalho assalariado durante uma boa parte de suas vidas". A vida social dos guetos, desse modo, passou por uma drástica mudança. Depois da década de 1960, essas áreas segregadas se transformaram em um "território-vazadouro", onde eram colocados os membros mais necessitados da comunidade afro-estadunidense. Nesse sentido, para efeito ilustrativo, conforme os dados levantados por Wacquant, dos 1,2 milhão de negros que viviam em Chicago naquela época, um terço encontrava-se abaixo do patamar federal de pobreza. Com efeito, mais da metade das famílias do centro da cidade dependia da assistência social, além de outras atividades, como o trabalho irregular e o roubo, para poderem sobreviver. De cada dez famílias, seis não possuíam a figura paterna, e recebiam assistência alimentar sob forma de vales ou refeições gratuitas distribuídas pelo Exército da Salvação, por alguma associação comunitária ou pela igreja do bairro. Curiosamente, nesse mesmo período em que a ajuda governamental se tornou cada vez mais necessária para os habitantes dos guetos, houve um recuo, se não um desaparecimento, do Estado, tanto no nível federal como estadual e municipal, deteriorando as estruturas sociais dessas regiões. Dessa maneira, as forças comunitárias dos bairros segregados, como as igrejas, por exemplo, foram levadas a compensar a omissão do poder público, refletida nas deficiências das escolas, na falta de oportunidades no mercado de trabalho, ou, ainda, na dificuldade de acesso aos serviços de saúde. No contexto do neoliberalismo, todavia, as forças comunitárias declinaram face ao avanço do desemprego estrutural e da violência estrutural do tráfico de drogas, combinação responsável pela transformação dos guetos em "um deserto organizacional". Esse processo de *descivilização* descrito supra traduz a passagem que Loïc Wacquant denomina de "gueto comunitário" para "hipergueto".[107] Embora extensa, a citação a seguir é importante para caracterizar a passagem histórica analisada pelo autor:

> O hipergueto das décadas de 1980 e 1990 expressa uma exacerbação da histórica exclusão racial vista por um prisma de classe e exibe uma nova configuração espacial e organizacional. Por unir segregação de cor com a divisão de classe, não contém mais uma extensa divisão do trabalho e um

---

[107] WACQUANT, Loïc. *As duas faces do gueto*. São Paulo: Editora Boitempo, 2008. *passim.*

leque completo das classes. Suas fronteiras físicas são mais fluidas e suas instituições dominantes não são organizações comunitárias (tais como igrejas, abrigos e a imprensa negra), mas sim burocracias de Estado (previdência social, escolas públicas e polícia), que têm como alvo as "populações problema" marginalizadas. Nesse sentido, o higueto serve não como uma reserva de trabalho industrial, mas como um mero depositário de categorias excedentes, que não têm uso político ou econômico para a sociedade circundante. Além disso, é tomado por uma insegurança crônica, seja econômica, social ou física, em virtude da erosão, mutuamente determinada, do mercado de trabalho assalariado e do apoio estatal. Assim, enquanto o gueto, em sua forma clássica, atuava parcialmente como um escudo protetor contra uma exclusão racial brutal, o higueto perdeu seu papel positivo de amortecedor coletivo, tornando-se uma máquina mortal do mais puro banimento social.[108]

A pandemia da Covid-19, como visto anteriormente e retomando agora ao contexto de 2020, evidenciou o abismo socioeconômico entre brancos e negros nos EUA. Na verdade, o coronavírus deixou a comunidade negra, ao menos uma grande parcela, diante de um dilema descrito nas palavras do ativista, Rajikh Hayes, em entrevista ao *The New York Times:* "Eu vou deixar uma doença me matar ou vou deixar o sistema?".[109] Nenhum dos dois. Segundo Wieviorka,

> [...] quando a ação antirracista é conduzida por atores diretamente afetados por ela, sua força é capaz de arrastar uma poderosa mobilização, a ponto de eventualmente obter resultados substanciais.[110]

Basta viajarmos ao passado para vermos o argumento do sociólogo francês na prática. Em 1954, no caso Brown vs Board of Education, graças às manifestações não violentas organizadas pelo Movimento pelos Direitos Civis, a Suprema Corte tornou inconstitucional a segregação racial nas escolas, abrindo caminho para o avanço do movimento liderado por Martin Luther King Jr. Dez anos depois, em 1964, o presidente Lyndon Johnson promulgou o Ato dos Direitos Civis, extinguindo-se formalmente o *apar-*

---

[108] WACQUANT, Loïc. *As duas faces do gueto.* São Paulo: Editora Boitempo, 2008. p. 55-56.

[109] STOLBERG, Sherly Gay. 'Pandemic within a pandemic': coronavirus and police brutality roil black communities. *The New York Times,* Nova York, 7 jun. 2020. Disponível em: https://www.nytimes.com/2020/06/07/us/politics/blacks-coronavirus-police-brutality.html. Acesso em: 26 abr. 2021.

[110] WIEVIORKA, Michel. *O racismo, uma introdução.* São Paulo: Editora Perspectiva, 2007. p. 143.

theid legal existente nos Estados sulistas.[111] De fato, o passado serviria de aprendizado e motivação para o presente. Após a morte de George Floyd, a população tomou as ruas do país para enfrentar de peito aberto a "máquina mortal" que o Estado estadunidense havia se tornado.

Mas, ao mesmo tempo que os protestos causavam um impacto social no país, surgia também uma pergunta pertinente: por quanto tempo durariam? O professor de uma escola pública, Frank Portella, em entrevista ao *The New York Times,* tinha a resposta na ponta da língua: "Nós vamos ficar e protestar por quanto tempo for necessário".[112] Não era apenas o professor que pensava dessa maneira. Em uma das passeatas realizadas pelas ruas da capital de Washington, uma pessoa berrou a plenos pulmões que voltaria no dia seguinte. Outro indivíduo respondeu "e no dia seguinte". A frase rapidamente se espalhou pela multidão que começou a gritar de forma uniforme "e no dia seguinte! E no dia seguinte!"[113] A manifestante Valerie Rivera, cujo filho foi morto pela polícia em 2017, não escondia a sua satisfação de ver os protestos cheio de gente: "Estávamos esperando esse dia chegar, em que as pessoas iriam tomar as ruas".[114] Sim, Rivera, esse dia chegou. As pessoas de todas as etnias, negros, brancos e latinos, aderiam às marchas para lutar contra o racismo.[115] De acordo com Wieviorka,

> [...] quando ela é levada por outros atores, a força da ação antirracista é a de inscrever-se no espaço público pleiteando de maneira universal, em nome de princípios e de valores gerais, o que lhe permite tentar apoiar-se em partidos políticos, em sindicatos, em associações que podem muito bem não ter nada a ver com o grupo vítima que se pretende proteger.[116]

---

[111] ALMEIDA, Silvio. *Racismo estrutural.* São Paulo: Editora Feminismos Plurais, 2019. p. 143.

[112] N.Y. protesters defy curfew, but 10th night of marches ends peacefully. *The New York Times*, Nova York, 6 jun. 2020. Disponível em: https://www.nytimes.com/2020/06/06/nyregion/nyc-protests-george-floyd.html. Acesso em: 19 abr. 2021.

[113] HEALY, Jack; BARKER, Kim. Other protests flare and fade. Why this movement already seems different. *The New York Times*, Nova York, 7 jul. 2020. Disponível em: https://www.nytimes.com/2020/06/07/us/unrest-protests-minneapolis-ending.html. Acesso em: 23 abr. 2021.

[114] HEALY, Jack; BARKER, Kim. Other protests flare and fade. Why this movement already seems different. *The New York Times*, Nova York, 7 jul. 2020. Disponível em: https://www.nytimes.com/2020/06/07/us/unrest-protests-minneapolis-ending.html. Acesso em: 23 abr. 2021.

[115] ELIGON, John; FURBER, Matt; ROBERTSON, Campbell. Appeals for calm as sprawling protests threaten to spiral out of control. *The New York Times*, 30 maio 2020. Disponível em: https://www.nytimes.com/2020/05/30/us/george-floyd-protest-minneapolis.html. Acesso em: 21 abr. 2021.

[116] WIEVIORKA, Michel. *O racismo, uma introdução.* São Paulo: Editora Perspectiva, 2007. p. 143.

Em outras palavras, a luta contra o preconceito racial não era uma batalha apenas dos negros. Em entrevista ao referido jornal nova-iorquino, uma mulher branca identificada como senhora Stewart externava que já estava na hora de a comunidade branca marchar lado a lado com os afro-estadunidenses:

> Eu tenho mais medo das pessoas que não aparecem [nas manifestações antirracistas]. Essa é a última oportunidade que a América Branca tem de ouvir os problemas da comunidade negra, porque eles estão vivendo no inferno e estão prontos para mostrar a todos os seus problemas.[117]

Pegando emprestado o termo utilizado pela senhora Stewart, o segmento mais liberal (na acepção que a palavra possui no vocabulário político do país) da América Branca possuía um papel de extrema relevância na luta contra o racismo estrutural. Na verdade, a participação dos brancos, de certo modo, demonstra as diferenças que os protestos de 2020 tinham daqueles liderados por Martin Luther King. O Movimento pelos Direitos Civis possuía um caráter interracial, reunindo brancos liberais e negros moderados. Porém, à medida que a radicalização político-ideológica dos anos 1960 se consolidava, a aliança foi se tornando cada vez mais ameaçada pelas novas palavras de ordem, sintetizadas no célebre slogan "Black Power". O poder reivindicado por uma nova geração de negros passava pela autonomia, o que implicava romper todas as formas de tutela, inclusive aquela representada pelos setores mais progressistas da comunidade branca. Mais de 50 anos depois, o caso George Floyd oferecia uma nova possibilidade de ação conjunta, revestida não de um caráter disfarçado de tutela, mas baseada em uma organização efetiva de igualdade. Para retratarmos a participação dos brancos nos protestos de 2020, podemos recorrer mais uma vez às palavras do reverendo Alfred Charles "Al" Sharpton Jr.:

> Quando eu olhei e vi manifestações em que, em alguns casos, jovens brancos superavam em número os negros marchando, eu soube que essa é uma época diferente [...]. Vá para casa, George. Descanse. Você mudou o mundo.[118]

---

[117] WILSON, Michael. Inside a huge Brooklyn protest: 'The world is watching'. *The New York Times*, Nova York, 1 jun. 2020. Disponível em: https://www.nytimes.com/2020/06/01/nyregion/protesters-ny-floyd.html. Acesso em: 27 abr. 2021.

[118] DIAS, Marina. Enquanto militares criticam Trump, atos ficam menores e mais pacíficos. *Folha de S. Paulo*, São Paulo, 6 jun. 2020.

1.4 À beira do caos?

A cena do filme "Do The Right Thing" ("Faça a Coisa Certa"), produzido e protagonizado pelo cineasta e ator Spike Lee, em 1989, simboliza perfeitamente o que se veria a seguir. A película retrata as tensões raciais no bairro do Brooklyn. Na cena final, a personagem Radio Raheem, um afro-estadunidense, discute com o dono da pizzaria Sal, um descendente italiano. Não demorou muito para que a discussão ficasse acalorada e a polícia fosse chamada para intervir na situação. Ao chegar ao local, os guardas partem para cima e acabam aplicando um mata-leão em Raheem, sufocando-o até a morte (algo semelhante ao que aconteceu com George Floyd). Enchendo-se de fúria, os habitantes negros do bairro partem para cima da polícia e queimam a pizzaria, deixando um rastro de destruição no dia seguinte. Assim como no filme, após o falecimento de Floyd, indivíduos, aproveitando-se do anonimato proporcionado pelas multidões dos atos, imprimiram um rastro de violência e destruição nas cidades onde aconteciam as manifestações.

Antes de qualquer coisa, contudo, precisamos abrir parênteses a respeito do papel dos meios de comunicação na questão do racismo. O preconceito racial, retomando o conceito sob o ponto de vista de Silvio Almeida, é o juízo baseado em estereótipos que se atribui a indivíduos que pertençam a um determinado grupo racializado, podendo ou não resultar em práticas discriminatórias.[119] Dessa maneira, a imprensa tradicional dos EUA, por meio de estereótipos, fixou no imaginário social a ideia de que os negros eram pessoas potencialmente perigosas e criminosas. Para se ter uma ideia, segundo o sociólogo sueco, Karl Gunnar Myrdal, os afro-estadunidenses, por volta dos anos de 1940, eram praticamente considerados como "homens invisíveis", sendo caracterizados nas páginas dos jornais apenas "sob a luz do assassino ou do violador".[120] O preconceito racial presente na grande imprensa, ou, melhor dizendo, nas palavras de Loïc Wacquant, "a *demonização* do subproletariado urbano negro no debate público", passou a se dar por meio do termo *underclass.* Para Wacquant, o termo é designado para o grupo de excluídos ou subproletariados do mercado de trabalho que "supostamente" podem ser identificados por um conjunto de atributos interligados:

> [...] desordem: uma sexualidade fora de controle, famílias chefiadas por mulheres, altas taxas de absenteísmo e reprovação nas escolas, consumo e tráfico de drogas, além de

---

[119] ALMEIDA, Silvio. *Racismo estrutural.* São Paulo: Editora Feminismos Plurais, 2019. p. 32.

[120] *Apud* WIEVIORKA, Michel. *O racismo, uma introdução.* São Paulo: Editora Perspectiva, 2007. p. 130.

propensão ao crime violento, "dependência" persistente em relação a auxílio público, desemprego endêmico (devido, de acordo com algumas versões, à rejeição ao trabalho e à recusa em ajustar-se às estruturas convencionais da sociedade), isolamento em áreas com alta densidade de famílias problemáticas etc.[121]

O termo *underclass* foi forjado no que o referido sociólogo chama de "zona sombria situada na intersecção do campo político com o campo das ciências sociais" e, ao se propagar pela mídia tradicional, foi sendo empregado como "sinônimo não só de 'pobre desmerecedor', mas, sobretudo, de 'negro pobre desmerecedor'".[122] Desse modo, a sociologia e o jornalismo "descobriram" o surgimento de um novo grupo social, cuja racialização expressava-se por meio de um termo aparentemente neutro. O termo em questão passou a ganhar mais destaque na opinião pública com a publicação do livro *The Underclass,* escrito em 1982, pelo jornalista Ken Auletta. No livro, o autor identificava os membros dessa nova classe social a partir de quatro elementos: "o pobre passivo", "os criminosos de rua hostis", "os gigolôs" e "os alcoólatras traumatizados, os vagabundos, as mulheres desabrigadas com suas sacolas e os doentes mentais soltos na rua", e justificava que eles "rapina[vam] nossas comunidades" e eram os responsáveis pelos "crimes de rua, dependência de longo prazo em relação a auxílios sociais, desemprego crônico e comportamentos antissociais nos Estados Unidos hoje".[123]

Com o tempo, o termo *underclass* passou a girar em torno de duas figuras:

> [...] de um lado, as "gangues" de negros jovens, arrogantes e violentos, que se recusam a ocupar os postos escassos, não-qualificados e mal remunerados aos quais poderiam se candidatar e assim assumir a função que lhes cabe na base da escala social: de outro lado, as "mães adolescentes", que vivem "à custa" dos contribuintes, em virtude do dinheiro que recebem da assistência social, e que moram em grandes conjuntos habitacionais, onde se deixam fotografar complacentemente sentadas, fazendo nada, com os filhos deitados sobre os joelhos, diante da televisão ligada. Essas figuras emblemáticas são, na verdade, apenas dois aspectos da mesma fantasia: a da ameaça que os negros "incivilizados" – aqueles

---

[121] WACQUANT, Loïc. *As duas faces do gueto.* São Paulo: Editora Boitempo, 2008. p. 43-44.

[122] WACQUANT, Loïc. *As duas faces do gueto.* São Paulo: Editora Boitempo, 2008. p. 44-45.

[123] *Apud* WACQUANT, Loïc. *As duas faces do gueto.* São Paulo: Editora Boitempo, 2008. p. 45-46.

> que não têm lugar na nova divisão do trabalho entre as castas e as classes – representam para a integridade dos valores norte-americanos e para a própria nação; os "estupradores" representam a dissolução moral e a desintegração social do lado público nas ruas; as "mães welfare" são portadoras dos mesmos perigos, mas no lado privado, no interior da esfera doméstica.[124]

Sendo assim, não demorou muito para que o conceito de *underclass* contribuísse de forma decisiva para o estigma da comunidade negra, reiterando o discurso que legitima o abandono dos programas de assistência social e o encarceramento em massa dos afro-estadunidenses. Logo, não há dúvidas de que na grande imprensa os negros foram historicamente estereotipados como seres "selvagens", "preguiçosos" e "potencialmente perigosos". Para uma vertente teórica das Ciências Sociais, conforme explica Michel Wieviorka, as mídias,

> [...] exprimindo ou traduzindo fenômenos que provêm da sociedade em geral, fora de sua capacidade de intervenção, asseguram, mais inconscientemente que deliberadamente, a reprodução das relações sociais nas quais o racismo encontra seu lugar.[125]

Em vista disso, mesmo que de maneira inconsciente, os veículos de comunicação, de certo modo, perpetuam "os estereótipos e os preconceitos que trespassam a sociedade considerada".[126] Com efeito, embora haja no jornalismo atual, ou pelo menos parte dele, um esforço para rejeitar em suas produções conceitos como o de *underclass,* evitando estigmatizar os grupos minoritários, ainda assim as representações sociais secularmente inculcadas no imaginário da sociedade reaparecem nas manchetes e nos textos.

Partindo desse ponto de vista, portanto, podemos considerar que houve um erro por parte da redação do *The New York Times* em uma de suas reportagens. No título da matéria jornalística para descrever as passeatas que aconteciam pelos EUA, o jornal nova-iorquino destacou a frase do então governador de Minnesota, Tim Walz: "Caos absoluto".[127] Ao destacar a frase no título, o periódico, de certa maneira, transmitia aos seus leitores a ima-

---

[124] WACQUANT, Loïc. *As duas faces do gueto.* São Paulo: Editora Boitempo, 2008. p. 48.

[125] WIEVIORKA, Michel. *O racismo, uma introdução.* São Paulo: Editora Perspectiva, 2007. p. 118-119.

[126] WIEVIORKA, Michel. *O racismo, uma introdução.* São Paulo: Editora Perspectiva, 2007. p. 118-119.

[127] 'Absolute chaos', in Minneapolis as protests grow across U.S. *The New York Times*, Nova York, 29 maio 2020. Disponível em: https://www.nytimes.com/2020/05/29/us/floyd-protests-usa.html#:~:text=Minnesota's%20 governor%20said%20the%20police,charged%20with%20murdering%20George%20Floyd. Acesso em: 22 abr. 2021.

gem de que graças aos manifestantes a nação encontrava-se à beira do caos, quando, na verdade, o que se via era um levante histórico-social contra o fim da discriminação racial sofrida há anos pela comunidade negra. Sim, de fato, como visto anteriormente e como veremos mais para frente, havia cenas de "vandalismos" que deveriam ser divulgadas e repudiadas amplamente pela opinião pública. Entretanto, não se podia perder de vista que a causa que movia os protestos era a luta contra o fim do racismo. Além disso, por mais que o movimento desencadeado pela morte de George Floyd tenha seguido a política da não violência preconizada por Martin Luther King Jr. e pelo Black Lives Matter, nenhuma manifestação de massa consegue evitar infiltrações de grupos movidos por interesses alheios aos do protesto.

Voltando à cobertura do caso de George Floyd, é importante ressaltarmos que, obviamente, a intenção do *The New York Times* nunca foi reforçar qualquer juízo de valor negativo sobre a comunidade afro-estadunidense. O caso do jornal nova-iorquino insere-se na reflexão de Wieviorka, segundo a qual

> [...] o papel de um órgão de imprensa ou de uma cadeia de televisão na ação antirracista pode corresponder a um projeto explícito de sua direção, até mesmo de uma intenção militante, e existem numerosas publicações animadas por militantes que se propõem, como objetivo principal, combater o racismo em geral.[128]

E era justamente dentro desse argumento que se encontrava o referido veículo de comunicação. Além do mais, a mídia estadunidense como um todo desde os anos de 1940 para cá vem sofrendo mudanças profundas nas redações. Inclusive, de forma sistemática, procura incluir "membros de minorias mais ou menos suscetíveis de serem vítimas de racismo no seio das redações". Isso é decorrência da política de *affirmative action* (discriminação positiva),

> [...] mas também de preocupação instrumental da direção a fim de dispor, para informações relativas às minorias envolvidas, contratos supostamente mais fáceis ou mais diretos e também mais bem informados.[129]

Por fim, devemos salientar mais um argumento do referido sociólogo francês a respeito do papel das mídias na produção e na reprodução do racismo e do antirracismo. Segundo o autor, não é justo eximi-las

---

[128] WIEVIORKA, Michel. *O racismo, uma introdução*. São Paulo: Editora Perspectiva, 2007. p. 134.

[129] WIEVIORKA, Michel. *O racismo, uma introdução*. São Paulo: Editora Perspectiva, 2007. p. 134.

> [...] de toda a responsabilidade na evolução do racismo, como se elas não fizessem senão repercuti-lo ou veiculá-lo; nem, ainda mais, imputar-lhes uma responsabilidade demasiado grande, como se elas funcionassem com toda a independência, fora das relações sociais.[130]

Fechamos parênteses sobre a análise das mídias e voltamos aos protestos. Por todo o país, o clima amistoso das manifestações dava lugar a cenas de depredação e violência. Em Nashville, capital do Tennese, por exemplo, o prédio da prefeitura chegou a ser incendiado.[131] Em Atlanta, capital da Geórgia, alguns indivíduos queimaram carros de polícia pelo caminho enquanto se dirigiam ao CNN Center, a sede mundial do canal jornalístico da CNN, que, posteriormente, também foi danificada. Outras pessoas atiraram pedras na entrada do luxuoso Omni Hotel. Já um terceiro grupo, por sua vez, quebrou as janelas do Hall da Fama do College Football para roubar roupas esportivas de marca.[132] Diante desse cenário todo, a então prefeita democrata de Atlanta, Keisha Lance, fez um apelo público:

> Chega! Vocês precisam ir para casa. Estamos todos com raiva. Isso machuca. Isso machuca todo mundo nessa sala. Mas o que iremos mudar destruindo a cidade? Vocês perderam toda a credibilidade agora. Não é assim que mudamos a América. Não é assim que mudamos o mundo.[133]

Quem ouviu os apelos da prefeita foi a filha mais jovem de Martin Luther King, Bernice King. Em uma declaração pública, invocando o legado do pai, ela disse que "violência, na verdade, cria mais problemas. Não é a solução", e afirmou: "Têm pessoas [Donald Trump e seus discípulos] que tentaram incitar uma guerra racial nesse país. Não vamos cair nas mãos e na armadilha deles. Existe outro jeito".[134] Apesar dos apelos, contudo, a violência continuou e se espalhou pelos EUA afora. Para efeito

---

[130] WIEVIORKA, Michel. *O racismo, uma introdução*. São Paulo: Editora Perspectiva, 2007. p. 136.

[131] Fiery Clashes erupt between police and protesters over George Floyd death. *The New York Times*, Nova York, 30 maio 2020. Disponível em: https://www.nytimes.com/2020/05/30/us/minneapolis-floyd-protests.html. Acesso em: 21 abr. 2021.

[132] 'Absolute chaos', in Minneapolis as protests grow across U.S. *The New York Times*, Nova York, 29 maio 2020. Disponível em: https://www.nytimes.com/2020/05/29/us/floyd-protests-usa.html#:~:text=Minnesota's%20 governor%20said%20the%20police,charged%20with%20murdering%20George%20Floyd. Acesso em: 22 abr. 2021.

[133] 'Absolute chaos', in Minneapolis as protests grow across U.S. *The New York Times*, Nova York, 29 maio 2020. Disponível em: https://www.nytimes.com/2020/05/29/us/floyd-protests-usa.html#:~:text=Minnesota's%20 governor%20said%20the%20police,charged%20with%20murdering%20George%20Floyd. Acesso em: 22 abr. 2021.

[134] 'Absolute chaos', in Minneapolis as protests grow across U.S. *The New York Times*, Nova York, 29 maio 2020. Disponível em: https://www.nytimes.com/2020/05/29/us/floyd-protests-usa.html#:~:text=Minnesota's%20 governor%20said%20the%20police,charged%20with%20murdering%20George%20Floyd. Acesso em: 22 abr. 2021.

ilustrativo, na cidade de Portland, em Oregon, indivíduos atearam fogo no Multnomah County Justice Center. Já na cidade de Columbus, em Ohio, um grupo tomou as escadas do Capitólio do estado e quebrou as janelas do prédio.[135]

Quando a noite caía na grande metrópole de Nova York, os confrontos entre pessoas e a polícia tomavam conta das ruas. Os embates aconteciam principalmente na Union Square, em Manhattan, e no Barclays Center. Além de saquear lojas, alguns sujeitos incendiavam latas de lixo pelo caminho e jogavam objetos nas forças de segurança pública que respondiam rapidamente com balas de borracha para dispersar a multidão.[136]

A polícia, contudo, não reprimia apenas as ações dos assim chamados "vândalos". Ao contrário, repórteres e cinegrafistas que cobriam as manifestações passaram a ser alvo das ofensivas do aparato repressivo. Em um dos atos que aconteceram na capital de Washington, perto da Casa Branca, um policial foi visto batendo o seu escudo antimotim no peito de um cinegrafista. Já em Minneapolis, onde tudo começou, guardas atiraram projéteis em direção a uma equipe de TV, ameaçando-a posteriormente de prisão.[137]

A cena mais emblemática, todavia, foi protagonizada pelo jornalista da CNN, Omar Jimenez. Junto à sua equipe, Jimenez realizava uma cobertura ao vivo de um protesto que acontecia também em Minneapolis quando foi interpelado por agentes que afirmaram que ele não podia ficar no local. O jornalista então, de maneira calma e simpática, perguntou aos policiais onde então ele poderia ficar. Seu gesto simpático, no entanto, não foi correspondido. Longe disso, de forma totalmente arbitrária e sem lhe dar resposta à indagação, os guardas prenderam o profissional.[138] Sob a luz das câmeras, o mito da democracia dos Estados Unidos, conhecido pelos seus valores de igualdade, justiça e especialmente de liberdade de imprensa, algo garantido na Primeira Emenda da Constituição, ruía em parte diante dos

---

[135] 'Absolute chaos', in Minneapolis as protests grow across U.S. *The New York Times*, Nova York, 29 maio 2020. Disponível em: https://www.nytimes.com/2020/05/29/us/floyd-protests-usa.html#:~:text=Minnesota's%20 governor%20said%20the%20police,charged%20with%20murdering%20George%20Floyd. Acesso em: 22 abr. 2021.

[136] Cities on edge as fires burn near White House. *The New York Times*, Nova York, 31 maio 2020. Disponível em: https://www.nytimes.com/2020/05/31/us/george-floyd-protests-live-updates.html. Acesso em: 28 abr. 2021.

[137] SPECIA, Megan. In turnabout, global leaders urge U.S. to protect reporters amid unrest. *The New York Times*, Nova York, 4 jun. 2020. Disponível em: https://www.nytimes.com/2020/06/04/world/attacks-press-george-floyd.html. Acesso em: 27 abr. 2021.

[138] SPECIA, Megan. In turnabout, global leaders urge U.S. to protect reporters amid unrest. *The New York Times*, Nova York, 4 jun. 2020. Disponível em: https://www.nytimes.com/2020/06/04/world/attacks-press-george-floyd.html. Acesso em: 27 abr. 2021.

olhos do mundo, levando diversos governos democráticos a condenarem publicamente as investidas contra jornalistas.[139]

Com os rastros de destruição e as constantes cenas de depredações e saques, governadores e prefeitos não encontraram outra saída a não ser adotar o toque de recolher e chamar o reforço da Guarda Nacional, que passou a atuar em ao menos em 24 estados.[140] Essa paisagem de destruição e violência acabou sendo instrumentalizada pelo então presidente Donald Trump em favor de seu discurso conservador, autoritário e subliminarmente racista de "Lei e Ordem". Obviamente, não se podia esperar dos organizadores um controle sobre os grupos que circundam as manifestações antirracistas. Poderia sim haver pessoas que, descompromissadas com a pauta política da passeata, iam para se aproveitar do anonimato da multidão para cometer furtos e saques. Ou grupos de extrema-esquerda que viam nos protestos a oportunidade perfeita para "quebrar os símbolos do capital", ou, mais ainda, integrantes da extrema-direita, inclusive policiais, que se juntavam aos atos com o objetivo de "sabotá-los" espalhando o caos. De fato, em alguns momentos, houve relatos de que os guardas usaram força excessiva em situações desnecessárias e, em outros momentos, apenas observavam os saques às lojas serem feitos. Verdade seja dita, ninguém sabia ao certo quais eram os grupos responsáveis pelas cenas de violência.[141] Porém, uma coisa era certa, isso era o combustível ideal para que Trump desqualificasse o movimento antirracista do Black Lives Matter e reavivasse a sua base conservadora com o seu discurso bélico.

1.5 Donald Trump: Valente no Twitter (atualmente X), assustado na Casa Branca

Os Estados Unidos eram assolados pela pandemia da Covid-19. Os números de infectados e mortos pela doença cresciam exponencialmente a cada dia. Somado a isso, as ruas do país eram tomadas por um levante social que clamava pelo fim do racismo. Diante desse cenário todo, contudo, o

---

[139] SPECIA, Megan. In turnabout, global leaders urge U.S. to protect reporters amid unrest. *The New York Times*, Nova York, 4 jun. 2020. Disponível em: https://www.nytimes.com/2020/06/04/world/attacks-press-george-floyd.html. Acesso em: 27 abr. 2021.

[140] Fiery Clashes erupt between police and protesters over George Floyd death. *The New York Times*, Nova York, 30 maio 2020. Disponível em: https://www.nytimes.com/2020/05/30/us/minneapolis-floyd-protests.html. Acesso em: 21 abr. 2021.

[141] MACFARQUHAR, Neil. Many claim extremists are sparking protest violence. But which extremists?. *The New York Times*, Nova York, 31 maio 2020. Disponível em: https://www.nytimes.com/2020/05/31/us/george-floyd-protests-white-supremacists-antifa.html. Acesso em: 22 abr. 2021.

líder da extrema-direita e então presidente estadunidense, o republicano Donald Trump, vivia no seu mundo paralelo das redes sociais. No primeiro momento, apesar de se recusar a condenar publicamente os policiais envolvidos no caso, ele adotou a cartilha do politicamente correto e declarou que a morte de George Floyd foi uma "visão muito chocante" e "um acontecimento muito, muito triste".[142]

A versão "paz e amor" de Trump, no entanto, não duraria muito. Assim que os protestos começaram a se desencadear pelos EUA e as cenas de violência passaram a ser noticiadas pelos veículos de comunicação, o republicano voltou a utilizar a sua habitual postura de combate. Como de praxe, por meio do Twitter (atualmente X), o então mandatário cobrou uma postura mais rígida do prefeito de Minneapolis, o democrata Jacob Frey, para reprimir os atos, caso contrário, ele não hesitaria em convocar a Guarda Nacional para assumir o controle das ruas. Porém, não parou por aí. Pouco tempo depois, chamou os manifestantes, sem procurar fazer distinção alguma, de "bandidos", e sugeriu às forças de segurança pública que atirassem nas pessoas que estavam cometendo delitos nas passeatas.[143]

A ferocidade era a arma predileta do republicano. Segundo Max Weber, o Estado possui o monopólio legítimo da violência e, portanto, quando conflitos de violência surgem na sociedade ele se torna o responsável pela sua extensão ou pela sua regressão.[144] No caso dos afro-estadunidenses a coerção nunca regredia. O aparato repressivo do Estado atuava de forma arbitrária, fora dos limites da lei, utilizando, como o episódio de George Floyd demonstra, uma violência ilegítima, pode-se mesmo dizer criminosa. Trump, todavia, oferecia ao eleitorado conservador, especialmente aqueles mais assustados diante das proporções adquiridas pelos protestos, restabelecer a "Lei e a Ordem" por meio do uso da força necessária, deixando subtender o emprego inclusive da "brutalidade policial", o mecanismo historicamente acionado para manter os negros sob o reino do terror do Estado. Na corrida

---

[142] Protest continue to rage after death of George Floyd. *The New York Times*, Nova York, 28 maio 2020. Disponível em: https://www.nytimes.com/2020/05/28/us/george-floyd-national-guard.html#:~:text=Protesters%20breached%20a%20police%20station,were%20reported%20across%20the%20country.&text=This%20briefing%20has%20ended.,death%20of%20George%20Floyd%20here. Acesso em: 4 abr. 2021.

[143] Protest continue to rage after death of George Floyd. *The New York Times*, Nova York, 28 maio 2020. Disponível em: https://www.nytimes.com/2020/05/28/us/george-floyd-national-guard.html#:~:text=Protesters%20breached%20a%20police%20station,were%20reported%20across%20the%20country.&text=This%20briefing%20has%20ended.,death%20of%20George%20Floyd%20here. Acesso em: 4 abr. 2021.

[144] *Apud* WIEVIORKA, Michel. *O racismo, uma introdução*. São Paulo: Editora Perspectiva, 2007. p. 72.

presidencial de 2016, precisamos recordar, na qual superou a democrata Hillary Clinton, ele se mostrou um grande adepto da tática policial "stop and frisk" ("parar e revistar"), que permitia que policiais revistassem pessoas que considerassem suspeitas sem a necessidade de um mandato. À luz do exposto supra, não era de se surpreender que o alvo principal desse tipo de abordagem fossem os afro-estadunidenses, em especial os jovens.[145] O líder da extrema-direita dos EUA, desde que se aventurou no ramo político, de maneira muito clara, sempre procurou estigmatizar a comunidade negra e reprimir os movimentos antirracistas. Em determinado momento, para se ter uma ideia, ele chegou a dizer que o Black Lives Matter era uma "ameaça".[146] Não à toa, ao longo da referida disputa presidencial, Trump criou um cenário apocalíptico de uma nação em ruínas. Explorando a "raiva" e a sensação da perda de espaço e de poder que muitos de seus seguidores tinham, especialmente os brancos das classes média e baixa e, sobretudo, aqueles que perderam os seus empregos, ele responsabilizava as minorias sociais pelas mazelas dos EUA, colocando-as até mesmo como uma ameaça a moral e a identidade nacional, e, além do mais, prometia o retorno da "América Grande" ("Make America Great Again"), ou seja, de um país em que a sua base eleitoreira voltaria a se sentir suficientemente "poderosa" e "privilegiada".[147] As palavras a seguir de Silvio Almeida são esclarecedoras para entendermos a manipulação promovida por Trump:

> [...] nos momentos de crise, em que há aumento do desemprego e rebaixamento dos salários, o racismo desempenha um papel diversionista bastante importante, pois os trabalhadores atingidos pelo desemprego irão direcionar sua fúria contra as minorias raciais e sexuais, que serão responsabilizadas pela decadência econômica por aceitarem receber salários mais baixos, quando não pela "degradação moral" a que muitos identificarão como motivo da crise. O racismo será, portanto, a forma dos trabalhadores brancos racionalizarem a crise que lhes trouxe perdas materiais e de lidarem com as perdas simbólicas.[148]

---

[145] NINIO, Marcelo. Tensão racial e protestos elevam pressão sobre policiais dos EUA. *Folha de S. Paulo*, 23 set. 2016.

[146] HABERMAN, Maggie; BURNS, Alexandre. Trump's looting and 'shooting' remarks escalate crisis in Minneapolis. *The New York Times*, Nova York, 29 maio 2020. Disponível em: https://www.nytimes.com/2020/05/29/us/politics/trump-looting-shooting.html. Acesso em: 29 abr. 2021.

[147] CONFESSORE, Nicholas. For whites sensing decline, Donald Trump unleashes words or resistance. *The New York Times*, Nova York, 13 jul. 2016. Disponível em: https://www.nytimes.com/2016/07/14/us/politics/donald-trump-white-identity.html. Acesso em: 29 abr. 2021.

[148] ALMEIDA, Silvio. *Racismo estrutural*. São Paulo: Editora Feminismos Plurais, 2019. p. 187.

Colocar as minorias sociais como bode expiatório para os problemas socioeconômico de um país, aliás, não era nenhuma novidade, muito pelo contrário, é algo que se perpetua há anos, inclusive nos EUA. De acordo com o sociólogo estadunidense Robert King Merton, para efeito ilustrativo, no sindicalismo estadunidense

> [...] os operários brancos, até a época do New Deal, excluem comumente os trabalhadores negros de seus sindicatos e se esforçam para expulsá-los do emprego, afirmando que são furadores de greve; em assim agindo, eles os constituem efetivamente como tais.[149]

Voltando a 2020. Devemos nos atentar ao tweet de Trump em que ele pede para as forças de segurança pública atirarem nos manifestantes – sem fazer distinção alguma. No Twitter (atualmente X), ele deixou a seguinte mensagem:

> These THUGS are dishonoring the memory of George Floyd and I won't let that happen. Just spoken to Governor Tim Walz and told him that the Military is with him all the way. Any difficult and we will assume control but, when the looting starts, the shooting starts. Thank you! (Esses BANDIDOS estão desonrando a memória de George Floyd e eu não vou deixar isso acontecer. Acabei de conversar com o Governador Tim Walz e disse que os militares estão com ele o tempo todo. Qualquer dificuldade e assumiremos o controle mas, quando o saque começa, o tiroteio começa. Obrigado!).[150]

Segundo Wieviorka, a violência racista pode "ser política, empregada, preparada, organizada ou orquestrada por atores políticos".[151] Nesse caso, a violência não era planejada por qualquer autoridade pública, mas sim pelo presidente de uma das maiores potências mundiais, e pior, contra o seu próprio povo. Ademais, o que saltava aos olhos era que não era algo feito nos bastidores e/ou entre linhas, longe disso, o republicano incitava a barbárie de modo público e explícito. Como não poderia ser diferente, o tweet foi amplamente criticado pela opinião pública e a plataforma do Twitter (atualmente X) não encontrou alternativa a não ser pré-censurar a

---

[149] *Apud* WIEVIORKA, Michel. *O racismo, uma introdução.* São Paulo: Editora Perspectiva, 2007. p. 77-78.

[150] Protest continue to rage after death of George Floyd. *The New York Times*, Nova York, 28 maio 2020. Disponível em: https://www.nytimes.com/2020/05/28/us/george-floyd-national-guard.html#:~:text=Protesters%20breached%20a%20police%20station,were%20reported%20across%20the%20country.&text=This%20briefing%20has%20ended.,death%20of%20George%20Floyd%20here. Acesso em: 4 abr. 2021.

[151] WIEVIORKA, Michel. *O racismo, uma introdução.* São Paulo: Editora Perspectiva, 2007. p. 73.

publicação, uma vez que violava as regras da rede social, pois "glorificava a violência".[152] Por fim, devemos destacar a seguinte frase utilizado por Trump no tweet: "when the looting starts, the shooting starts" ("quando o saque começa, o tiroteio começa"). Essa expressão foi cunhada em 1967, pelo então chefe de polícia de Miami, Walter E. Headley, conhecido por comandar as incursões violentas nos bairros negros da cidade.[153] Diante da revolta dos guetos no país, verificada de um extremo ao outro naquela época, Headley disse em uma conferência de imprensa:

> Nós não tivemos problemas sérios com desobediências civis e saques porque eu espalhei a ordem de que quando o saque começa, o tiroteio começa [...]. Nós não nos importamos de sermos acusados de brutalidade policial. Eles não viram nada ainda.[154]

Após sofrer pressão pública em relação ao seu tweet, o então presidente dos EUA recorreu mais uma vez à rede social para fazer um mea-culpa. Afirmou que havia sido mal interpretado, que, na verdade, o que ele quis dizer era que os saques que estavam ocorrendo nas manifestações eram o que causavam a violência. Além disso, explicou que não queria que isso acontecesse e era essa a mensagem que a expressão usada por ele passava.[155] Trump, contudo, nem sempre condenava manifestações que tinham algum tipo de conduta violenta. Em 30 de abril de 2020, por exemplo, em Michigan, parte de seus apoiadores "armados até os dentes" invadiram o Congresso do estado para protestar contra as medidas de isolamento social adotadas pela então governadora democrata, Gretchen Whitmer. Na ocasião, o republicano disse que os indivíduos que invadiram o Congresso eram "pessoas muito

---

[152] Protest continue to rage after death of George Floyd. *The New York Times*, Nova York, 28 maio 2020. Disponível em: https://www.nytimes.com/2020/05/28/us/george-floyd-national-guard.html#:~:text=Protesters%20 breached%20a%20police%20station,were%20reported%20across%20the%20country.&text=This%20briefing%20 has%20ended.,death%20of%20George%20Floyd%20here. Acesso em: 4 abr. 2021.

[153] WINES, Michael. 'Looting' comment from Trump dates back to racial unrest of the 1960s. *The New York Times*, Nova York, 29 maio 2020. Disponível em: https://www.nytimes.com/2020/05/29/us/looting-starts-shooting-starts.html#:~:text=shooting%2Dstarts.html-,'Looting'%20Comment%20From%20Trump%20Dates%20 Back%20to%20Racial%20Unrest%20of,condemned%20by%20civil%20rights%20groups.. Acesso em: 29 abr. 2021.

[154] WINES, Michael. 'Looting' comment from Trump dates back to racial unrest of the 1960s. *The New York Times*, Nova York, 29 maio 2020. Disponível em: https://www.nytimes.com/2020/05/29/us/looting-starts-shooting-starts.html#:~:text=shooting%2Dstarts.html-,'Looting'%20Comment%20From%20Trump%20Dates%20 Back%20to%20Racial%20Unrest%20of,condemned%20by%20civil%20rights%20groups.. Acesso em: 29 abr. 2021.

[155] WINES, Michael. 'Looting' comment from Trump dates back to racial unrest of the 1960s. *The New York Times*, Nova York, 29 maio 2020. Disponível em: https://www.nytimes.com/2020/05/29/us/looting-starts-shooting-starts.html#:~:text=shooting%2Dstarts.html-,'Looting'%20Comment%20From%20Trump%20Dates%20 Back%20to%20Racial%20Unrest%20of,condemned%20by%20civil%20rights%20groups.. Acesso em: 29 abr. 2021.

boas". Agora, em contraste, ele chamava os manifestantes de "bandidos" e pedia para que as forças de segurança atirassem neles.[156]

Mais tarde, importante salientar, os trumpistas invadiram o Capitólio de Washington, sede do Congresso estadunidense, durante a contagem de votos do Colégio Eleitoral para protestar contra o resultado da eleição presidencial de 2020. Na época, sem comprovação alguma, o republicano alegava que o pleito, em que havia perdido para o então candidato democrata, Joseph Robinette "Joe" Biden Jr., popularmente conhecido como Joe Biden, tinha sido fraudado e incitava seus seguidores a realizarem a invasão ao Congresso para tentar reverter a sua derrota.[157]

Voltando às manifestações antirracistas. Em um evento oficial realizado na Casa Branca, o líder da extrema-direita estadunidense voltou a falar sobre o caso de George Floyd e dos atos que aconteciam pelos EUA. Dessa vez, ele condenou o policial Derek Chauvin, argumentando que "certamente, parece que não há desculpas para isso" e que as ações do agente eram "um insulto tremendo para a polícia e aos policiais". Ao ser questionado sobre as marchas, o republicano, a princípio, adotou um tom mais ponderado. Argumentou que "certamente havia pessoas boas" nas manifestações e que estavam protestando "pela causa certa". Também enfatizou que aqueles que cometiam saques estavam prestando "um grande desserviço ao país".[158] Tratando-se de Donald Trump, todavia, devemos sempre esperar a criação de uma cortina de fumaça para os reais problemas da nação. Assim sendo, se a entrevista coletiva promovida na Casa Branca havia começado com um tom ponderado, não demorou muito para que se transformasse em ataque. Ele afirmou – como de costume sem demonstrar comprovação alguma – que o Twitter (atualmente X) buscava censurar "republicanos, conservadores e o presidente dos EUA".[159]

Enquanto Trump jogava as suas invencionices ao vento, que eram seguidas à risca pelos seus admiradores mais fiéis, as manifestações antir-

---

[156] TAYLOR, Keeanga-Yamahtta. Artigo: Of course there ares protests. The State is failing black people. *The New York Times*, Nova York, 29 maio 2020. Disponível em: https://www.nytimes.com/2020/05/29/opinion/george-floyd-minneapolis.html. Acesso em: 1 maio 2021.

[157] Apoiadores de Trump invadem Congresso dos EUA. *G1*, 6 jan. 2021. Disponível em: https://g1.globo.com/mundo/noticia/2021/01/06/manifestantes-pro-trump-invadem-congresso-americano.ghtml. Acesso em: 1 maio 2021.

[158] HABERMAN, Maggie; BURNS, Alexandre. Trump's looting and 'shooting' remarks escalate crisis in Minneapolis. *The New York Times*, Nova York, 29 maio 2020. Disponível em: https://www.nytimes.com/2020/05/29/us/politics/trump-looting-shooting.html. Acesso em: 29 abr. 2021.

[159] HABERMAN, Maggie; BURNS, Alexandre. Trump's looting and 'shooting' remarks escalate crisis in Minneapolis. *The New York Times*, Nova York, 29 maio 2020. Disponível em: https://www.nytimes.com/2020/05/29/us/politics/trump-looting-shooting.html. Acesso em: 29 abr. 2021.

racistas tomavam conta dos EUA. E não demorou muito para que os atos batessem na porta da Casa Branca. Vídeos que circulavam pelas redes sociais mostravam uma grande multidão avançando em direção à morada oficial do presidente. Chegando nas proximidades da Casa Branca, os manifestantes foram recebidos com gás lacrimogêneo pelo policiamento local. Além do mais, como medida extrema de segurança, o Serviço Secreto Americano bloqueou todas as entradas, desligou as luzes internas da residência e conduziu o republicano a se refugiar em um bunker subterrâneo, utilizado antigamente pelos presidentes para se protegerem de ataques terroristas.[160] Infelizmente, contudo, o Serviço Secreto esqueceu-se de tirar o celular das mãos de Trump, que, escondido no bunker, recorreu à sua arma predileta, a internet, para atacar os manifestantes. Em determinado momento, ele chegou a declarar que caso as pessoas tivessem furado o bloqueio policial, elas seriam recebidas pelos "cães mais cruéis e as armas mais ameaçadoras" que elas jamais tinham visto.[161]

Mostrando bravura no Twitter (atualmente X), o líder dos trumpistas não esperava um contragolpe tão hábil quanto o da então prefeita democrata de Washington, Muriel Elizabeth Bowser. Por meio da referida plataforma digital, a prefeita lhe respondeu da seguinte maneira:

> Não há cães cruéis nem armas ameaçadoras. Há apenas um homem assustado. Enquanto ele [Donald Trump] se esconde atrás de uma cerca com medo/sozinho, eu fico com as pessoas exercendo pacificamente o direito [previsto] na Primeira Emenda após o assassinato de George Floyd e centenas de anos de racismo institucionalizado.[162]

Essa não seria a única vez que Trump tomaria um contragolpe tão letal. Quando protestos tomaram as ruas de Seattle, a então prefeita democrata da cidade, Jenny Anne Durkan, e o então governador do estado de Washington, Jay Robert Inslee, foram intimados pelo líder da extrema direita estadunidense a recuperarem a metrópole, caso contrário, ele tomaria ações federais. Ademais, pelo Twitter (atualmente X), classificou os manifestantes como terroristas domésticos e invocou a sua plataforma política predi-

---

[160] 'Absolute chaos', in Minneapolis as protests grow across U.S. *The New York Times*, Nova York, 29 maio 2020. Disponível em: https://www.nytimes.com/2020/05/29/us/floyd-protests-usa.html#:~:text=Minnesota's%20 governor%20said%20the%20police,charged%20with%20murdering%20George%20Floyd. Acesso em: 22 abr. 2021.

[161] Reuters. Artigo "EUA chegam a 5º noite de atos contra racismo em estado de ebulição". *Folha de S. Paulo*, São Paulo, 31 maio 2020.

[162] Reuters. Artigo "EUA chegam a 5º noite de atos contra racismo em estado de ebulição". *Folha de S. Paulo*, São Paulo, 31 maio 2020.

leta da "Lei e Ordem". Durkan, também pelas mídias digitais, lançou uma contraofensiva simples, porém eficaz contra o republicano: "Deixe todos seguros. Volte para o seu bunker".[163]

Apesar dos golpes sofridos, o então presidente estadunidense continuava lançando suas investidas por meio de tweets. Mais tarde, ele voltou a cobrar uma postura mais firme dos democratas em relação às marchas antirracistas que aconteciam no país:

> Sejam firmes prefeitos e governadores democratas. Essas pessoas [os manifestantes] são ANARQUISTAS. Chamem a nossa Guarda Nacional AGORA. O mundo está assistindo e rindo de vocês e do Joe Sonolento [Joe Biden]. É isso que a América quer? NÃO!![164]

Apesar de Trump esbravejar nas redes sociais, um dia após o outro, as pessoas tomavam as ruas, especialmente de Washington. Assim como em Nova York, durante o dia, os atos que se desenrolavam pela capital dos EUA eram, na sua grande maioria, pacíficos. Os ativistas que comandavam as passeatas usavam megafones para puxar gritos de protestos como "queremos mudanças", "queremos acusações" e "não mais absolvições". Além disso, de tempos em tempos, eles gritavam os nomes de algumas vítimas da brutalidade policial como George Floyd, Breonna Taylor e Philando Castile.[165] Por mais que as suas falas fossem rebatidas, de certo modo, alguns prefeitos e governadores democratas seguiram a cartilha do republicano e implementaram toques de recolher. Entretanto, isso não foi capaz de conter a ira da população. Em determinado momento, enquanto se dirigia à Casa branca, uma multidão deixava pelo caminho rastros de um protesto irrefreável: incêndios foram provocados em vários pontos da capital, e um deles, inclusive, chegou bem perto da icônica igreja pentecostal de St. John, frequentada ao menos uma vez por todos os presidentes desde James Madison. Felizmente, os bombeiros conseguiram controlar as chamas e a igreja não sofreu nenhum dano.[166]

---

[163] America's reckoning on racism spreads beyond policing. *The New York Times*, Nova York, 10 jun. 2020. Disponível em: https://www.nytimes.com/2020/06/10/us/protests-black-lives-matter-george-floyd.html. Acesso em: 4 maio 2021.

[164] Cities on edge as fires burn near White House. *The New York Times*, Nova York, 31 maio 2020. Disponível em: https://www.nytimes.com/2020/05/31/us/george-floyd-protests-live-updates.html. Acesso em: 4 maio 2021.

[165] MCCREESH, Shawn. Protests near White House spiral out of control again. *The New York Times*, Nova York, 31 maio 2020. Disponível em: https://www.nytimes.com/2020/05/31/us/politics/washington-dc-george-floyd-protests.html#:~:text=WASHINGTON%20%E2%80%94%20Despite%20an%2011%20p.m.,with%20canisters%20of%20tear%20gas. Acesso em: 4 maio 2021.

[166] MCCREESH, Shawn. Protests near White House spiral out of control again. *The New York Times*, Nova York, 31 maio 2020. Disponível em: https://www.nytimes.com/2020/05/31/us/politics/washington-dc-geor-

Ao chegarem em frente à Casa Branca, o grupo enfurecido foi recebido por uma enorme barreira policial. Na tentativa de dispersá-la, por vezes, a polícia jogava bombas de gás lacrimogêneo na multidão. Nada disso, no entanto, foi suficiente. Eles não arredavam o pé e a tensão entre civis e guardas só aumentava.[167] Não demorou muito para que o inevitável ocorresse. Por volta das 21h, a multidão furou o bloqueio policial tomando conta do gramado sul da residência oficial do presidente. Enquanto a batalha entre forças de segurança pública e civis se desenrolava do lado de fora, mais uma vez refugiado dentro de seu bunker, Trump fazia suas investidas pelas mídias digitais. Pelo Twitter (atualmente X), chamou o acontecimento de "terrorismo doméstico" e, obviamente, clamava por "Lei e Ordem".[168]

Mais ainda, posteriormente ao episódio descrito supra, na tentativa de demonstrar força política e fazer uma contraofensiva às manifestações contra o racismo, o líder da extrema-direita convocou seus seguidores a realizarem um ato também em frente à Casa Branca. Chamando o evento de "MAGA [abreviação do slogan 'Make America Great Again'] NIGHT AT WHITE HOUSE" ("MEGA NOITE NA CASA BRANCA"), ele pedia para que as pessoas usassem os bonés vermelhos de sua campanha. A convocatória, todavia, foi um fracasso e, como era esperado, nenhum boné vermelho foi visto nas redondezas.[169] Se não tinha nenhum trumpista por perto, por outro ângulo, os simpatizantes do Black Lives Matter estavam em todos os lugares. Em outro momento, enquanto o então presidente discursava no Rose Garden (um jardim que fica entre o Salão Oval e a ala oeste da Casa Branca), do lado de fora, militantes antirracistas entoavam gritos de protesto.[170]

---

ge-floyd-protests.html#:~:text=WASHINGTON%20%E2%80%94%20Despite%20an%2011%20p.m.,with%20 canisters%20of%20tear%20gas. Acesso em: 4 maio 2021.

[167] MCCREESH, Shawn. Protests near White House spiral out of control again. *The New York Times*, Nova York, 31 maio 2020. Disponível em: https://www.nytimes.com/2020/05/31/us/politics/washington-dc-george-floyd-protests.html#:~:text=WASHINGTON%20%E2%80%94%20Despite%20an%2011%20p.m.,with%20 canisters%20of%20tear%20gas. Acesso em: 4 maio 2021.

[168] Protests swell in U.S. and beyond as George Floyd is mourned near his birthplace. *The New York Times*, Nova York, 6 jun. 2020. Disponível em: https://www.nytimes.com/2020/06/06/us/protests-today-police-george-floyd. html. Acesso em: 5 maio 2021.

[169] MCCREESH, Shawn. Protests near White House spiral out of control again. *The New York Times*, Nova York, 31 maio 2020. Disponível em: https://www.nytimes.com/2020/05/31/us/politics/washington-dc-george-floyd-protests.html#:~:text=WASHINGTON%20%E2%80%94%20Despite%20an%2011%20p.m.,with%20 canisters%20of%20tear%20gas. Acesso em: 4 maio 2021.

[170] Tear gas clears path for Trump to visit church. *The New York Times*, Nova York, 1 jun. 2020. Disponível em: https://www.nytimes.com/2020/06/01/us/floyd-protests-live.html#:~:text=Police%20officers%20used%20 tear%20gas,house%20basement%20fire%20Sunday%20night. Acesso em: 5 maio 2021.

Em seu discurso no Rose Garden, Trump subia o seu tom bélico. No primeiro momento, até que começou a sua arguição de maneira amena. Disse que se unia aos estadunidenses que estavam "justamente enojados e revoltados" com a morte de George Floyd. Mas sua complacência com as manifestações contra o racismo que ocorriam EUA afora parou por aí. Não demorou muito para que ele ameaçasse colocar uma presença maciça de policiais para "dominar as ruas" que responderiam com uma aplicação "esmagadora da lei até que a violência fosse encerrada". Além do mais, afirmou que caso os governadores se recusassem

> [...] a tomar ações necessárias para defender a vida e a propriedade de seus moradores, então eu convocarei os militares dos EUA e resolverei o problema rapidamente para eles.[171]

A cena mais emblemática protagonizada por Trump, contudo, viria a seguir. Assim que terminou o seu discurso, ele desceu do palanque, e escoltado – como não poderia ser diferente – por uma enorme tropa de militares da Guarda Nacional e um contingente de policiais caminhou em direção aos manifestantes. Para abrir passagem, os militares e os guardas jogavam bombas de gás lacrimogêneo e granadas de flash na multidão que, até então, estava pacífica. Tudo isso para que o então mandatário pudesse chegar à Igreja St. Joh, onde, exibindo-se para as câmeras dos jornalistas, segurou uma Bíblia na mão.[172] Era uma clara manipulação religiosa e um ato desesperado para demonstrar poder. Trump, na verdade, estava perdendo capital político. Os EUA, sob o seu comando, encontravam-se em um cenário apocalíptico (de certa forma uma ironia, pois um dos motivos que o levou a conquistar a eleição presidencial de 2016 era justamente a ideia de que caso Hillary ganhasse os EUA viveriam um "apocalipse"): o país era assolado pela pandemia da Covid-19 que tirava a vida e o emprego de milhares de pessoas e, ao mesmo tempo, deparava-se com o racismo estrutural e a violência policial contra os afro-estadunidenses. Dessa maneira, sentindo cada vez mais a constante pressão que era feita sobre a sua administração, seja em relação ao negacionismo na questão da pandemia, seja devido à falta de políticas públicas direcionadas à comunidade negra, o líder da extrema-di-

---

[171] Tear gas clears path for Trump to visit church. *The New York Times*, Nova York, 1 jun. 2020. Disponível em: https://www.nytimes.com/2020/06/01/us/floyd-protests-live.html#:~:text=Police%20officers%20used%20tear%20gas,house%20basement%20fire%20Sunday%20night. Acesso em: 5 maio 2021.

[172] Tear gas clears path for Trump to visit church. *The New York Times*, Nova York, 1 jun. 2020. Disponível em: https://www.nytimes.com/2020/06/01/us/floyd-protests-live.html#:~:text=Police%20officers%20used%20tear%20gas,house%20basement%20fire%20Sunday%20night. Acesso em: 5 maio 2021.

reita estadunidense acenava cada vez mais para a sua base conservadora e fiel, e procurava, por meio da força bruta do aparato repressivo do Estado, restabelecer a ordem sociorracial instituída no interesse dos grupos que ele representava. Não à toa, sempre que possível, ele fazia elogios aos policiais (um dos pilares da base trumpista), como, por exemplo, em determinado momento, afirmou que 99,9% dos agentes de segurança pública do país eram "ótimas pessoas".[173] Sim, claro, parafraseando os Rolling Stones na letra da canção "Sympathy For The Devil": "assim como todo policial é criminoso, todo pecador é santo", ou seja, obviamente, não podemos cair no erro de generalizar e considerar todos os agentes como maus profissionais, ou que, de algum modo, estão ligados à extrema-direita. Inclusive, em vários momentos nas manifestações contra o racismo, era possível ver certa união entre policiais e cidadãos. Em Nova York, um dos momentos mais simbólicos foi quando um guarda se ajoelhou com os manifestantes em sinal de respeito.[174]

Entretanto, convém ressaltar que não podemos concordar com a afirmação de Trump. Mas sim devemos analisar a real mensagem contida por trás de sua fala. Segundo Silvio Almeida, o racismo individual caracteriza-se por ser "um fenômeno ético ou psicológico de caráter individual ou coletivo, atribuído a grupos isolados". Assim sendo, quando concebido, ele é, ou pelo menos deveria ser, combatido no "campo jurídico por meio de aplicação de sanções civis – indenizações, por exemplo, – ou penais". Em outras palavras, sob esse ponto de vista, "não haveria sociedades ou instituições racistas, mas indivíduos racistas, que agem isoladamente ou em grupo".[175] Ora, ao afirmar categoricamente que 99,9% dos guardas eram "ótimas pessoas", o republicano buscava transmitir a ideia de que os casos de racismo que aconteciam nas abordagens policiais não passavam de atos isolados de maus agentes. Com efeito, ele negava veementemente a existência do racismo institucional que persiste dentro das corporações de segurança pública dos EUA há anos. Michel Wieviorka, por sua vez, retrata o racismo institucional presente na polícia francesa. De acordo com o autor,

---

[173] BAKER, Peter; HABERMAN, Maggie. Trump rebuffs protests over systemic racism and calls police 'great people'. *The New York Times*, Nova York, 8 jun. 2020. Disponível em: https://www.nytimes.com/2020/06/08/us/politics/defund-police-trump.html. Acesso em: 6 maio 2021.

[174] NORMAN, Derek M (@derek_m_norman). *A police officer kneels with demonstrators at Barclays Center in Brooklyn*. 31 maio 2020. Tweet. Disponível em: https://twitter.com/derek_m_norman/status/1267279241177112576?ref_src=twsrc%5Etfw%7Ctwcamp%5Etweetembed%7Ctwterm%5E1267279241177112576%7Ctwgr%5E1f5b-8f9689132ad35b1c95dae05b1148e6d21d60%7Ctwcon%5Es1_&ref_url=https%3A%2F%2Fwww.nytimes.com%2F2020%2F05%2F31%2Fnyregion%2Fnyc-protests-george-floyd.html. Acesso em: 6 maio 2021.

[175] ALMEIDA, Silvio. *Racismo estrutural.* São Paulo: Editora Feminismos Plurais, 2019. p. 36.

> [...] o comportamento dos policiais e militares que interpelam os jovens "com cara", por exemplo, numa operação de combate ao terrorismo, explica-se pela maior probabilidade de que eles transportam um engenho explosivo, ação atribuída a esses jovens, de preferência às pessoas mais idosas e aparentemente "de cepa"; além disso, os policiais podem, nesse contexto, esperar que, mesmo se não houver bomba a descobrir, haverá sempre algumas gramas de haxixe ou a ausência de carta de permanência. A discriminação, aqui, está no fato de que são certas categorias de pessoas que são interpeladas, e não na própria interpelação, pelo menos se ela se efetua no respeito da lei.[176]

Apesar de estar se referindo à sociedade francesa, podemos aplicar o argumento supra de Wieviorka no cenário estadunidense. Em Minneapolis, por exemplo, palco da tragédia que desencadeou todo esse movimento antirracista, a comunidade negra representa 20% da população da cidade. Todavia, conforme uma pesquisa realizada pelo próprio Departamento de Polícia do município, os negros eram mais revistados, presos e sofriam mais com a abordagem policial do que os brancos. Não à toa, como elucidavam os dados de 2009 até maio de 2019, mais de 60% das vítimas de tiroteio envolvendo policiais eram afro-estadunidenses.[177] Projetadas para o contexto nacional, as estatísticas eram ainda mais alarmantes. Segundo o editor do *The New York Times,* Spencer Bokat-Lindell, em 2020, os negros eram três vezes mais propensos a morrerem por policiais do que os brancos.[178] Dessa maneira, podemos recorrer mais uma vez a música da banda Rage Against The Machine, "Killing in the Name". Nos versos a seguir, a canção denuncia que as abordagens policiais sempre miram os negros e que em muitos casos acabam sendo mortos:

> Those who died are justified
> (Aqueles que morrem são justificados)
> For wearing the badge
> (Por usarem o distintivo)
> They're the chosen whites

---

[176] WIEVIORKA, Michel. *O racismo, uma introdução.* São Paulo: Editora Perspectiva, 2007. p. 69.

[177] FURBER, Matt; ELIGON, John; BURCH, Audra D. S. Minneapolis police, long accused of racism, face wrath of wounded city. *The New York Times,* Nova York, 27 maio 2020. Disponível em: https://www.nytimes.com/2020/05/27/us/minneapolis-police.html. Acesso em: 21 abr. 2021.

[178] BOKAT-LINDELL, Spencer. Why is police brutality still happening? *The New York Times,* Nova York, 28 maio 2020. Disponível em: https://www.nytimes.com/2020/05/28/opinion/minneapolis-police-brutality.html. Acesso em: 7 maio 2021.

(Eles são os brancos escolhidos)
You justify those that died
(Você justifica aqueles que morrem)
By wearing the badge
(Por usarem o distintivo)
They're the chosen whites
(Eles são os brancos escolhidos)

Para Almeida,

> [...] em uma sociedade em que o racismo está presente na vida cotidiana, as instituições que não tratarem de maneira ativa e como um problema a desigualdade racial irão facilmente reproduzir as práticas racistas já tidas como "normais" em toda a sociedade.[179]

E, de maneira não surpreendente, a plataforma política do então presidente estadunidense à comunidade negra era justamente a manutenção das práticas racistas que regiam o país, mantendo os negros confinados o máximo possível nos bairros segregados e recorrendo em muitos casos ao aparato repressivo do Estado para oprimi-los e constrangê-los. Verdade seja dita, Donald Trump não era o primeiro mandatário a adotar uma linha política que prejudicasse a ascensão social e econômica dos afro-estadunidenses. Durante o mandato do republicano Richard Milhous Nixon (1969-1974), no começo dos anos de 1970, os programas sociais Great Society que haviam sido implantados pelo governo democrata de Lyndon Johnson, durante a onda dos protestos pelos Direitos Civis dos anos de 1960, foram gradualmente desmontados, impossibilitando que as cidades tivessem recursos para atender às demandas de sua população mais vulnerável. Contudo, foi durante a administração também republicana de Ronald Reagan, na década de 1980, como vimos anteriormente, que esse processo se acelerou. O orçamento destinado ao desenvolvimento urbano sofreu um corte de 68%, o programa habitacional federal teve um corte de 70% e a assistência social caiu pela metade em 1977 e 1988. Além disso, outros serviços essenciais, tais como transporte público, serviços médicos, escolas, coleta de lixo e inspeção de residências, também sofreram cortes profundos em seus orçamentos.[180] Segundo Wacquant, a "Guerra contra a pobreza", promovida por Lyndon Johnson, dava lugar à "Guerra contra o Estado de bem-estar social" iniciada por Reagan e ampliada por seus sucessores. Sendo assim,

---

[179] ALMEIDA, Silvio. *Racismo estrutural.* São Paulo: Editora Feminismos Plurais, 2019. p. 48-49.

[180] WACQUANT, Loïc. *As duas faces do gueto.* São Paulo: Editora Boitempo, 2008. p. 39-40.

> [...] as políticas de Estado passaram do combate às dispari-
> dades etnorraciais e de classe ao acompanhamento de suas
> consequências pelo desenvolvimento de uma dupla estratégia
> de indiferença benévola nos escalões superiores da estrutura
> social e de repressão ativa na base dessa mesma estrutura.[181]

Voltando ao ano de 2020. Trump, além dos seus discursos bélicos para agitar a sua base radical conservadora, sempre que se sentia acuado de alguma forma, também recorria a uma de suas invencionices. Usando – como sempre – o Twitter (atualmente X), ele disse que "ninguém tinha feito mais pela comunidade afro-estadunidense que o 'Presidente Trump'" e afirmou que o melhor estava por vir.[182] A mentira, nesse caso, era tão absurda e escancarada que não se fazia necessário o trabalho de uma agência de checagem de notícias.

De uma coisa – vejam só – Donald Trump estava certo. O melhor estava por vir. As manifestações contra o racismo não seriam vistas apenas nos Estados Unidos. Longe disso, de maneira surpreendente, elas alçaram voo e se espalharam para outras partes do globo. De forma poética, o mundo erguia seus punhos fechados para cima e gritava uniformemente: "Black Lives Matter" ("Vidas Negras Importam").

1.6 A revolta se espalha pelo mundo

Basta. Era isso que as pessoas, ou pelo menos aquelas comprometidas com a luta contra o racismo, clamavam pelas ruas dos quatro cantos do mundo. Graças ao vídeo amador que circulou por toda a internet, o planeta pode testemunhar e se indignar com a morte de George Floyd. O levante antirracista que tomou conta dos EUA agora buscava conquistar novos lugares. E assim fez. Bem como no país natal de Floyd, os atos duraram semanas em algumas nações, jogando luz ao problema do racismo estrutural presente em muitas sociedades.[183]

Na capital francesa, os atos antirracistas eram organizados em frente à embaixada dos EUA e nas redondezas da Torre Eiffel. Inspirando-se nos

---

[181] WACQUANT, Loïc. *As duas faces do gueto.* São Paulo: Editora Boitempo, 2008. p. 72-73.

[182] QIU, Linda. Trump's false claim that 'nobody has ever done' more for the black community than he has. *The New York Times*, Nova York, 5 jun. 2020. Disponível em: https://www.nytimes.com/2020/06/05/us/politics/trump-black-african-americans-fact-check.html. Acesso em: 7 maio 2021.

[183] CAVE, Damien; ALBECK-RIPA, Livia; MAGRA, Iliana. Huge crowds around the globe march in solidarity against police brutality. *The New York Times*, Nova York, 6 jun. 2020. Disponível em: https://www.nytimes.com/2020/06/06/world/george-floyd-global-protests.html#:~:text=global%2Dprotests.html-,Huge%20Crowds%20Around%20the%20Globe%20March%20in%20Solidarity%20Against%20Police,racism%20in%20their%20own%20countries.. Acesso em: 7 maio 2021.

estadunidenses, os protestos na França duraram semanas e pediam Justiça também aos casos de racismo que aconteceram no país.[184] Outras regiões europeias, tais como Copenhague (Dinamarca), Budapeste (Hungria) e Madrid (Espanha), apresentaram manifestações em frente às Embaixadas dos EUA.[185] Apesar das advertências dadas pelo então primeiro-ministro, Scott John Morrison, sobre os perigos de contágio do coronavírus, os australianos tomaram as ruas de seus municípios. Aproveitando o clamor popular, ativistas locais passaram a denunciar as discriminações raciais que aconteciam contra a minoria dos aborígenes na Austrália.[186] Já no Canadá, as manifestações ocorreram nas cidades de Vancouver, Montreal e Toronto.[187]

Oriente Médio e África também apresentaram atos antirracistas. Na cidade de Idlib, na Síria, dois artistas utilizaram as paredes de um prédio em ruínas para escrever "eu não consigo respirar" e "não ao racismo". Já no Quênia, diversas pessoas segurando cartazes com os dizeres: "silêncio é violência" e gritando "fim da brutalidade policial" ficaram concentradas em frente à embaixada estadunidense do país.[188] O continente asiático também mostrou solidariedade na luta contra o racismo. Em Tóquio, capital japonesa, os manifestantes, além de pedirem justiça a George Floyd, lembraram-se do caso local de um homem curdo que teria sofrido maus tratos de guardas. Já em Seul, capital da Coreia do Sul, ativistas usaram máscaras negras com os dizeres "Não Consigo Respirar" em coreano. A China também apresentou relatos de protestos.[189] No Brasil

---

[184] CAVE, Damien; ALBECK-RIPKA, Livia; MAGRA, Iliana. Huge crowds around the globe march in solidarity against police brutality. *The New York Times*, Nova York, 6 jun. 2020. Disponível em: https://www.nytimes.com/2020/06/06/world/george-floyd-global-protests.html#:~:text=global%2Dprotests.html-,Huge%20Crowds%20Around%20the%20Globe%20March%20in%20Solidarity%20Against%20Police,racism%20in%20their%20own%20countries.. Acesso em: 7 maio 2021.

[185] PINTO, Estela de Souza. Enquanto EUA têm atos pacíficos, Europa registra protestos violentos. *Folha de S. Paulo*, São Paulo, 8 jun. 2020.

[186] CAVE, Damien; ALBECK-RIPA, Livia; MAGRA, Iliana. Huge crowds around the globe march in solidarity against police brutality. *The New York Times*, Nova York, 6 jun. 2020. Disponível em: https://www.nytimes.com/2020/06/06/world/george-floyd-global-protests.html#:~:text=global%2Dprotests.html-,Huge%20Crowds%20Around%20the%20Globe%20March%20in%20Solidarity%20Against%20Police,racism%20in%20their%20own%20countries.. Acesso em: 7 maio 2021.

[187] HERNÁNDEZ, Javier C.; MUELLER, Benjamin. Global anger grows over George Floyd death, and becomes an anti-Trump cudgel. *The New York Times*, Nova York, 1 jun. 2020. Disponível em: https://www.nytimes.com/2020/06/01/world/asia/george-floyd-protest-global.html. Acesso em: 8 maio 2021.

[188] CAVE, Damien; ALBECK-RIPA, Livia; MAGRA, Iliana. Huge crowds around the globe march in solidarity against police brutality. *The New York Times*, Nova York, 6 jun. 2020. Disponível em: https://www.nytimes.com/2020/06/06/world/george-floyd-global-protests.html#:~:text=global%2Dprotests.html-,Huge%20Crowds%20Around%20the%20Globe%20March%20in%20Solidarity%20Against%20Police,racism%20in%20their%20own%20countries.. Acesso em: 7 maio 2021.

[189] Reuters. Artigo Atos antirracistas crescem no mundo e tentam recuperar fôlego nos EUA. *Folha de S. Paulo*, São Paulo, 7 jun. 2020.

também ocorreram manifestações, mas ao contrário dos demais países, os atos apresentaram outras pautas além do combate ao racismo, como a luta em defesa da democracia e contra o então presidente Jair Bolsonaro (**os atos que aconteceram no Brasil serão abordados no Capítulo 3**).[190]

As marchas não viviam apenas de cantorias. Ao contrário, mudanças estavam acontecendo. Enquanto o levante antirracista erguia cada vez mais a sua voz, símbolos de opressão eram postos abaixo. No Reino Unido, mais precisamente em Bristol, na Inglaterra, a estátua de Edward Colston foi derrubada por cordas. O monumento de bronze, erguido em 1895, era uma homenagem a um senhor de escravos do século XVII que fez fortuna transportando cerca de 80 mil homens, mulheres e crianças da África para o Caribe e as Américas.[191] Assim que a estátua foi derrubada, pessoas começaram a dançar por cima dela. Posteriormente, rolaram-na rua abaixo em direção a um rio no qual, afinal, jogaram a estátua para ser esquecida. Além disso, conforme as autoridades locais, o monumento de Edward Colston não será reposto. Ao contrário, em seu lugar será construída uma estátua em homenagem a Paul Stephenson, um trabalhador negro que, em 1963, liderou boicotes contra a Companhia de Ônibus de Bristol para forçar a empresa a acabar com as práticas de discriminação na contratação de minorias.[192] Na Bélgica, a estátua do Rei Leopoldo 2.º, responsável pela morte de cerca de 10 milhões de africanos no século XIX, foi incendiada e, posteriormente, removida.[193] Nos EUA, inclusive, o movimento que pedia a retirada de obras que glorificavam a escravidão ganhava força. Ao todo, eles conseguiram remover 10 monumentos de confederados ou de figuras controversas. Dentre eles, importante destacar a estátua do colonizador Cristóvão Colombo, em Richmond, no estado da Virgínia, que foi derrubada e atirada ao lago por manifestantes.[194]

---

[190] TAVARES, Joelmir. Convocação para ator pró-democracia ganham força, mas ideia divide grupos, por Joelmir Tavares. *Folha de S. Paulo*, São Paulo, 3 jun. 2020.

[191] PINTO, Estela de Souza. Enquanto EUA têm atos pacíficos, Europa registra protestos violentos. *Folha de S. Paulo*, São Paulo, 8 jun. 2020.

[192] LANDLER, Mark. 'Get rid of them': A statue falls as britain confronts its racist history. *The New York Times*, Nova York, 8 jun. 2020. Disponível em: https://www.nytimes.com/2020/06/08/world/europe/edward-colston-statue-britain-racism.html#:~:text=of%20George%20Floyd-,'Get%20Rid%20of%20Them'%3A%20A%20Statue%20Falls%20as%20Britain,about%20statues%20of%20Confederate%20generals. Acesso em: 7 maio 2021.

[193] PINTO, Estela de Souza. Enquanto EUA têm atos pacíficos, Europa registra protestos violentos. *Folha de S. Paulo*, São Paulo, 8 jun. 2020.

[194] America's reckoning on racism spreads beyond policing. *The New York Times*, Nova York, 10 jun. 2020. Disponível em: https://www.nytimes.com/2020/06/10/us/protests-black-lives-matter-george-floyd.html. Acesso em: 4 maio 2021.

Se o movimento contra o racismo conquistava as suas vitórias, em contrapartida, não demoraria muito para que a extrema-direita desse a sua resposta. Na Inglaterra, na tentativa de proteger as estátuas de cunho racista, simpatizantes dessa ideologia começaram a se reunir em frente delas para protegê-las. Para se ter uma ideia, nacionalistas brancos, com a camiseta da seleção inglesa (percebam que, de certo modo, não era apenas no Brasil que a camiseta da seleção era capturada pela extrema-direita), concentraram-se na Praça do Parlamento para proteger o Memorial de Guerra de Cenotaph (homenagem aos mortos em combate na Primeira e na Segunda Guerra Mundial). Descrevendo-se como patriotas, eles cantavam "Inglaterra, Inglaterra" e "Winston Churchill é um de nós" (anteriormente, a estátua do ex-primeiro-ministro havia sido pichada com os dizeres: "Churchill racista").[195] Em outro dado momento, a praça Trafalgar Square, na capital londrina, foi palco de uma violenta briga entre os membros da extrema-direita contra os manifestantes dos atos antirracistas. Os grupos jogavam garrafas e latas uns nos outros e só foram separados após a chegada em massa da polícia de choque.[196]

Por incrível que pareça, até as companhias de chá britânicas se encontraram no meio do debate racial. Como parte de sua contraofensiva, os nacionalistas iniciaram uma campanha de boicote às empresas que estivessem apoiando as manifestações antirracistas. Uma das principais influenciadoras da extrema-direita britânica, a youtuber Laura Towler, em seu Twitter (atualmente X), escreveu que estava feliz pela "Yorkshire Tea não apoiar o BLM [sigla do movimento Black Lives Matter]". Ela, no entanto, não esperava uma resposta de tão alto nível da empresa: "Por favor, não compre o nosso chá. Estamos tomando um tempo para nos educar e para planejar ações antes de postar. Nós somos contra o racismo #BlackLivesMatter". Na tentativa então de prejudicar a imagem da Yorkshire Tea, os adeptos da extrema-direita passaram a divulgar que comprariam os chás da empresa rival, a PG Tips. Mal sabiam eles que tomariam outra resposta amarga. Prontamente, a PG Tips escreveu a seguinte mensagem em seu Twitter (atualmente X): "Se você está boicotando chás que se opõem ao racismo, você terá que achar duas novas marcas agora". Para não dar qualquer colher

---

[195] Reuters Artigo. Manifestantes contra o racismo e extrema-direita se enfrentam em Londres. *O Globo*, 13 jun. 2020. Disponível em: https://oglobo.globo.com/mundo/manifestantes-contra-racismo-extrema-direita-se-enfrentam-em-londres-24478381. Acesso em: 8 maio 2021.

[196] Reuters Artigo. Manifestantes contra o racismo e extrema-direita se enfrentam em Londres. *O Globo*, 13 jun. 2020. Disponível em: https://oglobo.globo.com/mundo/manifestantes-contra-racismo-extrema-direita-se-enfrentam-em-londres-24478381. Acesso em: 8 maio 2021.

de chá à extrema-direita – não resisti ao trocadilho –, uma terceira compa-nhia, a Teapigs, respondeu o tweet da PG Tips da seguinte forma: "Muito bem pessoal. Agora são três".[197] Ao que tudo indicava, os adeptos da referida ideologia ficariam sem o seu tradicional chá inglês.

Além das fabricantes de chá, indústrias de outros ramos também se posicionaram em favor da luta contra a discriminação racial. As gravadoras Capitol Records, Warner e o aplicativo de música Spotify, por exemplo, juntaram-se à campanha "The Show Must Be Pause" ("O Show Deve Parar"), que promove a interrupção das atividades das empresas para protestar contra a violência policial sofrida pela comunidade negra.[198]

Com o mundo todo abraçando a luta antirracista, a poderosa ferra-menta de mobilização social, o esporte, não podia ficar de fora. Surfando na onda dos protestos ao redor do planeta, atletas, dos mais variados esportes e de diversos países, engajaram-se nas suas redes sociais, ou inclusive com ações concretas dentro e fora das arenas esportivas, para demonstrar apoio à causa. Como não se via há muito tempo, o esporte voltava a ser um grande palco para o debate das questões sociais.

---

[197] SPECIA, Megan. Top U.K. tea brands urge #solidaritea with anti-racism protests. *The New York Times*, Nova York, 9 jun. 2020. Disponível em: https://www.nytimes.com/2020/06/09/world/europe/yorkshire-tea-pg-tip-s-black-lives-matter.html. Acesso em: 9 maio 2021.

[198] PORTO, Walter; FIORATTI, Gustavo. Asfixia. *Folha de S. Paulo*, São Paulo, 2 jun. 2020.

Capítulo 2

A LUTA CONTRA O RACISMO NO ESPORTE

2.0 O Capítulo 2

O Capítulo 2 abordará como foram as manifestações contra o racismo promovidas pelos atletas dos mais diversos esportes, nos EUA e em outros países, após a morte de George Floyd. O capítulo tem como objetivo analisar os protestos dos atletas dentro e fora das quadras, isto é, como, para além das arenas esportivas, os jogadores utilizaram as redes sociais e se aventuraram em outras áreas sociais para promover a luta antirracista.

2.1 Palavras não bastam

A morte de George Floyd não foi em vão. Após o seu assassinato cometido pelo policial Derek Chauvin, multidões, das mais diversas regiões do mundo, tomavam as ruas de suas cidades para protestar pelo fim da violência policial contra a comunidade negra. No esporte não seria diferente. Mobilizados pelo clamor popular, atletas, das mais variadas modalidades esportivas, juntavam-se ao coro antirracista. Tudo começou com pronunciamentos. Na National Basketball Association (NBA – Associação Nacional de Basquete dos Estados Unidos), o ex-jogador e então treinador do Los Angeles Clippers, Glenn Anton "Doc" Rivers, foi um dos primeiros a falar sobre o assassinato de Floyd. Em uma entrevista coletiva, ele se lembrou do seu pai policial e das discriminações raciais que sofreu ao longo da vida:

> Meu pai era um veterano de 30 anos no Departamento de Polícia de Chicago e, se ele ainda estivesse aqui conosco agora, ficaria muito magoado e indignado com os atos sem sentido de injustiça racial que ainda continuam a assolar o nosso país. Ser negro na América é difícil. Eu pessoalmente fui chamado de mais calúnias raciais do que posso contar, fui "puxado" para trás várias vezes por causa da cor da minha pele e até tive a minha casa queimada.[199]

---

[199] BELSON, Ken. Athletes' outpouring on civil unrest rekindles Kaepernick debate in N.F.L. *The New York Times*, Nova York, 31 maio 2020. Disponível em: https://www.nytimes.com/2020/05/31/sports/football/

O então técnico do San Antonio Spurs, Gregg Charles Popovich, também utilizou os microfones da imprensa para abordar os problemas raciais do país. Crítico ferrenho do então presidente Donald Trump, em uma entrevista concedida à revista *The Nation,* ele cobrou uma posição do republicano:

> Nós precisamos de um presidente que venha a público e diga simplesmente "Black Lives Matter" [Vidas Negras Importam]. Apenas dizer essas três palavras. Mas ele não vai e não pode. Não pode porque é mais importante para ele apaziguar o seu pequeno grupo de seguidores que validam a sua insanidade. Mas, isso é mais importante do que Trump. O sistema tem que mudar. Eu irei fazer tudo o que puder para ajudar porque é isso o que líderes devem fazer.[200]

Os atletas, assim como os dois treinadores acima, pronunciaram-se sobre George Floyd. Um dos principais nomes do basquete masculino da atualidade – seguindo uma tradição de posicionamento dos jogadores estadunidenses desde os tempos de Kareem Abdul Jabbar (**como será demonstrado mais para frente**) –, o então jogador do Los Angeles Lakers, LeBron Raymone James, popularmente conhecido apenas como LeBron James, em uma entrevista coletiva, foi incisivo na sua posição contra o aparato repressivo do Estado:

> Estamos assustados como negros na América. Porque você não sabe, você não tem ideia de como o policial saiu de casa naquele dia. Você não sabe se ele acordou no lado bom da cama, se ele acordou no lado ruim da cama... Ou talvez ele apenas saiu de casa dizendo "hoje será o fim de uma dessas pessoas negras". É assim que parece.[201]

Já um dos maiores – para não dizer o maior – jogadores de basquete de todos os tempos, Michael Jeffrey Jordan, cobrado muitas vezes por não se posicionar sobre questões sociais, dessa vez não ficou calado. Ele se manifestou a respeito do referido caso por meio de um pronunciamento oficial intitulado "Já Chega", pelo Twitter (atualmente X) da sua franquia Charlotte Hornets (**falarei sobre Michael Jordan mais para frente**).[202]

---

colin-kaepernick-george-floyd.html. Acesso em: 13 maio 2021.

[200] DEB, Sopan. As protests spur posts from athletes, N.B.A. players take to the streets. *The New York Times,* Nova York, 1 jun. 2020. Disponível em: https://www.nytimes.com/2020/06/01/sports/basketball/george-floyd-nba-protests.html. Acesso em: 14 maio 2021.

[201] STREETER, Kurt. With walkouts, a new high bar for protests in sports is set. *The New York Times,* Nova York, 27 ago. 2020. Disponível em: https://www.nytimes.com/2020/08/27/sports/basketball/kenosha-nba-protests-players-boycott.html. Acesso em: 13 maio 2021.

[202] BELSON, Ken. Athletes' outpouring on civil unrest rekindles Kaepernick debate in N.F.L. *The New York Times,* Nova York, 31 maio 2020. Disponível em: https://www.nytimes.com/2020/05/31/sports/football/

Não eram apenas as vozes masculinas que ecoavam no coro antirracista. A liga de basquete feminina estadunidense, embora não tivesse a mesma visibilidade midiática da liga masculina, não deixava de ser combativa em relação ao racismo. A equipe de basquete feminino da Universidade de Connecticut, para efeito ilustrativo, soltou um manifesto redigido por suas atletas. O time de Connecticut pregava uma maior mobilização por parte dos brancos, afirmando que "para aqueles que não são negros, o silêncio é a maior traição do momento".[203]

Nem todos eram entusiastas dos manifestos. Por mais que na NBA a maioria dos donos das franquias apoiasse, ou ao menos não fizesse nenhuma objeção, aos atos antirracistas organizados pelos atletas, o então dono do New York Knicks, o empresário James Lawrence Dolan, caminhava na direção contrária. Conforme o canal esportivo ESPN, o empresário enviou um e-mail para todos da equipe com a seguinte mensagem:

> Como companhia no ramo esportivo e de entretenimento, nós [New York Knicks] não estamos mais qualificados do que ninguém para oferecer a nossa opinião sobre questões sociais.[204]

Dolan, podemos dizer, via com maus olhos a causa negra como um todo. Não obstante de ser um dos principais doadores da campanha de Trump na corrida presidencial à Casa Branca de 2016, na letra de uma das canções de sua banda, JD & The Straight Shot, ele ironizava a maneira como os jovens afro-estadunidenses eram abordados pela polícia:

> Who is that walking?
>
> (Quem é aquele que está caminhando?)
>
> A shadow in the street
>
> (Uma sombra na rua)
>
> Looks like trouble from a judgment seat
>
> (Parece um problema vindo de uma cadeira de julgamento)
>
> There's no good under that hood
>
> (Não há nada de bom debaixo desse capuz).[205]

---

colin-kaepernick-george-floyd.html. Acesso em: 13 maio 2021.

[203] BELSON, Ken. Athletes' outpouring on civil unrest rekindles Kaepernick debate in N.F.L. *The New York Times*, Nova York, 31 maio 2020. Disponível em: https://www.nytimes.com/2020/05/31/sports/football/colin-kaepernick-george-floyd.html. Acesso em: 13 maio 2021.

[204] DEB, Sopan. Knicks won't weigh in on George Floyd, Dolan tells employees. *The New York Times*, Nova York, 2 jun. 2020. Disponível em: https://www.nytimes.com/2020/06/02/sports/basketball/knicks-james-dolan-george-floyd.html. Acesso em: 14 maio 2021.

[205] DEB, Sopan. Knicks won't weigh in on George Floyd, Dolan tells employees. *The New York Times*, Nova York, 2 jun. 2020. Disponível em: https://www.nytimes.com/2020/06/02/sports/basketball/knicks-james-do-

No mundo do esporte, o então dono do New York Knicks estava longe de ser o único a apoiar o então presidente dos EUA. Na National Football League (NFL – Liga Nacional de Futebol Americano dos Estados Unidos), a maioria dos proprietários de times se identificava com o republicano. Muitos deles, inclusive, assim como Dolan, tornaram-se doadores de sua campanha em 2016. Na verdade, a NFL como um todo refletia, de certo modo, a visão de país que Trump pregava: os cargos de poder eram ocupados majoritariamente por brancos (até então, não havia nenhuma equipe cujo dono era negro) e, em compensação, as funções subalternas eram ocupadas em sua grande maioria pelos afro-estadunidenses. Aliás, ao olharmos para o passado, perceberemos que a ausência de negros em funções de comando vem de longa data. Para se ter uma ideia, foi apenas em 1989 que a NFL teve o seu primeiro treinador afro-estadunidense, posição essa que ainda hoje é exercida predominantemente por brancos. Se, por um lado, a elite da Liga pertencia aos brancos; por outro lado, dentro de campo, o jogo mudava: 70% dos atletas do futebol americano eram negros. Logo, em maioria no gramado e desfrutando constantemente da atenção das câmeras de transmissão, os jogadores, ou pelo menos aqueles comprometidos com os valores de igualdade e justiça racial, conseguiam contrapor o discurso trumpista vindo dos camarotes (onde normalmente os dirigentes assistiam às partidas) e fomentavam a luta antirracista dentro do esporte.[206] E, de fato, eles fizeram isso. Em um primeiro momento, abraçando o clamor popular que vinha das ruas após a morte de George Floyd, atletas de diversas equipes gravaram depoimentos cobrando uma postura mais firme da NFL em relação ao combate ao preconceito racial.[207]

Ao falarmos sobre racismo no esporte estadunidense, sobretudo no futebol americano, não podemos deixar de mencionar o nome do ex-quarterback e hoje ativista Colin Rand Kaepernick. Líder de um grupo de atletas que começou a se rebelar e a protestar dentro de campo contra a brutalidade policial à comunidade negra, símbolo e, por que não dizer, em muitos casos, o porta-voz do movimento Black Lives Matter no esporte,

---

lan-george-floyd.html. Acesso em: 14 maio 2021.

[206] STREETER, Kurt. In NFL, the same old line and verse about hiring black coaches. *The New York Times*, Nova York, 1 fev. 2021. Disponível em: https://www.nytimes.com/2021/02/01/sports/football/NFL-black-coaches-Eric-Bienemy.html. Acesso em: 14 maio 2021.

[207] BELSON, Ken. Drew Brees's unchanged stance on kneeling is suddenly out of step. *The New York Times*, Nova York, 4 jun. 2020. Disponível em: https://www.nytimes.com/2020/06/04/sports/football/drew-brees-apology-comments.html#:~:text=apology%2Dcomments.html-,Drew%20Brees's%20Unchanged%20Stance%20on%20Kneeling%20Is%20Suddenly%20Out%20of,first%20said%20so%20in%202016. Acesso em: 15 maio 2021.

Kaepernick garantiu que, por meio da sua organização Know Your Rights Camp, ofereceria assistência legal aos manifestantes, chamados por ele de "lutadores da liberdade", que fossem presos nas marchas antirracistas. Além disso, pelas redes sociais, o agora ativista deixou a seguinte mensagem (**falarei de Colin Kaepernick mais para frente**):[208]

> Quando a civilidade leva à morte, revoltar-se é a única reação lógica. Os gritos de paz irão chover, e quando isso acontecer, eles irão cair em ouvidos surdos, porque a sua violência trouxe essa resistência. Temos o direito de revidar.[209]

Palavras não bastavam. Os, pegando emprestado o termo usado por Kaepernick, "lutadores da liberdade" no esporte, ou seja, os atletas comprometidos com a causa negra, logo perceberam isso. Dessa maneira, sem pestanejar, eles partiram para a ação. Retomando os pensamentos (visto anteriormente no Capítulo 1) da professora de Política e Mídia da Pontifícia Universidade Católica de São Paulo (PUC-SP), Rosemary Segurado, as redes sociais catalisam e potencializam os sentimentos de protesto e indignação e, além do mais, possuem uma capacidade de mobilização social que há algum tempo os partidos políticos perderam.[210] Sob esse ponto de vista, se as agremiações estadunidenses não conseguiam estimular mais as suas bases, em contrapartida, os atletas, valendo-se do enorme número de seguidores que tinham, instigavam a população a ir às manifestações. Na realidade, eles deram um passo a mais, ou, melhor dizendo, vários passos a mais, pois além de convocarem, os jogadores encararam de peito aberto o risco de contágio da Covid-19 e marcharam lado a lado dos manifestantes nas passeatas. Para efeito ilustrativo, no basquete, o então ala-armador do Boston Celtics, Jaylen Marselles Brown, e o então jogador do Indiana Pacers, Malcolm Moses Adams Brogdon, foram ao protesto de Atlanta, na Geórgia. Brown, para comparecer ao ato, teve que enfrentar uma viagem de 15 horas de carro de Boston, capital de Massachusetts, até Atlanta, cidade onde cursou o ensino médio. Apesar da longa viagem, em seu Twitter (atualmente X) ele se mostrava cheio de

---

[208] BELSON, Ken. Athletes' outpouring on civil unrest rekindles Kaepernick debate in N.F.L. *The New York Times*, Nova York, 31 maio 2020. Disponível em: https://www.nytimes.com/2020/05/31/sports/football/colin-kaepernick-george-floyd.html. Acesso em: 13 maio 2021.

[209] BELSON, Ken. Athletes' outpouring on civil unrest rekindles Kaepernick debate in N.F.L. *The New York Times*, Nova York, 31 maio 2020. Disponível em: https://www.nytimes.com/2020/05/31/sports/football/colin-kaepernick-george-floyd.html. Acesso em: 13 maio 2021.

[210] SEGURADO *apud* CHAIA, Vera; COELHO, Claúdio; CARVALHO, Rodrigo de. *Política e Mídia:* estudo sobre a democracia e os meios de comunicação no Brasil. São Paulo: Editora Anita Garibaldi, 2015. p. 214.

energia: "Atlanta não me encontre lá, vença comigo lá, caminhe comigo e traga seus próprios cartazes". Brogdon, por sua vez, pegou um megafone e discursou para a imensa multidão, lembrando-se da história de ativismo que havia na sua família: "Eu tenho um avô que marchou ao lado de Dr. [Martin Luther] King nos anos 60 e ele era incrível. Ele ficaria orgulhoso de ver todos nós aqui".[211]

Mais atletas da NBA aderiram às manifestações. Para citarmos apenas mais alguns, o então jogador do Boston Celtics, Enes Kanter Freedom, uniu-se à população na cidade que leva o nome do seu time para gritar "I can't breathe" ("eu não consigo respirar"). O então atleta do New Orleans Pelicans, Lonzo Anderson Ball, compareceu ao protesto na cidade californiana de Chino Hills. O então ala-armador do Utah Jazz, Jordan Taylor Clarkson, foi a uma passeata em Los Angeles. Já a equipe do Minnesota Timberwolves postou um vídeo nas suas redes sociais de alguns de seus atletas discursando com um megafone em uma marcha[212] e a então jogadora do time feminino de Minnesota Lynx, Karima Christmas-Kelly, esteve em um ato realizado na esquina onde George Floyd morreu.[213] Apesar do posicionamento do então dono do New York Knicks, como mostrado anteriormente, isso não impediu que os jogadores da franquia também agissem. Dennis Smith Jr., por exemplo, compareceu a um protesto realizado na cidade natal de Floyd, Fayetteville, na Carolina do Norte.[214]

Não era apenas o mundo do basquete estadunidense que abraçava a causa negra. Longe disso, atletas das mais diversas modalidades também marcaram presença nos atos, como, por exemplo, a então jogadora de vôlei da Universidade de Oklahoma, Ashlynn Dunbar,[215] e a jovem tenista Cori "Coco" Gauff, vista em frente à prefeitura de sua cidade natal, Delray

---

[211] DEB, Sopan. As protests spur posts from athletes, N.B.A. players take to the streets. *The New York Times*, Nova York, 1 jun. 2020. Disponível em: https://www.nytimes.com/2020/06/01/sports/basketball/george-floyd-nba-protests.html. Acesso em: 14 maio 2021.

[212] DEB, Sopan. As protests spur posts from athletes, N.B.A. players take to the streets. *The New York Times*, Nova York, 1 jun. 2020. Disponível em: https://www.nytimes.com/2020/06/01/sports/basketball/george-floyd-nba-protests.html. Acesso em: 14 maio 2021.

[213] DEB, Sopan. As protests spur posts from athletes, N.B.A. players take to the streets. *The New York Times*, Nova York, 1 jun. 2020. Disponível em: https://www.nytimes.com/2020/06/01/sports/basketball/george-floyd-nba-protests.html. Acesso em: 14 maio 2021.

[214] DEB, Sopan. Knicks won't weigh in on George Floyd, Dolan tells employees. *The New York Times*, Nova York, 2 jun. 2020. Disponível em: https://www.nytimes.com/2020/06/02/sports/basketball/knicks-james-dolan-george-floyd.html. Acesso em: 14 maio 2021.

[215] BLINDER, Alan; WITZ, Bily. College athletes, phones in hand, force shift in protest movement. *The New York Times*, Nova York, 12 jun. 2020. Disponível em: https://www.nytimes.com/2020/06/12/sports/ncaafootball/george-floyd-protests-college-sports.html. Acesso em: 16 maio 2021.

Beach, na Flórida, discursando para uma multidão sobre a importância do combate ao racismo.[216]

Mais do que modalidades esportivas, a iniciativa antirracista dos atletas estadunidenses ultrapassou fronteiras e alçou voo para outras partes do planeta. Essa iniciativa, na verdade, fazia parte de um emaranhado de movimentos sociais que se tornaram ao mesmo tempo locais e globais. De acordo com o sociólogo espanhol Manuel Castells, os movimentos sociais se iniciam conforme as demandas e contextos específicos de cada região, levando os manifestantes a ocuparem os espaços urbanos e a construírem canais de comunicação digitais. Muitos desses movimentos, todavia, adquirem um caráter global, pois, graças à internet, estão conectados com o mundo todo, podendo aprender e a absorver experiências similares vivenciadas em outros países. Melhor dizendo, nas palavras de Castells,

> [...] ver e ouvir protestos em algum outro lugar, mesmo que em contextos distantes e culturas diferentes, inspira a mobilização, porque desencadeia a esperança da possibilidade de mudança.[217]

Além disso, em muitos casos, como visto anteriormente, nas mídias digitais, é possível programar passeatas simultâneas em diferentes partes do globo para lutar por um mesmo tema. Mais uma vez, recorrendo aos pensamentos do referido autor, os manifestantes desses movimentos sociais, ou pelo menos boa parte deles,

> [...] expressam uma profunda consciência da interligação de questões e problemas da humanidade em geral e exibem claramente uma cultura cosmopolita, embora ancorados em sua identidade específica.[218]

No caso do movimento contra o racismo iniciado pelos atletas estadunidenses, o esporte permitiu que jogadores de outras nacionalidades interligassem os problemas raciais dos EUA com os de suas regiões. Hoje, importante destacar, o esporte e a globalização caminham lado a lado. Cada vez mais atletas de alto rendimento, principalmente de modalidades

---

[216] ROTHENBERG, Ben. Coco Gauff was rising when tennis stopped. She plans on going higher. *The New York Times*, Nova York, 13 ago. 2020. Disponível em: https://www.nytimes.com/2020/08/13/sports/tennis/coco-gauff.html. Acesso em: 16 maio 2021.

[217] CASTELLS, Manuel. *Redes de indignação e esperança:* movimentos sociais na era da internet. Rio de Janeiro: Editora Zahar, 2013. p. 162.

[218] CASTELLS, Manuel. *Redes de indignação e esperança:* movimentos sociais na era da internet. Rio de Janeiro: Editora Zahar, 2013. p. 161.

coletivas, como, por exemplo, futebol, basquete e vôlei, fazem sucesso em equipes fora de seus países. No futebol, esse processo é mais marcante. As principais potências de clubes europeus, dentre eles, Real Madrid e Barcelona na Espanha, Manchester City e Liverpool na Inglaterra, Paris Saint-Germain (PSG) na França e Juventus na Itália, possuem em seus elencos mais estrangeiros do que propriamente jogadores de seus respetivos países. Na NBA, por mais que os estadunidenses sejam vistos como os melhores do mundo no basquete – no mesmo molde que os brasileiros são vistos no futebol – cada vez mais as franquias recorrem aos estrangeiros para elevar a capacidade técnica de suas equipes. Assim sendo, essa troca cultural comum hoje em dia foi um dos fatores que possibilitou que o movimento contra o racismo no esporte que se iniciou nos EUA pudesse viajar para outras fronteiras. Para retratarmos esse argumento, mostraremos a seguir dois exemplos. O primeiro deles é do então jogador australiano do time de basquete dos EUA San Antonio Spurs, Patrick Sammie Mills. Além de se juntar aos seus companheiros de equipe nos protestos dentro das quadras da NBA, ele não se esqueceu de sua terra natal. Doou cerca de US$ 1 milhão para os movimentos Black Lives Matter Austrália e Black Deaths in Custody, e foi um dos fundadores da campanha We Got You, formada por atletas negros e brancos que luta contra a discriminação racial dentro do esporte australiano.[219] O segundo exemplo é a então jogadora sueca de basquete do New York Liberty, Amanda Zahui Bazoukou. Inspirada nos atos antirracistas que aconteciam no esporte dos EUA, especialmente dentro das quadras da NBA, ela passou a abordar os problemas raciais enfrentados pela Suécia e, inclusive, por meio de suas redes sociais, chegou a organizar uma manifestação contra o racismo em seu país (**falarei mais sobre Zahui mais adiante**).[220]

O Black Lives Matter, contudo, era diferente de outros movimentos. Ao contrário de outras causas, tais como o ambientalismo em que há uma grande adesão por parte de celebridades, nos protestos encabeçados pela referida organização que combate o preconceito racial, os atletas, como visto anteriormente, não se restringiram ao universo digital, mas sim se colocaram na linha de frente e marcharam lado a lado com os manifestan-

---

[219] STEIN, Marc. The better I got in sports, the worse the racism got. *The New York Times*, Nova York, 31 jul. 2020. Disponível em: https://www.nytimes.com/2020/07/31/sports/basketball/spurs-patty-mills.html. Acesso em: 16 maio 2021.

[220] BERKMAN, Seth. She found her voice in a WNBA locker room, then used it in Sweden. *The New York Times*, Nova York, 13 jul. 2020. Disponível em: https://www.nytimes.com/2020/07/13/sports/basketball/amanda-zahui-b-new-york-liberty.html. Acesso em: 16 maio 2021.

tes. Entretanto, há quem se engane que isso ocorreu apenas nos EUA. O boxeador e medalhista de ouro na Olimpíada de Londres de 2012, Anthony Oluwafemi Olaseni Joshua, popularmente conhecido como Anthony Joshua, ou apenas como "AJ", por exemplo, no meio de uma multidão, em um protesto realizado na cidade inglesa de Watford, por meio de uma analogia com a pandemia do Coronavírus, discursou a respeito de que o racismo era um problema global:

> Hoje, juntamos milhares de pessoas no Reino Unido, milhares de centenas de milhares em todo o mundo. Estamos unidos contra o vírus que tem sido fundamental em tirar vidas, vidas de jovens, idosos, ricos e até pobres. Um vírus que não se desculpa. Um vírus que se espalha por todos os setores de nossas comunidades, esportes, educação, igrejas, entretenimento, mídia e até o governo. Não apenas no Reino Unido, mas em todo o mundo. O vírus foi declarado uma pandemia. Está fora de controle e eu não estou falando da COVID-19, o vírus no qual estou me referindo é o racismo.[221]

Mais do que invadir as ruas mundo afora, a pauta da causa negra passou a dominar o debate público. Cada vez mais atletas se dispunham a contar as marcas profundas que o preconceito deixou neles ao longo de suas vidas. Um dos depoimentos mais marcantes, sem dúvidas, foi o da corredora ganense-britânica, Annie Tagoe, revelando que havia tentado clarear a pele por diversas vezes:

> Eu clareei a minha pele em cada fase da minha vida, mesmo no esporte. Fiz isso porque queria me sentir bonita o tempo todo. Eu fazia isso para me sentir incluída. Eu usei bases mais claras, tentei clareamento por um tempo. Fiz coisas loucas, muito loucas, para ficar mais clara.[222]

As "loucuras" de Tagoe para ficar "mais clara" não era uma exclusividade dela. Segundo o psiquiatra antilhano, Frantz Omar Fanon, "o negro quer ser branco. O branco incita-se a assumir a condição de ser humano".[223] Ou seja, historicamente o homem branco (entenda-se o europeu) sempre foi

---

[221] "O vírus é o racismo, e nós somos a vacina", diz campeão mundial de boxe em protesto na Inglaterra. *GE*, 6 jun. 2020. Disponível em: https://ge.globo.com/boxe/noticia/o-virus-e-o-racismo-e-nos-somos-a-vacina-diz-campeao-mundial-de-boxe-em-protesto-na-inglaterra.ghtml. Acesso em: 16 maio 2021.

[222] Corredora britânica revela marcas do racismo: "Clareei a pele em cada fase da minha vida". *GE*, 26 jun. 2020. Disponível em: https://ge.globo.com/atletismo/noticia/corredora-britanica-revela-marcas-do-racismo-clareei-a-pele-em-cada-fase-da-minha-vida.ghtml. Acesso em: 16 maio 2021.

[223] FANON, Franz. *Pele negra, máscaras brancas*. Salvador: Editora EDUFBA, 2008. p. 27.

representado como sinônimo de civilização e modernidade, portanto, seus costumes e sua estética deveriam ser seguidos pelas demais culturas, especialmente as africanas e as indígenas, vistas sob o olhar do homem branco como inferiores e atrasadas. Para esclarecermos melhor esse argumento, devemos destacar a seguinte citação de Fanon:

> [...] Em outras palavras, começo a sofrer por não ser branco, na medida que o homem branco me impõe uma discriminação, faz de mim um colonizado, me extirpa qualquer valor, qualquer originalidade, pretende que seja um parasita no mundo, que é preciso que eu acompanhe o mais rapidamente possível o mundo branco, "que sou uma besta fera, que meu povo e eu somos um esterco ambulante, repugnantemente fornecedor de cana macia e de algodão sedoso, que não tenho nada a fazer no mundo". Então tentarei simplesmente fazer-me branco, isto é, obrigarei o branco a reconhecer minha humanidade [...].[224]

Sendo assim, no anseio de eliminar esse sentimento de inferioridade e de ser reconhecido como humano pelo europeu, ainda de acordo com o autor, o negro, a todo custo, buscará se tornar "poderoso como o branco". Para isso, ele irá imitar o modo de vida dos europeus, usando roupas europeias, floreando a sua linguagem nativa com expressões europeias ou falando e escrevendo em um idioma europeu, "tudo calculado para obter um sentimento de igualdade com o europeu e seu modo de existência".[225] Ou então, em casos extremos, como o da referida corredora, tentar clarear a sua pele. Não à toa, nas Antilhas Francesas, as antilhanas negras, de maneira geral, na hora de escolher o marido buscavam se relacionar com "o menos negro" possível, pois o pensamento que predominava entre elas era de que era

> [...] preciso embranquecer a raça; todas as martinicanas o sabem, o dizem, o repetem. Embranquecer a raça, salvar a raça, mas não no sentido que poderíamos supor: não para preservar "a originalidade da porção do mundo onde elas cresceram", mas para assegurar sua brancura.[226]

Além de ter a sua humanidade negada, ao longo da história, foi-se construindo uma diferença simbólica entre a figura do negro, sempre associado com o mal, e a do branco, sempre relacionado com a bondade.[227] Quem sentiu

---

[224] FANON, Franz. *Pele negra, máscaras brancas.* Salvador: Editora EDUFBA, 2008. p. 94.

[225] FANON, Franz. *Pele negra, máscaras brancas.* Salvador: Editora EDUFBA, 2008. *passim.*

[226] FANON, Franz. *Pele negra, máscaras brancas.* Salvador: Editora EDUFBA, 2008. p. 57-58.

[227] FANON, Franz. *Pele negra, máscaras brancas.* Salvador: Editora EDUFBA, 2008. p. 160.

os duros golpes dessa diferença simbólica foi o então campeão da categoria peso médio do Ultimate Fighting Championship (UFC – Campeonato de Luta), Israel Mobolaji Temitayo Odunayo Oluwafemi Owolabi Adesanya, mais conhecido apenas como Israel Adesanya, de origem nigeriana. Além de lutar contra os seus oponentes no ringue, ele teve que enfrentar o racismo diário que sofria na Nova Zelândia. Na manifestação antirracista na cidade neozelandesa de Auckland, Adesanya fez o seguinte desabafo:

> Quantos de vocês entram numa loja e têm de colocar as mãos nas costas para não acharem que você está roubando? Quantos de vocês andam na rua e têm de sorrir para que a pessoa que você já vê que está com medo de você se sinta confortável? Acabei de me mudar e moro na cobertura. Por três vezes já vi pessoas brancas racistas saltarem ao me verem no elevador, e sorrio para eles e dou passagem para que não tenham medo ao me verem. Por que? Porque sou negro. Só porque sou negro. O que eu fiz? Não tive escolha. Mas se tivesse, ainda assim seria negro.[228]

Graças às manifestações depois da morte de George Floyd e o engajamento dos atletas no combate ao preconceito racial, o tema do racismo ganhava a atenção do mundo. Com o passar do tempo, no entanto, uma dúvida pairava no ar: os atletas, especialmente os estadunidenses, conseguiram se mobilizar na luta antirracista, pois a temporada encontrava-se paralisada por conta da pandemia da Covid-19. Mas e agora com a retomada dos jogos, será que era possível continuar com a luta?

2.2 O jogo volta, mas a luta continua

As arenas aguardavam os artistas. No momento em que os atletas se uniram às multidões para tomar as ruas, as atividades esportivas encontravam-se paralisadas por conta da pandemia da Covid-19. Entretanto, nos bastidores, especialmente no da NBA, o movimento de retomar os jogos crescia cada vez mais. Os comissários que organizavam a liga de basquete estadunidense decidiram que a temporada continuaria dentro de uma "bolha" esportiva. Nela, os jogadores ficariam isolados de qualquer contato externo, seriam testados constantemente e a entrada e saída de pessoas seriam estritamente controladas para que se evitasse ao máximo

---

[228] Vídeo: Nigeriano Israel Adesanya se emociona e discursa em ato contra racismo na Nova Zelândia. *Ge.com*, 2 jun. 2020. Disponível em: https://ge.globo.com/combate/noticia/video-nigeriano-israel-adesanya-se-emociona-e-discursa-em-ato-contra-racismo-na-nova-zelandia.ghtml. Acesso em: 17 maio 2021.

a contaminação. O local escolhido para sediar a "bolha" seria o complexo esportivo da ESPN Wide World of Sports Complex, situado perto da cidade de Orlando, na Flórida.[229]

Por mais que houvesse uma grande expectativa do público pela volta das disputas de basquete, e por mais que comissários e técnicos de saúde argumentassem sobre a segurança dos protocolos, alguns jogadores se mostraram relutantes em relação à retomada da temporada. Em primeiro lugar, externavam que não se sentiam 100% seguros sobre os protocolos de higienização para evitar a contaminação dentro do complexo esportivo. E, em segundo lugar, alguns, dentre eles, dos Los Angeles Lakers, Avery Antonio Bradley Jr. e Dwight David Howard II, e do Brooklyn Nets, Kyrie Andrew Irving, temiam que as partidas pudessem tirar o holofote do movimento de combate ao racismo dos atletas.[230] (Kyrie Andrew Irving, aliás, é um personagem que simboliza perfeitamente a complexidade da mente humana. Se, por um lado, demonstrava ter uma consciência social a respeito da luta contra o racismo; em contrapartida, em diversas oportunidades, ele deixava aflorar o seu lado negacionista, colocando-se contra as vacinas da Covid-19. Postura essa que, mais tarde, obrigará a sua própria equipe a barrá-lo da temporada de 2021 até que ele tomasse as doses necessárias da vacina para poder competir novamente pelo seu time).[231] A fala mais emblemática contra a volta dos jogos, contudo, ficaria a cargo do então armador do Portland Trail Blazers, Damian Lamonte Ollie Lillard Sr., conhecido somente como Damian Lillard. Em entrevista à revista *GQ*, ele deu a seguinte declaração:

> Veja como vamos jogar uma partida de basquete quando há algo muito maior acontecendo – uma coisa bem mais significativa está acontecendo e que precisa da gente.[232]

Na Women's National Basketball Association (WNBA – Liga de Basquete Feminina dos Estados Unidos), algumas atletas seguiam na mesma

---

[229] STEIN, Marc. Player pushback emerges as NBA works to complete restart plans. *The New York Times*, Nova York, 12 jun. 2020. Disponível em: https://www.nytimes.com/2020/06/12/sports/nba-season-restart-black-lives-matter.html. Acesso em: 15 maio 2021.

[230] STEIN, Marc. Swabs and sensors: memos offer details of life in NBA 'bubble'. *The New York Times*, Nova York, 16 jun. 2020. Disponível em: https://www.nytimes.com/2020/06/16/sports/basketball/nba-bubble-coronavirus-disney-world.html. Acesso em: 15 maio 2021.

[231] NBA: Kyrie Irving não teria tomado vacina 'em protesto pelos que perderam seus empregos', diz site. *ESPN Brasil*, 12 out. 2021. Disponível em: https://www.espn.com.br/nba/artigo/_/id/9349155/nba-kyrie-irving-nao-teria-tomado-vacina-protesto-pelos-perderam-empregos-diz-site. Acesso em: 17 maio 2021.

[232] STEIN, Marc. Swabs and sensors: memos offer details of life in NBA 'bubble'. *The New York Times*, Nova York, 16 jun. 2020. Disponível em: https://www.nytimes.com/2020/06/16/sports/basketball/nba-bubble-coronavirus-disney-world.html. Acesso em: 15 maio 2021.

linha de raciocínio dos jogadores supra. A então jogadora do Seattle Storm, Breanna Mackenzie Stewart, por exemplo, afirmou que os EUA estavam "lutando contra dois vírus ao mesmo tempo", o Coronavírus e o racismo, e que se preocupava mais em enfrentar o segundo: "É o vírus do racismo que está mais em meus pensamentos agora".[233]

Se, sob o ponto de vista das relações raciais, a luta pelo fim da discriminação motivava os atletas a não voltarem às atividades esportivas; sob o prisma da indústria do entretenimento, dentro da qual se insere o espetáculo esportivo, havia a questão econômica. Caso a temporada não fosse retomada, a NBA teria um prejuízo de US$ 1 bilhão de receita de televisão. Isso afetaria diretamente os jogadores, tanto no masculino como no feminino, pois sem os jogos a liga poderia encerrar o acordo coletivo de trabalho com o sindicato dos atletas, causando um impacto econômico enorme nas finanças dos jogadores em plena pandemia.[234] Dessa maneira, o dinheiro acabou falando mais alto e as partidas de basquete voltaram a acontecer dentro do complexo esportivo da ESPN Wide World of Sports Complex. A referida entidade que comanda o basquete estadunidense, contudo, estabeleceu uma norma para que os jogadores que optaram por não aderir ao reinício da temporada, seja por questões de saúde ou políticas, não sofressem qualquer tipo de punição. Para isso, bastava que os esportistas comunicassem seus times até o dia 24 de junho de 2020 e, por conseguinte, abrissem mão de receber o salário equivalente aos 14 jogos que ainda faltavam a serem disputados.[235] Além disso, para evitar que o holofote da luta contra a discriminação racial fosse completamente ofuscado pela competição, a NBA disponibilizou a sua plataforma para atos antirracistas. Nas quadras onde as partidas foram realizadas, para efeito ilustrativo, frases contra o racismo foram expostas.[236]

Por mais que a NBA se mostrasse engajada na luta contra o racismo promovida pelo corpo de atletas, para alguns, isso não era o suficiente. A

---

[233] STREETER, Kurt. Breanna Stewart pushes for change on and off the court. *The New York Times*, Nova York, 14 jun. 2020. Disponível em: https://www.nytimes.com/2020/06/14/sports/basketball/breanna-stewart-wnba-protest.html. Acesso em: 16 maio 2021.

[234] STEIN, Marc. Player pushback emerges as NBA works to complete restart plans. *The New York Times*, Nova York, 12 jun. 2020. Disponível em: https://www.nytimes.com/2020/06/12/sports/nba-season-restart-black-lives-matter.html. Acesso em: 15 maio 2021.

[235] STEIN, Marc. Swabs and sensors: memos offer details of life in NBA 'bubble'. *The New York Times*, Nova York, 16 jun. 2020. Disponível em: https://www.nytimes.com/2020/06/16/sports/basketball/nba-bubble-coronavirus-disney-world.html. Acesso em: 15 maio 2021.

[236] STEIN, Marc. For the NBA, a long, strange road trip to the finals. *The New York Times*, Nova York, 27 jul. 2020. Disponível em: https://www.nytimes.com/2020/07/27/sports/coronavirus-nba-season-bubble-disney-world.html. Acesso em: 17 maio 2021.

então jogadora do Atlanta Dream, Renee Danielle Montgomery, recusou-se a voltar às quadras. Justificando a sua decisão, em uma entrevista coletiva, ela fez a seguinte afirmação:

> Não seria justo com minhas colegas de time e treinadores estar meio dentro e meio fora da bolha mentalmente quando sei que quero estar nas ruas me aproximando das comunidades necessitadas.[237]

Sua escolha contou com o apoio de suas colegas e do então presidente da franquia, Chris Sienk. Além disso, em um tweet que comunicava ao público sua decisão de não participar da temporada, Montgomery escreveu a seguinte mensagem:

> Tem trabalho a ser feito fora das quadras em várias áreas de nossa comunidade. A reforma da justiça social não irá acontecer da noite para o dia, mas sinto que agora é o momento.[238]

Renne Montgomery não seria a única a abandonar as quadras para lutar por justiça racial. Seguindo os seus passos, a então jogadora de basquete do Washington Mystics, Natasha Cloud, também optou por não participar da temporada. Nas suas redes sociais ela justificou a sua decisão:

> Quando estou com os Mystics quero estar 100% focada em ganhar o campeonato, e com a comunidade é a mesma coisa. Eu quero estar na linha de frente, quero estar pessoalmente, estar lado a lado com a nossa comunidade, deixando-os saber que não estou com eles apenas como uma figura pública, mas como uma mulher negra.[239]

A grande maioria dos atletas não se encontrava disposta a abandonar os torneios como fizeram Montgomery e Cloud – sacrifício esse

---

[237] BRASSIL, Gillian R. WNBA guard Renne Montgomery will skip season to work on social causes. *The New York Times*, Nova York, 18 jun. 2020. Disponível em: https://www.nytimes.com/2020/06/18/sports/renee-montgomery-skip-wnba-season-social-justice.html#:~:text=Atlanta%20Dream%20guard%20Renee%20Montgomery,season%20during%20the%20coronavirus%20pandemic. Acesso em: 17 maio 2021.

[238] BRASSIL, Gillian R. WNBA guard Renne Montgomery will skip season to work on social causes. *The New York Times*, Nova York, 18 jun. 2020. Disponível em: https://www.nytimes.com/2020/06/18/sports/renee-montgomery-skip-wnba-season-social-justice.html#:~:text=Atlanta%20Dream%20guard%20Renee%20Montgomery,season%20during%20the%20coronavirus%20pandemic. Acesso em: 17 maio 2021.

[239] GENTRY, Dorothy J. A basketball friendship became a tag team for social justice. *The New York Times*, Nova York, 2 set. 2020. Disponível em: https://www.nytimes.com/2020/09/02/sports/basketball/nba-wnba-activism-natasha-cloud.html#:~:text=Natasha%20Cloud%20of%20the%20Mystics,against%20racism%20in%20Washington%2C%20D.C.&text=Like%20the%20rest%20of%20the,Beal%20were%20watching%20history%20unfold.. Acesso em: 18 maio 2021.

que realmente era para poucos (**falarei mais para frente sobre o movimento do boicote aos Jogos Olímpicos realizado pelos atletas negros em 1968**). Entretanto, como prometido pelos comandantes da liga, os jogadores puderam usufruir da plataforma da NBA para realizar as suas manifestações. Durante as primeiras partidas que marcaram o retorno da temporada, como, por exemplo, entre Utah Jazz e New Orleans Pelicans, os jogadores no aquecimento utilizaram camisetas com os dizeres "Black Lives Matter". Já com os uniformes de jogo, os nomes dos atletas nas camisetas foram substituídos por slogans que remetiam à luta contra a discriminação racial. Na camiseta do então ala-pivô do New Orleans Pelicans, Zion Lateef Williamson, no lugar de seu nome estava escrita a palavra "Peace" ("Paz"), já na camiseta do então jogador do Utah Jazz, Michael Alex "Mike" Conley Jr., estava escrito "I am a Man" ("Eu sou um homem"). Antes do início da disputa, ambas as equipes e mais a comissão de arbitragem perfilaram lado a lado perto da frase "Black Lives Matter" grafitada na quadra e se ajoelharam durante a execução do hino nacional estadunidense (**será abordado mais para frente o movimento dos atletas se ajoelhando no hino nacional dos EUA**). O destaque do protesto, contudo, foi para o então ala-armador do time de Utah, Donavan Mitchell Jr. Ele entrou na quadra com um colete à prova de balas que tinha os nomes de algumas vítimas da violência policial.[240]

Mesmo com a promessa sendo cumprida pela NBA, os atletas sabiam da importância de estender os atos contra o racismo para fora das quadras. Assim sendo, os então jogadores do Portland Trail Blazer, Carmelo Kyam Anthony, do Oklahoma City Thunder, Christopher Emmanuel Paul, conhecido como Chris Paul, e o ex-jogador Dwyane Tyrone Wade Jr., popularmente chamado como Flash ou D-Wade, reuniram-se para criar a iniciativa filantrópica Social Change Fund (Fundo de Mudança Social), cujo objetivo era investir em projetos voltados aos afro-estadunidenses para diminuir as desigualdades raciais nas áreas de habitação e educação, reformar a justiça criminal e expandir o direito ao voto.[241] Em entrevista à revista esportiva *Slam*, Carmelo Kyam Anthony, ao ser perguntado sobre as manifestações dos atletas, formulou a seguinte resposta:

---

[240] STEIN, Marc. A momentous first night back for the NBA. *The New York Times*, Nova York, 31 jul. 2020. Disponível em: https://www.nytimes.com/2020/07/31/sports/basketball/nba-opening-night.html. Acesso em: 18 maio 2021.

[241] DEB, Sopan. Carmelo Anthny calls push for social justice a 'lifelong fight'. *The New York Times*, Nova York, 11 ago. 2020. Disponível em: https://www.nytimes.com/2020/08/11/sports/basketball/nba-carmelo-anthony.html. Acesso em: 18 maio 2021.

> Essa conversa não começa e para comigo sendo um jogador de basquete. Essa é uma jornada para toda a vida, uma luta para toda a vida, uma conversa para toda vida que eu vou continuar tendo. Não é que eu estarei "focando" nisso. Eu sou isso.[242]

De fato, Carmelo, a luta antirracista era uma jornada por toda a vida e, ao que tudo indicava, seria árdua. Não demorou muito para que a crise vivida pelos EUA, não a pandemia da Covid-19, mas sim a crise do racismo estrutural, obrigasse os atletas a tomarem uma atitude mais drástica. Mais um episódio de violência policial contra um afro-estadunidense viralizava, isto é, espalhava-se pela internet e chocava o país. Dessa vez, a vítima era Jacob Blake, um homem de 29 anos, que, na frente dos seus filhos, foi baleado sete vezes por um policial durante uma abordagem na cidade de Kenosha, em Wisconsin. Embora tenha sobrevivido aos tiros, Blake perdeu o movimento das pernas. O time de basquete do estado onde ocorreu a tragédia, Milwaukee Bucks, ao saber do caso, recusou-se a entrar em quadra na disputa que estava prestes a começar contra o Orlando Magic. Faltando quatro minutos para dar o horário do jogo e nada da franquia de Wisconsin dar as caras, tanto o Orlando Magic quanto os árbitros se dirigiram aos vestiários. O jogo não aconteceu. Mais de três horas depois do cancelamento da partida, representando os Bucks, os atletas George Jesse Hill Jr. e Sterling Damarco Brown, leram um comunicado à imprensa, pedindo justiça por Jacob Blake e exigindo que os policiais fossem acusados:

> Para que isso ocorra [justiça a Jacob Blake], é imperativo que o Legislativo do estado de Wisconsin se reúna após meses de inação e tome medidas significativas nas questões de brutalidade e responsabilidade policial e reformar a justiça criminal.[243]

Antes de qualquer coisa, devemos abrir parênteses históricos aqui. Essa não era a primeira vez que atletas da NBA boicotavam um jogo por conta do racismo. Em 1959, um dos maiores jogadores do Los Angeles Lakers (na época a franquia se chamava Minneapolis Lakers), Elgin Gay Baylor, recusou-se a entrar em quadra para enfrentar o Cincinnati Royals (que mais tarde se

---

[242] DEB, Sopan. Carmelo Anthny calls push for social justice a 'lifelong fight'. *The New York Times*, Nova York, 11 ago. 2020. Disponível em: https://www.nytimes.com/2020/08/11/sports/basketball/nba-carmelo-anthony.html. Acesso em: 18 maio 2021.

[243] STEIN, Marc. Led by NBA, boycotts disrupt pro sports in wake of Blake shooting. *The New York Times*, Nova York, 26 ago. 2020. Disponível em: https://www.nytimes.com/2020/08/26/sports/basketball/nba-boycott-bucks-magic-blake-shooting.html#:~:text=LAKE%20BUENA%20VISTA%2C%20Fla.,Black%20man%20in%20Kenosha%2C%20Wis. Acesso em: 19 maio 2021.

tornou o Sacramento Kings) após sentir na pele a discriminação racial. Na cidade de Charleston, Virgínia Ocidental, onde a disputa foi realizada, o hotel que hospedou a equipe dos Lakers, por conta das Leis Jim Crow que imperavam nos estados sulistas dos EUA (como vimos anteriormente no Capítulo 1), não prestou serviços aos atletas negros. Mesmo mudando de hotel, os jogadores negros foram obrigados a comerem separados do resto do time. Como forma de protesto, Baylor nem sequer colocou o uniforme de jogo e viu os Lakers perderem a partida. Dois anos depois, em 1961, foi a vez de o Boston Celtics desistir de participar de um amistoso na cidade de Lexington, em Kentucky, após um restaurante local se negar a atender os jogadores afro-estadunidenses.[244]

Fecha parênteses e voltando para 2020. Depois da surpreendente atitude do Milwaukee Bucks em não entrar em quadra, uma reunião entre os jogadores de todas as franquias da NBA foi convocada. No encontro, ficou decidido que seria implementado um boicote aos jogos. Por mais nobre que o ato do time de Wisconsin fosse, o boicote, iniciado, de certo modo por eles, criou rusgas, mais precisamente duas, dentro do corpo de atletas de basquete. A primeira delas foi reacender o debate se os jogadores deveriam ter aceitado retomar as atividades esportivas. Um dos atletas dos Bucks, George Jesse Hill Jr. (que representou o time ao ler o comunicado à imprensa descrito supra), demonstrou arrependimento por ter voltado a jogar:

> Honestamente, nós não deveríamos ter vindo aqui para esse maldito lugar [o complexo esportivo da ESPN Wide World of Sports Complex]. Vir aqui tirou todo o foco de quais são os problemas.[245]

A segunda rusga era que na reunião entre os atletas, conforme o relato de duas pessoas que não foram identificadas pela reportagem do *The New York Times,* mas que participaram do encontro, alguns jogadores ficaram descontentes com o fato dos Bucks terem passado por cima do sindicato e da Liga na hora em que se recusaram a jogar contra o Orlando Magic. Além disso, posteriormente, para agravar ainda mais essa rusga, quando as demais franquias aderiram ao boicote e interromperam as atividades, a equipe de

---

[244] NBA já teve outros boicotes nas décadas de 50 e 60 também ligados ao racismo. *ESPN*, 27 ago. 2020. Disponível em: https://www.espn.com.br/nba/artigo/_/id/7347451/nba-ja-teve-outros-boicotes-nas-decadas-de-50-e-60-tambem-ligados-ao-racismo#:~:text=Na%20sequ%C3%AAncia%2C%20Houston%20Rockets%20x,dos%20atletas%20n%C3%A3o%20C3%A9%20in%C3%A9dita. Acesso em: 19 maio 2021.

[245] CACCIOLA, Scott. Basketball and social justice: Bucks say 'it's harder to do both'. *The New York Times*, Nova York, 9 set. 2020. Disponível em: https://www.nytimes.com/2020/09/09/sports/bucks-protest.html. Acesso em: 19 maio 2021.

Wisconsin decidiu voltar a jogar, irritando profundamente – e com certa razão – os colegas das outras equipes, dentre eles, LeBron James.[246] Entretanto, de uma coisa era certa: para que o movimento de boicote aos jogos funcionasse, os atletas teriam que resolver as suas desavenças internas e, ao mesmo tempo, lidar com a pressão política externa. Não demorou muito – e como era de se esperar – o então presidente Donald Trump e o seu núcleo de governo disparassem críticas aos atletas. O republicano até que adotou um tom mais ameno e disse que as pessoas estavam ficando "um pouco cansadas da NBA". O ataque mais feroz aos jogadores, na verdade, partiria do seu genro e conselheiro político, Jared Corey Kushner. Em entrevista ao canal de TV CNBC ele deu a seguinte declaração:

> Eu acho que os jogadores da NBA têm muita sorte por terem uma posição financeira onde eles possam tirar uma noite de folga do trabalho sem ter que encarar as consequências financeiras para si próprios.[247]

Acompanhando Kushner, o lutador da categoria de peso meio-médio do UFC, Colby Covington, por meio do Twitter (atualmente X), desferiu um golpe contra o movimento dos atletas:

> Nossa, vocês adiaram seus jogos?! Querem provar que vocês realmente querem mudar? Abandonem seus empregos multimilionários e suas vidas privilegiadas jogando um jogo infantil, aceitem um corte de pagamento pesado e executem o trabalho mais difícil da América. Tornem-se policiais!!!![248]

A ofensiva trumpista teria a sua resposta. Pelas mídias digitais, LeBron James de forma curta, porém precisa, encaminhou a seguinte mensagem a Donald Trump, mas que poderia ser estendida para os demais integrantes de sua cúpula política: "[sic] Foda-se este homem. Nós exigimos mudança. Estamos cansados disso".[249]

---

[246] STEIN, Marc; DEB, Sopan; BLINDER, Alan. One NBA team walked out. A generation of athletes followed. *The New York Times*, Nova York, 27 ago. 2020. Disponível em: https://www.nytimes.com/2020/08/27/sports/basketball/nba-resume.html. Acesso em: 20 maio 2021.

[247] STEIN, Marc; DEB, Sopan; BLINDER, Alan. One NBA team walked out. A generation of athletes followed. *The New York Times*, Nova York, 27 ago. 2020. Disponível em: https://www.nytimes.com/2020/08/27/sports/basketball/nba-resume.html. Acesso em: 20 maio 2021.

[248] Covington critica boicotes na NBA e MBL: "Executem o trabalho mais difícil. Tornem-se policiais". *GE*, 27 ago. 2020. Disponível em: https://ge.globo.com/combate/noticia/covington-critica-boicotes-na-nba-e-mbl-executem-o-trabalho-mais-dificil-tornem-se-policiais.ghtml. Acesso em: 20 maio 2021.

[249] STEIN, Marc; DEB, Sopan; BLINDER, Alan. One NBA team walked out. A generation of athletes followed. *The New York Times*, Nova York, 27 ago. 2020. Disponível em: https://www.nytimes.com/2020/08/27/sports/basketball/nba-resume.html. Acesso em: 20 maio 2021.

De qualquer modo, uma contracorrente havia se formado. Segundo o sociólogo francês Michel Wieviorka, "aqueles aos quais se pode corretamente acusar ou suspeitar de racismo se puseram a devolver a suspeita ou a acusação", ao denunciarem um suposto "racismo antitiras [antipolicial]".[250] Pois bem, era esse o argumento usado por Trump e seus seguidores mais fervorosos contra os atletas engajados na causa negra e o Black Lives Matter. Para se ter uma ideia, diante das manifestações antirracistas espalhadas pelos EUA, também ganhava força o contramovimento Blue Lives Matter (Vidas Azuis Importam ou Vidas dos Policiais Importam).[251] Não obstante afirmarem publicamente que o movimento objetivava a defesa da vida dos policiais, por trás das cortinas, por assim dizer, podemos supor que o objetivo principal do movimento era mesmo gerar controvérsias em torno do termo "racismo", fazendo com que aquele que, nas palavras de Wieviorka, "acreditava agir pela boa causa" passasse "a ser suspeito dos piores preconceitos" e que a ação antirracista viesse a ser "acusada de alimentar o mal que pretende combater".[252]

Por mais pressão que a contracorrente trumpista fizesse, o movimento do boicote aos jogos dos atletas da NBA seguia a todo vapor, inclusive, passou a ser englobado pelas demais modalidades esportivas. Para efeito ilustrativo, no futebol americano, os times do New York Jets, Indianapolis Colts, Green Bay Packers e Washington Football Team interromperam as suas atividades.[253] Já no tênis, Naomi Osaka declarou que não disputaria a semifinal do Western & Southerm Open (torneio preparatório para o US Open) em Nova York. Osaka, devemos salientar, havia se engajado de corpo e alma na luta contra o preconceito racial. Depois da morte de George Floyd, a tenista não pensou duas vezes e pegou um voo para Minneapolis para se juntar aos protestos.[254] Além disso, nas partidas do US Open, ela entrava em quadra usando máscaras com nomes de vítimas da violência policial e nas redes sociais abordava constantemente pautas relacionadas à discriminação racial. Inclusive, em uma delas, ela convocou as pessoas a participarem de uma manifestação contra o racismo na cidade japonesa

---

[250] WIEVIORKA, Michel. *O racismo, uma introdução.* São Paulo: Editora Perspectiva, 2007. p. 138.

[251] Página da organização Blue Lives Matter. Disponível em https://www.policelivesmatterusa.org/#days-of-crisis. Acesso em: 21 maio 2021.

[252] WIEVIORKA, Michel. *O racismo, uma introdução.* São Paulo: Editora Perspectiva, 2007. p. 138.

[253] STEIN, Marc; DEB, Sopan; BLINDER, Alan. One NBA team walked out. A generation of athletes followed. *The New York Times,* Nova York, 27 ago. 2020. Disponível em: https://www.nytimes.com/2020/08/27/sports/basketball/nba-resume.html. Acesso em: 20 maio 2021.

[254] FUTTERMAN, Matthew. Naomi Osaka returns after protest prompts tournament's pause. *The New York Times,* Nova York, 28 ago. 2020. Disponível em: https://www.nytimes.com/2020/08/28/sports/tennis/naomi-osaka.html. Acesso em: 21 maio 2021.

que leva o seu nome, Osaka.[255] Em seu Twitter (atualmente X) ela deixou a seguinte mensagem a respeito de dar uma pausa nos torneios:

> Antes de ser uma atleta, eu sou uma mulher negra. E, como uma mulher negra, sinto que há assuntos mais importantes que precisam de atenção imediata, em vez de me verem jogar tênis.[256]

No beisebol, os arremessos e as rebatidas também dariam um tempo. O beisebol, importante destacar, era um esporte cuja história era marcada pelo racismo. Dois de seus principais nomes, o arremessador Leroy Robert "Satchel" Paige e o apanhador Joshua Gibson, conhecido popularmente como Josh Gibson, na primeira metade do século XX, por conta da segregação racial, jogaram na liga destinada apenas aos atletas afro-estadunidenses. Esse passado, de certa maneira, ainda permanecia vivo na referida modalidade esportiva. Indo na contramão da NBA e da NFL, nas quais a maioria dos jogadores eram negros, na Major League Baseball (MLB – Liga de Beisebol dos EUA), por volta de 2020, 60% dos atletas eram brancos e, a cada ano, a participação dos negros caía. Não à toa, a MLB promovia poucas ações para combater o racismo dentro de seus estádios e foi uma das últimas entidades a se pronunciar sobre o caso de George Floyd.[257] Porém, com os atos antirracistas fervilhando nas ruas, o cenário de alienação social no beisebol estadunidense, ao que tudo indicava, parecia mudar. Atletas, em especial os brancos, que declinavam em participar – ao menos ativamente – da luta contra a discriminação racial, passaram a se engajar de forma mais incisiva e pública. No jogo entre o New York Mets e Miami Marlins, por exemplo, os jogadores permaneceram em campo por apenas 42 segundos e depois retornaram aos vestiários. O ato foi uma homenagem ao atleta Jack Roosevelt "Jackie" Robinson, que usava o número 42 e foi o primeiro a romper a barreira racial do beisebol em 1947. Já na partida entre San Diego Padres e Seattle Mariners, os times nem sequer entraram em campo.[258] Além do mais, o então jogador do

---

[255] BERGERON, Elena. How putting on a mask raised Naomi Osaka's voice. *The New York Times*, Nova York, 16 dez. 2020. Disponível em: https://www.nytimes.com/2020/12/16/sports/tennis/naomi-osaka-protests-open. html#:~:text=%E2%80%9COnce%20I%20saw%20that%20so,me%20speechless%20and%20quite%20emotional.%E2%80%9D. Acesso em: 21 maio 2021.

[256] STEIN, Marc. Led by NBA, boycotts disrupt pro sports in wake of Blake shooting. *The New York Times,* Nova York, 26 ago. 2020. Disponível em: https://www.nytimes.com/2020/08/26/sports/basketball/nba-boycott-bucks-magic-blake-shooting.html#:~:text=LAKE%20BUENA%20VISTA%2C%20Fla.,Black%20man%20in%20Kenosha%2C%20Wis. Acesso em: 19 maio 2021.

[257] WAGNER, James. MLB took 9 days to address George Floyd. Was it too late? *The New York Times*, Nova York, 3 jun. 2020. Disponível em: https://www.nytimes.com/2020/06/03/sports/baseball/george-floyd-protests-baseball-mlb.html. Acesso em: 21 maio 2021.

[258] STEIN, Marc; DEB, Sopan; BLINDER, Alan. One NBA team walked out. A generation of athletes followed. *The New York Times*, Nova York, 27 ago. 2020. Disponível em: https://www.nytimes.com/2020/08/27/sports/

New York Yankees James Alston Paxton, conhecido pelo apelido de "The Big Maple", deixou a seguinte mensagem em seu Instagram:

> Meu privilégio branco me permitiu ignorar a verdadeira magnitude da opressão que a comunidade negra enfrenta. Meu silêncio até este ponto também é produto do meu privilégio branco. Estou começando a perceber meu privilégio e ignorância. Hora de escutar, aprender e agir.[259]

O boicote aos jogos, como previam patrocinadores e donos de franquias esportivas, não sobreviveria por muito tempo. E, de fato, após certo período de paralisação, as atividades foram retomadas.[260] O boicote havia se encerrado, mas o seu legado, ou seja, o engajamento político dos atletas, continuaria a figurar nas arenas. Na NBA, alguns jogadores, dentre eles, do time do Denver Nuggets, Houston Jerami Grant, e do Los Angeles Lakers, LeBron James, em suas entrevistas coletivas, recusavam-se a falar de basquete e abordavam apenas assuntos relacionados ao racismo e à violência policial contra a comunidade afro-estadunidense. Nas palavras de Grant, "nós [atletas] temos mais poder do que imaginamos". Ele estava coberto de razão. Aos poucos, eles passaram a mudar a regra do jogo da imprensa. Se antes a visão que imperava na mídia esportiva, especialmente nas emissoras que gastavam milhões para comprar os direitos de transmissão das partidas, era "manter a política fora do esporte"; agora, os atletas exigiam cada vez mais espaço para abordar pautas sociais.[261] Em seu Twitter (atualmente X), para efeito ilustrativo, a tenista Naomi Osaka deixou a seguinte mensagem:

> Todas as pessoas que me diziam para "manter a política fora dos esportes" (o que não era nada político) realmente me inspiram a vencer. É melhor você acreditar que vou tentar ficar na sua TV o máximo de tempo possível.[262]

---

basketball/nba-resume.html. Acesso em: 20 maio 2021.

[259] WAGNER, James. MLB took 9 days to address George Floyd. Was it too late? *The New York Times*, Nova York, 3 jun. 2020. Disponível em: https://www.nytimes.com/2020/06/03/sports/baseball/george-floyd-protests-baseball-mlb.html. Acesso em: 21 maio 2021.

[260] STREETER, Kurt. With walkouts, a new high bar for protests in sports is set. *The New York Times*, Nova York, 27 ago. 2020. Disponível em: https://www.nytimes.com/2020/08/27/sports/basketball/kenosha-nba-protests-players-boycott.html. Acesso em: 22 maio 2021.

[261] CACCIOLA, Scott. 'One of the worst, strangest years': an NBA season like no other. *The New York Times*, Nova York, 30 set. 2020. Disponível em: https://www.nytimes.com/2020/09/30/sports/basketball/covid-nba-unrest-season.html. Acesso em: 22 maio 2021.

[262] Naomi Osaka responde a quem pediu para não misturar esporte e política: "Vou ficar na sua TV". *GE*, 15 set. 2020. Disponível em: https://ge.globo.com/tenis/noticia/naomi-osaka-responde-a-quem-pediu-para-nao-misturar-esporte-e-politica-vou-ficar-na-sua-tv.ghtml. Acesso em: 22 maio 2021.

Os atletas, de um modo geral, ansiavam por mais espaço na grande imprensa para falar a respeito de causas sociais, mas em compensação, nos veículos de comunicação tradicionais, não apenas dos EUA como também de outros países, ainda havia certas resistências. A então jogadora de basquete do New York Liberty, a sueca Amanda Zahui Bazoukou, deparou-se com esses obstáculos criados pela grande mídia em sua terra natal. Encorajada pelo movimento iniciado pelos jogadores estadunidenses e pelas pessoas que tomaram as ruas da Suécia em protesto contra o racismo, Zahui, como é mais conhecida, procurou os principais canais de notícias suecos para dar entrevistas sobre os problemas raciais que o seu país enfrentava. Em resposta aos seus pedidos, os canais propuseram apenas que ela falasse sobre basquete. Aqui temos um bom ponto para analisarmos a transformação do poder de influência e de comunicação social na era contemporânea. Tempos atrás, segundo Manuel Castells, os cidadãos recebiam informações e formavam suas opiniões políticas "essencialmente por intermédio da mídia", nos dias atuais, em contrapartida, com o advento de novas tecnologias, as pessoas passaram a buscar ou receber informações a partir de outros meios, especialmente pelas redes sociais, diminuindo significativamente o poder de influência que a grande imprensa tinha sobre a sociedade.[263] Sendo assim, voltando ao caso de Zahui, para driblar as barreiras restritivas dos veículos de comunicação suecos, ela tomou a iniciativa de recorrer às redes sociais. E não deu outra. Suas postagens ganharam tanta repercussão que a referida jogadora de basquete, por meio do Instagram, foi capaz de organizar uma passeata antirracista na cidade de Estocolmo, capital da Suécia.[264]

Nem todas as portas do mundo corporativo da comunicação se fecharam para os atletas. No ramo da publicidade, algumas marcas buscaram se associar com grandes nomes do esporte para promoverem causas sociais. Isso retrata a mudança de direção que a publicidade tomou ao longo dos anos. Para demonstrarmos essa mudança de direção, iremos analisar a figura de Michael Jordan, considerado por muitos o melhor jogador de basquete de todos os tempos. De acordo com o sociólogo estadunidense, Douglas Kellner, Jordan é um dos ícones mais bem-sucedidos da cultura da mídia da história. Graças às suas performances incríveis dentro das quadras, o jogador se tornou a ferra-

---

[263] CASTELLS, Manuel. *A era da informação*: economia, sociedade e cultura. Vol II O poder da identidade. São Paulo: Editora Paz e Terra, 1999. *passim*.

[264] BERKMAN, Seth. She found her voice in a WNBA locker room, then used it in Sweden. *The New York Times*, Nova York, 13 jul. 2020. Disponível em: https://www.nytimes.com/2020/07/13/sports/basketball/amanda-zahui-b-new-york-liberty.html. Acesso em: 23 maio 2021.

menta principal para exportar a marca da NBA ao mundo todo. Em algumas partes do globo, inclusive, ele era mais famoso do que o próprio presidente dos EUA. Desse modo, não era de se surpreender que Jordan começasse a assinar contratos milionários de publicidade com várias marcas, sendo a principal delas a empresa de calçados esportivos Nike. As propagandas o colocavam como um herói que simbolizava a excelência profissional, a moralidade e os valores estadunidenses. Em uma das propagandas da fabricante de bebidas isotônicas Gatorade, para se ter uma ideia, o slogan era "be like Mike" ("seja como Mike [Jordan]"). Sendo assim, para muitos, ele se tornou o primeiro negro a romper as barreiras raciais da publicidade, pavimentando o caminho para que outros atletas afro-estadunidenses pudessem assinar contratos tão lucrativos quanto os seus. Na verdade, nas palavras de Kellner, Jordan

> [...] representava a fantasia de que qualquer um pode ser bem sucedido em uma sociedade competitiva e de status, que todos podem ascender de classe e superar as limitações da raça e da classe.[265]

Se, por um lado, Jordan era o símbolo dos valores dos EUA, ou, melhor dizendo, a cara do *american dream* (conceito que vimos anteriormente no Capítulo 1); por outro lado, ainda segundo o referido sociólogo, ele deixava muito a desejar em relação às questões de cunho político/social. Em 1992, no caso de Rodney King, por exemplo, um taxista de Los Angeles que foi confundido com um bandido e espancado brutalmente por policiais (que, mais tarde, foram inocentados pela Justiça), o jogador não fez nenhuma declaração de repúdio contra o caso e/ou contra a violência policial à comunidade negra estadunidense. Na verdade, ele se mostrou mais preocupado em aprimorar o seu arremesso. Em outros momentos, o atleta se recusava a responder perguntas sobre as acusações de exploração de trabalho que a Nike sofria ao redor do mundo, especialmente na Ásia. Dessa maneira, Jordan tinha o tipo de comportamento desejado pelas marcas da época, ou seja, não se envolvia em nenhuma questão política. Mais uma vez recorrendo aos pensamentos de Kellner, podemos afirmar que

> Michael Jordan, assim como muitos atletas corrompidos pelo espetáculo do esporte e da cultura comercial, revogou suas responsabilidades políticas e sociais básicas em favor de roupas caras, comodidades, e um portfólio de megastock.[266]

---

[265] *Apud* MILLER, Patrick B.; WIGGINS, David K. *Sport and the color line:* Black athlete and race relations in twentieth century America. Nova York: Editora Routledge, 2003. p. 310-311.

[266] *Apud* MILLER, Patrick B.; WIGGINS, David K. *Sport and the color line:* Black athlete and race relations in twentieth century America. Nova York: Editora Routledge, 2003. p. 315.

Hoje em dia, no entanto, o jogo se inverteu. As grandes empresas procuram cada vez mais atrelar as suas imagens às causas sociais suprapartidárias, dentre elas, a luta contra o racismo e contra o sexismo. Em um dos comerciais da fabricante de calçados e roupas esportivas Adidas, curiosamente a principal concorrente da Nike, o então quarterback do Kansas City Chiefs, Patrick Lavon Mahomes II, popularmente conhecido como Patrick Mahomes, aparece dizendo as seguintes palavras: "Vamos continuar praticando esportes. Mas, ao mesmo tempo, nós vamos agir e nós vamos mudar o mundo".[267]

Sim, como visto supra, os atletas venceram as barreiras impostas pela mídia tradicional e conseguiam cada vez mais inserir, principalmente na publicidade, pautas sociais. Entretanto, se, de fato, eles queriam "mudar o mundo", pegando emprestadas as palavras de Mahomes no comercial da Adidas, os atletas teriam que entrar em um terreno traiçoeiro: a política.

2.3 As urnas nas quadras

A mudança estava por vir. Segundo Michel Wieviorka, o problema da discriminação racial não se encontrava mais na existência de doutrinas ou ideologias, uma vez que estas, de certa maneira, foram derrubadas pelas ciências tempos atrás. O problema, atualmente, estava no funcionamento da sociedade,

> [...] da qual o racismo constitui uma propriedade estrutural inscrita nos mecanismos rotineiros, assegurando a dominação e a inferiorização dos negros sem que ninguém tenha quase a necessidade de os teorizar ou de tentar justificá-los pela ciência.[268]

Sendo assim, ainda recorrendo às palavras de Wieviorka, "nos Estados Unidos, o racismo institucional é descrito como algo que mantém os negros em uma situação de inferioridade por mecanismos não percebidos socialmente".[269]

Despercebidos não mais. Os atletas não apenas perceberam os artifícios discriminatórios raciais que regiam a sociedade, como fizeram questão de escancará-los. Mais do que isso, porém, eles sabiam que só havia uma via capaz de provocar uma mudança profunda na sociedade: a política. Historicamente, contudo, a política, sob o ponto de vista da comunidade

---

[267] BELSON, Ken. NFL season kicks off with players' protesting racism. *The New York Times*, Nova York, 10 set. 2020. Disponível em: https://www.nytimes.com/2020/09/10/sports/nfl-anthem.html. Acesso em: 24 maio 2021.

[268] WIEVIORKA, Michel. *O racismo, uma introdução*. São Paulo: Editora Perspectiva, 2007. p. 30.

[269] WIEVIORKA, Michel. *O racismo, uma introdução*. São Paulo: Editora Perspectiva, 2007. p. 30.

afro-estadunidense, especialmente em relação ao direito ao voto, sempre foi marcada por obstáculos. Antigamente, de acordo com o historiador estadunidense, Alexander Keyssar, nos EUA, os negros eram considerados como "inferiores e carentes das potenciais virtudes republicanas", sendo, portanto, impedidos de votar. Nas convenções públicas, aliás, quando o debate girava em torno da extensão ou não do sufrágio aos afro-estadunidenses, eram comuns declarações racistas dos então representantes do povo para impedir que os negros fossem às urnas, tais como: "Nenhum negro puro tem desejos e necessidades como as outras pessoas"; "a raça negra foi marcada e condenada à servidão pelo decreto da Onipotência [...]"; e "um povo peculiar, incapaz, na minha opinião, de exercer esse privilégio [direito ao voto] com algum tipo de critério, prudência ou independência".[270]

Os argumentos racistas supra, somados com a campanha de restrição do sufrágio, se intensificaram nas primeiras décadas de 1800, quando o medo da migração em massa de escravos alforriados ou fugitivos do Sul escravagista tomou conta dos corações e mentes da região Norte dos EUA. Para efeito ilustrativo, um representante de Wisconsin, durante uma comissão pública da época, afirmou categoricamente que caso o direito ao voto fosse estendido aos negros, isso "faria que o nosso estado fosse infestado de escravos fugidos do Sul". Os afro-estadunidenses, por sua vez, resistiam e lutavam para conquistar e assegurar os seus direitos. Com o fim da Guerra Civil (1861-1865), a comunidade negra passou a escrever petições e a organizar marchas pelas ruas do país para derrubar as barreiras raciais de voto. Na Carolina do Norte, por exemplo, foi fundada a Liga da Igualdade de Direitos que exigia que os negros possuíssem "todos os direitos sociais e políticos" dos brancos. Na cidade de Nova Orleans, em Louisiana, os negros simularam uma eleição para demonstrar o poder de sua força política. Já em Maryland, convenções e manifestações foram promovidas em busca de seus direitos.[271] Assim, nas palavras de Keyssar,

> [...] para os afro-americanos, a conquista do direito de voto não só constituía um meio de autoproteção, mas um símbolo e uma expressão fundamentais de sua posição na sociedade americana.[272]

---

[270] *Apud* KEYSSAR, Alexander. *O direito de voto:* a controversa história da democracia nos Estados Unidos. São Paulo: Editora Unesp, 2000. p. 101-102.

[271] KEYSSAR, Alexander. *O direito de voto:* a controversa história da democracia nos Estados Unidos. São Paulo: Editora Unesp, 2000. p. 103-104; 142-143.

[272] KEYSSAR, Alexander. *O direito de voto:* a controversa história da democracia nos Estados Unidos. São Paulo: Editora Unesp, 2000. p. 142-143.

Voltando ao contexto de 2020. A autoproteção dos negros, recorrendo aos pensamentos supra de Keyssar, ou seja, o direito ao voto se fazia mais do que necessário. Na verdade, a organização liderada por LeBron James, More Than A Vote (Mais Do Que Um Voto), na eleição presidencial de 2020, tinha uma missão bem clara: mobilizar a comunidade afro-estadunidense e as pessoas comprometidas com a causa negra para derrotar a extrema-direita personalizada em Donald Trump nas urnas. Para isso, LeBron sabia que teria que usar do seu prestígio e influência social para vencer essa disputa. Em entrevista ao *The New York Times,* o jogador de basquete deu a seguinte declaração:

> Por causa de tudo o que está acontecendo [os protestos antirracista após a morte de George Floyd], as pessoas finalmente estão começando a nos ouvir – nós sentimos que finalmente estamos entrando pela porta. Por quanto tempo isso dependerá de nós? Não sabemos. Mas nós sentimos que estamos ganhando atenção, e esse é o momento para a gente finalmente fazer a diferença.[273]

Uma andorinha só não faz verão, como já dizia o ditado. LeBron, portanto, necessitava da ajuda de mais atletas. E a ajuda veio. Os jogadores do time de futebol americano do Atlanta Falcons, localizado no estado da Geórgia, para estimular as pessoas a irem às urnas no dia da eleição, nos aquecimentos dos jogos, entravam em campo com camisetas escritas "Vote".[274] Além do mais, pelas redes sociais ou por meio de videochamadas, uma das quais o *The New York Times* teve acesso, os jogadores falaram com a população local, especialmente com estudantes, sobre a importância do voto e do pleito presidencial que estava por vir.[275]

O movimento dos atletas do Atlanta Falcons contou com o respaldo do então dono da franquia, Arthur M. Blank, que, de maneira surpreendente, aceitou o pedido dos jogadores e transformou o seu estádio em um local de votação no dia da eleição presidencial (algo inédito na história do esporte

---

[273] MARTIN, Jonathan. LeBron James and other stars form a voting rights group. *The New York Times*, Nova York, 10 jun. 2020. Disponível em: https://www.nytimes.com/2020/06/10/us/politics/lebron-james-voting-rights.html#:~:text=superstar%20LeBron%20James%20and%20a,in%20this%20fall's%20presidential%20election. Acesso em: 23 maio 2021.

[274] BELSON, Ken. Georgia is a political battleground. The Falcons want more voters. *The New York Times*, Nova York, 3 nov. 2020. Disponível em: https://www.nytimes.com/2020/11/03/sports/georgia-voting-atlanta-falcons.html. Acesso em: 23 maio 2021.

[275] BELSON, Ken. Inside one NFL team's attempt to turn protest into action. *The New York Times*, Nova York, 17 set. 2020. Disponível em: https://www.nytimes.com/2020/09/17/sports/football/inside-one-nfl-teams-attempt-to-turn-protest-into-action.html. Acesso em: 23 maio 2021.

dos EUA). Além disso, Blank doou quantias significativas de dinheiro para organizações que promovem o direito do voto e lutam por igualdade social e econômica, especialmente aquelas que atuam nos bairros pobres da cidade. Importante ressaltar que, para evitar qualquer tipo de polarização, os Falcons não apoiaram publicamente nenhum dos candidatos.[276] Seguindo o exemplo da referida franquia de Atlanta, outros times de futebol americano, dentre eles, Minnesota Vikings, localizado em Minneapolis, onde tudo começou, e o Kansas City Chiefs, realizaram ações semelhantes. Segundo o então quarterback do Kansas City Chiefs, Patrick Mahomes, a ideia era "conseguir registrar o maior número de pessoas para votar para que possam tentar realizar as mudanças de todas as maneiras que acharem necessário".[277]

Se, por um lado, alguns preferiam adotar uma postura mais neutra; por outro lado, outros chegaram a vestir a camisa dos seus candidatos. O então jogador de basquete do Golden State Warriors, Wardell Stephen Curry II, conhecido apenas como Stephen Curry, participou de um vídeo de campanha da Convenção Nacional Democrata em apoio ao então candidato Joseph R. Biden Jr, conhecido popularmente como Joe Biden.[278] As atletas do time de basquete do Atlanta Dream, por sua vez, adotaram uma postura mais agressiva. Uma das proprietárias da franquia, Kelly Loeffler, que disputava uma cadeira do Senado do estado da Geórgia pelo lado republicano, criticou-as por apoiarem o movimento Black Lives Matter. Em resposta a Loeffler, as jogadoras fizeram campanha pelo seu adversário, o democrata Reverendo Raphael G. Warnock.[279] Para se ter uma ideia do ato de desafio, nos aquecimentos das partidas, elas usaram camisetas com os dizeres "Vote Warnock" ("Vote em Warnock"), alavancando a candidatura do reverendo e fazendo com que ele conquistasse a vaga do Senado.[280]

---

[276] BELSON, Ken. Inside one NFL team's attempt to turn protest into action. *The New York Times*, Nova York, 17 set. 2020. Disponível em: https://www.nytimes.com/2020/09/17/sports/football/inside-one-nfl-teams-attempt-to-turn-protest-into-action.html. Acesso em: 23 maio 2021.

[277] BELSON, Ken. The NFL embraces progressive action, but not yet Kaepernick. *The New York Times*, Nova York, 12 jun. 2020. Disponível em: https://www.nytimes.com/2020/09/17/sports/football/inside-one-nfl-teams-attempt-to-turn-protest-into-action.html. Acesso em: 23 maio 2021.

[278] STEIN, Mac; DEB, Sopan; BLINDER, Alan. One NBA team walked out. A generation of athletes followed. *The New York Times*, Nova York, 27 ago. 2020. Disponível em: https://www.nytimes.com/2020/08/27/sports/basketball/nba-resume.html. Acesso em: 20 maio 2021.

[279] ABRAMS, Jonathan; WEINER, Natalie. How the most socially progressive pro league got that way. *The New York Times*, Nova York, 16 out. 2020. Disponível em: https://www.nytimes.com/2020/10/16/sports/basketball/wnba-loeffler-protest-kneeling.html. Acesso em: 24 maio 2021.

[280] BELSON, Ken. In Georgia, pro teams dive into senate races with different playbooks. *The New York Times*, Nova York, 4 jan. 2021. Disponível em: https://www.nytimes.com/2021/01/04/sports/football/atlanta-falcons-dream-georgia-election.html. Acesso em: 24 maio 2021.

Para rebater o apoio democrata no esporte, uma contracorrente de atletas que aderia ao Partido Republicano, ou mais precisamente a Donald Trump, formava-se. Personalidades históricas, tal como o ex-jogador e renomado técnico de futebol americano de colegial, Louis Leo Holtz, de 83 anos, em seu discurso de campanha para Trump, invocava o *american dream,* descrevendo um EUA utópico liderado pelo republicano em que qualquer um poderia ser bem-sucedido desde que trabalhasse para isso. Há quem se engane, contudo, que eram apenas brancos que se encantavam com o então presidente do país. Os ex-jogadores de futebol americano Herschel Walker e Jack Brewer afirmavam que o seu candidato era nada mais nada menos que um enviado dos céus para comandar uma cruzada contra o racismo e a injustiça social.[281] Este, aliás, é um ótimo ponto para analisarmos como a história é repleta de reviravoltas. De acordo com Alexander Keyssar, entre o fim e os primeiros anos subsequentes da Guerra Civil dos EUA, "a ala mais militante e igualitária do Partido Republicano" pregava o sufrágio universal, ou seja, que o direito de voto fosse estendido aos negros, algo que os Democratas, naquela época, eram veementemente contrários. A aprovação da Décima Quarta Emenda, em 1866, garantiu que os afro-estadunidenses se tornassem cidadãos e que, portanto, poderiam votar. Dessa maneira, cada vez mais os republicanos buscavam assegurar que a comunidade negra fosse às urnas, pois assim eles não apenas salvaguardavam os alforriados, como também era uma ótima oportunidade para estabelecer uma base eleitoral no Sul e conquistar mais estados naquela região.[282] Sim, o Partido Republicano que outrora sonhava com uma base eleitoral negra, em especial no Sul, agora servia de abrigo para a extrema-direita liderada, ou pelo menos personificada, por Trump, que, apesar da visão messiânica dos ex-jogadores supra exposta, caminhava na direção contrária da trilha da justiça social e racial, e, além do mais, possuía como uma de suas principais bases justamente os brancos raivosos e saudosistas do Sul que, de certa forma, buscavam retomar os tempos dos Estados Confederados e das Leis Jim Crow, ou seja, do racismo explícito e da segregação racial.

Voltando ao contexto de 2020. Escolhas ideológicas à parte, os jogadores estadunidenses rompiam a barreira entre esporte e política. Era

---

[281] STREETER, Kurt. With walkouts, a new high bar for protests in sports is set. *The New York Times*, Nova York, 27 ago. 2020. Disponível em: https://www.nytimes.com/2020/08/27/sports/basketball/kenosha-nba-protests-players-boycott.html. Acesso em: 22 maio 2021.

[282] KEYSSAR, Alexander. *O direito de voto:* a controversa história da democracia nos Estados Unidos. São Paulo: Editora Unesp, 2000. p. 143-146.

diferente, todavia, engajar-se politicamente como jogador da NBA, uma liga que, de um modo geral, apoiava os seus atletas em causas sociais, do que em outras modalidades esportivas. Antes na NFL, para analisarmos um quadro específico, era inimaginável colocar qualquer mensagem de cunho político atrelada à sua marca, mesmo aquelas mensagens consideradas suprapartidárias, como "fim do racismo".[283] Também, como vimos anteriormente, boa parte dos donos das franquias do futebol americano apoiava Trump, que atacava constantemente jogadores que se posicionavam de maneira contrária à sua plataforma política, especialmente aqueles que se ajoelhavam durante o hino nacional dos EUA. Isso gerava certo receio nos atletas, especialmente sobre o aspecto econômico. Poucos tinham a garantia de que o seu contrato seria estendido e os times, muitas vezes, precisavam de apenas uma pequena desculpa para dispensá-los. No Atlanta Falcons, por exemplo, apesar de todo o engajamento político dos atletas, como mostrado anteriormente, muitos deles fizeram cálculos financeiros antes de embarcar no movimento. Em uma entrevista ao *The New York Times,* o então jogador do Falcons, Ricardo Jamal Allen, afirmou que, de fato, a parte econômica era preponderante para que muitos não se engajassem na luta antirracista: "Eu sei que essa é uma das grandes razões pela qual vários jogadores não falam nada". Na verdade, em termos mais claros, o que pairava na NFL era o medo de se tornar o próximo Kaepernick (**Colin Kaepernick será abordado mais para frente**).[284]

Mesmo com esse temor todo, passos importantes foram dados. Seguindo os passos dos Falcons e de outros times da NFL, tais como Kansas City Chiefs, Detroit Lions, Green Bay Packers e Seattle Seahawaks, franquias do futebol americano e do basquete transformaram as suas arenas esportivas em locais de votação para o pleito presidencial de 2020.[285] Pela primeira vez na história do esporte estadunidense, as cestas de basquete e as *end zones* (parte do campo no futebol americano onde se marca o *touchdown* – a principal forma de pontuar no jogo) davam lugar às urnas. Não à toa, o então jogador do Oklahoma City Thunder e presidente

---

[283] BELSON, Ken. Georgia is a political battleground. The Falcons want more voters. *The New York Times*, Nova York, 3 nov. 2020. Disponível em: https://www.nytimes.com/2020/11/03/sports/georgia-voting-atlanta-falcons.html. Acesso em: 23 maio 2021.

[284] BELSON, Ken. In Georgia, pro teams dive into senate races with different playbooks. *The New York Times*, Nova York, 4 jan. 2021. Disponível em: https://www.nytimes.com/2021/01/04/sports/football/atlanta-falcons-dream-georgia-election.html. Acesso em: 24 maio 2021.

[285] BELSON, Ken. Georgia is a political battleground. The Falcons want more voters. *The New York Times*, Nova York, 3 nov. 2020. Disponível em: https://www.nytimes.com/2020/11/03/sports/georgia-voting-atlanta-falcons.html. Acesso em: 23 maio 2021.

da National Basketball Players Association (NBPA – Associação Nacional de Jogadores de Basquete), algo semelhante a um sindicato de jogadores, Christopher Emmanuel Paul, popularmente conhecido como Chris Paul, afirmou à imprensa que nunca tinha visto algo parecido durante os seus 15 anos de liga.[286]

A campanha dos atletas deu resultado. O alto comparecimento às urnas e, consequentemente, a vitória do democrata Joe Biden na corrida presidencial à Casa Branca, sem dúvidas, se deram graças aos esforços feitos pelos jogadores. Não demorou muito, contudo, para que o problema mudasse de cara. Se, antes, os atletas buscavam mobilizar a população para ir às urnas; em compensação, agora, após a eleição de 2020, o desafio era fazer com que a população, ou pelo menos as minorias sociais, em especial a comunidade negra, continuassem a ter acesso às urnas. Com efeito, inflamados pelo discurso falso de que o pleito presidencial foi fraudado para que Trump perdesse, os estados de maioria republicana, principalmente aqueles localizados no Sul, começaram a estabelecer projetos de lei que impunham normas mais rígidas de identificação na hora de votar, além de ampliarem o poder do Legislativo local. O objetivo era claro: impedir as minorias de votar. Para efeito ilustrativo, na cidade de Atlanta, na Geórgia, sede do Atlanta Falcons e considerada a cidade berço do Movimento pelos Direitos Civis, uma lei com esse objetivo foi aprovada. Rapidamente, organizações que lutam pelos direitos civis, dentre elas, a National Black Justice Coalition (Coalizão Nacional de Justiça Negra), pronunciaram-se contrárias ao decreto. Ademais, de maneira um tanto quanto surpreendente, a MLB lançou um comunicado anunciando que o evento do All-Star Game não seria mais realizado em Atlanta (a cidade também é conhecida como a casa do beisebol e é sede do Hall da Fama de Henry Louis "Hank" Aaron – um homem que teve que superar as barreiras da discriminação racial para se tornar um dos melhores jogadores de beisebol de todos os tempos) até que a lei fosse revogada.[287] Outras entidades, tais como a Players Alliance (Aliança de Jogadores) e a More Than A Vote, saíram em defesa da decisão da MLB. Enquanto a Players Alliance dizia que não recuaria "na luta por

---

[286] DEB, Sopan. NBA and players' union agree to resume play. *The New York Times*, Nova York, 28 ago. 2020. Disponível em: https://www.nytimes.com/2020/08/28/sports/basketball/nba-playoffs-resume.html#:~:text=playoffs%2Dresume.html-,N.B.A.%20and%20Players'%20Union%20Agree%20to%20Resume%20Play,series%20of%20social%20justice%20efforts. Acesso em: 24 maio 2021.

[287] DRAPE, Joe. Sports officials criticize voting law, but take little action. *The New York Times*, Nova York, 2 abr. 2021. Disponível em: https://www.nytimes.com/2021/04/02/sports/georgia-voting-law-sports-criticism.html. Acesso em: 25 maio 2021.

igualdade racial. Nós sempre iremos quebrar as barreiras das urnas", a More Than A Vote chamava atenção para outros 24 estados que buscavam tomar medidas semelhantes à da Geórgia.[288]

Manobras políticas como essas não eram nenhuma novidade na história dos EUA. Viajando novamente para o passado, além da velha estratégia da intimidação, personificada na fala do então senador reacionário do Mississippi, Theodore Gilmore Bilbo, do Partido Democrata: "A melhor maneira de fazer a [sic] 'negrada' parar de votar é visitá-los na noite anterior à eleição",[289] segundo Keyssar, tempos atrás, alguns estados, com a justificativa de eliminar a corrupção, implementaram medidas para restringir o acesso às urnas, como testes de alfabetização, aumento do período de residência, restrição das eleições municipais aos proprietários ou contribuintes e a criação de procedimentos complexos e incômodos de registro, tornando praticamente impossível que alguns setores sociais, dentre eles, os negros, pudessem votar.[290] A comunidade afro-estadunidense, por sua vez, sempre se mostrou resistente a esse tipo de manobra. Na segunda metade dos anos 1950 surgia o Movimento Pelos Direitos Civis, liderado pelo pastor e ativista Martin Luther King Jr., que lutava por meio da não violência pelos direitos políticos dos negros. A Segunda Guerra Mundial (1939-1945), que aconteceu anos antes do movimento emergir, desempenharia um papel fundamental para fomentar a luta negra pelos seus direitos, uma vez que expunha ao mundo a incoerência do discurso dos EUA. Na Carta do Atlântico, assinada pelo então presidente estadunidense democrata, Franklin Roosevelt (1933-1945), e pelo então primeiro-ministro britânico, Winston Churchill (1940-1945 e 1951-1955), em 1941, ambos declaravam que o objetivo da guerra era restabelecer a democracia em todos os países e acabar com a discriminação racial e étnica. Entretanto, a presença do racismo sistêmico em solo estadunidense, como muitas vezes apontavam os nazistas e japoneses, nas palavras de Keyssar, "era

---

[288] WAGNER, James. Activism was unusual for baseball, but not for sports. *The New York Times*, Nova York, 3 abr. 2021. Disponível em: https://www.nytimes.com/2021/04/03/sports/baseball/all-star-georgia-voting-law.html. Acesso em: 25 maio 2021.

[289] Na corrida presidencial de 2016, vencida por Donald Trump, estratégia semelhante foi tomada. Grupos nacionalistas e supremacistas prometeram fazer vigílias nos locais de votação para "evitar que o pleito fosse fraudado", quando, na verdade, era uma clara tentativa de intimidação para que os afro-americanos não fossem votar, ou pelo menos que não votassem na adversária democrata Hillary Clinton (MAHLER, Jonathan; WINES, Michael. Fear is driving voting rights advocates and vigilantes to watch polling stations. *New York Times*, Nova York, Estados Unidos, 7 nov. 2016. Disponível em: https://www.nytimes.com/2016/11/08/us/fear-is-driving-voting-rights-advocates-and-vigilantes-to-watch-polling-stations.html. Acesso em: 7 fev. 2022).

[290] KEYSSAR, Alexander. *O direito de voto*: a controversa história da democracia nos Estados Unidos. São Paulo: Editora Unesp, 2000. p. 188-189; 336.

o calcanhar de Aquiles da reivindicação americana de representar valores realmente democráticos". Desse modo, os ativistas da causa negra invocavam a propaganda antinazista e antirracista produzida pelo próprio governo para acabar com a discriminação racial dentro dos EUA.[291]

O auge do Movimento Pelos Direitos Civis, contudo, deu-se nas décadas de 1960, mais precisamente em 1963, quando foi realizado o Movimento da Marcha sobre Washington, que atraiu diversas pessoas para protestar contra a injustiça social e a segregação racial. Foi nessa ocasião, inclusive, que Martin Luther King abriu o seu discurso com as quatro palavras que até hoje impactam o mundo: "I have a dream" ("Eu tenho um sonho"). De fato, a comunidade negra encontrava-se mobilizada para lutar pelos seus direitos. Para se ter uma ideia da mobilização, nesse período, a National Association for the Advancement of Colored People (NAACP – Associação Nacional para o Progresso de Pessoas de Cor) aumentou de 50 mil para mais de 400 mil membros. Para os negros, estava claro que a "guerra pela liberdade" tinha duas frentes: no exterior e dentro dos EUA. Assim sendo, importante destacarmos a seguinte declaração de um soldado afro-estadunidense da época: "Se eu tenho que morrer pela democracia, posso muito bem morrer por ela aqui [nos EUA] e agora". A comunidade negra teria a sua maior vitória em 1965, quando a *Voting Rights Act* (Lei de Voto Nacional) foi sancionada pelo então mandatário democrata Lyndon Johnson, derrubando, aparentemente, as barreiras raciais do voto.[292]

Se não era mais possível retirar o direito do voto dos afro-estadunidenses, pelo menos pela via direta, isto é, pela Constituição, voltando para 2020, a extrema-direita então procurava utilizar uma via alternativa. Restringir o acesso às urnas com a justificativa de evitar fraudes, como fez o estado da Geórgia, nada mais era do que uma forma indireta, eficaz e, de certa maneira, legalizada para impedir que os negros e outras minorias pudessem votar. Infelizmente para a extrema-direita, contudo, as organizações negras da sociedade civil estavam atentas para combater qualquer tipo de injustiça racial e social. Isso se devia, sem dúvida alguma, ao movimento dos atletas em geral, mas, sobretudo, a um atleta em especial, Colin Kaepernick, o qual, mais do que por palavras, mas por meio de um gesto simples (como veremos a seguir), jogou luz na luta antirracista para o mundo todo.

---

[291] KEYSSAR, Alexander. *O direito de voto:* a controversa história da democracia nos Estados Unidos. São Paulo: Editora Unesp, 2000. p. 339.

[292] KEYSSAR, Alexander. *O direito de voto:* a controversa história da democracia nos Estados Unidos. São Paulo: Editora Unesp, 2000. p. 331-353.

2.4 Palavras não ditas

A princípio um gesto simples, porém que ganhou um simbolismo enorme. Tudo começou em 2016, entre os últimos dias do governo democrata de Barack Obama e o começo da administração republicana de Donald Trump. Um grupo de jogadores afro-estadunidenses, liderados pelo então quarterback do San Francisco 49ers, Colin Rand Kaepernick, iniciaram o movimento de se ajoelhar durante a execução do hino nacional dos EUA nos jogos. O objetivo da ação era um chamado para acabar com a injustiça racial e a violência policial contra a comunidade negra. O gesto, no entanto, não foi bem acolhido por todos. Ao contrário, irritou profundamente Trump que chegou a dizer para os donos das franquias da NFL, que em grande parte eram seus apoiadores, para tirar "[sic] esses filhos da puta do campo agora mesmo!".[293] Mesmo com os insultos e ameaças lançados pelo então presidente, alguns jogadores persistiram com o gesto e, de maneira um tanto quanto surpreendente, a NFL não fez nenhum tipo de ação para puni-los. Exceto com um jogador. A punição ao movimento dos atletas negros recaiu toda sobre os ombros de seu líder, Kaepernick, e de forma perversa. Com a justificativa de que era por questões técnicas (e não políticas), o quarterback que, em 2013, liderara os 49ers na final do Super Bowl, perdendo para o Baltimore Ravens, desde 1 de janeiro de 2017 não encontrava mais espaço em nenhuma franquia.[294] O que a princípio parecia ser um problema resolvido, uma vez que com Kaepernick fora dos gramados, conforme acreditava a NFL, o gesto de se ajoelhar não seria mais reproduzido, voltaria com força máxima após o assassinato de George Floyd.

Antes de qualquer coisa, precisamos desvendar a seguinte questão: como surgiu a ideia de se ajoelhar durante a execução do hino nacional, gesto que, como descreveu o colunista de esportes do *The New York Times*, Kurt Streeter, atingiu em cheio o "coração do esporte que mais personifica a América e seus mitos"?[295] Para respondermos a essa pergunta devemos voltar no tempo. Em uma conversa entre Kaepernick, o seu então colega de

---

[293] STREETER, Kurt. Kneeling, fiercely debated in the NFL, resonates in protests. *The New York Times*, Nova York, 5 jun. 2020. Disponível em: https://www.nytimes.com/2020/06/05/sports/football/george-floyd-kae-pernick-kneeling-nfl-protests.html. Acesso em: 26 maio 2021.

[294] STREETER, Kurt. Kneeling, fiercely debated in the NFL, resonates in protests. *The New York Times*, Nova York, 5 jun. 2020. Disponível em: https://www.nytimes.com/2020/06/05/sports/football/george-floyd-kae-pernick-kneeling-nfl-protests.html. Acesso em: 26 maio 2021.

[295] STREETER, Kurt. The talk of the Super Bowl is quarterbacks, except one. *The New York Times*, Nova York, 25 jan. 2021. Disponível em: https://www.nytimes.com/2021/01/25/sports/football/kaepernick-kneeling-pro-tests-super-bowl.html. Acesso em: 27 maio 2021.

time do San Francisco 49ers, Eric Todd Reid Jr., e o ex-militar, que serviu no Iraque e no Afeganistão antes de se aventurar no futebol americano, Nate Boyer, discutiam o que poderiam fazer para chamar atenção do público sobre a brutalidade policial contra os afro-estadunidenses. Boyer, segundo o seu relato em entrevista por telefone ao *The New York Times,* durante a conversa com os dois jogadores, lembrou-se de que, nas suas pesquisas, ele tinha visto uma foto do Martin Luther King Jr. ajoelhado em um protesto na cidade de Selma, no Alabama, nos anos 1960, e então disse: "Se vocês não vão ficar de pé, então eu diria que a sua única opção é ficar de joelhos". E eles compraram a ideia. Mais tarde, naquele mesmo dia em que tiveram a conversa, os 49ers jogaram contra o San Diego Chargers e, na execução do hino dos EUA, Kaepernick e Reid se ajoelharam, recebendo uma chuva de vaias do público.[296]

A década de 1960, aliás, foi uma época revolucionária para a comunidade negra dos EUA. Além do Movimento dos Direitos Civis liderado por Martin Luther King (como visto anteriormente), durante esse período, mais precisamente nos seus últimos anos, surgia um dos movimentos mais marcantes dentro do esporte estadunidense conhecido como "A Revolta do Atleta Negro". Segundo o sociólogo estadunidense Douglas Hartmann, tudo começou em uma reunião formada por jovens ativistas negros no dia 23 de novembro de 1967, Dia de Ação de Graças nos EUA, na Second Baptist Church (Segunda Igreja Batista) em Los Angeles. Essa seria a primeira das várias reuniões regionais organizadas pela National Black Power Conference (Conferência Nacional do Poder Negro) que procurava estruturar os próximos passos na luta contra a injustiça racial no país. Entretanto, o que tornou essa reunião notícia nacional foi quando aproximadamente 200 pessoas do movimento Olympic Project for Human Rights (Projeto Olímpico para os Direitos Humanos), formado por ativistas e atletas, manifestaram-se unanimemente para boicotar os Jogos Olímpicos do México de 1968.[297] A ideia de um boicote olímpico, todavia, já estava sendo ventilada há um tempo. Antes da Olimpíada do Japão de 1964 começar, por exemplo, o corredor estadunidense e três vezes campeão olímpico, Malvin "Mal" Greston Whitfield, em uma entrevista para a revista *Ebony,* disse as seguintes palavras:

---

[296] STREETER, Kurt. Kneeling, fiercely debated in the NFL, resonates in protests. *The New York Times*, Nova York, 5 jun. 2020. Disponível em: https://www.nytimes.com/2020/06/05/sports/football/george-floyd-kaepernick-kneeling-nfl-protests.html. Acesso em: 26 maio 2021.

[297] HARTMANN, Douglas. *Race, culture, and the revolt of the black athlete:* the 1968 olympic protests and their aftermath. Chicago: Editora The University of Chicago Press and London, 2003. p. 29-30.

> Eu defendo que todo atleta negro elegível para participar
> dos Jogos Olímpicos no Japão no próximo outubro boicote
> os jogos se até lá os afro-americanos não tiveram garantido
> todos os direitos de um cidadão de primeira classe.[298]

Ainda de acordo com Whitfield, por um lado, estava na hora de os atletas negros "se juntarem a luta dos direitos civis"; e, por outro lado, a

> América deveria cumprir as promessas de Liberdade, Igual-
> dade e Justiça para todos, ou então ser vista pelo mundo
> como uma nação onde a cor da pele tem precedência sobre
> a qualidade de pensamento e caráter de uma pessoa.[299]

De fato, sob o ponto de vista dos afros-estadunidenses, as promessas de uma sociedade justa e igualitária estavam longe de serem cumpridas. Para efeito ilustrativo, um dos maiores velocistas de todos os tempos e um dos principais organizadores da Olympic Project for Human Rights, Thomas "Tommie" Smith, em uma entrevista, afirmou que era "desencorajador competir com atletas brancos. Nas pistas você é Tommie Smith, o homem mais rápido do mundo, mas fora delas você é apenas mais um negro".[300] Entretanto, o depoimento mais marcante encontrava-se nas palavras de um dos maiores jogadores de basquete de todos os tempos, Ferdinand Lewis "Lew" Alcindor Jr., que mais tarde adotaria o nome árabe de Kareem Abdul-Jabbar. Na primeira reunião da National Black Conference em Los Angeles (mencionada supra), em determinado momento, o atleta pediu a palavra e deu o seguinte depoimento:

> Eu sou uma grande estrela do basquete, o herói do final de
> semana, todos somos americanos, bem, no verão passado, eu
> fui quase morto por um policial racista que estava atirando
> em um gato preto no [bairro nova-iorquino do] Harlem. Ele
> estava atirando na rua – onde várias pessoas negras esta-
> vam por perto ou apenas conversando na calçada. Mas ele
> nem ligou. Afinal de contas nós éramos apenas negros. Eu
> descobri no verão passado que nós não vivemos no inferno
> porque não somos estrelas do basquete ou porque não temos
> dinheiro. Nós vivemos no inferno porque somos todos negros.

---

[298] *Apud* HARTMANN, Douglas. *Race, culture, and the revolt of the black athlete*: the 1968 olympic protests and their aftermath. Chicago: Editora The University of Chicago Press and London, 2003. p. 29-30-31.

[299] *Apud* HARTMANN, Douglas. *Race, culture, and the revolt of the black athlete*: the 1968 olympic protests and their aftermath. Chicago: Editora The University of Chicago Press and London, 2003. p. 29-30-31.

[300] *Apud* HARTMANN, Douglas. *Race, culture, and the revolt of the black athlete*: the 1968 olympic protests and their aftermath. Chicago: Editora The University of Chicago Press and London, 2003. p. 56.

> Em algum momento, alguns de nós precisam tomar uma posição contra esse tipo de coisa. É assim que eu irei tomar a minha posição – usando o que tenho. E eu tomo a minha posição aqui.[301]

Sim, tanto Smith e Abdul-Jabbar quanto outros atletas percebiam que não importava o quanto se destacavam dentro do esporte, eles ainda assim iriam sofrer os males do preconceito racial. Entretanto, os atletas e também alguns ativistas da causa negra compreenderam que o esporte poderia ser utilizado como uma poderosa ferramenta de combate na luta contra o racismo. Graças aos holofotes que os jogadores conquistavam com as suas performances dentro das arenas esportivas, a mensagem de "basta!" conseguiria ser transmitida de forma clara e precisa para todo o país. Com o ativismo negro inserindo-se no universo esportivo, aos poucos, o movimento de abandonar os Jogos Olímpicos de 1968 foi ganhando cada vez mais força. Com efeito, líderes da National Black Power Conference enviaram uma resolução para os desportistas afro-estadunidenses pedindo que eles se recusassem a participar da Olimpíada e, em especial aos boxeadores, que não disputassem qualquer partida profissional. Nesse período, importante enfatizar, o lendário boxeador Cassius Marcellus Clay Jr., que mais tarde se tornaria no famoso Muhammad Ali, teve seu título de campeão mundial de peso-pesado retirado pela World Boxing Association (Associação Mundial de Boxe) depois que ele se recusou a servir o exército dos EUA na Guerra do Vietnã (1955-1975). Sendo assim, os ativistas da referida organização, em suas reivindicações, pediam que nenhum boxeador negro lutasse até que o título de Ali fosse devolvido.[302] Em uma declaração feita à época, Smith explicou o quão importante era abandonar os Jogos Olímpicos de 1968:

> Eu não acho que esse boicote das Olimpíadas parará o problema, mas penso que as pessoas verão que nós não vamos ficar parados e aguentar esse tipo de coisa. Nosso objetivo não será apenas melhorar as condições para nós mesmos e nossos colegas, mas sim melhorar as coisas para toda comunidade negra... Talvez a discriminação não irá acabar nos próximos 10 anos, mas isso representará um outro desenvolvimento importante [nesta direção].[303]

---

[301] *Apud* HARTMANN, Douglas. *Race, culture, and the revolt of the black athlete*: the 1968 olympic protests and their aftermath. Chicago: Editora The University of Chicago Press and London, 2003. p. 56.

[302] HARTMANN, Douglas. *Race, culture, and the revolt of the black athlete*: the 1968 olympic protests and their aftermath. Chicago: Editora The University of Chicago Press and London, 2003. p. 29-50.

[303] *Apud* HARTMANN, Douglas. *Race, culture, and the revolt of the black athlete*: the 1968 olympic protests and their aftermath. Chicago: Editora The University of Chicago Press and London, 2003. p. 41.

Fazer os EUA encararem o seu racismo sistêmico perante o globo. Esse era um dos principais objetivos que os membros do Olympic Project for Human Rights tinham em mente para avançar na luta por igualdade e justiça racial em solo estadunidense. O boicote aos Jogos Olímpicos, nas palavras de um dos fundadores e principais lideranças do movimento da época, o ex-velocista e medalhista olímpico Lee Edwards Evans, era "onde você consegue atingi-los [autoridades brancas] com maior força". Em termos mais claros, a recusa em participar da Olimpíada tratava-se de utilizar estrategicamente o evento internacional no qual os Estados Unidos realizavam a sua "propaganda esportiva e política", para expor ao mundo a falsa imagem de que o país era uma sociedade que assegurava oportunidades iguais para brancos e negros.[304] Por mais que o movimento defendesse uma causa nobre, no entanto, para proceder ele esbarrava em uma enorme barreira. Para que o boicote fosse, de fato, concretizado, era preciso que os atletas negros fizessem o maior sacrifício de suas vidas: renunciar ao sonho de participar dos Jogos Olímpicos. Tanto Smith como Evans mostravam-se dispostos a isso. Evans, por exemplo, declarou que

> [...] as Olimpíadas é algo que eu sonho em participar desde que eu aprendi a correr pela primeira vez. Mas se a porta... para a liberdade do povo negro... pode ser aberta pela minha não participação, então eu não irei participar.[305]

Smith também seguia na mesma linha de pensamento:

> Eu daria meu braço direito para participar [dos Jogos Olímpicos] e conquistar uma medalha de ouro, mas... eu estou disposto a não apenas desistir dos jogos, como da minha vida também, se isso for necessário para abrir a porta da qual a opressão e a injustiça sofrida pela população negra nos EUA fosse aliviada.[306]

O problema, contudo, era que nem todos os atletas se mostravam dispostos a abandonar o sonho de suas vidas. Assim, após várias reuniões organizadas pelos desportistas afro-estadunidenses junto a ativistas da causa negra, além de uma enorme pressão – para não dizer perseguição –

---

[304] HARTMANN, Douglas. *Race, culture, and the revolt of the black athlete:* the 1968 olympic protests and their aftermath. Chicago: Editora The University of Chicago Press and London, 2003. p. 55.

[305] *Apud* HARTMANN, Douglas. *Race, culture, and the revolt of the black athlete:* the 1968 olympic protests and their aftermath. Chicago: Editora The University of Chicago Press and London, 2003. p. 54.

[306] *Apud* HARTMANN, Douglas. *Race, culture, and the revolt of the black athlete:* the 1968 olympic protests and their aftermath. Chicago: Editora The University of Chicago Press and London, 2003. p. 54.

do governo dos EUA na época, o boicote aos Jogos Olímpicos de 1968 não foi colocado em prática e os atletas, incluindo Smith, viajaram ao México para disputar a competição. Entretanto, isso não era um sinal de que o movimento havia fracassado. Pelo contrário, mais do que lutar contra o preconceito racial dentro do país, "A Revolta do Atleta Negro" serviu para alavancar o orgulho negro dentro da comunidade afro-estadunidense, como fica ilustrado nas seguintes palavras de Evans:

> Bastante militância estava surgindo nas comunidades negras. Nós paramos de nos referir como de cor ou negro. Nós somos pretos ou não somos pretos. Um corte de cabelo afro era uma demonstração de nacionalismo preto. 1967 foi o primeiro ano em que senti orgulho de a minha cor de pele ser preta.[307]

"A Revolta do Atleta Negro" ainda tinha uma carta na manga para ser jogada. Ao disputar a prova dos 200 metros rasos, Smith não apenas foi o vencedor da corrida como também foi o primeiro homem a derrubar a marca dos 20 segundos, chegando no tempo de 19s83. O recorde, todavia, ficaria em segundo plano na história. Na época, após a corrida, os competidores se dirigiam aos vestiários para esperar que a cerimônia da entrega das medalhas estivesse pronta. Nos vestiários, a portas fechadas, ele junto ao seu compatriota John Wesley Carlos, conhecido apenas como John Carlos, que ficou em terceiro lugar, discutiam a ação que impactaria o mundo e se tornaria um dos principais símbolos da causa negra. De acordo com Hartmann, Smith pegou um par de luvas pretas e deu a da mão esquerda para Carlos, ficando com a da direita. Em seguida, explicou ao seu compatriota o que pretendia fazer e disse as seguintes palavras: "O hino nacional [estadunidense] é uma música sagrada para mim. Isso não pode ser desleixado. Tem que ser limpo e abrupto". O recordista olímpico também entregou um broche escrito "Olympic Project for Human Rights" para o australiano Peter George Norman, segundo colocado na prova, que usou para mostrar solidariedade à causa. Estava na hora. Os três subiram no pódio. O hino nacional começou a tocar e a bandeira dos EUA subia pelo mastro. Enquanto isso, Smith erguia o seu punho direito vestindo a luva preta e Carlos erguia o seu punho esquerdo vestindo o outro par da luva. Era o gesto tradicional dos Panteras Negras, ou, de maneira mais ampla, do movimento *Black Power,* cuja expressão no campo esportivo era justamente o "Olympic Project for Human Rights". Suas cabeças e seus olhares estavam

---

[307] *Apud* HARTMANN, Douglas. *Race, culture, and the revolt of the black athlete*: the 1968 olympic protests and their aftermath. Chicago: Editora The University of Chicago Press and London, 2003. p. 45.

para baixo. Os atletas, sem dizer nenhuma palavra, davam a mensagem. Ela era clara. E, diante dessa cena, o planeta ficava de boca aberta e pasmo.[308]

Após a cerimônia da entrega de medalhas, o recordista olímpico deu uma breve, mas impactante, explicação do gesto realizado por ele e Carlos no pódio (Smith, conforme Hartmann, depois disso não falaria mais publicamente sobre o gesto por mais de 20 anos):

> Meu braço direito erguido representou o poder da América negra. O braço esquerdo erguido de Carlos representou a união da América negra. Juntos eles formaram um arco de união e poder. O cachecol preto no meu pescoço representou o orgulho negro. As meias pretas sem os tênis representaram a pobreza negra na América racista. A totalidade do nosso esforço foi a recuperação da dignidade negra.[309]

O gesto dos Panteras Negras feito por Smith e Carlos no pódio inspira gerações até hoje. Atletas das mais diversas nacionalidades, especialmente após a onda de manifestações antirracistas que tomou conta do esporte após a morte de George Floyd em 2020, continuam a erguer os seus punhos fechados para o alto. O então jogador do Manchester United, o meia francês Paul Labile Pogba, por exemplo, em uma de suas publicações contra o racismo no Instagram apareceu com o punho direito erguido.[310] Já no Brasil, um dos ídolos do Internacional, Taison Barcellos Freda, conhecido apenas como Taison, enquanto atuava pelo Colorado (como o Internacional também é conhecido), comemorava os seus gols fazendo o tradicional gesto dos Panteras Negras.

Não à toa, "A Revolta do Atleta Negro" é considerada um marco não apenas no esporte como também na luta por igualdade racial. Nas palavras de Hartmann,

> [...] nunca antes (e para constatar nunca desde então) tanto atleta afro-americano sentiu a necessidade de falar, de forma clara e consciente, sobre os problemas de preconceito e discriminação racial tanto dentro do esporte como fora.[311]

---

[308] HARTMANN, Douglas. *Race, culture, and the revolt of the black athlete:* the 1968 olympic protests and their aftermath. Chicago: Editora The University of Chicago Press and London, 2003. p. 5.

[309] *Apud* HARTMANN, Douglas. *Race, culture, and the revolt of the black athlete:* the 1968 olympic protests and their aftermath. Chicago: Editora The University of Chicago Press and London, 2003. p. 6.

[310] Imagem de Paul Pogba com o punho cerrado para cima, disponível em: https://www.instagram.com/p/CA5c1lLlDDj/. Acesso em: 26 maio 2021.

[311] HARTMANN, Douglas. *Race, culture, and the revolt of the black athlete:* the 1968 olympic protests and their aftermath. Chicago: Editora The University of Chicago Press and London, 2003. p. XIII.

O movimento iniciado e liderado por Kaepernick, em 2016, voltando agora para o contexto das manifestações contra o racismo de 2020, teria o mesmo impacto e poder simbólico do gesto realizado em 1968. Ele retomava e apoiava em uma longa tradição de contestação no esporte estadunidense, protagonizada por atletas negros. Para o chefe do Departamento de Estudos Africanos e Afro-americanos da Brandeis University Chad Williams, em entrevista ao *The New York Times,* o gesto de se ajoelhar era "algo simples e claro". Ainda conforme Williams, "sua simplicidade lhe concedeu um poder simbólico, e como nós vimos agora, seu poder persiste". De fato, persistia. Apesar de estar fora dos gramados por tanto tempo, a história de Kaepernick era reconhecida por parte dos fãs de gerações diferentes. Um manifestante de 32 anos de Minneapolis, por exemplo, afirmou que o ato de se ajoelhar do ex-quarterback era "uma maneira poderosa e pacífica de dizer que nós não estamos de acordo com o que vem acontecendo". Já outro manifestante, este de 19 anos, disse que "ele fez o que muitos outros atletas não fariam".[312] Contando cada vez mais com o apoio dos setores mais progressistas da sociedade, os atletas, especialmente do futebol americano, voltaram a se ajoelhar durante a execução do hino nacional. Isso obrigou, por assim dizer, a NFL a respaldar os protestos. Em um vídeo postado no Twitter (atualmente X), o então comissário da referida entidade esportiva, Roger Stokoe Goodell, sem mencionar o nome de Kaepernick, pediu desculpas públicas aos jogadores afro-estadunidenses por não escutar as suas demandas. Além disso, disse que apoiava as manifestações pacíficas e disse que ações – não mencionou quais –, deveriam ser tomadas contra o racismo e a violência policial. O vídeo, apesar de protocolar, teve a sua importância, pois estimulou que mais jogadores participassem dos atos antirracistas nas partidas.[313]

Se, por um lado, a mensagem do então comissário teve esse ponto positivo; por outro lado, ela foi recebida com ressalvas. Por mais que a NFL sinalizasse uma mudança de direção na sua política de lidar com o racismo, os jogadores, de maneira geral, permaneciam céticos quanto a isso. Em um vídeo postado também no Twitter (atualmente X), os atletas diziam que os slogans de marketing antirracistas promovidos pela Liga eram vazios. Eles

---

[312]   STREETER, Kurt. Kneeling, fiercely debated in the NFL, resonates in protests. *The New York Times*, Nova York, 5 jun. 2020. Disponível em: https://www.nytimes.com/2020/06/05/sports/football/george-floyd-kaepernick-kneeling-nfl-protests.html. Acesso em: 26 maio 2021.

[313]   BELSON, Ken. As Trump rekindles NFL fight, Goodell sides with players. *The New York Times*, Nova York, 5 jun. 2020. Disponível em: https://www.nytimes.com/2020/06/05/sports/football/trump-anthem-kneeling-kaepernick.html. Acesso em: 27 maio 2021.

exigiam mais ação: "Nós precisamos mudar corações, não apenas responder à pressão".[314] Além do mais, a principal queixa dos jogadores era que o comunicado da NFL não mencionava Kaepernick e queriam que ele retornasse aos gramados. O então jogador do New England Patriots, Devin McCourty, por exemplo, deu a seguinte declaração: "Ele [Kaepernick] foi o único cara que fez alguma coisa, e quando você sai e fala de protestos pacíficos, isso começou com esse cara". Curiosamente, ou até misteriosamente, quem também endossou o coro pela volta do quarterback foi Donald Trump. Em entrevista ao jornalista Scott Thuman, do programa ABC7, ele disse: "Se ele merece retornar, ele deveria retornar. Ele tem habilidade para jogar, começou muito bem na NFL e depois caiu de produção. Ele foi ótimo em seu ano de estreia, muito bom em seu segundo ano e depois acredito que tenha acontecido alguma coisa".[315] O cinismo na última frase do líder da extrema-direita estadunidense era revoltante. O que aconteceu, na realidade, era que, como visto anteriormente, Kaepernick não mais jogaria profissionalmente futebol americano em virtude da pressão política exercida pelo republicano aos donos dos times que eram seus partidários. À vista disso, em 2019, o ex-quarterback firmou um acordo milionário com a NFL, após alegar que as franquias o rejeitavam por causa de seu protesto.[316]

Se os pés de Kaepernick não tocavam mais os gramados; a sua voz ecoava cada vez mais forte nos estádios, inclusive de outras modalidades esportivas. Na National Women Soccer League (NWSL – Liga Nacional de Futebol Feminino dos Estados Unidos), as jogadoras do Portland Thorns e North Carolina Courage se ajoelharam durante a execução do hino nacional estadunidense. Segundo as atletas, o ato foi para protestar contra a "injustiça racial, brutalidade policial e contra o racismo sistêmico contra os negros e as pessoas de cor na América".[317] Já a então jogadora do Utah Royals, Tziarra Lanae King, criticou publicamente o dono de sua equipe, Dell Loy Hansen, após uma entrevista em que ele afirmou que se sentia "pessoalmente des-

---

[314] BELSON, Kurt. NFL season kicks off with players' protesting racism. *The New York Times*, Nova York, 10 set. 2020. Disponível em: https://www.nytimes.com/2020/09/10/sports/nfl-anthem.html. Acesso em: 27 maio 2021.

[315] Crítico dos protestos contra o racismo, Trump diz que Colin Kaepernick merece retornar à NFL. *GE*, 17 jun. 2020. Disponível em: https://ge.globo.com/futebol-americano/noticia/critico-dos-protestos-contra-o-racismo-trump-diz-que-colin-kaepernick-merece-retornar-a-nfl.ghtml. Acesso em: 18 jun. 2021.

[316] BELSON, Ken. The NFL embraces progressive action, but not yet Kaepernick. *The New York Times*, Nova York, 12 jun. 2020. Disponível em: https://www.nytimes.com/2020/06/12/sports/football/nfl-protest-colin-kaepernick-activism.html. Acesso em: 28 maio 2021.

[317] HENSLEY-CLANCY, Molly. NWSL players kneel for anthem as League returns to field. *The New York Times*, Nova York, 26 jun. 2020. Disponível em: https://www.nytimes.com/2020/06/26/sports/soccer/nwsl-anthem-protest-kaiya-mccullough.html. Acesso em: 28 maio 2021.

respeitado" com a decisão de seu time de boicotar um jogo após a morte de Jacob Blake, como vimos anteriormente, mais uma vítima da violência policial. No Twitter (atualmente X), King escreveu as seguintes palavras:

> Mensagens sobre inclusão e diversidade estão em completa contradição com um dono que se recusa a entender a relevância de manifestações de jogadores pela igualdade racial.[318]

No basquete, os joelhos dos atletas também tocaram o chão. As equipes, tanto do feminino quanto do masculino, ajoelharam-se antes de iniciar as partidas. Além disso, as entidades que comandam o basquete nos EUA, em solidariedade – ou talvez para evitar qualquer tipo de pressão da sociedade – resolveram não penalizar os atletas que não permanecessem perfilados de maneira correta durante a execução do hino.[319]

Já na National Hockey League (NHL – Liga Nacional de Hockey dos Estados Unidos), conhecida historicamente por não se envolver em questões sociais, apesar de sofrer constantemente com casos de racismo, dessa vez, não ficou de fora. Alguns atletas, inspirados, sem sombras de dúvidas, no ex-quarterback do San Francisco 49ers, criaram a Hockey Diversity Alliance (Aliança de Diversidade do Hóquei), uma organização independente da NHL que tinha como objetivo combater a discriminação racial e qualquer outra forma de intolerância, além de deixar o esporte mais socioeconomicamente inclusivo.[320]

Assim como as manifestações após a morte de George Floyd, o ato simbólico de se ajoelhar de Kaepernick não apenas influenciou outros esportes como também ultrapassou fronteiras, sobretudo, na Europa, mais precisamente no futebol. O então jogador do Borussia Mönchengladbach, Marcus Lilian Thuram-Ulien, filho de um dos melhores zagueiros franceses de todos os tempos, Ruddy Lilian Thuram-Ulien, conhecido popularmente apenas como Thuram, por exemplo, comemorou o seu gol contra o Union Berlin, em uma partida válida pela Budesliga, o campeonato alemão, de joelhos. A família Thuram, é preciso destacar, possui um papel ativo na luta

---

[318] MURUNGI, Miriti. Players have been kneeling for months. Now what? *The New York Times*, Nova York, 20 nov. 2020. Disponível em: https://www.nytimes.com/2021/05/19/sports/soccer/premier-league-kneeling-protest.html. Acesso em: 29 maio 2021.

[319] ABRAMS, Jonathan; WEINER, Natalie. How the most socially progressive pro league got that way. *The New York Times*, Nova York, 16 out. 2020. Disponível em: https://www.nytimes.com/2020/10/16/sports/basketball/wnba-loeffler-protest-kneeling.html. Acesso em: 29 maio 2021.

[320] VAJI, Salim. NHL players form coalition to press for diversity in hockey. *The New York Times*, Nova York, 8 jun. 2020. Disponível em: https://www.nytimes.com/2020/06/08/sports/hockey/nhl-hockey-diversity-alliance.html. Acesso em: 29 maio 2021.

contra o racismo. Thuram pai, além de criar a Fundação Lilian Thuram de Educação Contra o Racismo, chegou a fazer duras críticas ao ex-presidente da França, Nicolas Paul Stéphane Sarkozy, então ministro do Interior, que após uma visita a uma região periférica chamou manifestantes de "marginais".[321] Tanto na Budesliga como em outros torneios europeus de futebol, vários outros times, em solidariedade à causa negra, postaram nas suas redes sociais fotos dos jogadores ajoelhados durante os treinos.[322]

Nem todos do mundo do esporte, principalmente nos EUA, viam o referido gesto simbólico com bons olhos. Antes de prosseguirmos na análise, contudo, é necessário fazer um adendo. Alguns esportes estadunidenses, especialmente o futebol americano, possuem laços estreitos com a instituição militar e, por conseguinte, com o patriotismo. Dessa maneira, os atletas que escolheram não se ajoelhar durante a execução nacional do hino não eram necessariamente contrários aos movimentos antirracistas, mas preferiram ficar de pé em respeito aos vínculos militares que tinham com a aludida instituição. A então jogadora de futebol do Chicago Red Stars, Rachel Morgan Hill, para efeito ilustrativo, admitiu que estava em dúvida sobre qual postura adotar no hino nacional. Na hora H, no entanto, ela escolheu permanecer de pé. No Twitter (atualmente X), ela deixou a seguinte explicação:

> Escolhi ficar de pé por causa do que a bandeira inerentemente significa para meus membros familiares militares e para mim, mas eu apoio 100% minhas colegas. Eu apoio o movimento Black Lives Matter de todo o coração. Também apoio e farei a minha parte na luta contra a atual desigualdade. Como atleta branca, já passou do tempo de ser diligentemente antirracista.[323]

Outro atleta que adotou postura semelhante foi o então quarterback do New Orleans Saints e hoje ex-jogador, Andrew Christopher Brees, conhecido popularmente como Drew Brees. Ao ser perguntado se realizaria o gesto de se ajoelhar ele afirmou que "nunca concordaria com alguém desrespeitando a bandeira dos Estados Unidos da América ou o nosso país". O então quarter-

---

[321] BULLÉ, Jamille. Autor de protesto pela morte de George Floyd, Marcus Thuram herdou do pai, Lilian Thuram, a luta antirracista. *GE*, 01 jun. 2020. Disponível em: https://ge.globo.com/futebol/futebol-internacional/noticia/autor-de-protesto-pela-morte-de-george-floyd-marcus-thuram-herdou-do-pai-lilian-thuram-a-luta-antirracista.ghtml. Acesso em: 7 jun. 2021.

[322] SMITH, Rory. Soccer's stars find their voice. *The New York Times*, Nova York, 5 jun. 2020. Disponível em: https://www.nytimes.com/2020/06/05/sports/soccer/rory-smith-protests.html. Acesso em: 1 jun. 2021.

[323] BRANCH, John. The anthem debate is back. But now it's standing that's polarizing. *The New York Times*, Nova York, 4 jul. 2020. Disponível em: https://www.nytimes.com/2020/07/04/sports/football/anthem-kneeling-sports.html. Acesso em: 1 jun. 2021.

back, todavia, não era contra o movimento antirracista dos atletas. Em 2017, em um ato de solidariedade, ele se ajoelhou na lateral do campo ao lado dos seus colegas de time que vinham sendo atacados por Donald Trump. Quando o hino nacional começou, porém, ele se levantou.[324] Apesar do seu lado solidário, o comentário supra do quarterback foi rebatido por alguns jogadores da NFL, inclusive pelos seus próprios companheiros. O seu então colega de time, Malcolm Jenkins, recorreu às redes sociais para deixar a seguinte mensagem:

> Drew Bress, você não entende o quanto os seus comentários são dolorosos e insensíveis. Estou desapontado, magoado, porque enquanto o mundo lhe diz: "Você não vale nada", que a sua vida não importa, o último lugar que você quer ouvir isso é dos caras em que você vai para a guerra e que você os considera como aliados e amigos. Apesar de sermos colegas, eu não posso deixar isso passar.[325]

A mensagem deixada por Jenkins impactou Drew Bress, que, posteriormente, fez uma publicação no Instagram se retratando a respeito de sua fala: "Reconheço que deveria falar menos e escutar mais... e quando a comunidade negra está falando sobre a sua dor, nós todos precisamos ouvir". Mesmo assim, mantendo-se fiel às suas convicções, na execução nacional do hino estadunidense, ele permaneceu de pé.[326]

Já o então quarterback do Cleveland Browns, Baker Reagan Mayfield, tinham uma visão mais agressiva sobre o ato simbólico. Para ele, ajoelhar-se no hino provocava mais divisões do que soluções. Em seu Twitter (atualmente X) ele deixou a seguinte mensagem:

> [...]. Me mostraram que o gesto de se ajoelhar apenas causaria mais divisão ou discussão sobre o gesto, ao invés de ser uma solução para os problemas do nosso país.[327]

---

[324] STREETER, Kurt. Kneeling, fiercely debated in the NFL, resonates in protests. *The New York Times*, Nova York, 5 jun. 2020. Disponível em: https://www.nytimes.com/2020/06/05/sports/football/george-floyd-kaepernick-kneeling-nfl-protests.html. Acesso em: 26 maio 2021.

[325] BELSON, Ken. Drew Brees's unchanged stance on kneeling is suddenly out of step. *The New York Times*, Nova York, 4 jun. 2020. Disponível em: https://www.nytimes.com/2020/06/04/sports/football/drew-brees-apology-comments.html#:~:text=On%20Thursday%2C%20Brees%20walked%20back,full%20responsibility%20for%20his%20words. Acesso em: 1 jun. 2021.

[326] BELSON, Ken. NFL kicks off season with nods to unrest and focus on anthem. *The New York Times*, Nova York, 13 set. 2020. Disponível em: https://www.nytimes.com/2020/09/13/sports/football/nfl-protests.html#:~:-text=N.F.L.-,Kicks%20Off%20Season%20With%20Nods%20to%20Unrest%20and%20Focus%20on,shirts%20against%20hate%20and%20racism. Acesso em: 1 jun. 2021.

[327] BELSON, Ken. NFL kicks off season with nods to unrest and focus on anthem. *The New York Times*, Nova York, 13 set. 2020. Disponível em: https://www.nytimes.com/2020/09/13/sports/football/nfl-protests.html#:~:-

Donald Trump, pegando carona nos comentários supra dos dois referidos quarterbacks e se aproveitando da divergência que o ato simbólico gerava, não demorou muito para atacar os jogadores envolvidos na luta contra o racismo. Entretanto, quando Drew Bress, após ser rebatido pelo seu colega de time, retratou-se de sua fala, o então presidente soltou a sua fúria pela internet. Em letras garrafais, além de criticar o então quarterback por ter se desculpado, ele deixou a seguinte mensagem: "NÃO AJOELHEM".[328]

O republicano, astuto do jeito que era, usaria o gesto de se ajoelhar para reacender o seu discurso patriótico e estimular a sua base eleitoreira mais fiel e fervorosa. Em entrevista ao programa Fox & Friends, do canal de TV da Fox, ele disse que o ato era "vergonhoso" e caso visse os jogadores "desrespeitando a nossa bandeira e desrespeitando o nosso hino nacional" não assistiria mais aos jogos. Como de praxe, na mesma entrevista, Trump lançou uma de suas falas fantasiosas ao dizer que nenhum presidente fez mais pela comunidade afro-estadunidense do que ele, "talvez com exceção de Abraham Lincoln [presidente que aboliu a escravidão nos EUA]". Seu comentário foi refutado por LeBron James, que em uma entrevista coletiva foi curto e categórico: "O jogo continuará sem a audiência dele. Eu posso sentar aqui e falar por todos nós que amamos o jogo de basquete: 'Nós não nos importamos'". LeBron, por mais que fosse um líder do movimento antirracista dentro do esporte, não falava por todos. Assim como na NFL, na NBA havia também discordâncias a respeito de se ajoelhar ou não durante o hino. O então jogador do Orlando Magic, Jonathan Judah Isaac, do Miami Heat, Meyers Leonard, e o então técnico e a sua então assistente do San Antonio Spurs, Gregg Charles Popovich e Rebecca Lynn "Becky" Hammon, por exemplo, escolheram permanecer de pé.[329]

Trump adotava uma velha estratégia de invocar o orgulho patriótico para jogar seus adversários contra a opinião pública. Na "Revolta do Atleta Negro", viajando para o passado, vários atletas que defenderam abandonar os Jogos Olímpicos de 1968 pela causa negra foram estigmatizados como antipatrióticos – para não dizer traidores – pelo governo e a grande imprensa

---

text=N.F.L.-,Kicks%20Off%20Season%20With%20Nods%20to%20Unrest%20and%20Focus%20on,shirts%20 against%20hate%20and%20racism. Acesso em: 1 jun. 2021.

[328] STREETER, Kurt. Kneeling, fiercely debated in the NFL, resonates in protests. *The New York Times*, Nova York, 5 jun. 2020. Disponível em: https://www.nytimes.com/2020/06/05/sports/football/george-floyd-kae-pernick-kneeling-nfl-protests.html. Acesso em: 26 maio 2021.

[329] STEIN, Marc. LeBron James says he dosen't care if Trump shuns NBA over protest. *The New York Times*, Nova York, 6 ago. 2020. Disponível em: https://www.nytimes.com/2020/08/06/sports/basketball/lebron-ja-mes-trump.html. Acesso em: 2 jun. 2021.

estadunidense da época. Tommie Smith, a título de ilustração, quando apenas comentou sobre a possibilidade de boicotar os jogos, foi chamado pela mídia tradicional de "ingrato", "infantil" e "antipatriótico". Muitos cronistas de esporte chegaram a afirmar que o time de velocistas dos EUA estaria melhor sem ele (como visto mais acima, Smith não apenas ganhou a medalha de ouro dos 200m rasos, como também quebrou o então recorde mundial). Além do mais, após reproduzir o gesto dos Panteras Negras no pódio, antes mesmo de retornar do México, depois de ter sido junto com John Carlos punido e desligado da delegação de atletas olímpicos, os principais jornais estadunidenses publicaram editoriais condenando a sua postura.[330] Outro esportista que sofreu bastante com esse estigma foi Muhammad Ali. Segundo o professor de história da Purdue University, Randy Roberts, quando Clay se converteu a Nação do Islã e adotou o nome muçulmano de Muhammad Ali, ele passou a ser visto, por forças conservadoras do establishment político, do esporte e da imprensa dos EUA, como o "inimigo da América". Ao se recusar a servir o exército durante a Guerra do Vietnã, Ali deixava de ser apenas um boxeador e se transformava, nas palavras de Roberts, "um porta-voz político, um símbolo de descontentamento social, político e racial na América". Com Muhammad Ali, prossegue o autor, "a luta negra por igualdade se fundia com a reação contrária à Guerra do Vietnã".[331] Não demorou muito para que o establishment político e o do esporte usassem todos os seus recursos para "abater o inimigo". Com a recusa de ir à guerra, o boxeador foi penalizado de maneira severa, perdendo o seu título mundial da categoria de peso-pesado e impedido de praticar o boxe nos EUA. Mais tarde, no entanto, ele voltaria a disputar o título mundial contra George Foreman. A luta, realizada em 1974 no Zaire (atual Congo), pararia o mundo todo. Com os especialistas apontando Foreman como favorito, Ali surpreenderia a todos e, graças às suas esquivas e aos seus socos certeiros, não apenas reconquistaria o título, como se tornaria uma lenda dentro do esporte.[332] Sendo assim, Donald Trump, na realidade, ao rotular os jogadores que se ajoelhavam de "antipatrióticos", não estava fazendo nada mais do que reutilizar uma estratégia antiga. Ele, aliás, era mestre em fazer isso. Para se ter uma ideia, nas Olimpíadas de 1972 em Los Angeles,

---

[330] HARTMANN, Douglas. *Race, culture, and the revolt of the black athlete*: the 1968 olympic protests and their aftermath. Chicago: Editora The University of Chicago Press and London, 2003. p. 10-11; 34.

[331] *Apud* GORN, Elliott J. *Muhammad Ali the people's champ*. Illinois: Editora The University of Illinois Press, 1995. p. 42-43.

[332] *Apud* GORN, Elliott J. *Muhammad Ali the people's champ*. Illinois: Editora The University of Illinois Press, 1995. p. 16-17.

o então presidente dos EUA, o republicano Ronald Reagan, discursou a respeito de como a administração dele conseguiu lidar com problemas domésticos e restabelecer a dominação internacional estadunidense. Em palavras grandiloquentes, Reagan argumentou que estava liderando uma "cruzada nacional" para "make America great again" ("fazer a América grande de novo"). Sim, o mesmo mote de campanha e a mesma frase que, em 2016, seriam utilizados novamente, só que dessa vez por Trump, para vencer o pleito presidencial.[333]

Voltando para 2020. Embriagados pelo patriotismo, a cúpula trumpista se enfurecia toda vez que o joelho de um atleta tocava o chão durante o hino. O então mandatário recusou o convite de arremessar a primeira bola do jogo da equipe de beisebol do New York Yankees após ver na partida anterior dois jogadores do time, Giancarlo Cruz Michael Stanton e Aaron Michael Hicks, ajoelharem-se.[334] Já o então vice-presidente, Michael Richard Pence, popularmente conhecido como Mike Pence, abandonou o jogo do time de futebol americano do Indianapolis Colts depois que os times realizaram o ato simbólico.[335]

Uma parcela considerável da população, todavia, embarcava na onda patriótica. No primeiro jogo da Major League Soccer (MLS – Liga de Futebol dos EUA), que marcava o retorno parcial da torcida após um longo período de estádios vazios por conta da pandemia da Covid-19, conforme o canal de TV BBC, parte dos 3 mil torcedores que estavam presentes vaiaram os atletas que se ajoelharam durante o hino.[336] O mesmo aconteceu no futebol americano. Na partida disputada entre o Kansas Chiefs e Houston Texas, uma parcela dos 17 mil fãs presentes no estádio vaiou os jogadores pelo gesto.[337] Desse modo, o ato de se ajoelhar durante o hino nacional deixava de ser um gesto

---

[333] HARTMANN, Douglas. *Race, culture, and the revolt of the black athlete*: the 1968 olympic protests and their aftermath. Chicago: Editora The University of Chicago Press and London, 2003. p. 260.

[334] WAGNER, James. Trump backs out of throwing pitch at Yankees game. *The New York Times*, Nova York, 26 jul. 2020. Disponível em: https://www.nytimes.com/2020/07/26/sports/baseball/trump-yankees-pitch-deblasio. html. Acesso em: 3 jul. 2021.

[335] BELSON, Ken. The NFL embraces progressive action, but not yet Kaepernick. *The New York Times*, Nova York, 12 jun. 2020. Disponível em: https://www.nytimes.com/2020/06/12/sports/football/nfl-protest-colin-kaepernick-activism.html. Acesso em: 28 maio 2021.

[336] Vaias contra protesto antirracista de jogadores marcam primeira partida nos EUA com público no estádio. *GE*, 13 ago. 2020. Disponível em: https://ge.globo.com/futebol/futebol-internacional/noticia/vaias-contra-protesto-antirracista-de-jogadores-marca-primeira-partida-da-mls-com-publico-no-estadio.ghtml. Acesso em: 7 jun. 2022.

[337] Silêncio pela justiça social antes de Texans X Chiefs na NFL teve vaias de torcedores. *GE*, 11 set. 2020. Disponível em: https://ge.globo.com/futebol-americano/noticia/fas-desrespeitam-silencio-pela-justica-social-com-vaias-antes-de-duelo-entre-texans-e-chiefs-na-nfl.ghtml. Acesso em: 7 jun. 2021.

simbólico contra o racismo e passava a ser uma questão político-partidária. Nesse sentido, o que parecia ser uma simples partida de softball[338] acabou com todas as jogadoras abandonando uma equipe. Durante a execução do hino, no jogo entre USSSA Pride e Scrap Yard Fast Pitch, as jogadoras do Scrap Yard permaneceram de pé. A então dona da franquia, Connie May, por meio da conta oficial do time, fez um tweet para Trump mostrando como o seu time respeitava a bandeira estadunidense. Quando as jogadoras descobriram o tweet, a reação delas foi rápida e incisiva. Mesmo com a publicação sendo apagada, após uma hora de conversa dentro do vestiário, as atletas decidiram abandonar o Scrap Yard. Em entrevista a então jogadora da equipe Catherine Leigh Osterman, conhecida como Cat Osterman, deu a seguinte declaração:

> Quanto mais falávamos sobre isso [o tweet], mais furiosa eu ficava, então finalmente acabei dizendo: "Chega, não vou usar mais essa camisa". Fomos usados como peões em uma publicação política e isso não está certo.[339]

Apesar dos ataques trumpistas, o vento soprava para outros ares. Se antes os atletas que ousavam se ajoelhar durante a execução do hino nacional estadunidense sofriam uma sabatina pública a respeito do seu gesto; agora eram aqueles que permaneciam de pé que deveriam dar explicações ao público. Para o professor de história e diretor de Estudos Afro-Americanos da Universidade do Mississippi, Charles Ross, tempos atrás essa mudança de postura da sociedade parecia ser algo impossível, no entanto,

> [...] claramente o que aconteceu na América e em Minneapolis em 25 de maio [de 2020] fundamentalmente mudou as perspectivas das pessoas no que se refere ao racismo neste país.[340]

Sim, mudanças fundamentais aconteceram. Mas, mesmo assim, muito ainda deveria ser feito para quebrar as barreiras seculares do racismo e a luta seguiria sendo árdua, especialmente para aqueles que se encontravam sozinhos dentro da sua modalidade esportiva.

---

[338] O softball é um esporte parecido com o beisebol. Tem praticamente as mesmas regras, as únicas diferenças são o tamanho da bola (no softball é maior), o tamanho do campo (no softball é menor) e a duração do jogo (no softball o tempo é menor).

[339] WEINER, Natalie. A softball team's tweet to Trump leads players to quit mid-series. *The New York Times*, 24 jun. 2020. Disponível em: https://www.nytimes.com/2020/06/24/sports/scrap-yard-softball-anthem-tweet.html. Acesso em: 4 jun. 2021.

[340] BRANCH, John. The anthem debate is back. But now it's standing that's polarizing. *The New York Times*, 4 jul. 2020. Disponível em: https://www.nytimes.com/2020/07/04/sports/football/anthem-kneeling-sports.html. Acesso em: 4 jun. 2021.

2.5 Os cavaleiros solitários – Lewis Hamilton e Bubba Wallace

Contra tudo e contra todos. Desde criança, Lewis Carl Davidson Hamilton, conhecido apenas como Lewis Hamilton, quando revelava o seu sonho de ser piloto da Fórmula 1 (F1), escutava de adultos e professores as seguintes palavras: "você jamais irá conseguir se tornar um". Mas ele nunca desistiu. De origem britânica e humilde, Hamilton não teve uma vida fácil quando era criança. Além do *bullying* que sofria na escola por ser disléxico, questões econômicas quase o impediram de realizar o seu sonho. Com efeito, o seu pai, Anthony Hamilton, teve que trabalhar em quatro empregos para mantê-lo correndo nas pistas. O atual piloto, contudo, superou as barreiras para virar, até então, o maior vencedor da história da F1, com sete títulos conquistados.[341] Se a barreira econômica havia ficado para trás; por outro lado, havia outro obstáculo que vivia rondando-o: o racismo. E chegara a hora de enfrentá-lo sem subterfúgios. Após a morte de George Floyd, ele se tornou uma liderança no movimento que clamava por mais diversidade na referida categoria automobilística. Entretanto, na batalha contra o racismo e por mais diversidade na F1, Lewis Hamilton era um cavaleiro negro solitário. Em seu Instagram, por exemplo, ele deixou a seguinte mensagem de desabafo:

> Vejo vocês que estão em silêncio, alguns são uma das maiores estrelas, mas mesmo assim permanecem em silêncio em meio à injustiça. Nenhum sinal de ninguém da minha indústria, que obviamente é um esporte dominado pelos brancos. Eu sou uma das únicas pessoas de cor aqui, mas mesmo assim permaneço sozinho.[342]

O seu desabafo, de certa maneira, funcionou. Depois de sua publicação no Instagram, alguns pilotos, dentre eles, Charles Leclerc, então da Ferrari; Daniel Ricciardo, então da Renault; Pierre Gasly, então da Alpha Tauri; Lando Norris e Carlos Sainz, então da McLaren, juntaram-se ao maior vencedor da F1 na campanha #BlackOutTuesday (Apagão de Terça-feira), que era um movimento que pregava a desconexão das redes sociais para um

---

[341] Lewis Hamilton lembra falta de apoio no início da carreira: "Volte para o seu país". *GE*, 19 nov. 2020. Disponível em: https://ge.globo.com/motor/formula-1/noticia/lewis-hamilton-lembra-falta-de-apoio-no-inicio-da-carreira-volte-para-o-seu-pais.ghtml. Acesso em: 6 jun. 2021.

[342] SMITH, Luke. Lewis Hamilton is demanding change. *The New York Times*, Nova York, 7 ago. 2020. Disponível em: https://www.nytimes.com/2020/08/07/sports/autoracing/lewis-hamilton-formula-1-diversity.html. Acesso em: 6 jun. 2021.

dia de reflexão sobre a discriminação racial.[343] Porém, ainda era pouco. Se nas pistas os carros eram cada vez mais velozes, em compensação, na luta contra o racismo a categoria automobilística caminhava a passos lentos. E Hamilton sabia disso. Em várias oportunidades, ele reclamava da falta de empenho dos dirigentes da F1:

> Não deveria ser eu quem tem que chamar as equipes para o debate. Isso deveria ser anunciado e discutido de cima para baixo. Deveria vir dos poderes superiores que controlam e comandam o esporte.[344]

No começo, a categoria mostrou solidariedade à causa negra. Na primeira corrida da temporada, 14 dos 20 competidores se ajoelharam antes da largada. Entretanto, parou por aí. Nas disputas seguintes, o ato simbólico não se repetiu porque alguns pilotos demonstravam receios em realizar o gesto por ser visto como algo controverso em alguns países.[345] Por mais que houvesse uma inércia, por assim dizer, da F1 em relação ao combate ao racismo, Lewis Hamilton conseguiu conquistar algumas vitórias. Graças a sua insistência, foi lançado o programa We Race As One (Nós Corremos Como Um), que procurava trazer mais diversidade ao esporte. No entanto, a inércia não seria o pior inimigo do piloto. Ao contrário, para lutar contra a discriminação racial na categoria automobilística, ele teria que enfrentar o pensamento retrógrado dos mandatários. Em uma entrevista ao canal de TV estadunidense CNN, o ex-piloto britânico e ex-dirigente da F1, Bernard Charles "Bernie" Ecclestone, ao ser perguntado sobre a campanha We Race As One, afirmou que "os negros são mais racistas do que os brancos". Na sua resposta, ele disse as seguintes palavras:

> Não acho que isso fará algo de bom ou ruim para a Fórmula 1. Isso fará com que as pessoas pensem o que é mais importante. Penso que é o mesmo para todos. As pessoas devem refletir um pouco e pensar: "Bem, que diabos. Alguém não é igual as pessoas brancas e as pessoas negras devem pensar

---

[343] #BlackOutTuesday: pilotos e equipes da F1 se juntam em campanha de reflexão sobre racismo. *GE*, 2 jun. 2020. Disponível em: https://ge.globo.com/motor/formula-1/noticia/blackouttuesday-pilotos-da-f1-se-juntam-a-campanha-de-reflexao-sobre-racismo.ghtml. Acesso em: 9 jun. 2021.

[344] SMITH, Luke, Lewis Hamilton is demanding change. *The New York Times*, Nova York, 7 ago. 2020. Disponível em: https://www.nytimes.com/2020/08/07/sports/autoracing/lewis-hamilton-formula-1-diversity.html. Acesso em: 6 jun. 2021.

[345] SMITH, Luke. Lewis Hamilton is demanding change. *The New York Times*, Nova York, 7 ago. 2020. Disponível em: https://www.nytimes.com/2020/08/07/sports/autoracing/lewis-hamilton-formula-1-diversity.html. Acesso em: 6 jun. 2021.

o mesmo das pessoas brancas". Em muitos casos, os negros são mais racistas do que os brancos.[346]

Antes de prosseguirmos, devemos realizar uma análise a respeito do argumento acima de Ecclestone. De acordo com Silvio Almeida, a ideia de "racismo reverso", isto é, um racismo das minorias dirigido às maiorias, como no caso em questão o racismo dos negros sobre os brancos, "é absolutamente sem sentido", uma vez que, apesar de membros de grupos raciais minoritários poderem ser preconceituosos ou praticar algum tipo de discriminação, eles não conseguem impor nenhum tipo de desvantagem social sobre membros de grupos majoritários. A título de ilustração, no mercado de trabalho, brancos, especialmente homens, não perdem o emprego pelo simples fato de serem brancos, ou são "suspeitos" de cometerem algum tipo de delito devido à cor de sua pele. Sendo assim, a alegação de "racismo reverso" é um discurso racista moldado na vitimização daqueles que se sentem lesados pela perda de privilégios, mesmo que estes sejam meramente simbólicos e não se traduzam concretamente no poder de impor regras ou padrões de comportamento. Em outras palavras, a ideia do "racismo reverso" tem como finalidade apenas "deslegitimar as demandas por igualdade racial".[347]

Rápido como nas pistas, voltando agora ao episódio, após a fala do ex-dirigente, Hamilton correu para as redes sociais para demonstrar sua indignação:

> É tão triste e decepcionante ler um comentário assim. Bernie está fora do esporte e é de outra geração, mas são comentários errados, ignorantes e sem educação que nos mostram o quanto ainda precisamos evoluir enquanto sociedade para que igualdade real possa acontecer. Agora faz todo o sentido que nada tenha sido feito para tornar o esporte mais diverso ou para lidar com o abuso racial que sofri ao longo da minha carreira. Se alguém que comandou o esporte por décadas tem tamanha falta de empatia pelos problemas fundamentais que nós pessoas negras temos de lidar todos os dias, como podemos esperar que todas as pessoas que trabalham para ele compreendam? Começa no topo. Mas agora chegou o tempo de mudança. Eu continuarei usando minha voz para

---

[346] "Que m... é essa?", reage Hamilton à fala de Ecclestone sobre racismo; ex-chefão pode ser banido de GPs. *GE*, 26 jun. 2020. Disponível em: https://ge.globo.com/motor/formula-1/noticia/que-m-e-essa-reage-hamilton-a-fala-de-ecclestone-sobre-racismo-ex-chefao-pode-ser-banido-de-gps.ghtml. Acesso em: 11 jun. 2021.

[347] ALMEIDA, Silvio. *Racismo estrutural*. São Paulo: Editora Feminismos Plurais, 2019. p. 52-54.

representar aqueles que não possuem voz e para falar por aqueles que não são representados, criando oportunidades em nosso esporte.[348]

Há quem se engane, todavia, que Ecclestone parou por aí. Novamente em outra entrevista, dessa vez ao colunista do jornal britânico *The Daily Mail*, Jonathan McEvoy, ele voltou a falar sobre a discriminação racial:

Se uma pessoa negra ou uma pessoa branca forem recusados para um trabalho, você precisa perguntar o motivo. Foi por causa da cor de sua pele, ou por que eles não estavam à altura do trabalho? Isso é o que eu estou falando. As pessoas vão nessas marchas, organizadas por "quase-marxistas" que querem derrubar a polícia, o que seria um desastre para o país. Se você perguntasse à maioria deles o que exatamente eles estavam protestando, provavelmente não saberiam. [...]. Não é minha culpa que sou branco, ou que sou um pouco mais baixo que outro homem. Eu era chamado de Tich [algo como pessoa pequena] na escola. Eu descobri que era uma coisa com a qual precisava lidar. As pessoas negras precisam se apoiar umas às outras. [O ex-chefe da McLaren] Ron Dennis, não ficou no caminho de Lewis quando menino. Ele cuidava dele. Willy T. [Ribbs] foi o primeiro homem negro a dirigir um carro de F1, para mim, nos anos setenta. Quando perdi minha habilitação, eu tinha um motorista negro, não porque ele era negro, eu não ligava se era negro ou branco. Agora é meio que moda falar sobre diversidade.[349]

Ecclestone não estava sozinho. Segundo o sociólogo francês Michel Wieviorka, o preconceito racista, proibido de ser expresso abertamente nas democracias modernas, é camuflado muitas vezes por outros argumentos que primam, por exemplo, por valores individualistas,[350] ou então simplesmente o racismo é minimizado. Justamente o que aconteceu na F1, quando grandes nomes do esporte se posicionaram de acordo com o referido ex-dirigente. O ex-piloto britânico John Young Stewart, conhecido mais como Jackie Stewart, afirmou que "o problema [do racismo] da F1 não

---

[348] "Que m... é essa?", reage Hamilton à fala de Ecclestone sobre racismo; ex-chefão pode ser banido de GPs. *GE*, 26 jun. 2020. Disponível em: https://ge.globo.com/motor/formula-1/noticia/que-m-e-essa-reage-hamilton-a-fala-de-ecclestone-sobre-racismo-ex-chefao-pode-ser-banido-de-gps.ghtml. Acesso em: 11 jun. 2021.

[349] Após críticas de Lewis Hamilton e da F1, Bernie Ecclestone rebate: "Não tenho culpa se sou branco". *GE*, 28 jun. 2020. Disponível em: https://ge.globo.com/motor/formula-1/noticia/apos-criticas-de-lewis-hamilton-e-da-f1-bernie-ecclestone-rebate-nao-tenho-culpa-se-sou-branco.ghtml. Acesso em: 11 jun. 2021.

[350] WIEVIORKA, Michel. *O racismo, uma introdução*. São Paulo: Editora Perspectiva, 2007. p. 65.

é tão grande quanto parece". Já o ex-piloto estadunidense Mario Gabrielle Andretti, em entrevista ao jornal chileno *El Mercurio,* também se colocou contra Hamilton:

> Eu respeito muito Lewis, mas por que se tornar um militante? Ele sempre foi aceito e conquistou o respeito de todo o mundo. Acho que o objetivo disso é pretensioso. Então sinto isso e ele está criando um problema que não existe. Pintando seu carro de preto, eu não sei o que ele fará. Eu conheci pilotos de diferentes origens e sempre os recebi de braços abertos. No automobilismo, independentemente da cor, você tem que ganhar seu lugar com resultados e isso é o mesmo para todos.[351]

Andretti partia do pressuposto da meritocracia, isto é, as conquistas e os cargos eram frutos exclusivamente dos méritos de cada indivíduo e, portanto, na visão dele, o não sucesso dos negros dentro da F1 seria apenas pela falta de habilidade deles. Sim, claro, dentro das pistas, o discurso da meritocracia pode ser empregado, uma vez que todos os competidores partem em condições iguais para vencer a corrida. Entretanto, o ex-piloto desconsiderou completamente que a F1 é um esporte elitista. Para adentrar nesse meio, especialmente para ocupar cargos importantes, como de dirigentes ou pilotos, na maioria das vezes era necessário possuir um grande poder econômico. Isso, de certa maneira, tornava-se uma barreira para a entrada de negros dentro da categoria, ou pelo menos nos postos mais altos, já que historicamente eles foram designados a ocuparem posições subalternas na sociedade. Na prática, o racismo desempenha um papel importante aqui, pois ele normaliza o fato de que a maioria das pessoas negras ganha salários menores, submete-se aos trabalhos mais degradantes e não exerce cargos de mais prestígio social. Sendo assim, podemos dizer com outras palavras que o conceito de meritocracia para justificar a falta de afrodescendentes servia como uma forma de naturalizar a desigualdade racial dentro da F1.[352]

Novamente, o maior vencedor da referida categoria automobilística se viu obrigado a recorrer às mídias sociais para rebater as críticas. No seu Instagram ele publicou a seguinte mensagem:

---

[351] Hamilton se diz decepcionado por falas de lendas da F1 sobre racismo na categoria. *GE,* 21 jul. 2020. Disponível em: https://ge.globo.com/motor/formula-1/noticia/hamilton-se-diz-decepcionado-por-falas-de-lendas-da-f1-sobre-racismo-na-categoria.ghtml. Acesso em: 11 jun. 2021.

[352] ALMEIDA, Silvio. *Racismo estrutural.* São Paulo: Editora Feminismos Plurais, 2019. *passim.*

> Isso é decepcionante, mas infelizmente é uma realidade que algumas das gerações mais velhas, que ainda hoje têm voz, não conseguem sair do seu próprio mundo para reconhecer que há um problema. Novamente, isso é pura ignorância, mas isso não vai me impedir de continuar lutando por mudança. Nunca é tarde para aprender e espero que esse homem [Mario Gabrielle Andretti], pelo qual sempre tive respeito, possa dedicar algum tempo para se educar.[353]

A F1 não se mexia, mas Lewis Hamilton sim, pois, como o próprio piloto dissera, "o tempo para chavões e gestos simbólicos acabou". Em parceria com a Royal Academy of Engineering (Academia Real de Engenharia), ele fundou a Hamilton Commission (Comissão Hamilton), uma organização cujo objetivo é estimular jovens negros a estudarem ciência, tecnologia, engenharia e matemática, para depois empregá-los nas equipes automobilísticas, ou em outros setores da engenharia. A organização do piloto constituía-se como uma política de *affirmative action* (afirmação positiva) e de *equal opportunity policies* (políticas de igualdade das oportunidades) dentro da categoria automobilística. Essas políticas têm como propósito conceder mais oportunidades para as minorias no mercado de trabalho e na educação, fazendo com que, por exemplo, as empresas de mídia e publicidade destinem uma determinada porcentagem de suas vagas às minorias sociais, e que as universidades levem em conta questões étnicas para a admissão de estudantes ou contratação de docentes.[354] Seguindo essa linha, não era de se surpreender que, ao ser perguntado sobre o projeto, Hamilton desse a seguinte declaração:

> Quando olhar daqui a 20 anos, quero ver o esporte que deu para um jovem negro, tímido e da classe trabalhadora tantas oportunidades, se tornar tão diverso quanto o mundo complexo e multicultural em que vivemos.[355]

Importante acrescentarmos que, por um lado, as políticas mencionadas supra, para muitos, são a única maneira para corrigir as desigualdades e injustiças provocadas pelo racismo, assegurando que os grupos minoritários

---

[353] Hamilton se diz decepcionado por falas de lendas da F1 sobre racismo na categoria. *GE*, 21 jul. 2020. Disponível em: https://ge.globo.com/motor/formula-1/noticia/hamilton-se-diz-decepcionado-por-falas-de-lendas-da-f1-sobre-racismo-na-categoria.ghtml. Acesso em: 11 jun. 2021.

[354] WIEVIORKA, Michel. *O racismo, uma introdução*. São Paulo: Editora Perspectiva, 2007. p. 147.

[355] SMITH, Luke. Lewis Hamilton is demanding change. *The New York Times*, Nova York, 7 ago. 2020. Disponível em: https://www.nytimes.com/2020/08/07/sports/autoracing/lewis-hamilton-formula-1-diversity.html. Acesso em: 6 jun. 2021.

afetados consigam se promover socialmente; por outro lado, aqueles que as rejeitam, especialmente nos EUA, afirmam que elas acabam concedendo direitos particulares a certos grupos, chocando-se, desse modo, com o conceito de meritocracia. Além disso, segundo Wieviorka, essas políticas podem, de certo modo, alimentar entre os brancos

> [...] o ressentimento e o racismo de pessoas socialmente privadas ou em queda, que ficam convencidas de estar desamparadas pelo Estado em proveito de minorias que desprezam e odeiam cada vez mais.[356]

Apesar dessa contracorrente descrita supra e personalizada nas falas de Ecclestone, Stewart e Andretti, as ações de Hamilton para combater a desigualdade racial não parariam, mas sim ultrapassariam o mundo da F1 e adentrariam em outras esferas sociais. De acordo com Wieviorka, a capacidade de mobilização dos grupos vítimas de racismo é extremamente variável; sendo que os mais desarmados, isto é, aqueles "sem condições de penetrar no espaço público e nas mídias" por si mesmos, não conseguem contribuir em nada para demonstrar o ódio e os preconceitos dos quais são vítimas.[357] Se boa parte da comunidade afrodescendente encontrava-se "desarmada", o referido piloto, em contrapartida, aparecia constantemente nas telas das televisões e nas capas de revistas esportivas. Mais do que isso, ele tinha em suas mãos uma das poderosas – se não a mais poderosa – ferramenta de mobilização social da atualidade: as redes sociais. Com 21 milhões de seguidores no Instagram e 6 milhões no Twitter (atualmente X)[358], Hamilton divulgava para o seu público uma série de livros, filmes e até petições que promoviam a causa negra. Uma delas, inclusive, pedia que se incluísse nos currículos das escolas a história da cultura negra. O seu ativismo, importante destacar, render-lhe-ia o título de Embaixador por uma Educação de Qualidade, um dos Objetivos Globais da Organização das Nações Unidas (ONU).[359] Na publicação em que pedia que se ensinasse a história negra nas escolas ele deixou a seguinte mensagem:

---

[356] WIEVIORKA, Michel. *O racismo, uma introdução*. São Paulo: Editora Perspectiva, 2007. p. 148.

[357] WIEVIORKA, Michel. *O racismo, uma introdução*. São Paulo: Editora Perspectiva, 2007. p. 91-92.

[358] PARKES, Ian. The usual ending to an odd Formula 1 season. *The New York Times*, Nova York, 11 dez. 2020. Disponível em: https://www.nytimes.com/2020/12/11/sports/autoracing/formula-1-season-lewis-hamilton.html. Acesso em: 7 jun. 2021.

[359] Embaixador da ONU pela educação de qualidade, Hamilton revela diagnóstico de dislexia. *GE*, 17 jun. 2020. Disponível em: https://ge.globo.com/motor/formula-1/noticia/embaixador-da-onu-pela-educacao-de-qualida-de-hamilton-revela-diagnostico-de-dislexia.ghtml. Acesso em: 11 jun. 2021.

> Para a próxima geração, essa educação sobre a história negra deve começar na escola. O currículo global precisa ser atualizado para incluir as lutas e sucessos dos negros ao longo dos séculos, caso contrário, a história está destinada a se repetir.[360]

Lewis Hamilton não era o único cavaleiro negro solitário. Em outra modalidade automobilística, a Nascar, o então piloto da equipe Richard Petty Motorsports, Darrell "Bubba" Wallace Jr., encontrava-se na mesma situação. Com a enorme façanha de ser o primeiro piloto afro-estadunidense em 50 anos a conquistar uma das três principais séries da Nascar, Bubba Wallace aproveitou o auge das manifestações antirracistas após a morte de George Floyd para lançar uma nova pintura em seu carro. A pintura remetia à luta da comunidade negra contra a discriminação racial e vinha com os dizeres: "Black Lives Matter".[361]

Apenas a pintura nova não bastava. Com as ruas estadunidenses gritando por igualdade racial, o piloto finalmente reuniu coragem e força para fazer um pedido a Nascar: banir as bandeiras dos Estados Confederados das arquibancadas das corridas. Em entrevista ao canal de TV estadunidense CNN, ele disse:

> Ninguém deveria se sentir desconfortável quando vai para uma corrida da Nascar. Então começa com as bandeiras confederadas. Tirem-nas daqui. Não tem lugar para elas.[362]

De maneira um tanto quanto inesperada, a Nascar demorou apenas dois dias para acatar o pedido. Em um comunicado oficial, a entidade esportiva afirmava que símbolos confederados estavam proibidos de serem exibidos em seus eventos:

> A presença da bandeira confederada nos eventos de corrida da Nascar contraria nosso comprometimento de fornecer um ambiente receptivo e inclusivo para todos os fãs, competidores e nossa indústria. Reunir pessoas ao redor do amor pela

---

[360] Hamilton indica filmes, livros e petições e pede que estudem sobre racismo. Veja lista do piloto. *GE*, 11 jun. 2020. Disponível em: https://ge.globo.com/motor/formula-1/noticia/hamilton-indica-filmes-livros-e-peticoes-e-pede-que-estudem-sobre-racismo-veja-lista-do-piloto.ghtml. Acesso em: 11 jun. 2021.

[361] CRAMER, Maria. Bubba Wallace wants Nascar to ban the Confederate flag. *The New York Times*, Nova York, 9 jun. 2020. Disponível em: https://www.nytimes.com/2020/06/09/sports/autoracing/bubba-wallace-nascar-confederate-flag.html. Acesso em: 8 jun. 2021.

[362] CRAMER, Maria. Bubba Wallace wants Nascar to ban the Confederate flag. *The New York Times*, Nova York, 9 jun. 2020. Disponível em: https://www.nytimes.com/2020/06/09/sports/autoracing/bubba-wallace-nascar-confederate-flag.html. Acesso em: 8 jun. 2021.

corrida e da comunidade é o que faz os nossos fãs e esporte serem especiais. A exibição da bandeira confederada será proibida em todos os eventos da Nascar.[363]

Mal sabia Wallace que ele havia começado mais um capítulo da "guerra cultural" em curso hoje no mundo, e, particularmente, nos Estados Unidos. Para Wieviorka,

> [...] o racismo aparenta-se em muitos aspectos a uma guerra das culturas e das identidades. É, sobretudo, a rejeição, ou o distanciamento da diferença cultural, percebida como ameaçadora. O Outro, desse ponto de vista, definido pelos costumes, pelas tradições, uma alteridade irredutível, deve ser eliminado, expulso, ou ao menos mantido a distância, posto à parte.[364]

Era justamente o que acontecia na Nascar. Como a maioria dos fãs era branca e sulista, as bandeiras confederadas marcavam o território de um grupo identitário e serviam como barreira cultural para manter afastadas das pistas as minorias sociais, especialmente os afro-estadunidenses, ou seja, os Outros que possuíam "incompatibilidade cultural" com os conservadores sulistas brancos. De fato, a título de ilustração, na corrida de Darlington Raceway, na cidade de Florence, na Carolina do Sul, ver pessoas com bonés, camisetas, bandeiras e coolers com o emblema dos Confederados era algo comum.[365] Na tentativa de defender e justificar a exibição desses emblemas, alguns afirmavam que as bandeiras confederadas agora passavam a representar apenas a herança dos estados sulistas e não mais a apologia à escravidão. Entretanto, era inegável dizer que os Confederados possuíam laços fortes com o racismo e despertavam o nacionalismo extremista branco. Em 2015, por exemplo, o massacre de nove afro-estadunidenses na cidade de Charleston, também na Carolina do Sul, foi cometido por um supremacista branco que pousava com bandeiras confederadas em suas fotos.[366] Na verdade, esses símbolos ostentados nas pistas de corrida

---

[363] LEVENSON, Michael. Nascar says it will ban confederate flags. *The New York Times*, Nova York, 10 jun. 2020. Disponível em: https://www.nytimes.com/2020/06/10/sports/autoracing/nascar-confederate-flags.html#:~:text=NASCAR%20said%20on%20Wednesday%20that,the%20death%20of%20George%20Floyd. Acesso em: 8 jun. 2021.

[364] WIEVIORKA, Michel. *O racismo, uma introdução*. São Paulo: Editora Perspectiva, 2007. p. 52.

[365] CRAMER, Maria. Bubba Wallace wants Nascar to ban the Confederate flag. *The New York Times*, Nova York, 9 jun. 2020. Disponível em: https://www.nytimes.com/2020/06/09/sports/autoracing/bubba-wallace-nascar-confederate-flag.html. Acesso em: 8 jun. 2021.

[366] MACUR, Juliet. Bubba Wallace thankful for flag ban, but Nascar fans might not be. *The New York Times*, Nova York, 13 jun. 2020. Disponível em: https://www.nytimes.com/2020/06/13/sports/bubba-wallace-nascar-

passavam uma clara mensagem: "Caíam fora minorias, a Nascar pertence apenas aos brancos, em especial aos sulistas". Não à toa, boa parte dos sulistas brancos e o então piloto Raymond J. Ciccarelli se encheram de ira quando as bandeiras supremacistas foram banidas. Em solidariedade aos brancos raivosos, Ciccarelli afirmou que abandonaria a referida categoria automobilística e que venderia a sua equipe:

> Eu poderia me importar menos com a bandeira confederada, mas há pessoas que fazem isso e isso não as torna racistas. Tudo o que você está fazendo é [palavrão] [...] um grupo para atender a outro e não vou gastar o dinheiro que devemos para participar de qualquer política!! Então, tudo está à venda!![367]

Para não perder a oportunidade, LeBron James ironizou o comentário do piloto. Em uma publicação no Instagram, o jogador de basquete escreveu: "Tchau! Posso provavelmente dizer que ninguém irá sentir a sua falta!".[368]

Mas não pense que os fãs identificados com os Confederados ficariam apenas bravos. Longe disso, estavam dispostos a mostrar resistência. E ela não tardaria a vir. A primeira corrida, depois de anunciada a expulsão das bandeiras extremistas, foi realizada na pista de Talladega Superspeedway, na cidade de Talladega, no Alabama. Considerada por muitos um dos lugares culturalmente mais sulistas de todos os EUA – para se ter uma ideia, somente em 2020 a cidade elegeu o seu primeiro prefeito negro, o democrata Timothy Ragland, mas, mesmo assim, era repleta de símbolos supremacistas e o racismo ainda era bastante presente[369] –, Talladega era o palco ideal para que os brancos raivosos demonstrassem a sua revolta. E não deu outra. Nas arquibancadas da pista, eles obedeceram às restrições impostas pela Nascar e nenhuma bandeira que remetia ao extremismo-branco foi vista. Do lado de fora, contudo, o cenário era outro. Para onde quer que você olhasse, os emblemas dos Confederados estavam presentes. Mais ainda, como forma de protesto e para demonstrar poder, uma caravana de três quilômetros de

---

confederate-flag.html#:~:text=confederate%2Dflag.html-,Bubba%20Wallace%20Thankful%20for%20Flag%20 Ban%2C%20but%20NASCAR's%20Fans%20Might,as%20a%20symbol%20of%20racism. Acesso em: 8 jun. 2021.

[367] LeBron detona piloto da Nascar que é contra a proibição de bandeira associada à escravidão. *GE*, 12 jun. 2020. Disponível em: https://ge.globo.com/basquete/nba/noticia/lebron-detona-piloto-que-disse-que-deixaria-a-nascar-apos-proibicao-de-bandeira-associada-a-escravidao.ghtml. Acesso em: 13 jun. 2021.

[368] LeBron detona piloto da Nascar que é contra a proibição de bandeira associada à escravidão. *GE*, 12 jun. 2020. Disponível em: https://ge.globo.com/basquete/nba/noticia/lebron-detona-piloto-que-disse-que-deixaria-a-nascar-apos-proibicao-de-bandeira-associada-a-escravidao.ghtml. Acesso em: 13 jun. 2021.

[369] PAYBARAH, Azi; ORTIZ, Aimee. Noose found in Bubba Wallace's garage. *The New York Times*, Nova York, 22 jun. 2020. Disponível em: https://www.nytimes.com/2020/06/26/sports/autoracing/nascar-noose-bubba-wallace.html. Acesso em: 9 jun. 2021.

carros, obviamente com o referido símbolo supremacista à mostra, passou em frente à pista. Para completar o ato de fúria sulista branca, por assim dizer, antes da largada, um pequeno avião sobrevoou a pista com a bandeira dos Estados Confederados pendurada e ao lado dela a seguinte mensagem: "Defund Nascar" (mensagem essa que na tradução ao português pode ser entendida como "corte os fundos da Nascar", parafraseava, de certa maneira, do movimento "Defund the Police", que pedia que o financiamento da polícia fosse reduzido e que ganhou forças depois da morte de George Floyd).[370]

A guerra cultural começou e os supremacistas foram ao ataque. Segundo Wieviorka, o racismo também "[...] corresponde à resistência de uma identidade cultural que se sente ameaçada pela modernidade ou que não consegue ter acesso a ela, ou nela se manter".[371] Dessa maneira, o grupo étnico, no caso em questão os brancos sulistas estadunidenses, sentia que a sua identidade cultural encontrava-se "ameaçada" e projetava no Outro, isto é, nos indivíduos que não estavam inseridos dentro de seu grupo étnico, como corruptores "das tradições religiosas ou nacionais" de seu país.[372] Em outras palavras, as bandeiras confederadas significavam aos sulistas brancos o sentimento de resistência a um mundo cada vez mais globalizado e que, supostamente, ameaça roubar a sua identidade cultural. Nesse sentido, em entrevista ao *The New York Times,* destacaremos a seguir a fala de duas pessoas que ilustram perfeitamente essa ideia de resistência inserida nos sulistas brancos. A primeira entrevistada era a dona da barraca de Hot Dogs (Cachorros-Quentes), Becky McDonald, de 70 anos, que vende há mais de 30 anos lanches nas entradas das pistas da Nascar. Para ela, a referida entidade automobilística estava "expulsando todos os 'caipiras'": "Eles [a Nascar] fizeram uma declaração: 'Nós não precisamos mais dos caipiras'. Bom, vocês se lembram de quem os trouxe até aqui?" Já o segundo entrevistado, em sintonia com McDonald, era o dono da Dixie General Store, uma das lojas que fica nas redondezas do Talladega Superspeedway, Robert Castello, de 68 anos, que deu a seguinte declaração: "O declínio da Nascar começou bem antes disso. Começou quando eles tentaram expandir para o norte e transformar o esporte em internacional. Não é. É sulista".[373]

---

[370] TEAGUE, Matthew. Abiding by the confederate flag ban inside Talladega, grudgingly. *The New York Times,* Nova York, 21 jun. 2020. Disponível em: https://www.nytimes.com/2020/06/21/sports/autoracing/talladega-nascar-confederate-flag.html. Acesso em: 9 jun. 2021.

[371] WIEVIORKA, Michel. *O racismo, uma introdução.* São Paulo: Editora Perspectiva, 2007. p. 82-83.

[372] WIEVIORKA, Michel. *O racismo, uma introdução.* São Paulo: Editora Perspectiva, 2007. p. 82-83.

[373] TEAGUE, Matthew. Abiding by the confederate flag ban inside Talladega, grudgingly. *The New York Times,* Nova York, 21 jun. 2020. Disponível em: https://www.nytimes.com/2020/06/21/sports/autoracing/talladega-

Curiosamente, segundo o sociólogo britânico-jamaicano, Stuart Hall, a reivindicação da identidade, agora capturada pela extrema-direita, antes era utilizada como bandeira pelos movimentos antirracistas e anticapitalistas.[374] Mais do que isso, porém, de acordo com Silvio Almeida, a captura da identidade por parte da extrema-direita possibilitou que muitas pessoas passassem

> [...] a exigir o direito de ser branco, o direito de não gostar de negros, o direito de ter seu país de volta. Querem seus empregos "roubados" pelos imigrantes, querem se sentir seguros em seu país. Querem, enfim, a "identidade" que lhes foi roubada quando as minorias passaram a ter direitos.[375]

Voltando a Talladega, a corrida ainda reservava uma última surpresa, em especial para o piloto Bubba Wallace. Uma corda com laço pendurado no teto, que remetia à ideia de enforcamento – uma forma cruel como inúmeros negros morreram durante o período em que a Ku Klux Klan agia impunemente na Região Sul dos EUA –, foi encontrada na garagem de sua equipe. Apesar de a corrida já ter sido adiada por conta do mau tempo, o incidente deixou todos apreensivos. Prontamente, o procurador do Distrito Norte de Alabama, John "Jay" Edward Town, pronunciou-se sobre o caso e disse que tanto o Federal Bureau of Investigation (FBI – Departamento Federal de Investigação) como a Divisão dos Direitos Civis do Departamento de Justiça foram acionados para se juntar à investigação.[376]

Após dias esperando, o resultado da investigação comandada pelo FBI finalmente saiu. Bubba Wallace, conforme o órgão investigativo, não foi alvo de um crime de ódio. A corda encontrava-se daquela maneira desde 2019, período em que a pista de Talladega passou por reformas, e era uma forma de abrir a porta da garagem, portanto, não tinha nenhuma relação com os protestos realizados contra o pedido do piloto de banir as bandeiras dos Estados Confederados.[377] A conclusão do FBI seria um alívio para todos, principalmente para Wallace. Mas os ataques a ele não cessariam.

---

nascar-confederate-flag.html. Acesso em: 9 jun. 2021.

[374] *Apud* ALMEIDA, Silvio. *Racismo estrutural.* São Paulo: Editora Feminismos Plurais, 2019. p. 189.

[375] ALMEIDA, Silvio. *Racismo estrutural.* São Paulo: Editora Feminismos Plurais, 2019. p. 189-190.

[376] PAYBARAH, Azi; ORTIZ, Aimee. Noose found in Bubba Wallace's garage. *The New York Times*, Nova York, 22 jun. 2020. Disponível em: https://www.nytimes.com/2020/06/26/sports/autoracing/nascar-noose-bubba-wallace.html. Acesso em: 9 jun. 2021.

[377] MACUR, Juliet; BLINDER, Alan. Talladega noose incident puts spotlight on Nascar's troubles with racism. *The New York Times*, Nova York, 24 jun. 2020. Disponível em: https://www.nytimes.com/2020/06/24/sports/autoracing/bubba-wallace-noose-nascar.html. Acesso em: 10 jun. 2021.

Ao contrário, dessa vez partiriam da figura mais importante dos EUA: o então presidente Donald Trump. Sem perder a oportunidade, o republicano, seguindo a sua cartilha bélica de fazer investidas aos seus oponentes no Twitter (atualmente X), cobrou que o piloto se desculpasse publicamente por "criar boatos" contra a Nascar. Além disso, aproveitou para lançar uma de suas clássicas mentiras, ao sustentar, sem mostrar prova alguma, de que a audiência das corridas havia caído por conta do banimento das bandeiras supremacistas. Na referida mídia digital, Trump deixou a seguinte mensagem:

> Bubba Wallace já se desculpou com esses grandiosos pilotos e oficiais da Nascar, que vieram em seu favor, permaneceram ao seu lado e se comprometeram a sacrificar tudo por ele apenas para descobrir que toda a coisa era só mais um BOATO? Isso e a decisão das bandeiras causaram as menores audiências de todas.[378]

Na verdade, o que aconteceu foi justamente o contrário do que o então mandatário afirmava, a audiência da Nascar havia aumentado de forma significativa.[379] Estereotipado como um esporte só para brancos, muitos afro-estadunidenses possuíam ressalvas em assistir as corridas nas pistas, pois ao mesmo tempo que ficavam de olho nos carros, tinham que observar os vários símbolos discriminatórios hasteados nas arquibancadas, além de, em algumas ocasiões, serem alvos de piadas e ataques racistas. Entretanto, com a proibição dos emblemas confederados, a Nascar parecia conseguir algo que há muito tempo penava em alcançar, ou seja, atrair a audiência de um público maior, especialmente das minorias.[380]

Na guerra cultural que, ao que tudo indicava, estava longe de acabar, batalhas importantes foram vencidas pelo lado progressista. Os símbolos dos Estados Confederados não eram um problema exclusivo da Nascar, mas sim de praticamente todos os estados do Deep South (Sul Profundo) dos EUA. O Mississippi, para efeito ilustrativo, até há pouco tempo, era o último estado a ostentar em sua bandeira o emblema dos Confederados. Entretanto, na

---

[378] Trump exige que Bubba Wallace se desculpe por engano em suposto ataque racista na Nascar. *GE*, 6 jul. 2020. Disponível em: https://ge.globo.com/motor/noticia/trump-exige-que-bubba-wallace-se-desculpe-por-engano-em-suposto-ataque-racista-na-nascar.ghtml. Acesso em: 12 jun. 2021.

[379] Trump exige que Bubba Wallace se desculpe por engano em suposto ataque racista na Nascar. *GE*, 6 jul. 2020. Disponível em: https://ge.globo.com/motor/noticia/trump-exige-que-bubba-wallace-se-desculpe-por-engano-em-suposto-ataque-racista-na-nascar.ghtml. Acesso em: 12 jun. 2021.

[380] KEH, Andrew. For black Nascar fans, change would mean feeling at ease at a race. *The New York Times*, Nova York, 26 jun. 2020. Disponível em: https://www.nytimes.com/2020/06/26/sports/autoracing/nascar-black-fans.html. Acesso em: 10 jun. 2021.

onda das manifestações contra o racismo após a morte de George Floyd, a Southeastern Conference (SEC – Conferência Sudeste dos Jogos Universitários) e a National Collegiate Athletic Association (NCAA – Associação Atlética Universitária Nacional) ordenaram que o Mississippi removesse o emblema de sua bandeira, caso contrário, seria banido dos jogos universitários entre os estados.[381] Desse modo, depois de sofrer enorme pressão dos setores sociais progressistas, o então governador do estado, o republicano Jonathon Tate Reeves, finalmente assinou uma emenda para criar uma nova bandeira para a região sem a presença de qualquer símbolo extremista.[382] Logo, as resistências dos supremacistas brancos iam desmoronando. Porém, a guerra não estava vencida. Com seu enorme poder de influência e solto por aí, Trump utilizaria qualquer "deslize" de seus opositores para reavivar a sua base fiel e raivosa. Além do mais, o movimento de atletas contra o racismo esbarraria em outros obstáculos e a extrema-direita lançaria suas ofensivas em outras frentes.

2.6 A luta é árdua e contínua

Um por um, os muros da discriminação racial eram derrubados pelo movimento de atletas contra o racismo. Mas, ainda assim, havia barreiras a serem superadas. Segundo Michel Wieviorka, uma das condições favoráveis para o racismo encontra-se na crise das instituições que, em muitos casos, permanecem arcaicas, mostrando-se os seus comandantes incapazes de assegurar a modernização do seu gerenciamento.[383] O argumento do sociólogo refere-se às instituições que regem o funcionamento da sociedade, no entanto podemos transportá-lo para o mundo esportivo, cujas organizações refletem em grande parte as diretrizes raciais presentes na vida social. Vejamos um exemplo: durante uma comissão parlamentar britânica sobre esportes, ao ser perguntado a respeito da diversidade no futebol, o então presidente da Football Association (Federação Inglesa de Futebol), Gregory Allison Clarke, referiu-se aos jogadores afrodescendentes como *colored people* ("pessoas de cor"). O termo, já há muito tempo, é considerado como algo pejorativo

---

[381] BLINDER, Alan. SEC warns Mississippi over confederate emblem on state flag. *The New York Times*, Nova York, 18 jun. 2020. Disponível em: https://www.nytimes.com/2020/06/18/sports/sec-mississippi-state-flag.html#:~:text=ATLANTA%20E2%80%94%20The%20Southeastern%20Conference%20on,of%20its%20most%20intractable%20debates. Acesso em: 10 jun. 2021.

[382] ROJAS, Rick. Mississippi governor signs law to remove flag with confedetate emblem. *The New York Times*, Nova Yor, Estados Unidos, 30 jun. 2020. Disponível em: https://www.nytimes.com/2020/06/30/us/mississippi-flag.html. Acesso em: 10 jun. 2021.

[383] WIEVIORKA, Michel. *O racismo, uma introdução*. São Paulo: Editora Perspectiva, 2007. p. 104.

134

pela comunidade negra na Grã-Bretanha e em outras partes do globo. Essa, contudo, não seria a única gafe cometida pelo então dirigente na comissão. Anteriormente, ele disse que o baixo número de goleiras na liga feminina inglesa era porque as mulheres "não gostam que chutem a bola tão forte nelas". Na tentativa de minimizar o incidente, um dos membros da comissão parlamentar, Kevin Brennan, deu a chance de Clarke se retratar do termo que havia empregado. O então presidente da Federação Inglesa de Futebol pediu "desculpas profundas" e justificou-se dizendo que por muitos anos trabalhou nos Estados Unidos, onde "era obrigado a usar o termo 'pessoas de cor'", e que, portanto, "às vezes" tropeçava "nas minhas palavras e me desculpo". O estrago, no entanto, já estava feito. Antes que pudesse encerrar a sua participação na reunião parlamentar, o comentário de Clarke já havia se espalhado pelas redes sociais, provocando choque, raiva e protestos de boa parte da população. Movimentos antirracistas, dentre eles a Kick It Out (Chute Pra Fora – na tradução livre), uma organização que luta contra o racismo no futebol britânico, manifestaram-se contra o então dirigente. De fato, a pressão sobre ele era tão grande que, horas depois de usar o termo pejorativo, Clarke perdeu seu emprego.[384]

O pensamento retrógrado de Clarke, de certa maneira, refletia-se nas arquibancadas, ou, melhor dizendo, nas mídias digitais. O então atacante do Crystal Palace, Dazet Wilfried Armel Zaha, conhecido apenas como Wilfried Zaha, para efeito ilustrativo, acordou com ataques racistas em seu Instagram. O autor do ataque, um jovem britânico de 12 anos, enviou de forma privada para o jogador, fotos de membros da Ku Klux Klan, de uma antiga embalagem de cereal que possuía uma conotação racista, e a seguinte mensagem: "É melhor você não marcar amanhã, seu *** preto. Ou irei à sua casa vestido de fantasma".[385]

Zaha não era um caso isolado. Longe disso, ameaças racistas a jogadores da Premier League, o campeonato de futebol inglês, haviam se tornado algo corriqueiro, especialmente quando um deles cometia alguma falha durante o jogo. O então meio-campista do Swansea City, Yan Dhanda, e mais dois atletas que, na época, atuavam pelo Manchester United, Axel

---

[384] PANJA, Tariq. Greg Clarke, England's F.A. chief, quits after disastrous testimony. *The New York Times*, Nova York, 10 nov. 2020. Disponível em: https://www.nytimes.com/2020/11/10/sports/soccer/greg-clarke-england-FA.html#:~:text=england%2DFA.html-,Greg%20Clarke%2C%20England's%20F.A.,the%20day%2C%20he%20had%20resigned. Acesso em: 15 jun. 2021.

[385] Polícia inglesa apreende menino de 12 anos por ameaças racistas a Zaha, do Crystal Palace. *GE*, 13 jul. 2020. Disponível em: https://ge.globo.com/futebol/futebol-internacional/futebol-ingles/noticia/policia-inglesa-apreende-menino-de-12-anos-por-ameacas-racistas-a-zaha-do-crystal-palace.ghtml. Acesso em: 20 jun. 2021.

Tuanzebe e Anthony Joran Martial, entraram para a lista de jogadores vítimas de insultos discriminatórios após falharem em lances cruciais nas partidas.[386] O jogador brasileiro Willian Borges da Silva, conhecido apenas como Willian, também sentiu a ira das ofensivas dos extremistas. No futebol, é comum quando um time contrata um jogador de uma equipe rival, a torcida o receba com certa desconfiança. O brasileiro fez esse caminho, ao deixar o Chelsea para ir a um de seus maiores rivais, o Arsenal. A torcida dos *"Gunners"* (como é conhecido o Arsenal) não esperou muito tempo para vaiá-lo durante as partidas quando o atleta não começou a corresponder dentro de campo. As vaias, algo legítimo dentro das regras do esporte, contudo, deram lugar a atos criminosos de racismo. No Instagram, Willian recebeu mensagens que o chamavam de macaco e, inclusive, uma delas pedia para que ele voltasse "para a selva".[387]

Muitas vezes, o discurso racista se confunde com o discurso nacionalista. Segundo o professor britânico de mídia e estudos culturais Martin Baker, o racismo pode ser entendido como uma defesa da suposta ameaça que estrangeiros representam sobre a identidade do grupo nacional dominante.[388] Essa defesa da identidade nacional travestida de preconceito racial, de acordo com Wieviorka, ganha forças nos períodos de grandes crises econômicas, nas quais o racismo se manifesta naquele indivíduo "que perdeu seu status ou sua posição social ou teme perdê-los, ou quer se proteger dos riscos da queda". Desse modo, a narrativa construída pela extrema-direita é a de que "o Outro [minorias sociais] está em vias de ganhar pontos enquanto ele se vê em plena queda, ou se sente singularmente ameaçado". Somado a isso, junta-se às "categorias sociais abonadas, camadas médias ou superiores que tentam sobretudo manter a alteridade à distância". Para isso, constroem barreiras simbólicas e concretas de segregação, como, por exemplo, escolas privadas para que seus filhos evitem contato com alunos provenientes da imigração, ou então votando a favor de reformas políticas que visem regras mais rígidas à entrada de imigrantes.[389] Na realidade, para o filósofo alemão, Peter Sloterdijk, o mundo globalizado de hoje se

---

[386] SMITH, Rory. Soccer isn't blameless in its culture of abuse. *The New York Times*, Nova York, 12 fev. 2021. Disponível em: https://www.nytimes.com/2021/02/12/sports/soccer/racial-abuse-britain.html. Acesso em: 15 jun. 2021.

[387] Willian é alvo de racismo nas redes sociais e denuncia: "Algo precisa mudar". *GE*, 19 fev. 2021. Disponível em: https://ge.globo.com/futebol/futebol-internacional/futebol-ingles/noticia/willian-e-alvo-de-racismo-nas-redes-sociais-e-denuncia-algo-precisa-mudar.ghtml. Acesso em: 15 jun. 2021.

[388] *Apud* WIEVIORKA, Michel. *O racismo, uma introdução*. São Paulo: Editora Perspectiva, 2007. p. 35.

[389] WIEVIORKA, Michel. *O racismo, uma introdução*. São Paulo: Editora Perspectiva, 2007. p. 44-45; 100.

transformou em um campo de batalha entre os sujeitos que estão dispostos a abrir cada vez mais as fronteiras nacionais e promover os intercâmbios culturais e, em contrapartida, os que desejam fechá-las para preservar a identidade nacional e cultural supostamente ameaçada pela presença do Outro.[390] O combate dessas duas visões de mundo antagônicas intensificou-se com a plataforma política de "Bill That Wall" ("Construa o Muro")[391] de Donald Trump e o Brexit[392] no Reino Unido, que nada mais eram do que movimentos de fechamento das fronteiras e de isolamento do resto do mundo, impedindo a entrada de imigrantes e, dessa maneira, preservando a identidade nacional – como se esta última pudesse ser preservada de forma fixa e imutável. No esporte, esses combates caracterizam-se no caso acima de William, quando um de seus agressores o manda "voltar para a selva", ou seja, o seu lugar não é no Reino Unido e, como visto anteriormente, na Nascar, na guerra cultural entre Bubba Wallace e forças progressistas contra os fãs da corrida identificados com os Estados Confederados.

Engana-se, contudo, quem pensa que esses movimentos se encontravam apenas no Reino Unido e nos EUA. Muito pelo contrário, o ódio à imigração era o combustível que mantinha aceso o "surto contemporâneo" de "nacionalismos xenófobos e racistas" que assolava a Europa.[393] Na Rússia, a título de ilustração, no time do Zenit de São Petersburgo, outro brasileiro, Marcus Wendel Valle da Silva, conhecido apenas como Wendel, foi alvo de insultos discriminatórios na sua chegada ao clube. Nas redes sociais, para demonstrar o seu descontentamento com relação à contratação do atleta, alguns torcedores deixaram os seguintes comentários: "Não existe preto nas cores do Zenit" e "os jogadores de futebol brancos do planeta acabaram? Não quero assistir, não gosto de estar doente. No que vocês transformaram o clube?".[394]

O globo era disputado por duas forças antagônicas e a internet era um de seus campos de batalha. Se, por um lado, retomando o que vimos

---

[390] SLOTERDIJK, Peter. *No mesmo barco*: ensaio sobre a hiperpolítica. São Paulo: Editora Estação Liberdade, 2012. p. 67.

[391] No decorrer da campanha presidencial de 2016, Donald Trump prometia aos seus eleitores construir um enorme muro na fronteira com o México para impedir a entrada de imigrantes no país. Em seus comícios, para agitar a multidão, o republicano puxava o grito de "bill that wall" ("construa o muro").

[392] O Brexit foi o movimento de saída do Reino Unido da União Europeia que ocorreu no dia 31 de janeiro de 2020.

[393] WIEVIORKA, Michel. *O racismo, uma introdução*. São Paulo: Editora Perspectiva, 2007. p. 49.

[394] Brasileiro é anunciado pelo Zenit e sofre insultos racistas nas redes sociais. *ESPN*, 6 out. 2020. Disponível em: https://www.espn.com.br/futebol/artigo/_/id/7545917/brasileiro-e-anunciado-pelo-zenit-e-sofre-insultos-racistas-nas-redes-sociais. Acesso em: 15 jun. 2021.

anteriormente, os atletas e os movimentos sociais usufruíam das redes sociais para disseminar e mobilizar seus seguidores na luta de causas sociais, no caso em questão contra o racismo[395]; em compensação, para o sociólogo e cientista político, Sérgio Henrique Hudson Abranches, "indivíduos raivosos ou milícias digitais", escondidos por trás da máscara do anonimato oferecida pela internet, invadiam o mundo virtual para atacar ferozmente aqueles que consideravam como seus adversários.[396] Nesse sentido, notas, mensagens e hashtags de repúdio não intimidariam os agressores de continuarem propagando o seu ódio pelas mídias digitais. Era preciso tomar uma atitude mais drástica. No Reino Unido, ao menos no primeiro momento, o poder público se mantinha inerte diante dos ataques racistas. Então, coube aos atletas, aos técnicos, aos juízes e aos demais representantes da Premier League, da Federação Inglesa e da organização Kick It Out, juntarem-se para assinar uma carta endereçada aos então chefes-executivos do Facebook e Twitter (atualmente X), Mark Elliot Zuckerberg e Jack Patrick Dorsey, cobrando-lhes que assumissem a responsabilidade e inibissem de forma mais precisa as mensagens preconceituosas que estavam sendo difundidas em suas plataformas. Em resposta à carta, os executivos contra-argumentaram que as suas redes sociais eram apenas o canal e não a fonte das mensagens e que, portanto, não poderiam fazer muita coisa para impedir os ataques discriminatórios. Argumento esse, aliás, usado, de certo modo, pelos próprios dirigentes do futebol, especialmente no Brasil, que justificam a sua inação ao afirmarem que o racismo é um problema da sociedade e não do esporte (**falarei sobre os casos de racismo no futebol brasileiro no capítulo 3**).[397] Revoltado com os ataques e com a impunidade, um dos melhores atacantes franceses de todos os tempos, o ex-jogador Thierry Daniel Henry – este sim – tomou uma atitude drástica: excluiu suas contas de todas as mídias digitais. A seguir a mensagem deixada por Henry antes de apagar as suas contas:

> Olá, pessoal. A partir de amanhã de manhã me retirarei das mídias sociais até que as pessoas que estão no poder sejam capazes de regular suas plataformas com o mesmo vigor e

---

[395] SEGURADO *apud* CHAIA, Vera; COELHO, Cláudio; CARVALHO, Rodrigo de. *Política e Mídia:* estudo sobre a democracia e os meios de comunicação no Brasil. São Paulo: Editora Anita Garibaldi, 2015. p. 203.

[396] *Apud* MELO *et al. Democracia em risco:* 22 ensaios sobre o Brasil de hoje. São Paulo: Editora Companhia das Letras, 2019. p. 19.

[397] SMITH, Rory. Soccer isn't blameless in its culture of abuse. *The New York Times*, Nova York, 12 fev. 2021. Disponível em: https://www.nytimes.com/2021/02/12/sports/soccer/racial-abuse-britain.html. Acesso em: 15 jun. 2021.

ferocidade que elas fazem atualmente quando são infringidos os direitos. O imenso número de racismo, intimidação e tortura mental para os usuários é muito tóxico para ser ignorado. É preciso haver responsabilidade. É fácil demais criar uma conta, usá-la para intimidar e assediar sem consequências e ainda permanecer anônimo. Até que isto mude, eu desativarei minhas contas em todas as plataformas sociais. Espero que isto aconteça em breve.[398]

O universo eletrônico, contudo, não era o único a abrigar – por assim dizer – o racismo. Na verdade, dentro do espaço da imprensa tradicional a discriminação racial poderia ser encontrada nos jornais que (como visto anteriormente no Capítulo 1), em determinados casos, podiam associar ou reforçar "certos comportamentos ou certos atributos negativos a uma origem étnica ou estrangeira".[399] Para retratarmos esse pensamento, analisaremos a seguir o caso do então atacante guineense e naturalizado espanhol do Barcelona, Anssumane Fati Vieira, popularmente conhecido como Ansu Fati. Em sua coluna no jornal espanhol *ABC*, o então colunista Salvador Sostres achou apropriado comparar a velocidade do referido jogador no campo de futebol com a de vendedores ambulantes negros que fugiam da polícia no centro de Barcelona. Revoltado – como não poderia ser diferente – com o comentário do colunista, o então companheiro de time, o atacante francês, Antoine Griezmann, pelas redes sociais, saiu em defesa de Fati: "Ansu é um garoto excepcional que merece respeito como qualquer ser humano. Não ao racismo e não à falta de educação". Além disso, seguindo os passos de Griezmann, torcedores da equipe catalã denunciaram a coluna racista de Sostres.[400]

Com o racismo avançando cada vez mais pelas fileiras da internet e da imprensa, não demorou muito, e, de certa maneira, era esperado que a discriminação racial entrasse nas quatro linhas do gramado. Na disputa entre o Paris Saint Germain (PSG), então time de Neymar da Silva Santos Júnior, popularmente chamado apenas de Neymar, contra o Olympique de Marselha, o jogador brasileiro se envolveu em uma discussão acalorada com o então zagueiro da equipe adversária, o espanhol Álvaro González. Na troca

---

[398] Em protesto contra o racismo, Henry desativa redes sociais e dispara: 'É muito tóxico para ser ignorado'. *ESPN*, 27 mar. 2021. Disponível em: https://www.espn.com.br/futebol/artigo/_/id/8381601/em-protesto-contra-o-racismo-thierry-henry-ex-arsenal-e-barcelona-desativa-redes-sociais-e-dispara-e-muito-toxico-para-ser-ignorado. Acesso em: 17 jun. 2021.

[399] WIEVIORKA, Michel. *O racismo, uma introdução*. São Paulo: Editora Perspectiva, 2007. p. 123-124.

[400] Ansu Fati é alvo de racismo de jornal espanhol e Griezmann sai em defesa: "Merece respeito". *GE*, 21 out. 2020. Disponível em: https://ge.globo.com/futebol/futebol-internacional/futebol-espanhol/noticia/ansu-fati-e-alvo-de-racismo-de-jornal-espanhol-e-griezmann-sai-em-defesa-merece-respeito.ghtml. Acesso em: 16 jun. 2021.

de farpas entre os dois, conforme o brasileiro, González o teria chamado de "macaco". Ainda no decorrer da partida, eles teriam um novo embate. Dessa vez, Neymar acabou agredindo o zagueiro e foi expulso de jogo logo em seguida. Depois da repercussão do confronto entre os dois jogadores, o caso foi parar na Comissão Disciplinar da Liga de Futebol Profissional da França. Após uma investigação, a entidade esportiva absolveu ambos por falta de "provas convincentes".[401] Neymar, importante lembrar, em 2010, quando tinha apenas 18 anos e atuava pelo Santos, em uma entrevista ao O *Estado de S. Paulo,* ao ser perguntado se já tinha sido vítima de racismo, deu a seguinte resposta: "Nunca. Nem dentro nem fora de campo. Até porque não sou preto, né?"[402] O atacante brasileiro, todavia, quando concedeu a entrevista e afirmou que não se reconhecia como afrodescendente, estava começando a dar os seus primeiros passos tanto na vida profissional quanto na vida adulta, portanto, seria injusto, de certa forma, cobrar-lhe um posicionamento maduro a respeito de questões sociais naquela época. Agora, no entanto, mudando profundamente a sua postura, depois do episódio em que, segundo o próprio jogador, foi alvo de xingamentos racistas dentro de campo, ele passou a se manifestar de maneira mais ativa no combate à discriminação racial, protagonizando, inclusive, uma das cenas mais emblemáticas no jogo do Paris Saint-Germain (PSG) e Istanbul Basaksehir que, ao que tudo indicava, marcaria uma nova postura mais incisiva dos jogadores de futebol contra o racismo (**falarei sobre essa partida mais para frente**).

Dito isso, com efeito, podemos recorrer aos pensamentos do psiquiatra antilhano, Frantz Fanon, para analisarmos a resposta do atacante brasileiro na referida entrevista. Para o autor,

> [...] o antilhano não se considera negro; ele se considera antilhano. O preto vive na África. Subjetivamente, intelectualmente, o antilhano se comporta como um branco. Ora, ele é um preto. E só o perceberá quando estiver na Europa; e quando por lá alguém falar de preto, ele saberá que está se referindo tanto a ele quanto ao senegalês.[403]

Assim como os antilhanos, tantos outros brasileiros, apesar de não se reconhecerem como tal em sua terra natal, só irão perceber que são

---

[401] Liga francesa diz que "não há provas convincentes" e absolve Neymar e Álvaro González. *GE*, 30 set. 2020. Disponível em: https://ge.globo.com/futebol/futebol-internacional/futebol-frances/noticia/neymar-e-alvaro-gonzalez-sao-absolvidos-por-liga-francesa-por-insuficiencia-de-provas.ghtml. Acesso em: 16 jun. 2021.

[402] RACY, Sonia. 'Quero um Porsche e uma Ferrari na garagem". *O Estado de S. Paulo*, 26 abr. 2010.

[403] FANON, Franz. *Pele negra, máscaras brancas*. Salvador: Editora EDUFBA, 2008. p. 132.

negros, ou, melhor ainda, latino-americanos, ao se depararem com uma situação discriminatória na qual serão vítimas no exterior, principalmente na Europa ou nos EUA. Desse modo, o argumento de Fanon se aplica também à comunidade branca brasileira, especialmente aquela parcela identificada com ideologias supremacistas. Para se ter uma ideia, de acordo com a antropóloga, Márcia Regina da Costa, o fanzine[404] "W.C. Zine", feito em outubro/novembro de 1986 por um punk (ela não identificou o nome da pessoa), relata a tentativa fracassada dos *skinheads* brasileiros ligados à extrema-direita de fazerem contato com os *skinheads* extremistas europeus. Ao escreverem para a banda supremacista branca inglesa "Four Skins", a resposta que obtiveram foi um desenho de um pênis e que a banda odiava latino-americanos.[405] Diante disso, o autor do fanzine, que se posiciona contra os nazistas e o uso da suástica dentro do movimento, escreve a seguinte reflexão:

> Agora que quero fazer uma pergunta para você que leu até aqui: O que você achou do lixo que esses caras têm no cérebro? Eu simplesmente digo: boicotem esses canalhas!!! Não gastem seu dinheiro para encher o bolso ou dar publicidade a esses bastardos! Não faça propaganda daqueles que te cospem na cara! Você é brasileiro, você é latino e não tem por que se envergonhar disso. Esses animais nos consideram lixo por pertencermos a um povo diferente do deles. Não sei como é possível alguns punks e skins aqui do Brasil terem a coragem de usar suásticas em suas roupas. Quando os tipos lá fora olham isso, na certa devem dar risada e nos chamar de otário. [sic] TE LIGA PORRA![406]

Mais recentemente, em 2022, brasileiros bolsonaristas com dupla cidadania portuguesa, e que vivem em Portugal, ao se filiarem ao partido da extrema-direita lusitana "Chega" sofreram hostilizações e ataques racistas/xenófobos por parte de seus partidários.[407] Nesse sentido, já havia passado da hora dos brasileiros simpatizantes de ideologias supremacistas – pegando emprestadas as palavras do punk supra – se "ligarem", pois, inde-

---

[404] Uma espécie de revista não profissional e não oficial produzida por um fã de determinada cultura.

[405] COSTA, Márcia Regina da. *Os carecas do subúrbio*: caminhos de um nomadismo moderno. São Paulo: Editora Musa, 2000. p. 119-120-121.

[406] *Apud* COSTA, Márcia Regina da. *Os carecas do subúrbio*: caminhos de um nomadismo moderno. São Paulo: Editora Musa, 2000. p. 121.

[407] RODRIGUES, Henrique. Portugal: Brasileiros se filiam à extrema-direita e reclama de racismo e xenofobia. *Revista Fórum*, 13 fev. 2022. Disponível em: https://revistaforum.com.br/global/2022/2/13/portugal-brasileiros-se-filiam-extrema-direita-reclamam-de-racismo-xenofobia-110074.html. Acesso em: 5 maio 2022.

pendentemente de serem brancos ou negros, os latino-americanos serão sempre alvos de agressões preconceituosas dos reacionários europeus e estadunidenses.

Voltando para 2020. Após a repercussão do episódio envolvendo Neymar e González, o então presidente da Fedération Française de Football (FFF – Federação Francesa de Futebol), Noël Le Graët, ao ser questionado sobre os casos de racismo no futebol francês, em entrevista ao canal RMC, afirmou que a chance de isso acontecer era menor do que 1%: "Quando um negro marca um gol, todo o estádio aplaude. O fenômeno do racismo no esporte, e no futebol em particular, não existe ou quase não existe".[408] O argumento do dirigente, obviamente, encontrava-se completamente desconexo com a realidade. Não demorou muito para que um dos nomes mais importantes da seleção francesa, o ex-lateral Patrice Latyr Evra, em seu Instagram, rebatasse a fala de Le Graët:

> Há muitos exemplos [de racismo no futebol] e me sinto obrigado a responder a Nöel Le Graët. Sinto a obrigação de falar do que acontecia no CT [Centro de Treinamento]. Vocês sabem bem o que acontece no CT! Quantas cartas racistas nós recebemos? Em quantas estava escrito: "[Didier Claude] Deschamps [ex-jogador e então técnico da seleção francesa], pegue seus macacos e vá para a África?" Quantas cartas assim nós recebemos? Vocês esconderam, mas eu vi algumas. Recebemos até caixas cheias de m...[409]

E Evra não parou por aí. Aproveitou o momento para expor como os atletas negros eram tratados na seleção quando uma autoridade pública visitava o CT:

> Quando o presidente da França vinha visitar, sabemos que a seleção francesa não é de nenhum jogador, mas sim do povo francês. A gente tinha lugares marcados para se sentar à mesa, e, cada vez que vinha o presidente ou algum político, tudo mudava. Eu me sentava sempre na frente, mas, de repente, me colocavam no final da mesa, junto com Sakho e Sagna.

---

[408] Presidente da federação francesa diz que "racismo não existe no futebol" ao comentar denúncia de Neymar. *GE*, 15 set. 2020. Disponível em: https://ge.globo.com/futebol/futebol-internacional/futebol-frances/noticia/presidente-da-federacao-francesa-diz-que-racismo-nao-existe-no-futebol-ao-comentar-denuncia-de-neymar.ghtml. Acesso em: 17 jun. 2021.

[409] Evra rebate dirigente e lembra episódios de racismo na seleção da França: 'Pegue seus macacos'. *ESPN*, 29 set. 2020. Disponível em: https://www.espn.com.br/futebol/artigo/_/id/7507911/evra-rebate-presidente-da-federacao-e-lembra-episodios-de-racismo-no-ct-da-franca-pegue-seus-macacos-e-va-pra-africa. Acesso em: 17 jun. 2021.

> Tinham que mudar a gente. Colocavam Hugo Lloris, Laurent Koscielny e o presidente no meio. Sabíamos qual era a regra do jogo. Quando queriam uma foto, colocavam Lloris e Koscielny no lugar de Sakho e Sagna.[410]

Não apenas por Evra, a afirmação de Le Graët seria contraposta dentro de campo. No principal torneio de mata-mata de clubes europeus e o mais visto do mundo, a Champions League (Liga dos Campeões), aos 14 minutos do primeiro tempo, na disputa entre PSG e a equipe turca de Istanbul Basaksehir, disputado justamente no coração da nação francesa, ou seja, em Paris, os dois times deixaram o gramado. O motivo de os jogadores abandonarem a partida era bem simples: o quarto árbitro, Sebastian Coltescu, foi acusado de se dirigir de forma preconceituosa ao ex-jogador e então assistente técnico do clube turco, Pierre Achille Webó Kouamo. Conforme o relatório do jogo, Coltescu pediu ao juiz principal que expulsasse Webó por reclamação, referindo-se a ele como "aquele negro ali". Furioso, o então assistente técnico partiu em direção ao quatro árbitro para questioná-lo: "Por que você disse negro?". Rapidamente, um tumulto em torno de Coltescu havia se formado. Outros jogadores, dentre eles, pelo PSG, Neymar, e o então o atacante do Istanbul Basaksehir, Demba Ba, indignados com a situação também cobraram uma resposta do quarto árbitro. Demba Ba lhe perguntou: "Por que quando você menciona um cara negro, você tem que dizer 'esse cara negro'? Você não diz 'esse cara branco'. Você tem que dizer 'esse cara'". Depois de um bom tempo de discussão com os nervos à flor da pele, tanto o PSG como o Istambul se retiraram de campo para protestar contra a atitude racista do quarto árbitro. Posteriormente, com as duas equipes mostrando que não voltariam atrás em sua decisão, a partida foi adiada.[411]

O começo de uma revolução. A saída de campo do PSG e do Istanbul Basaksehir marcava, ao menos parecia que seria assim, uma nova postura dos atletas sobre casos de racismo no futebol. Na verdade, por muito tempo e em vários países, o racismo era tratado como algo banal, uma provocação que, de certo modo, estava inserido dentro das regras não escritas do esporte, em especial do futebol (**falarei sobre os casos de racismo no**

---

[410] Evra rebate dirigente e lembra episódios de racismo na seleção da França: 'Pegue seus macacos'. *ESPN*, 29 set. 2020. Disponível em: https://www.espn.com.br/futebol/artigo/_/id/7507911/evra-rebate-presidente-da-federacao-e-lembra-episodios-de-racismo-no-ct-da-franca-pegue-seus-macacos-e-va-pra-africa. Acesso em: 17 jun. 2021.

[411] SMITH, Rory. Champions League match is suspended by accusation of racism. *The New York Times*, Nova York, 8 dez. 2020. Disponível em: https://www.nytimes.com/2020/12/08/sports/soccer/champions-league-racial-abuse.html. Acesso em: 15 jun. 2021.

futebol brasileiro no Capítulo 3). A título de ilustração, em 2013, no principal clássico da Turquia, Galatasaray e Fenerbahçe, no qual Webó atuou defendo as cores do Fenerbahçe, a lenda do futebol marfinense e, sem dúvida alguma, um dos melhores atacantes africanos de todos os tempos, Didier Yves Drogba Tébily, conhecido apenas como Didier Drogba, então jogador do Galatasaray, foi alvo de insultos racistas da torcida adversária. Nas arquibancadas, os torcedores, além de chamá-lo de macaco, exibiam bananas para ele. Curiosamente, esses mesmos torcedores racistas não hesitaram ao comemorar os dois gols de Webó que garantiram a vitória por 2 a 1 no clássico. Após o duelo, os dois referidos atletas foram convidados para um almoço com o então ministro da Juventude e do Esporte da Turquia, Suat Kilic, para criar campanhas de combate à discriminação racial. Na época, importante ressaltarmos, a postura de Webó foi um pouco mais contida. Em uma entrevista para a imprensa ele deu a seguinte declaração:

> Acho que o melhor é não falar sobre isso. Quanto mais falamos, pior fica. Isso simplesmente não está certo. Sabemos o que é o racismo, mas estamos confortáveis na Turquia.[412]

Podemos citar vários outros casos como esse supra. Em 2018 na Itália, para não nos restringirmos apenas aos fatos envolvendo Webó, o então zagueiro francês do Napoli, Kalidou Koulibaly, no jogo contra a Internazionale (ou Inter de Milão), chegou a ser expulso por aplaudir ironicamente o juiz que ignorou os seus apelos para que a partida fosse paralisada por causa das ofensas racistas que recebia da torcida adversária. Dois anos antes, em 2016, no futebol português, o atacante do Porto, Moussa Marega, passou por situação semelhante. Ao enfrentar o seu ex-time, o Vitória de Guimarães, sempre que pegava na bola, a torcida rival fazia gestos imitando um macaco. Após o jogo, nas redes sociais, Marega desabafou sobre o ocorrido:

> Gostaria apenas de dizer a esses idiotas que vêm ao estádio fazer gritos racistas... vá se f... E também agradeço aos árbitros por não me defenderem e por terem me dado um cartão amarelo porque defendo minha cor da pele. Espero nunca mais encontrá-lo em um campo de futebol! VOCÊ É UMA VERGONHA!![413]

---

[412] Ex-atacante, Webó chegou a se reunir com ministro na Turquia por luta contra o racismo. *GE*, 9 dez. 2020. Disponível em: https://ge.globo.com/futebol/futebol-internacional/noticia/ex-atacante-webo-chegou-a-se-reunir-com-ministro-na-turquia-por-luta-contra-racismo.ghtml. Acesso em: 19 jun. 2021.

[413] Jogo suspenso do PSG marca nova postura em episódios de racismo no futebol; relembre outros casos. *GE*, 9 dez. 2020. Disponível em: https://ge.globo.com/futebol/futebol-internacional/noticia/jogo-suspenso-do-psg-marca-nova-postura-em-episodios-de-racismo-no-futebol-relembre-outros-casos.ghtml. Acesso em: 18 jun. 2021.

Sim, Marega, você estava repleto de razão. O problema, contudo, era que esses "idiotas" encontravam-se espalhados pelo mapa do mundo e não temiam mais serem vistos como racistas. Para retratar o grau da barbárie, em 2020, na semifinal da Copa da Ucrânia, torcedores do time da segunda divisão FC Minaj, exibiram uma faixa com a seguinte mensagem: "Free Derek Chauvin" ("Libertem Derek Chauvin"), o policial responsável pela morte de George Floyd. Já os torcedores húngaros do Ferencvaros, no dérby, ou seja, no clássico de Budapeste contra o Ujpest, também em 2020, levaram uma faixa com os dizeres: "White Lives Matter" ("Vidas Brancas Importam" – uma clara objeção ao movimento Black Lives Matter).[414]

A extrema-direita não destilava o seu preconceito somente nas arquibancadas dos estádios de futebol. Outros esportes, ou melhor dizendo, atletas de outras modalidades esportivas encontravam-se na mira de seu ódio. Para efeito ilustrativo, novamente na França, as imagens do judoca Teddy Pierre-Marie Riner, do corredor Dimitri Bascou e do tenista Michael Jérémiasz, no Instituto de Esporte, Expertise e Performance (Insep), foram pichadas com xingamentos racistas, como "singe" (que significa "macaco" em francês) e "negro" (termo considerado pejorativo na França).[415] O mesmo aconteceu na Espanha: na cidade de Zaragoza, o carateca Babacar Seck Sakho teve seu mural pichado com insultos discriminatórios e símbolos nazistas.[416]

O movimento de atletas contra o racismo não poderia ser uma onda passageira. Ao contrário, deveria ser um movimento de luta contínua e persistente, pois, como visto anteriormente, a extrema-direita não hesitaria em lançar as suas contraofensivas. Mais do que contínuo e persistente, porém, o movimento dos atletas deveria ser global. Sendo assim, diante da batalha contra a discriminação racial da qual o mundo vivia, convém fazer as seguintes perguntas: o que acontecia no Brasil? E os atletas brasileiros se posicionaram na luta antirracista?

---

[414] FARE (@farenet). The Ukrainian cup semi-final on June 17 saw fans of second league FC Minaj displaying a banner that read: 'Free Derek Chauvin'. It refers to the policeman who killed George Floyd. 22 jun. 2020. Tweet. Disponível em: https://twitter.com/farenet/status/1275009713709735938. Acesso em: 17 mar. 2022.

[415] Atletas que tiveram fotos pichadas com palavras racistas em Paris reagem: "Triste mundo". *GE*, 1 jul. 2020. Disponível em: https://ge.globo.com/olimpiadas/noticia/atletas-que-tiveram-fotos-pichadas-com-palavras-racistas-em-paris-reagem-triste-mundo.ghtml. Acesso em: 21 jun. 2021.

[416] Carateca espanhol tem mural em sua homenagem pichado com símbolo nazista e insultos racistas. *GE*, 12 jul. 2020. Disponível em: https://ge.globo.com/karate/noticia/carateca-espanhol-tem-mural-em-sua-homenagem-pichado-com-simbolo-nazista-e-insultos-racistas.ghtml. Acesso em: 19 jun. 2021.

Capítulo 3

BRASIL: UM PARAÍSO TROPICAL E RACIAL

3.0 O Capítulo 3

Após percorrer o mundo, no Capítulo 3 retratarei o Brasil. Neste capítulo, serão analisados os protestos que aconteceram no país após o levante antirracista que dominou o globo em razão da morte de George Floyd. Além do mais, destacarei as manifestações realizadas pelos atletas brasileiros das mais diversas modalidades, desde a natação ao futebol, passando inclusive pelo universo do *eSports,* ou seja, dos jogos eletrônicos de videogame.

3.1 Uma nação e seu mito

O Brasil vivia um caos político-social. Assim como no resto do mundo, o país era assolado pela pandemia da Covid-19. Contudo, graças às campanhas antimáscara e antivacina promovidas pelo próprio governo brasileiro, chefiado pelo líder da extrema-direita, ex-militar e então presidente, Jair Messias Bolsonaro (2018-2022), os números de contágio e mortes pelo vírus encontravam-se fora de controle. Somado a isso tudo, ainda havia nas ruas uma cruzada messiânica de bolsonaristas fervorosos que pediam a volta da ditadura militar (1964-1985) com Bolsonaro no poder.

A ideia do golpe militar se aproximando cada vez mais perto da realidade era assombroso. Entretanto, para muitos, especialmente para a comunidade afro-brasileira, viver no Brasil já era algo assustador. Segundo a cientista política e especialista em segurança pública e políticas em drogas, Ilona Szabó de Carvalho, a pandemia da Covid-19 revelou as desigualdades sociais presentes em solo brasileiro. Os negros, para ela, eram os que tinham mais chances de morrer, seja por conta do coronavírus ou pela brutalidade policial.[417] Sim, assim como nos Estados Unidos, no Brasil, historicamente, os afrodescendentes sofriam com o desamparo do poder público. Apesar de o sociólogo francês Loïc Wacquant não reconhecer as favelas brasileiras como guetos, é possível dizer

---

[417] CARVALHO, Ilona Szabó de. Artigo: "Vidas Negras Importam". *Folha de S. Paulo*, São Paulo, 3 jun. 2020.

que existem certas semelhanças entre as duas áreas urbanas. De acordo com o referido sociólogo, as favelas, por mais que sejam compostas pela sua grande maioria de famílias negras, como ainda possuem residentes de outras etnias e fornecem mão de obra barata às camadas mais altas da sociedade, podem ser entendidas como "territórios de regressão econômica e de decomposição operária". Além do mais, as favelas, por meio do samba, carnaval, funk e futebol, conseguem estabelecer laços culturais com as demais áreas da cidade, ao passo que os guetos (como visto anteriormente no Capítulo 1) são compostos por afro-estadunidenses e caracterizam-se principalmente pela forte segregação, formando verdadeiramente um universo à parte do resto da cidade, com suas redes comerciais, seus órgãos de imprensa, suas igrejas, suas sociedades de assistência mútua, seus locais de distração, sua vida política e cultural próprias. Em outros termos, em oposição às favelas, que ainda mantêm certos laços sociais e culturais com as demais camadas da sociedade, os guetos estadunidenses encontram-se segregados em todos os níveis possíveis, tanto espacial como também em relação ao contato com outros grupos sociais.[418]

Uma vez colocadas as diferenças, agora ressaltarei as semelhanças. Novamente retomando o Capítulo 1, ainda segundo Wacquant, posteriormente aos anos 60, os guetos se tornaram uma espécie de "território-vazadouro", onde encontravam-se os membros mais necessitados da comunidade afro-estadunidense, ou seja, aqueles que dependiam de alguma assistência social para sobreviverem. Entretanto, a partir da década de 1980, a ajuda governamental em todas as suas esferas (federal, estadual e municipal) sofreu cortes orçamentários significativos. Apesar dos esforços das forças comunitárias locais para suprir o recuo do Estado, essa política ocasionou a ruína das estruturas sociais dos guetos, mergulhando essas áreas urbanas em desemprego estrutural e violência estrutural do tráfico de drogas. Por conseguinte, os guetos se transformaram em zonas de *descivilização* e "deserto organizacional". Esse processo foi denominado por Wacquant como a passagem do "gueto comunitário" para o "hipergueto".[419] Em resumo, o "hipergueto", cujo ponto de partida foi a retração das esferas públicas, formou-se a partir da soma de três aspectos fundamentais, a saber,

> [...] a despacificação do cotidiano evidenciada em taxas excessivas de violência pessoal; a desdiferenciação social que conduz à desertificação organizacional; e a informalização da economia.[420]

---

[418] WACQUANT, Loïc. *As duas faces do gueto*. São Paulo: Editora Boitempo, 2008. *passim.*

[419] WACQUANT, Loïc. *As duas faces do gueto*. São Paulo: Editora Boitempo, 2008. *passim.*

[420] WACQUANT, Loïc. *As duas faces do gueto*. São Paulo: Editora Boitempo, 2008. p. 11.

A política de retração, no entanto, não deve ser compreendida como o abandono do poder público sobre essas áreas. Na verdade, o que ocorreu nos guetos foi a substituição da "mão esquerda" do Estado, simbolizada, de acordo com o sociólogo francês Pierre Bourdieu, pelos sistemas públicos de educação, saúde, seguridade e habitação; pela "mão direita" do Estado, isto é, a polícia, as cortes e o sistema prisional.[421] Em outras palavras, a rede de assistência provida pelo Estado de bem-estar social foi retirada e agora a única "face" do poder público que se fazia presente nos guetos era a vigilância e as incursões violentas do aparato repressivo do Estado-penal.[422] Nas favelas brasileiras, em especial as do Rio de Janeiro, o cenário não era muito diferente. Em muitas delas, a população carioca vivia sob as rédeas de Estados-paralelos comandados por milícias ou facções criminosas que viravam o juiz, o júri e os executores das ordens e das normas a serem seguidas. A administração pública, por sua vez, só chegava aos moradores desses locais ocasionalmente por meio das investidas das forças de segurança, que na maioria das vezes mais espalhava o terror do que servia propriamente para combater com eficácia o crime e restaurar a paz. Para ilustrar o quadro da retração do estado no Rio de Janeiro, demonstraremos, conforme um estudo inédito realizado pelo Grupo de Estudos de Novos Ilegalismos da Universidade Federal Fluminense (UFF) em conjunto com o Núcleo de Estudos da Violência da Universidade de São Paulo (NEV-USP), e em parceria também com aplicativo Fogo Cruzado e as plataformas Pista News e o Disque-Denúncia, divulgado no dia 19 de outubro de 2020, a paisagem assombrosa que se encontrava a capital fluminense: 57,5% do território da cidade estava nas mãos das milícias, 15,4% sob controle do tráfico, 25,2% eram territórios em disputa e apenas 1,9% não estava sob influência de nenhum grupo criminoso.[423]

Para piorar o cenário, a violência da polícia aumentou com Bolsonaro na chefia do país. Com um dos slogans de campanha "bandido bom, é bandido morto", o então presidente, nas palavras de Ilona Szabó de Carvalho, concedeu uma "licença para matar" aos policiais brasileiros, estes que já matavam mais do que em qualquer outro lugar do mundo. Para se ter uma ideia, ainda conforme Ilona, nos três primeiros meses de 2020, a polícia

---

[421] *Apud* WACQUANT, Loïc. *As duas faces do gueto.* São Paulo: Editora Boitempo, 2008. p. 94.

[422] WACQUANT, Loïc. *As duas faces do gueto.* São Paulo: Editora Boitempo, 2008. p. 11 e 59-60.

[423] Milícias controlam 57% do território da cidade do Rio de Janeiro, diz pesquisa. *CNN Brasil*, 19 out. 2022. Disponível em: https://www.cnnbrasil.com.br/nacional/milicias-controlam-57-do-territorio-da-cidade-do-rio-de-janeiro-diz-pesquisa/. Acesso em: 27 nov. 2022.

paulista estatisticamente matou 1 pessoa a cada 8 horas, e no Rio de Janeiro, em abril de 2020, a estatística era 1 pessoa a cada 4 horas, sendo que 4 mortos eram crianças.[424] Uma dessas crianças, aliás, era o jovem João Pedro Matos Pinto, de 14 anos. Enquanto brincava, sua casa, localizada no Complexo do Salgueiro, em São Gonçalo, Rio de Janeiro, foi alvejada aproximadamente por 70 projéteis disparados por policiais durante uma operação.[425] Com essa estatística macabra, ficava evidenciado de que as forças de segurança brasileira eram, de certa forma, uma máquina de assassinato. Para o cientista político Silvio Almeida, em entrevista ao site *GloboEsporte.com*,

> [...] no Brasil, os negros são maioria e para manter a desigualdade social que existe no Brasil, o Estado tem que ser muito mais violento do que o Estado americano. O racismo sempre é um flerte com a morte. Mais do que um flerte com a morte, o racismo é um casamento com a morte. A morte é o último estágio.[426]

Flertar com a morte era – ou ao menos parecia ser – uma das prioridades do então governo de extrema-direita que se instalou no país. A cúpula bolsonarista, em especial o seu líder, eram fervorosos defensores da liberação das armas de fogo que, segundo eles, serviriam como "garantia de vida aos cidadãos de bem".[427] O ápice da apologia das armas, todavia, viria na gravação de uma reunião ministerial realizada no meio da pandemia da Covid-19. Na reunião, Bolsonaro explicou a importância das armas para a liberdade do cidadão e para impedir que uma ditadura fosse instaurada no Brasil:

> Por isso que eu quero, ministro da Justiça [Sérgio Fernando Moro] e ministro da Defesa [General Fernando Azevedo e Silva], que o povo se arme! Que é a garantia que não vai um [sic] filho da puta aparecer para impor uma ditadura aqui! Que é fácil impor uma ditadura! Facílimo! [sic] Um bosta de um prefeito faz uma bosta de um decreto, algema, e deixa todo mundo dentro de casa. Se estivesse armado, ia para a rua. E se eu fosse ditador, né? Eu queria desarmar a população, como todos fizeram no passado quando queriam, antes de impor

---

[424] CARVALHO, Ilona Szabó de. Artigo: "Vidas Negras Importam". *Folha de S. Paulo*, 3 jun. 2020.

[425] MAGNOLI, Demétrio. Artigo: "De King a Floyd, meio século perdido". *Folha de S. Paulo*, São Paulo, 6 jun. 2020.

[426] NATALE, Dayana; CASTRO, Elton de; RUIZ, Felipe; PEREIRA, Guilherme; LUIZ, Levi Guimarães. Nós falamos, mas vocês nos ouvem? Lázaro Ramos e atletas relatam luta contra o racismo. *GE*, 7 jun. 2020. Disponível em: https://ge.globo.com/programas/esporte-espetacular/noticia/nos-falamos-mas-voces-nos-ouvem-lazaro-ramos-e-atletas-relatam-luta-contra-o-racismo.ghtml. Acesso em: 3 jul. 2021.

[427] XAVIER, Getúlio. Bolsonaro volta a defender liberação de armas: 'É garantia da vida dos cidadãos de bem'. *Carta Capital*, São Paulo, 20 abr. 2022.

a sua respectiva ditadura. Aí, que é a demonstração nossa, eu peço ao Fernando e ao Moro que, por favor, assine essa portaria hoje que eu quero dar um [sic] puta de um recado pra esses bostas! Por que eu tô armando o povo? Porque eu não quero uma ditadura! E não dá pra segurar mais! Não é? Não dá pra segurar mais.[428]

A fala de Jair Bolsonaro nos conduz até a letra da canção da banda O Rappa, "Minha Alma (A Paz Que Eu Não Quero)":

A minha alma tá armada

E apontada para a cara

Do sossego

Pois paz sem voz

Paz sem voz

Não é paz, é medo

Na música, O Rappa mostra como o racismo, a pobreza e a violência regem o cotidiano brasileiro. Mais do que isso, porém, a banda denuncia o discurso da "falsa paz" propagado pelos que estão no poder para manter as coisas como estão e fazer com que os indivíduos aceitem passivamente e calados as discriminações e as injustiças raciais e sociais que ainda marcam a sociedade.[429] No caso supra, o ex-militar disseminava a falsa ideia de que as armas assegurariam a democracia e trariam paz ao povo, quando, obviamente, a liberação delas produziria o efeito contrário, ou seja, – com o perdão do trocadilho –, seria um gatilho para que ele conseguisse se perpetuar no poder por mais tempo e pudesse silenciar de vez as minorias e seus opositores. Bolsonaro, importante destacar, por várias vezes já havia ameaçado os grupos sociais minoritários. Durante o Simpósio Cidadania Cristã realizado na Igreja Batista Central, em Brasília, conforme a revista *Carta Capital*, por exemplo, ele fez o seguinte discurso: "Respeitemos as minorias, mas as leis são para que eles se mantenham na linha, não nós, que já estamos na linha".[430]

---

[428] OLIVEIRA, Marina. Bolsonaro defendeu população armada para ir às ruas contra decretos de prefeitos e governadores. *Uol*, 22 maio 2020. Disponível em: https://congressoemfoco.uol.com.br/area/governo/bolsonaro-defendeu-populacao-armada-para-ir-as-ruas-contra-decretos-de-prefeitos-e-governadores/. Acesso em: 3 jul. 2021.

[429] MARCELLO, Carolina. Música Minha Alma (A Paz Que Eu Não Quero). *Cultura Genial*. Disponível em: https://www.culturagenial.com/musica-a-minha-alma-de-o-rappa/#:~:text=Significado,-A%20música%20 surge&text=Evidenciando%20os%20desequilíbrios%20de%20uma,o%20silêncio%20e%20a%20discriminação. Acesso em: 5 dez. 2022.

[430] Em culto, Bolsonaro diz que 'minorias' devem 'se manter na linha' e volta a insinuar fraude em eleições. *Carta Capital*, São Paulo, 5 out. 2021. Disponível em: https://www.cartacapital.com.br/politica/em-culto-bolsonaro-

Sem paz e nem voz. Recorrendo às palavras do escritor romeno e vencedor do Prêmio Nobel da Paz de 1986, Elie "Elias" Wiesel, "o carrasco mata sempre duas vezes, a segunda pelo silêncio".[431] De fato, se os afro-brasileiros, com visto anteriormente, morriam cada vez mais pelas mãos da polícia, sob o ponto de vista da alta cúpula bolsonarista, estava na hora de fazer a segunda tarefa do carrasco: calá-los. E, na tentativa de cumpri-la, eles usariam as instituições públicas das quais tinham controle, mais precisamente, procuraram desvirtuar a finalidade da Fundação Palmares, órgão cujo objetivo é – ou pelo menos era até Bolsonaro assumir a Presidência – promover a cultura afro-brasileira.

Para o antropólogo brasileiro-congolês, Kabengele Munanga, por mais que a ciência tenha derrubado as teses racistas, o racismo, de certa maneira, não recuou,

> [...] o que mostra que a racionalidade em si não é suficiente para que todas as pessoas possam abrir mão de suas crenças racistas. Em outros termos, os racistas são movidos por outra racionalidade, que não é necessariamente científica.[432]

Pois bem, não há dúvidas de que era tudo, menos a racionalidade, que guiava a cabeça do então presidente da Fundação Palmares, Sérgio Nascimento de Camargo. A presença de negros e outras minorias em espaços de poder deve ser vista com bons olhos. Entretanto, o racismo não se limita à representatividade, ou, melhor dizendo, nas palavras dos autores de *Black Power: The Politics of Liberation,* Charles Vernon Hamilton e Kwane Ture, "visibilidade negra não é poder negro", isto é, uma pessoa negra ocupar um cargo de liderança não significa que ela esteja no poder e que a instituição deixará de atuar de maneira racista.[433] No caso da Fundação Palmares, a representatividade fugiu completamente do seu propósito. Ao invés de atenuar o racismo, serviu para propagá-lo. De acordo com Almeida, nem sempre uma pessoa colocada na posição de comando lutará por igualdade racial ou sexual do grupo minoritário ao qual pertença. Na verdade, boa

---

diz-que-minorias-devem-se-manter-na-linha-e-volta-a-insinuar-fraude-em-eleicoes/#:~:text=Pol%C3%ADtica-,Em%20culto%2C%20Bolsonaro%20diz%20que%20'minorias'%20devem%20'se,a%20insinuar%20fraude%20em%20elei%C3%A7%C3%B5es&text=O%20presidente%20Jair%20Bolsonaro%20refor%C3%A7ou,durante%20cerim%C3%B4nia%20religiosa%20em%20Bras%C3%ADlia. Acesso em: 5 jul. 2022.

[431] *Apud* KON, Noemi Moritz; SILVA, Maria Lúcia da; ABUD, Cristiane Curi. *O racismo e o negro no Brasil:* questões para a psicanálise. São Paulo: Editora Perspectiva, 2017. p. 40.

[432] *Apud* KON, Noemi Moritz; SILVA, Maria Lúcia da; ABUD, Cristiane Curi. *O racismo e o negro no Brasil:* questões para a psicanálise. São Paulo: Editora Perspectiva, 2017. p. 33.

[433] *Apud* ALMEIDA, Silvio. *Racismo estrutural.* São Paulo: Editora Feminismos Plurais, 2019. p. 110.

parte das pessoas parte da falsa premissa de que as minorias pensam de forma homogênea e que, portanto, não podem divergir entre si.[434] Sendo assim, ao colocar alguém como Camargo que ia de encontro aos pensamentos da grande maioria dos afro-brasileiros, Bolsonaro tinha como objetivo constrangê-los, silenciá-los e impedi-los de ascender politicamente. De fato, o plano do ex-militar era perverso: ele fazia o racismo partir de um negro para os outros negros. Para se ter uma ideia, em determinado momento, o então presidente da referida fundação chamou, conforme o jornal *O Estado de S. Paulo,* o movimento negro de "escoria maldita". Em um áudio vazado, ele reclamava a respeito do sumiço do seu celular corporativo: "Quem poderia? Alguém quer me prejudicar [...]. O movimento negro, os vagabundos do movimento negro. Essa escória maldita". Não foi a primeira vez, todavia, que Camargo deu declarações pejorativas sobre a comunidade negra. Em outro determinado momento, ele chegou a afirmar que a escravidão foi "benéfica para os descendentes de escravos".[435]

Bolsonaro seguia à risca a cartilha de Donald Trump. Se, nos Estados Unidos, o republicano (como visto no Capítulo 1) procurava impedir a ascensão social dos afro-estadunidenses e estigmatizar os movimentos negros, principalmente o Black Lives Matter, como terroristas, no Brasil tal política não seria diferente. Ao contrário, com Camargo continuando a ocupar o cargo da Fundação Palmares depois das barbaridades que disse, isso estava claro. Mais do que isso, caso restasse alguma dúvida sobre a plataforma nefasta do líder da extrema-direita brasileira com os afro-brasileiros, basta recordamo-nos de dois exemplos emblemáticos de como ele e seu núcleo político procuraram desmantelar políticas de ascensão social. Na eleição presidencial de 2018, quando ainda era candidato, durante uma entrevista à TV Cidade Verde, do Piauí, o ex-militar afirmou que a adoção de cotas nas universidades era "equivocada" e que ações afirmativas eram "coitadismo".[436] Mais tarde, agora como mandatário do país, o seu então ministro da educação, Abraham Bragança de Vasconcellos Weintraub, como último ato antes de deixar o ministério e se mudar – para não dizer se refugiar – para os EUA – a essa altura Weintraub estava sendo investigado por disseminação de fake news e ataques aos

---

[434] ALMEIDA, Silvio. *Racismo estrutural.* São Paulo: Editora Feminismos Plurais, 2019. p. 112-113.

[435] Presidente da Fundação Palmares chama movimento negro de 'escoria maldita'. *Folha de S. Paulo,* São Paulo, 3 jun. 2020.

[436] Bolsonaro diz que política de cota é 'equivocada' e que política de combate ao preconceito é 'coitadismo'. *G1,* 24 out. 2018. Disponível em: https://g1.globo.com/politica/eleicoes/2018/noticia/2018/10/24/bolsonaro-diz-ser-contra-cotas-e-que-politica-de-combate-ao-preconceito-e-coitadismo.ghtml. Acesso em: 4 jul. 2021.

ministros do Supremo Tribunal Federal (STF) depois que foi flagrado em uma reunião ministerial afirmando que por ele "botava esses vagabundos todos na cadeia, começando no STF" –, assinou uma portaria que acabava com o incentivo de cotas a negros, indígenas e pessoas com deficiências em cursos de pós-graduação. A portaria, contudo, após enorme pressão da sociedade, seria revogada rapidamente.[437]

As organizações negras da sociedade civil, no entanto, resistiam, inscrevendo-se no amplo movimento de protesto antirracista que se difundia pelo mundo. E, assim como ocorrera nos EUA, segundo a pesquisadora, mestre em filosofia política e coordenadora da coleção de livros *Feminismo Plurais*, Djamila Taís Ribeiro dos Santos, era chegado o momento da branquitude brasileira se mobilizar na luta contra o racismo.[438] De fato, com Bolsonaro implementando as suas políticas de extrema-direita e seus simpatizantes ameaçando tomar o poder à força, não apenas a branquitude, mas os setores progressistas como um todo deveriam agir e se posicionar em relação ao terror de Estado. E as ações irromperam nas ruas.

Mesmo com a pandemia da Covid-19 fora de controle, atos em defesa da democracia e contra o governo de Jair Bolsonaro foram convocados nas principais capitais do país. Posteriormente, graças à onda de protestos que tomou conta do mundo depois da morte de George Floyd, a pauta antirracista foi incorporada aos atos. As manifestações não tinham uma liderança única. Alguns movimentos sociais, como a Frente do Povo Sem Medo, liderado pelo ativista e agora político, Guilherme Castro Boulos, comunicaram que iriam participar dos protestos. O que chamava mais atenção era que quem realmente estava na linha de frente das passeatas, no primeiro momento, eram as torcidas livres, coletivos de torcedores antifascistas e integrantes de torcidas organizadas, dentre elas, as duas principais do estado de São Paulo, a Gaviões da Fiel (Corinthians) e a Mancha Alviverde (Palmeiras).[439] A Gaviões da Fiel, importante ressaltar, já possuía um histórico de luta a favor da democracia. Em 1979, quando o Brasil encontrava-se sob o domínio das garras da ditadura militar, em um jogo contra o Santos, os gaviões estenderam nas arquibancadas do estádio do Morumbi a seguinte faixa de

---

[437] MEC revoga portaria que acabava com incentivo a cotas para negros, indígenas e pessoas com deficiência na pós-graduação. *G1*, 23 jun. 2020. Disponível em: https://g1.globo.com/educacao/noticia/2020/06/23/mec-revoga-portaria-que-acabava-com-incentivo-a-cotas-para-negros-indigenas-e-pessoas-com-deficiencia-na-pos-graduacao.ghtml. Acesso em: 4 jul. 2021.

[438] RIBEIRO, Djamila. Artigo: "A era da inocência acabou". *Folha de S. Paulo*, São Paulo, 5 jun. 2020.

[439] TAVARES, Joelmir. Convocação para atos pró-democracia ganha força, mas ideia divide grupos. *Folha de S. Paulo*, São Paulo, 3 jun. 2020.

oposição política ao regime: "Anistia Ampla, Geral e Irrestrita". Mais tarde, eles marcaram presença na marcha pelas Diretas-Já realizada em janeiro de 1984 na Praça da Sé, em São Paulo.[440]

Voltando para o contexto de 2020. Como dizia a nota publicada pela Frente do Povo Sem Medo: "Não é possível lutar por democracia sem combater o fascismo, o racismo e as opressões".[441] Sim, realmente, o referido movimento social estava coberto de razão. O problema era que as forças progressistas, ou pelo menos aquelas comprometidas com os pilares da democracia, não se encontravam completamente alinhadas. Não obstante, o Partido dos Trabalhadores (PT), o Partido Socialismo e Liberdade (Psol) e coletivos negros aderirem aos atos programados para acontecer em várias partes do Brasil, a ideia de construir uma frente ampla contra o bolsonarismo, parecida com o clima de Diretas Já que tomou conta do país em 1984 para derrubar a Ditadura Militar, ia por água abaixo. Agremiações, tais como, Partido Socialista Brasileiro (PSB), Partido Democrático Trabalhista (PDT), Cidadania e Rede, além da Ordem dos Advogados do Brasil (OAB) e da Conferência Nacional dos Bispos do Brasil (CNBB), por meio de comunicados, colocaram-se contrários às manifestações, para evitar o contágio do coronavírus.[442] Para completar, não entendendo, pelo menos neste momento, a mobilização que o cenário político-social pedia, uma das principais e mais importantes figuras políticas brasileiras, o então ex-presidente Luiz Inácio Lula da Silva (2003-2011 – PT),[443] apesar da posição do seu partido de participar das passeatas, disse que não era nenhuma "Maria vai com as outras" e que se recusava a marchar ao lado de pessoas que apoiaram o impeachment de Dilma Vana Rousseff (PT), citando, inclusive, o ex-presidente Fernando Henrique Cardoso (1995-2003 – Partido da Social-Democracia Brasileira – PSDB).[444] (Importante ressaltar que, posteriormente, em uma das reviravoltas que a vida proporciona, FHC – como também é conhecido o Fernando Henrique Cardoso – no decorrer das eleições presidenciais de 2022 declarou seu voto a Lula, que, por sua

---

[440] FLORENZANO, José Paulo. *A democracia corinthiana*: práticas de liberdade no futebol brasileiro. São Paulo: Editora EDUC FAPESP, 2009. p. 416-417.

[441] TAVRES, Joelmir. Convocação para atos pró-democracia ganha força, mas ideia divide grupos. *Folha de S. Paulo*, São Paulo, 3 jun. 2020.

[442] TAVRES, Joelmir. Grupos contra Bolsonaro vão às ruas, mas sem frente ampla. *Folha de S. Paulo*, São Paulo, 7 jun. 2020.

[443] Mais tarde, depois de vencer uma eleição acirrada contra Jair Bolsonaro em 2022, Lula voltaria pela terceira vez a assumir a Presidência do Brasil no dia 1.º de janeiro de 2023.

[444] SORAGGI, Bruno B.; ZANINI, Fábio; CARVALHO, Daniel; MACHADO, Renato; NOGUEIRA, Italo. Atos anti-Bolsonaro têm aglomerações e gritos contra o racismo. *Folha de S. Paulo*, São Paulo, 8 jun. 2020.

vez, recebeu o apoio do "companheiro" de braços abertos.[445]) Somado a isso tudo, com a polarização cada vez mais acirrada, ainda havia o risco de violência. Em São Paulo, para efeito ilustrativo, para evitar potenciais conflitos entre manifestantes pró e antiBolsonaro, o então governador paulista, João Agripino da Costa Doria Jr., conhecido popularmente apenas como João Doria (PSDB), intermediou um acordo entre ambas as partes para evitar que as marchas fossem realizadas ao mesmo tempo e no mesmo local.[446]

Mesmo diante desse racha político e do risco da violência, os protestos em favor da democracia e contra a desigualdade racial aconteceram Brasil afora. Em São Paulo, o ato organizado por membros do movimento negro e coletivos de torcedores antifascistas e setores das torcidas organizadas foi deslocado para o Largo da Batata, já que na Avenida Paulista simpatizantes de Bolsonaro exibiam faixas pedindo intervenção militar. Discursando para os manifestantes na capital paulistana, Guilherme Boulos justificou o motivo das passeatas:

> Ninguém queria estar na rua agora. Todo mundo queria estar em casa se protegendo [da COVID-19]. O problema é que criou-se uma escalada fascista no Brasil. Por isso essas manifestações têm que acontecer.[447]

Elas ocorreram conforme requisitava Boulos e tiveram papel importante para conter a estratégia golpista acionada pelo grupo instalado no poder central. Entretanto, no que diz respeito à denúncia do racismo estrutural, em comparação com as marchas que se sucederam em outras partes do mundo, especialmente nos EUA, as do Brasil não tiveram o efeito esperado. Enquanto no referido país tropical os protestos contra o racismo e pró-democracia ocorreram praticamente apenas nos finais de semana,[448] nos EUA (como visto no Capítulo 1), as pessoas ocuparam as ruas por dias consecutivos. Isso sem falar que as adesões aos atos, de certa maneira, foram baixas. De acordo com o criminalista, José Luis Oliveira Lima, e a advogada e cofundadora do Instituto Formação Antirracista, Camila Torres Cesar, a sociedade brasileira

---

[445] MOREIRA, Matheus. FHC anuncia apoio a Lula no segundo turno. *G1*, 5 out. 2022. Disponível em: https://g1.globo.com/politica/eleicoes/2022/noticia/2022/10/05/fhc-anuncia-apoio-a-lula-no-segundo-turno.ghtml. Acesso em: 7 jan. 2023.

[446] TAVRES, Joelmir. Grupos contra Bolsonaro vão às ruas, mas sem frente ampla. *Folha de S. Paulo*, São Paulo, 7 jun. 2020.

[447] SORAGGI, Bruno B.; ZANINI, Fábio; CARVALHO, Daniel; MACHADO, Renato; NOGUEIRA, Italo. Atos anti-Bolsonaro têm aglomerações e gritos contra o racismo. *Folha de S. Paulo*, São Paulo, 8 jun. 2020.

[448] LINHARES, Carolina. Atos contra e a favor de Bolsonaro se repetirão em SP, e a Paulista terá rodízio. *Folha de S. Paulo*, São Paulo, 13 jun. 2020.

era "acostumada, conformada, acomodada" com os inúmeros assassinatos de negros. Para se ter uma ideia, ainda na visão de ambos, ao contrário de George Floyd, no caso do jovem João Pedro (mencionado anteriormente),

> [...] não houve nada remotamente parecido com marchas a exigir o fim de uma política ultrajante de ataques sistemáticos, avalizados pelo Estado contra grupos marginalizados. A verdade é que, além da família e amigos da comunidade de João Pedro, do movimento negro e das raras entidades, o resto do Brasil optou por não se indignar. E não é a primeira vez.[449]

Obviamente, a explicação para que boa parte da população não se mobilizasse, pelo menos ativamente, na luta antirracista não se encontrava no argumento apresentado pelo então ministro da Economia, Paulo Roberto Nunes Guedes, conhecido popularmente apenas como Paulo Guedes. Para ele, só não houve "quebra-quebra" (como ele chamou as manifestações que aconteciam pelo mundo contra o racismo) no Brasil porque o governo implementou e pagou rapidamente o auxílio emergencial de R$ 600 às pessoas afetadas pela pandemia da Covid-19. Nas palavras dele, nos EUA

> [...] houve um pretexto, uma fagulha, o tiro que foi esse problema do assassinato do jovem negro [George Floyd], mas a verdade é que a comoção social estava preparada porque não foi só um protesto por racismo. Estão quebrando loja, estão tirando coisa de armazém, assaltando loja de grife. Quer dizer, aquilo é uma explosão social. E aqui não houve, exatamente porque nós tivemos essa prudência de jogar todas as camadas de proteção social.[450]

Deixando de lado a afirmação de Paulo Guedes, pois o auxílio emergencial providenciado pelo governo bolsonarista se mostrou insuficiente para proteger as pessoas mais necessitadas da pandemia,[451] na realidade, outras causas foram responsáveis para que os protestos contra o preconceito racial no Brasil não tivessem o mesmo impacto do que os dos EUA. A primeira delas, sem dúvidas, podemos atribuir ao descontrole da pandemia da Covid-19 que assolou a nação. Com o número de casos crescendo de maneira desenfreada e os hospitais ficando cada vez mais abarrotados, havia

---

[449] LIMA, José Luis Oliveira e CESAR, Camila Torres. Artigo: "E no Brasil, vidas negras importam?". *Folha de S. Paulo*, São Paulo, 15 jun. 2020.

[450] CARAM, Bernardo. Guedes afirma que auxílio emergencial evitou 'quebra-quebra'. *Folha de S. Paulo*, São Paulo, 13 jun. 2020.

[451] BALTHAZAR, Ricardo. Auxílio emergencial é insuficiente para manter trabalhador em casa, diz pesquisa. *Folha de S. Paulo*, São Paulo, 13 jun. 2020.

um temor, pelo menos entre parte dos brasileiros, em relação à transmissão do vírus. Em segundo lugar, com os ânimos cada vez mais acirrados nas ruas, era grande o risco de confrontos entre os grupos pró e contra Bolsonaro nas passeatas. Dessa maneira, com medo do contágio da pandemia e da violência, uma parcela significativa da população seguiu as recomendações de determinados partidos e organizações (como visto mais acima) e resolveu protestar dentro de suas casas. Obviamente, uma manifestação on-line, por mais que o mundo de hoje em dia encontre-se cada vez mais conectado pelas redes sociais, ainda não possui o mesmo impacto de uma manifestação presencial, uma vez que ocupar as ruas e determinados pontos da cidade é um ato simbólico e uma demonstração de poder político. Além disso, em compensação, do outro lado, os bolsonaristas – ou ao menos os mais fervorosos – não temiam a violência e muito menos a infecção do coronavírus. O então presidente, inclusive, em diversas ocasiões, menosprezou os riscos que a Covid-19 poderia causar, chamando-a de "gripezinha",[452] pedindo às pessoas para encararem a pandemia como "homem, pô, não como moleque"[453] e deixar de ser um "país de maricas".[454]

Mais do que isso, porém, a principal causa para que os atos antirracistas no Brasil não tivessem tanta mobilização social como em outras partes do globo, especialmente em comparação com os EUA, dá-se por conta do mito da "democracia racial brasileira". Na década de 1970, segundo a historiadora e antropóloga Lilian Moritz Schwarcz, mesmo sob forte censura do regime militar, o movimento negro já se mobilizava para conquistar ou assegurar os seus direitos. No dia 7 de julho de 1978, nas escadarias do Teatro Municipal de São Paulo, organizações culturais, entidades negras e representantes de vários estados se reuniram para fundar o Movimento Unificado Contra a Discriminação Racial (MUCDR), que mais tarde se tornaria o Movimento Negro Unificado (MNU), cujo objetivo era lutar pela democracia, denunciar o racismo e criar formas para combatê-lo. O regime militar não tardaria para lançar a sua contraofensiva sobre o movimento. Primeiro, adotaram a velha tática de prender em massa militantes e jovens negros. Em segundo, buscaram

---

[452] 2 momentos em que Bolsonaro chamou covid-19 de 'gripezinha', o que agora nega. *BBC News Brasil*, 27 nov. 2020. Disponível em: https://www.bbc.com/portuguese/brasil-55107536. Acesso em: 7 jan. 2023.

[453] FERRAZ, Adriana. Bolsonaro diz que é preciso 'enfrentar vírus como homem e não como moleque'. *Estado de S. Paulo*, São Paulo, 29 mar. 2020. Disponível em: https://noticias.uol.com.br/ultimas-noticias/agencia-estado/2020/03/29/bolsonaro-diz-que-e-preciso-enfrentar-virus-como-homem-e-nao-como-moleque.htm. Acesso em: 7 jan. 2023.

[454] Brasil tem de deixar de ser 'país de maricas' e enfrentar pandemia 'de peito aberto', diz Bolsonaro. *G1*, 10 nov. 2020. Disponível em: https://g1.globo.com/politica/noticia/2020/11/10/bolsonaro-diz-que-brasil-tem-de-deixar-de-ser-pais-de-maricas-e-enfrentar-pandemia-de-peito-aberto.ghtml. Acesso em: 7 jan. 2023.

sistematicamente esvaziar a pauta contra o racismo, estigmatizando os ativistas como meras cópias dos movimentos negros estadunidenses. Entretanto, a contraofensiva mais efetiva por parte da ditadura militar brasileira viria com a contrapropaganda, ou, melhor dizendo, com a reativação da "democracia racial brasileira", mito formado no país nos anos 30 do século XX e cuja narrativa foi sendo atualizada ao longo do tempo.[455]

O tal mito, de acordo com antropólogo, Kabengele Munanga, proclamou o Brasil como um paraíso racial, onde brancos, negros, indígenas e as demais "raças" vivem em suposta harmonia, sem preconceitos e discriminação. A única discriminação que assola a nação é de ordem socioeconômica, mas esta atinge todos os brasileiros e não se baseia na cor de pele do indivíduo. Em palavras mais poéticas, o mito afirma

> [...] que somos um povo mestiço – ou seja, nem branco, nem negro e nem índio [indígena] –, uma nova "raça" brasileira, uma raça mestiça. Quem vai discriminar quem, se somos todos mestiços?[456]

À primeira vista, por mais simples que pareça ser, esse discurso tinha um efeito perverso sobre a comunidade afro-brasileira: manter a sociedade inerte em relação à luta antirracista. Na prática, a "democracia racial brasileira" correspondia ao discurso do daltonismo racial dos EUA (como visto anteriormente no Capítulo 1), ou seja, passava a falsa ideia de que o racismo no país tinha sido superado e que, portanto, não havia mais a necessidade de combatê-lo, pois, afinal de contas, "quem vai discriminar quem, se somos todos mestiços?". Essa crença se reforçava ainda mais com as "peculiaridades do racismo à brasileira". Ao contrário de outros lugares em que o racismo foi explícito, institucionalizado e oficializado, como no caso dos Estados Unidos com as Leis Jim Crow (visto também no Capítulo 1), na Alemanha com o surgimento do nazismo e na África do Sul com o *apartheid*, no Brasil, o racismo se desenvolveu de forma implícita, quer dizer, não se materializou em leis segregacionistas. A ausência de leis discriminatórias – ou ao menos aquelas em que o preconceito racial não era tão evidente – fazia com que os brasileiros não se considerassem racistas quando se comparavam aos estadunidenses, sul-africanos e aos alemães nazistas. Mais agravante ainda, o referido mito utilizava-se de símbolos da identidade nacional, tais como

---

[455] SCHWARCZ, Lilian Moritz. Artigo: "Por que os brancos precisam ser antirracistas". *Folha de S. Paulo*, São Paulo, 14 jun. 2020.

[456] *Apud* KON, Noemi Moritz; SILVA, Maria Lúcia da; ABUD, Cristiane Curi. *O racismo e o negro no Brasil: questões para a psicanálise*. São Paulo: Editora Perspectiva, 2017. p. 38.

a música, a dança, a culinária, religião e personalidades negras para sustentar a sua tese. Se os brasileiros escutavam música negra, como o samba; se aceitavam as religiões africanas, como o candomblé e a macumba; se tinha negros bem-sucedidos, como os jogadores de futebol, em especial o Pelé; isso eram provas suficientes para afirmar que o Brasil não era um país preconceituoso: "Não somos racistas, os racistas são os outros!".[457]

De fato, durante anos, o mito cumpriu com eficácia o seu objetivo, pois a referida nação tropical como um todo, mais precisamente as suas instituições, praticamente não se mobilizou em prol da causa negra. Para se ter uma ideia, foi apenas em 20 de novembro de 1995, sob a presidência de FHC, que o poder público reconheceu pela primeira vez que os negros foram e ainda são vítimas de discriminações.[458] No pronunciamento realizado no Palácio do Planalto, o então presidente tucano deu a seguinte declaração:

> Sou comprometido pessoalmente com os estudos da questão negra no Brasil. Escrevi dois livros sobre a matéria, na época em que se mantinha a ideia de que, no Brasil, não havia um problema negro e que não havia discriminação racial. Com o professor Florestan Fernandes e com Otávio Ianni, sob a inspiração de Roger Bastide, fizemos pesquisas que mostraram o oposto: havia preconceito, havia discriminação. E para que pudesse se concretizar o ideal de democratização do Brasil implicaria que os que lutam pela democracia e pela liberdade assumissem também a luta em favor da igualdade racial.[459]

O reconhecimento do governo brasileiro no que diz respeito à existência do preconceito racial em relação aos afrodescendentes era positivamente impactante. Entretanto, de certa maneira, ele era tardio e isso gerava um problema. Por mais que tivesse sido reativada e, posteriormente, transformada em ideologia oficial pela ditadura militar, a crença da "democracia racial brasileira" ainda conquistava o coração e a mente dos brasileiros. Mais ainda, tendo como uma de suas principais estrelas a seleção brasileira, a falsa imagem de o Brasil ser um país racialmente harmonioso era espalhada para outras nações. Em 1997, por exemplo, pouco depois do pronunciamento de FHC, segundo o então jornalista da revista esportiva *Lance!,* João Carlos

---

[457] MUNANGA *apud* KON, Noemi Moritz; SILVA, Maria Lúcia da; ABUD, Cristiane Curi. *O racismo e o negro no Brasil:* questões para a psicanálise. São Paulo: Editora Perspectiva, 2017. p. 37-38-39.

[458] VIEIRA, José Jairo. *As relações étnico-raciais e o futebol do Rio de Janeiro:* mitos, discriminação e mobilidade social. Rio de Janeiro: Editora Mauad X, 2017. p. 55.

[459] *Apud* VIEIRA, José Jairo. *As relações étnico-raciais e o futebol do Rio de Janeiro:* mitos, discriminação e mobilidade social. Rio de Janeiro: Editora Mauad X, 2017. p. 55.

Assumpção, o time nacional seria utilizado pelo governo da África do Sul como símbolo de união entre os negros e os brancos. Jogadores como Ronaldo Fenômeno, Romário e Zé Roberto representariam os negros, e Dunga, Leonardo e Taffarel os brancos, e a mensagem da propaganda governamental era a seguinte: "Eles juntaram suas forças e foram campeões mundiais. Por que não fazemos o mesmo? Negros ou brancos, somos todos sul-africanos [...]"[460] (o racismo no futebol brasileiro será abordado mais para frente).

Não à toa, em 2020, depois do caso de João Alberto Silva Freitas, um homem negro de 40 anos, que foi espancado até a morte depois de se desentender com os seguranças do supermercado Carrefour, em Porto Alegre, Rio Grande do Sul,[461] Jair Bolsonaro recorreu ao mito da "democracia racial brasileira" para explicar que não existia racismo no país e que aquilo não passava de um caso isolado:

> O Brasil tem uma cultura diversa, única entre as nações. Somos um povo miscigenado. Brancos, negros, pardos e índios [indígenas] compõem o corpo e o espírito de um povo rico e maravilhoso. Em uma única família brasileira podemos contemplar uma diversidade maior do que países inteiros.
>
> Foi a essência desse povo que conquistou a simpatia do mundo. Contudo, há quem queira destruí-la, e colocar em seu lugar o conflito, o ressentimento, o ódio e a divisão entre classes, sempre mascarados de "luta por igualdade" ou "justiça social", tudo em busca de poder [...].
>
> [...]. Não nos deixemos ser manipulados por grupos políticos. Como homem e como Presidente, sou daltônico: todos têm a mesma cor. Não existe uma cor de pele melhor do que as outras. Existem homens bons e homens maus. São nossas escolhas e valores que fazem a diferença.[462]

Bolsonaro e seu núcleo político não apenas evocavam o referido mito em seus discursos para refutar o racismo em solo brasileiro, mas também procuravam escrever novas páginas sobre ele. Para Silvio Almeida

---

[460] *Apud* VIEIRA, José Jairo. *As relações étnico-raciais e o futebol do Rio de Janeiro:* mitos, discriminação e mobilidade social. Rio de Janeiro: Editora Mauad X, 2017. p. 39.

[461] Homem negro é espancado até a morte em supermercado do grupo Carrefour em Porto Alegre. *G1*, 20 nov. 2020. Disponível em: https://g1.globo.com/rs/rio-grande-do-sul/noticia/2020/11/20/homem-negro-e-espancado-ate-a-morte-em-supermercado-do-grupo-carrefour-em-porto-alegre.ghtml. Acesso em: 5 jul. 2021.

[462] 'Sou daltônico: todos têm a mesma cor', diz Bolsonaro sem citar morte no RS. *Uol*, 20 nov. 2020. Disponível em: https://noticias.uol.com.br/politica/ultimas-noticias/2020/11/20/bolsonaro-ignora-racismo-no-brasil-sou-daltonico-todos-tem-a-mesma-cor.htm. Acesso em: 5 jul. 2021.

> [...] achar que no Brasil não há conflitos raciais diante da realidade violenta e desigual que nos é apresentada cotidianamente beira o delírio, a perversidade ou a mais absoluta má-fé.[463]

Delírio, perversidade e má-fé. Sem dúvidas, essas eram as palavras que norteavam a política bolsonarista em relação aos negros. O ápice dessa política veio com a criação do movimento "Minha Cor é o Brasil", o qual, conforme a reportagem do site de notícias *Uol*, apoiando-se na ideia da meritocracia, tinha como finalidade justamente negar ou relativizar a existência do racismo. A tese da meritocracia no país, segundo Almeida, constitui-se como um discurso racista, pois ela acarreta a "conformação ideológica dos indivíduos à desigualdade racial". Isso significa que, além, de certo modo, de legalizar a desigualdade, a miséria e a violência, a meritocracia se colocava como uma espécie de obstáculo para a criação e a implementação de políticas efetivas contra a discriminação racial e a ascensão social dos afro-brasileiros, uma vez que "se não há racismo, a culpa pela própria condição é das pessoas negras que, eventualmente, não fizeram tudo que estava a seu alcance [para sair da pobreza]".[464] Com efeito, podemos afirmar que a meritocracia no Brasil nada mais era do que o discurso do *american dream* (visto anteriormente no Capítulo 1) à brasileira, ou seja, a "raça" não era mais um fato determinante para se obter ou não sucesso; agora a referida nação tropical era uma terra cheia de oportunidades e só quem trabalhasse arduamente conseguiria elevar seu patamar social. De fato, os bolsonaristas se mostravam dispostos a levar essa ideia adiante. Por pouco, o movimento "Minha Cor é o Brasil" não chegou a realizar um evento para disseminar a sua propaganda política. Não se sabe exatamente por quais motivos, porém, as enxurradas de críticas que vieram depois da divulgação do evento contribuíram para que ele fosse cancelado.[465]

Por incrível que pareça, contudo, a iniciativa de oficializar a negação do racismo no Brasil, de certa forma, não partiu dos partidários do ex-militar. De acordo com Munanga, em 2010, portanto, antes da onda bolsonarista surgir, o então partido Democratas (DEM) questionou a constitucionalidade das políticas de cotas na Universidade de Brasília (UnB). Na audiência pública conduzida pelo STF, nos dias 3 e 5 de março daquele ano, o então

---

[463] ALMEIDA, Silvio. *Racismo estrutural*. São Paulo: Editora Feminismos Plurais, 2019. p. 197.

[464] ALMEIDA, Silvio. *Racismo estrutural*. São Paulo: Editora Feminismos Plurais, 2019. p. 82.

[465] Evento bolsonarista sobre a inexistência do racismo é criticado e suspenso. *Uol*, 15 jul. 2022. Disponível em: https://noticias.uol.com.br/cotidiano/ultimas-noticias/2022/07/15/evento-bolsonarista-sobre-inexistencia-do-racismo-e-criticado-e-suspenso.htm. Acesso em: 10 jan. 2023.

senador, presidente da Comissão de Justiça, Cidadania e Direitos Humanos e relator do Estatuto da Igualdade Racial, Demóstenes Lázaro Xavier Torres, argumentou que durante o período da escravidão não houve violência sexual contra a mulher negra e, caso tivesse ocorrido, foi algo consentido pelas próprias vítimas. E os absurdos de sua fala não pararam por aí. Afirmou que os traficantes de escravos não praticaram nenhuma violência contra a humanidade, uma vez que foram os próprios africanos que venderam seus irmãos. Além disso, para completar a falsidade histórica que apresentava, Torres não podia deixar de negar a existência do racismo estrutural no país. Para piorar a insanidade da situação, ao ver uma reportagem da *Folha de S. Paulo* que rebatia as falas do então senador, o jornalista e agora – vejam como as coisas são – colunista do referido veículo paulista, Demétrio Martinelli Magnoli, saiu em defesa do parlamentar, sustentando que o que a *Folha de S. Paulo* havia feito era delinquência jornalística, amnésia ideológica, falsificação da história, manipulação e ignorância, e que o parlamentar nada disse que não fossem fatos verdadeiramente históricos.[466]

Bolsonaro, obviamente, pegaria carona nas falas de Torres e repetiria a falsidade ideológica sobre o tráfico de escravos. Durante a corrida presidencial de 2018, em uma entrevista ao programa da TV Cultura, Roda Viva, o então candidato a presidente afirmou que "os portugueses nem pisavam na África. Foram os próprios negros que entregavam os escravos".[467] O tráfico transatlântico de escravos, importante ressaltar, foi considerado pela Organização das Nações Unidas para a Educação, a Ciência e a Cultura (Unesco), como uma das maiores tragédias da história da humanidade. Além do mais, ainda segundo Munanga,

> [...] o que está em julgamento não são os traficantes ocidentais, árabes e africanos, mas sim a própria instituição da escravidão em si, independentemente da origem "racial" dos traficantes. Negar a responsabilidade histórica dos países que participaram do tráfico por causa da participação africana seria como negar a responsabilidade do regime nazista no Holocausto, por causa da colaboração de certos países europeus e da traição de alguns judeus.[468]

---

[466] MUNANGA *apud* KON, Noemi Moritz; SILVA, Maria Lúcia da; ABUD, Cristiane Curi. *O racismo e o negro no Brasil:* questões para a psicanálise. São Paulo: Editora Perspectiva, 2017. p. 36.

[467] GONÇALVES, Géssica Brandino. Portugueses nem pisavam na África, diz Bolsonaro sobre escravidão. *Folha de S. Paulo*, São Paulo, 31 jul. 2018.

[468] *Apud* KON, Noemi Moritz; SILVA, Maria Lúcia da; ABUD, Cristiane Curi. *O racismo e o negro no Brasil:* questões para a psicanálise. São Paulo: Editora Perspectiva, 2017. p. 37.

Negar ou exaltar o racismo, no entanto, não era uma peculiaridade brasileira. Na história, o que não faltava eram exemplos de apologia a teorias que buscavam colocar os afrodescendentes em um plano inferior. O vencedor do Prêmio Nobel de Física de 1956, o londrino William Bradford Shockley, propôs esterilizar os negros para evitar a transmissão de seus "genes inferiores". Já em 1994, a obra literária produzida pelo psiquiatra estadunidense, Richard Julius Herrnstein, e pelo cientista político, Charles Murray, *The Bell Curve* (A Curva Bell), apresentava a tese de uma inteligência superior dos brancos sobre os negros.[469] Não à toa, Franz Fanon argumentava que

> [...] a inteligência também nunca salvou ninguém, pois se é em nome da inteligência e da filosofia que se proclama a igualdade dos homens, também é em seu nome que muitas vezes se decide seu extermínio.[470]

Seguindo em frente. A grande mídia – seja de forma consciente ou inconscientemente – também desempenhou um papel fundamental para a desmobilização da pauta negra na sociedade brasileira. Segundo Almeida, os veículos de comunicação, especialmente por meio das telenovelas, enraizaram nos brasileiros a imagem de que as mulheres negras tinham uma vocação natural para o trabalho doméstico, que os homens afro-brasileiros eram criminosos ou pessoas profundamente ingênuas e que era um mero aspecto cultural negros e mulheres trabalharem mais, porém, em compensação, receberem os piores salários.[471] Quem seguia essa mesma linha de raciocínio era o historiador e pesquisador do Laboratório de História do Esporte e do Lazer da Universidade Federal do Rio de Janeiro (UFRJ), Ricardo Pinto dos Santos. Para ele, nos periódicos, exceto os produzidos pela própria comunidade negra, entre o final do século XIX e começo do século XX, em especial dos das cidades de Porto Alegre e Salvador, eram raras as reportagens que dignificavam ou apresentavam os negros de maneira positiva.[472] Assim sendo, embora extensa, é importante destacarmos abaixo uma matéria realizada em 1904, pelo jornal produzido pela comunidade negra porto-alegrense *O Exemplo*. O jornalista responsável pela matéria, que assina como Antônio Candido, desabafa a respeito de como os afro-brasileiros eram retratados pelos outros periódicos:

---

[469] *Apud* WIEVIORKA, Michel. *O racismo, uma introdução*. São Paulo: Editora Perspectiva, 2007. p. 27.

[470] FANON, Franz. *Pele negra, máscaras brancas*. Salvador: Editora EDUFBA, 2008. p. 43.

[471] ALMEIDA, Silvio. *Racismo estrutural*. São Paulo: Editora Feminismos Plurais, 2019. p. 65; 169.

[472] PINTO, Ricardo. *História, conceitos e futebol*: racismo e modernidade no futebol fora do eixo (1889-1912). Curitiba: Editora Appris, 2020. p. 127-128.

Ora, se a boa educação cabe em toda parte, como diz o ditado, não cabe com certeza nas colunas dos jornais que se apresentam como o painel onde se reflete o retrato polido de quem se arroga ter o critério preciso para julgar que pela cor da pele não se pode avaliar nem classificar as qualidades dos indivíduos; pois parece que há a velada intenção de nos enxovalhar por termos escapado das garras ferozes do sanhudo cativeiro que, pelo martírio, glorificou aos nossos avós.

Não me venham dizer que, com isto fomento o ódio de raças: alto lá! Se não me desculpa lançar mão dessas frivolidades para provar que sou igual as outras pessoas; porque não censurar esses senhores redatores que são todos cheios de nós pelas costas, que trabalham ao lado de rapazes nossos símiles, que não escarapinham por dá cá aquela palha, por que sabem o quanto valem; porque não censurar esses senhores redatores, quando, sendo o nosso idioma tão rico de adjetivos para definir os sentimentos pessoais, alimentam no entretanto o preconceito de cores com este estilo rústico:

[Candido cita a seguir um trecho de uma notícia reproduzida por outro jornal] O crioulo Manoel Carneiro dos Santos, aproveitando-se da ocasião em que Gregório Jorge, proprietário da casa de fazendas e miudezas, sita à Rua Voluntários da Pátria n. 193, achava-se no interior do prédio, penetrou em seu estabelecimento e furtou um par de calças. O larápio foi preso em flagrante pelo agente n. 75 que o levou ao posto onde o major Louzada enviou ao coronel João Leite.

Porque desde o começo da notícia, não disseram o larápio Manoel Carneiro?... Para saber-se da cor do indivíduo que cometeu a má ação? Não, porque no mesmo número do jornal, em fato idêntico, vinha a seguinte notícia, onde não se fica sabendo a cor dos larápios:

Se o crioulo quer dizer de cor preta, só há, para nós, uma vantagem nesta seleção, e é esta: saber-se pela cor da pele a tendência dos indivíduos para o crime; pois enquanto na primeira notícia se vê um crioulo, se conta na segunda dois ladrões incolores! [...].[473]

Voltando ao contexto de 2020. Nas palavras da jornalista e colunista da *Folha de S. Paulo* Flávia Lima, após a morte de George Floyd, a imprensa brasileira mostrou "imagens de breve comoção e pouco interesse em fomentar o debate [sobre o racismo]". Mais do que isso, aos poucos, o enfoque dos

---

[473] *Apud* PINTO, Ricardo. *História, conceitos e futebol*: racismo e modernidade no futebol fora do eixo (1889-1912). Curitiba: Editora Appris, 2020. p. 128 *et. seq.*

meios de comunicação deixava de ser o racismo estrutural e passava a ser os episódios de violência, como saques de lojas e os embates entre alguns manifestantes e as forças policiais, que ocorriam nos protestos.[474] Essa mudança de enfoque podia ser atribuída ao retrato do quadro de profissionais das redações dos grandes veículos jornalísticos. Para se ter uma ideia, na *Folha de S. Paulo,* em 2020, dos 200 colunistas que trabalhavam no jornal, apenas 10 eram pessoas afrodescendentes.[475] Sem sombra de dúvidas, se tivessem mais "Antônios Candidos" nas redações o enfoque não mudaria, ou seja, permaneceria no racismo estrutural que matava diariamente negros e negras. O canal de TV GloboNews também apresentava quadro deficitário em relação aos profissionais afro-brasileiros. Não à toa, para amenizar as duras críticas que receberam da audiência após transmitirem um debate sobre o preconceito racial apenas com pessoas brancas, a emissora organizou um de seus principais programas, o "Em Pauta", apenas com jornalistas negros. Antes de ceder espaço ao seu colega Heraldo Pereira, o tradicional apresentador Marcelo Cosme abriu o programa fazendo um mea-culpa com a seguinte declaração:

> No Em Pauta de ontem, os jornalistas que dividiram comigo a cobertura, de alto nível, eram todos brancos. Eu estaria mentindo se eu dissesse que foi um acidente. A Globo tem a diversidade como um valor e se orgulha dos profissionais negros que tem, em frente às câmeras e por trás delas, profissionais de altíssimo nível, que comandam, alguns, a apresentação de telejornais aqui na GloboNews e na TV Globo, e continuará buscando ampliar essa diversidade. Mas, por razões históricas e estruturais de nossa sociedade, também na Globo os colegas negros ainda não são tanto quanto o desejado.[476]

A principal concorrente da GloboNews, o canal de TV CNN, também não passou impune diante das críticas. Ao ser convidada para um dos programas da emissora, a ex-consulesa francesa no Brasil e jornalista, Alexandra Baldeh Loras, advertiu que um meio de comunicação que se propõe a promover um debate sobre o racismo conduzido pelo âncora William José Waack,[477] tam-

---

[474]   LIMA, Flavia. Sim, somos racistas. *Folha de S. Paulo*, São Paulo, 7 jun. 2020.

[475]   LIMA, Flavia. Sim, somos racistas. *Folha de S. Paulo*, São Paulo, 7 jun. 2020.

[476]   GloboNews faz autocrítica inédita sobre brancos discutindo racismo e escala só negros para o Em Pauta. *Folha de S. Paulo*, 3 jun. 2020. Disponível em: https://telepadi.folha.uol.com.br/globonews-faz-autocritica-inedita-sobre-brancos-discutindo-racismo-e-escala-so-negros-para-o-em-pauta/. Acesso em: 11 jul. 2021.

[477]   Enquanto trabalhava no Grupo Globo, o jornalista William Waack foi flagrado, pouco antes de entrar no ar em uma transmissão em frente à Casa Branca, realizando um comentário racista. Ao reclamar de alguém buzinando na rua, ele teria dito as seguintes palavras: "É preto, isso é coisa de preto" (William Waack é acusado

bém deveria procurar trazer mais especialistas negros para abordar o tema de maneira mais aprofundada e sob uma ótica antirracista.[478]

Enquanto o mundo acordava para a luta antirracista, o Brasil, ao que tudo indicava, ainda despertava lentamente sobre esse tema. Se a sociedade brasileira como um todo, porém principalmente a parte branca, ainda não tomava consciência da importância de se mobilizar contra o racismo, restava saber qual seria a postura adotada pelos atletas brasileiros diante dessa situação.

3.2 Atletas vão à luta

Não ficaram calados. Assim como em outras nações, especialmente nos EUA (como visto no Capítulo 2), os atletas brasileiros dos mais variados esportes também se mobilizaram contra a discriminação racial. Como não poderia ser diferente, uma das primeiras a se manifestar contra o racismo foi a então jogadora de vôlei do Sesi-Bauru, Tifanny Pereira de Abreu. Sendo a primeira transsexual a atuar profissionalmente no Brasil, Tifanny sabia muito bem o que era sentir na pele o preconceito. Dessa maneira, ela recorreu às redes sociais para deixar a seguinte mensagem na luta contra a injustiça racial: "Todas as vidas são importantes, a luta pela igualdade, pelo respeito e pela cidadania por um País mais democrático e igualitário é constante".[479]

O ex-velocista e medalhista de bronze no revezamento 4x100m na Olimpíada de Pequim, na China, em 2008, Sandro Viana, também se manifestou. Nas suas mídias digitais ele deixou a seguinte mensagem:

> Acompanhando hoje as manifestações contra o racismo estrutural que chegam ao Brasil motivadas pela morte brutal do trabalhador George Floyd nos EUA. O racismo estrutural (forma mais moderna do racismo) mutila milhões e deixa prejuízos irreparáveis à sociedade e tem que ser combatido. Sigo palestrando e defendendo o direito de cada um dentre o bem comum. Inspirado na luta de meus familiares e ancestrais, ciente que chegou a minha vez de fazer frente a esse mal que nunca vencerá.[480]

---

de racismo após divulgação de vídeo. *Revista Veja*, São Paulo, 8 nov. 2017. Disponível em: https://veja.abril.com.br/cultura/william-waack-e-acusado-de-racismo-apos-vazamento-de-video/. Acesso em: 12 jul. 2021).

[478] LIMA, Flavia. Sim, somos racistas. *Folha de S. Paulo*, São Paulo, 7 jun. 2020.

[479] ABREU, Tiffany. Todas as vidas são importantes, a luta pela igualdade, pelo respeito e pela cidadania por um país mais democrático e igualitário é constante. 1 set. 2020. Instagram: @tiffanyabreu10. Disponível em: https://www.instagram.com/p/CEl8WmdBAnr/. Acesso em: 12 jul. 2021.

[480] Medalhista olímpico, Sandro Viana reforça protesto antirracista: "Esse mal nunca vencerá". *GE*, 31 maio 2020. Disponível em: https://ge.globo.com/am/noticia/medalhista-olimpico-sandro-viana-reforca-protesto-

A ex-ginasta Daiane Garcia dos Santos, ou apenas Daiane dos Santos, é uma multicampeã. Duas medalhas de prata e três de bronze em Jogos Pan-Americanos, 16 medalhas em Copas do Mundo de Ginástica, sendo 9 delas de ouro, e – como se não bastasse tudo isso – se tornou a primeira brasileira a conquistar o ouro em uma edição do Campeonato Mundial com apenas 20 anos de idade.[481] Porém, a maior conquista dela, sem dúvidas, foram suas ações no combate ao preconceito racial. Segundo Silvio Almeida, juridicamente, calar-se diante de um ato de racismo pode não tornar o indivíduo culpado, no entanto o seu silêncio o torna ética e politicamente responsável pela manutenção do racismo, pois, afinal de contas, não basta repudiá-lo, para mudar a sociedade é preciso atitudes e adoção de práticas antirracistas.[482] A ex-ginasta sabia muito bem disso. Em entrevista ao site *GloboEsporte.com*, ela enfatizou que a luta pela justiça racial não era apenas dos negros, mas sim de todos:

> Esse tipo de preconceito, além de outros, como os homofóbi-cos, acontece pela falta de educação e empatia. Infelizmente acontece todos os dias, não só no esporte, por situações que eu passei, como ser perseguida, mas em todos os casos. Algumas pessoas veem e não fazem nada. [Combater)] O preconceito racial é uma responsabilidade de todos nós, parte do princípio da educação, precisamos educar melhor os nossos filhos. O mesmo respeito que você quer, tem que querer para o próximo também. Essa luta não é só dos negros, ou dos LGBTs.[483]

Se na ginástica Daiane dos Santos fazia suas acrobacias pela causa negra, na natação quem largou na frente contra o racismo foi Etiene Medei-ros. Considerada por muitos a melhor nadadora do Brasil de todos os tempos, sendo a primeira brasileira a conquistar uma medalha de ouro em um campeonato mundial e nos Jogos Pan-Americanos, ela, em entrevista ao site *GloboEsporte.com*, falou a respeito da discriminação racial na natação:

> O racismo sempre existiu. Eu faço parte de um esporte que é totalmente elitista. Eu faço parte de um esporte que a gente

---

antirracista-esse-mal-que-nunca-vencera.ghtml. Acesso em: 12 jul. 2021.

[481] SANTIAGO, Denise. Daiane dos Santos comenta sobre luta contra racismo: "Precisamos educar melhor nossos filhos". *GE*, 2 ago. 2020. Disponível em: https://ge.globo.com/ce/noticia/daiane-dos-santos-comenta-so-bre-luta-contra-racismo-precisamos-educar-melhor-nossos-filhos.ghtml. Acesso em: 12 jul. 2021.

[482] ALMEIDA, Silvio. *Racismo estrutural*. São Paulo: Editora Feminismos Plurais, 2019. p. 51-52.

[483] SANTIAGO, Denise. Daiane dos Santos comenta sobre luta contra racismo: "Precisamos educar melhor nossos filhos". *GE*, 2 ago. 2020. Disponível em: https://ge.globo.com/ce/noticia/daiane-dos-santos-comenta-so-bre-luta-contra-racismo-precisamos-educar-melhor-nossos-filhos.ghtml. Acesso em: 12 jul. 2021.

não vê negros nadando. E isso aflorou muito para as pessoas. As pessoas estão em casa, tentando enxergar empatia, tentando ver algo de bom na sociedade, mas o racismo veio para bater de frente. Veio para dizer – você, agora que está sentado em casa, sem os seus privilégios de ir ao shopping, sem os seus privilégios de fazer o que você quer... agora, vê o que acontece.[484]

Posteriormente, em outro dado momento, convidada para uma *live*, isto é, uma transmissão ao vivo realizada nas mídias digitais do Comitê Olímpico do Brasil, mediada pela jornalista e escritora Eliana Alvez Cruz, Etiene novamente falou da falta de oportunidades que as pessoas afro-brasileiras tinham na natação:

A natação não é nem um pouco acessível. A minha representatividade era meu irmão [Jamison]. Os únicos negros da nossa equipe eram eu e ele. Até hoje eu não vejo mais negros chegando. Hoje eu carrego um peso que é muito importante, não só na natação.[485]

Etiene, contudo, não ficou restrita apenas às palavras. Se as entidades que administram a natação ficaram omissas diante desse fato, a nadadora, por sua vez, não. Desse modo, ela passou a liderar um projeto que busca fundar uma associação para ensinar natação às crianças carentes. Além disso, em suas redes sociais, ela deixou a seguinte mensagem para conscientizar ainda mais a população brasileira da importância da luta antirracista:

Estou engasgada, estou triste sobre esse movimento todo que está acontecendo aí sobre a injúria racial, as pessoas tentando aprender o que é o racismo – porque só a gente que passa na pele sabe o que é isso. Eu fico bem assustada, até um pouco com fobia. Essa rede social é muito boa, mas ela dá bastante medo. Ontem fiquei bem assustada com a quantidade de pessoas postando uma hashtag gringa [referindo-se a hashtag Black Lives Matter] com a tela preta para mostrar apoio ao movimento.

---

[484] SENNA, Lucas de. "Eu faço parte de um esporte que a gente não vê negros nadando", afirma Etiene Medeiros. *GE*, 25 jul. 2020. Disponível em: https://ge.globo.com/pe/noticia/eu-faco-parte-de-um-esporte-que-a-gente-nao-ve-negros-nadando-afirma-etiene-medeiros.ghtml#:~:text=%C3%A9%20totalmente%20elitista.-,Eu%20fa%C3%A7o%20parte%20de%20um%20esporte%20que%20a%20gente%20n%C3%A3o,veio%20para%20bater%20de%20frente. Acesso em: 12 jul. 2021.

[485] Etiene Medeiros cita pouca representatividade na natação: "Não vejo negros chegando". *GE*, 19 ago. 2020. Disponível em: https://ge.globo.com/olimpiadas/noticia/etiene-medeiros-cita-pouca-representatividade-na-natacao-nao-vejo-negros-chegando.ghtml. Acesso em: 12 jul. 2021.

> O movimento está aí há muito tempo. As pessoas negras falam – geralmente não são os brancos que falam. É muito louco, porque diante de tudo isso que a gente está vivendo, no meu nicho como esportista, eu não recebi nenhuma mensagem de pessoas querendo dialogar ou conversar sobre. É bem impactante porque o fato não é só compartilhar, sacou?
>
> Então galera, vá em busca de educação, de conhecimento, não só reposte. Tem a hashtag Marielle presente, hashtag João Pedro presente e vocês estão botando hashtag gringa. É assustador. Paz![486]

A ex-jogadora de vôlei Camila Barreto Adão também se posicionou a favor da luta contra o racismo. O seu ativismo, na verdade, vem de berço. Ela é filha do ex-jogador de futebol e também militante da causa negra, Cláudio Adalberto Adão, conhecido popularmente apenas como Cláudio Adão. Morando nos EUA e se aventurando no mundo da moda, a ex-jogadora de vôlei não deixou de se manifestar a respeito dos protestos que vinham ocorrendo tanto no país onde agora mora como em sua terra natal. Em suas redes sociais, ela deixou a seguinte mensagem:

> Eu vi esse momento chegar no Brasil impulsionado pelo que está acontecendo aqui, e eu fico feliz porque eu acho que o Brasil e os Estados Unidos são bem diferentes. Eu acho que o racismo no Brasil é muito mais velado, muito mais estrutural. As pessoas aqui, principalmente a comunidade negra, são muito mais conscientes da luta. O racismo é muito mais escancarado, então eu estou muito feliz que no Brasil as coisas estão começando a mudar, as empresas estão começando a se posicionar, dizer que não é "mimimi". Não, tipo: a gente está mexendo, as estruturas estão balançando.[487]

Tomando de empréstimo as palavras de Camila, as estruturas estavam balançando. Entretanto, isso não significava dizer que a batalha contra a discriminação racial não seria árdua. Longe disso, assim como nos EUA, no Brasil havia uma contracorrente disposta a manter, por assim dizer, as estruturas de poder inalteradas. A Confederação Brasileira de Vôlei (CBV), por exemplo, em 2020, após a jogadora de vôlei de praia Carolina Salgado

---

[486] "Engasgada", Etiene Medeiros desabafa após campanha: "No Brasil, o racismo é velado". *GE*, 3 jun. 2020. Disponível em: https://ge.globo.com/natacao/noticia/engasgada-etiene-medeiros-desabafa-no-brasil-o-racismo-e-velado.ghtml. Acesso em: 12 jul. 2021.

[487] Do vôlei para a moda, filha do craque Claudio Adão carrega no sangue a luta contra o racismo, por João Gabriel Rodrigues. *GE*, 13 jul. 2020. Disponível em: https://ge.globo.com/volei/noticia/do-volei-para-a-moda-filha-do-craque-claudio-adao-carrega-no-sangue-a-luta-contra-o-racismo.ghtml. Acesso em: 13 jul. 2021.

Collett Solberg, conhecida popularmente apenas como Carol Solberg, ao término da partida que valia a medalha de bronze do torneio Circuito Brasileiro de Vôlei de Praia, encerrar uma entrevista ao vivo concedida ao canal *SporTV* dizendo: "Fora Bolsonaro", emitiu uma nota de repúdio contra o gesto da atleta. Para piorar, na nota a entidade utilizou o termo "denegrir", que, atualmente, é considerado como algo de cunho racista.[488] Além disso, importante lembrar que, durante o período de campanha eleitoral de 2018, a própria CBV, em seu Instagram, publicou uma foto da seleção masculina de vôlei em que os jogadores Maurício Luiz de Souza e Wallace Leandro de Souza aparecem fazendo o número "17" com as mãos em apoio ao então candidato Jair Bolsonaro.[489] A seguir texto da nota de repúdio emitida pela CBV:

> A Confederação Brasileira de Voleibol (CBV), vem, através desta, expressar de forma veemente o seu repúdio sobre a utilização dos eventos organizados pela entidade para realização de quaisquer manifestações de cunho político.
>
> O ato praticado neste domingo (20.09) pela atleta Carol Solberg durante a entrevista ocorrida ao fim da disputa de 3º e 4º lugar da primeira etapa do Circuito Brasileiro Open de Vôlei de Praia – Temporada 2020/2021, em nada condiz com a atitude ética que os atletas devem sempre zelar.
>
> Aproveitamos ainda para demonstrar toda nossa tristeza e insatisfação, tendo em vista que essa primeira etapa do CBVP OPEN 2020/2021, considerada um marco no retorno das competições dos esportes olímpicos, por tamanha importância, não poderia ser manchada por um ato totalmente impensado praticado pela referida atleta.
>
> Por fim, a CBV gostaria de destacar que tomará todas as medidas cabíveis para que fatos como esses, que denigrem a imagem do esporte, não voltem mais a ser praticados.[490]

Carol não seria a única a protestar. Em solidariedade a ela, a então jogadora de vôlei Fabiana Marcelino Claudino fez uma publicação para defendê-la e criticar a postura da confederação de vôlei pela nota de repúdio:

---

[488] Fabiana defende direito de manifestação política de atletas e critica CBV por usar termo racista. *GE*, 21 set. 2020. Disponível em: https://ge.globo.com/volei/noticia/fabiana-defende-direito-de-manifestacao-politica-de-atletas-e-critica-cbv-por-usar-termo-racista.ghtml. Acesso em: 13 jul. 2021.

[489] CASTRO, Carol; MARTINS, Rodrigo. #EleNão. *Carta Capital*, São Paulo, 26 set. 2018.

[490] CBV repudia fala de Carol Solberg contra Bolsonaro e promete medidas. *Lance!*, 20 set. 2020. Disponível em: https://www.lance.com.br/volei/cbv-repudia-fala-carol-solberg-contra-bolsonaro-promete-medidas.html. Acesso em: 13 jul. 2021.

> Difícil entender o que aconteceu. Vamos por partes. Primeiro, denegrir é uma palavra de cunho racista e JAMAIS deveria ser usada em qualquer situação. Estamos lutando dia após dia contra atos racistas, fazendo campanhas educativas e protestos, então seria ótimo repensar o uso de certos termos. Com isso já deixo a dica de além de denegrir não usem "lista negra", "mulata", "mercado negro", "a coisa tá preta", "serviço de preto", entre outras mais. Segundo, vivemos (ainda) em um país DEMOCRÁTICO, onde atletas ou qualquer ser humano pode expressar suas convicções, desde que elas não sejam ofensivas, criminosas ou que faltem com respeito. Temos que ter muito cuidado com a censura ou flerte com a volta dela, precisamos estar atentos aos nossos direitos enquanto cidadãos. Portanto, não foi muito feliz a nota escrita pela CBV. Eu como atleta preta, que muito conquistei e representei esse país em todo mundo, não posso me calar diante das coisas que vejo. Sempre vou apoiar a democracia, as liberdades individuais e especialmente todo apoio à causa contra o racismo estrutural e diário que ainda insistimos em conviver achando "normal". #blacklivesmatter #vidaspretasimportam #liberdade.[491]

Se havia atletas, ainda mais no vôlei, no time do movimento antirracista, havia também quem estivesse do outro lado da rede, isto é, no time que buscava freá-lo. Uma delas era a então comentarista de política da Jovem Pan e ex-jogadora de vôlei – medalhista de bronze com a seleção brasileira na Olimpíada de 1996, em Atlanta, Estados Unidos – Ana Paula Henkel. Defensora fervorosa de pautas ultraconservadoras, a ex-jogadora, em algumas oportunidades, manifestou-se contrária às manifestações que estavam ocorrendo nos EUA após a morte de George Floyd. Em uma postagem nas suas mídias digitais, pegando carona no discurso bélico e infundado de Donald Trump, ela deixou a seguinte mensagem: "O que está acontecendo nos EUA não é mais protesto, é terrorismo doméstico. E a Antifa vai afundar o Black Lives Matter".[492] Em outro momento, no referido meio de comunicação em que trabalhava, Ana Paula fez o seguinte comentário a respeito dos atos contra o racismo que vinham acontecendo no Brasil:

---

[491] Fabiana defende direito de manifestação política de atletas e critica CBV por usar termo racista. *GE*, 21 set. 2020. Disponível em: https://ge.globo.com/volei/noticia/fabiana-defende-direito-de-manifestacao-politica-de-atletas-e-critica-cbv-por-usar-termo-racista.ghtml. Acesso em: 13 jul. 2021.

[492] Ex-jogadora de vôlei Ana Paula é acusada de racismo nas redes sociais. *Lance*, 5 jun. 2020. Disponível em: https://www.lance.com.br/fora-de-campo/jogadora-ana-paula-acusada-racismo-nas-redes-sociais.html. Acesso em: 13 jul. 2021.

> Existe uma tentativa de trazer esse movimento para o Brasil levando não apenas a desculpa, a bandeira do racismo, para trazer violência para as cidades, mas uma agenda marxista, de violência, que enaltece justamente o racismo. Hoje em dia, se você chama todo mundo de racista, homofóbico, nazista, ninguém é [...].
>
> [...]. Dentro das eleições do Brasil vai ter muito político se agarrando nessa agenda para literalmente tacar fogo no Brasil, porque existe a importação da violência também. Não são vidas negras que importam, mas sim vidas negras que possam ser usadas para agendas políticas e ideológicas, como acontece nos Estados Unidos.[493]

Há quem se engane, todavia, de que essa seria a fala mais polêmica de Ana Paula. Segundo o professor e especialista em direito antidiscriminatório Adilson José Moreira, o racismo simbólico "designa construções culturais que estruturam a forma como minorias raciais são representadas". Dessa maneira, se, por um lado, a branquitude encontrava-se ligadas às construções que representavam a superioridade moral; por outro lado, a negritude estava associada a aspectos negativos, tais como a escuridão, a falta de caráter e a degradação moral.[494] E foi isso que a referida ex-jogadora de vôlei fez. Em resposta a um comentário que recebeu em uma de suas redes sociais, ela relacionou a comunidade afro-estadunidense a crimes e assassinatos: "12% de negros, 62% dos roubos, 56% dos assassinatos. Faça sua conta".[495] Não demorou muito para que viessem declarações repudiando o comentário da medalhista olímpica. O mais notório deles, sem dúvidas, partiu da também ex-jogadora de vôlei Maria Isabel Barroso Salgado,[496] conhecida popularmente como Isabel Salgado, que publicou em seu Instagram uma carta endereçada a Ana Paula. Na carta, relembrando os seus bons tempos

---

[493] 'Querem levar bandeira do racismo para trazer violência', diz Ana Paula sobre protestos por João Alberto. *Jovem Pan*, 24 nov. 2020. Disponível em: https://jovempan.com.br/programas/os-pingos-nos-is/querem-levar-bandeira-do-racismo-para-trazer-violencia-diz-ana-paula-sobre-protestos-por-joao-alberto.html. Acesso em: 13 jul. 2021.

[494] MOREIRA, Adilson. *Racismo recreativo*. São Paulo: Editora Feminismos Plurais, 2019. p. 47-48-49.

[495] Isabel diz em carta que Ana Paula "presta desserviço" no combate ao racismo. *GE*, 6 jun. 2020. Disponível em: https://ge.globo.com/volei/noticia/isabel-diz-em-carta-que-ana-paula-presta-desservico-no-combate-ao-racismo.ghtml. Acesso em: 13 jul. 2021.

[496] Isabel Salgado integrava o time de transição do governo Lula (que venceu as eleições de 2022 contra Bolsonaro). Entretanto, no dia 16 nov. 2022 a ex-jogadora de vôlei faleceu por conta da Síndrome Aguda Respiratória do Adulto (SARA) (PAGNO, Mariana. Morte de Isabel Salgado foi causada por doença pulmonar; entenda a SARA, síndrome que afetou ex-jogadora. *G1*, 17 nov. 2022. Disponível em: https://g1.globo.com/saude/noticia/2022/11/17/morte-de-isabel-salgado-foi-causada-por-doenca-pulmonar-entenda-a-sara-sindrome-que-afetou-ex-jogadora.ghtml. Acesso em: 13 jul. 2021).

de jogadora de vôlei, por assim dizer, ela "deu uma cortada" nos comentários da então comentarista da Jovem Pan. Embora extensa, importante destacar a seguir parte da carta escrita por Salgado a Ana Paula:

> Ana Paula, depois de ver algumas de suas postagens, tive vontade de te responder. Como nunca tive paciência para redes sociais, fui deixando passar. De mais a mais, não há como esquecermos o fato de que as redes estão aí para dar voz a todos: muitas pessoas fantásticas e muitos…. Esse é o preço da chamada democracia digital – que sempre deve ser debatida, é claro -, mas vamos ao que interessa no momento. Antes, preciso admitir também que sempre me senti constrangida quando lia as suas postagens.
>
> É que o seu nome está ligado ao vôlei, esporte que pratiquei durante muitos anos e, infelizmente, muitas pessoas generalizam esse tipo de fala e me perguntam se as jogadoras de vôlei são, na sua maioria, de extrema-direita. Nesses momentos, eu sempre tento explicar que você está longe de representar um perfil do vôlei feminino brasileiro. E que, na verdade, o vôlei, assim como a maioria dos campos profissionais e atividades, não pode ser enquadrado em algum perfil ideológico. Explico, também, para essas pessoas, que talvez pelo fato de você ter se casado com um americano branco, você tenha sentido a necessidade de se alinhar a uma branquitude, que tem como uma de suas características principais a incapacidade de perceber o seu lugar de privilégio, uma branquitude que naturaliza o lugar de poder branco e torna a supremacia branca uma norma. Afinal, sabemos que ser imigrante por essas bandas daí não é muito fácil, ainda mais com um biótipo latino.
>
> Durante o período colonial, o psiquiatra Frantz Fanon explicou bem o surgimento e a formação desse desejo de identificação com o opressor entre muitos colonizados. Trata-se de uma neurose que o leva a um comportamento adoecido e alienado, por não conseguir lidar com a realidade que o cerca. A história nos ensina que o colonialismo acabou, mas ela também nos mostra que ele permanece com roupas neocoloniais. O vídeo que postou da jovem negra é exemplar de como permanece essa alienação. Temos aqui no Brasil um exemplo caricatural desse comportamento desequilibrado: o diretor da fundação Palmares. Por isso, te sugiro prestar atenção ao que está acontecendo à sua volta. Existem muitas pessoas que permanecem nesse estágio, tentando apenas apagar suas origens não brancas.[497]

---

[497] Isabel diz em carta que Ana Paula "presta desserviço" no combate ao racismo. *GE*, 6 jun. 2020. Disponível em: https://ge.globo.com/volei/noticia/isabel-diz-em-carta-que-ana-paula-presta-desservico-no-combate-ao-

Salgado não apenas rebateu as falas de Ana Paula como também entrou de corpo e alma na luta contra a discriminação racial. Ao lado de um dos maiores defensores da democracia que o esporte brasileiro já teve, o ex-jogador e ídolo do Corinthians Walter Casagrande Júnior, criou o movimento Esporte pela Democracia. Composto por atletas, ex-atletas, dirigentes, artistas e jornalistas, o movimento tem como objetivo defender o

> [...] direito supremo à vida, a uma sociedade justa e igualitária, antirracista, o respeito das individualidades e o valor do coletivo em nome do bem-estar social e da dignidade para todos.[498]

E o movimento apareceu na hora certa, pois os ataques racistas se propagavam em todas as categorias de esporte, inclusive, na mais recente modalidade esportiva em que o entretenimento é o principal ator do palco.

3.3 O jogo é contra o racismo

Hora de pausar o videogame, deixar o controle de lado e ir à luta. De uma maneira um tanto quanto surpreendente, as manifestações antirracistas após a morte de George Floyd adentraram em um universo voltado ao lazer e a um público jovem. Pela primeira vez na história, empresas ligadas ao *eSports*,[499] isto é, os jogos de esportes eletrônicos, passaram a se mobilizar na batalha pela justiça racial. As desenvolvedoras de jogos Epic Games e Infinity Ward, por exemplo, lançaram comunicados oficiais contra o racismo.[500] Já a Pokémon Company, responsável pela gestão da marca de desenho animado e jogos de videogame Pokémon, deu um passo além e doou US$ 200 mil

---

racismo.ghtml. Acesso em: 13 jul. 2021.

[498] *Manifesto do Esporte pela Democracia*. Disponível em: https://esportepelademocracia.com/wp/. Acesso em: 14 jul. 2021.

[499] Definição de eSports: "Os eSports ou esportes eletrônicos referem-se a competições de jogos eletrônicos nas quais os atletas, que fazem parte de uma estrutura profissional, são assistidos por uma audiência presencial e/ou online, através de diversas plataformas de stream online ou na TV. Quatro pilares fazem a engrenagem dos eSports rodar: os jogadores, as empresas de games eletrônicos, as ligas e as plataformas de streaming" (MENEZES, Bruna Campos de. O que são eSports? Como surgiram e os principais jogos competitivos. *GE*, 1 ago. 2020. Disponível em: https://ge.globo.com/esports/noticia/esports-o-que-sao-como-surgiram-e-tudo-sobre-o-cenario-competitivo.ghtml#:~:text=Os%20eSports%20ou%20esportes%20eletr%C3%B4nicos,de%20stream%20online%20ou%20TV. Acesso em: 14 jul. 2021).

[500] Fortnite: Epic Games cita luta contra o racismo e adia Temporada 3. *GE*, 4 jun. 2020. Disponível em: https://ge.globo.com/e-sportv/fortnite/noticia/fortnite-epic-games-cita-luta-contra-o-racismo-e-adia-temporada-3.ghtml. Acesso em: 14 jul. 2021.

Call of Duty: Infinity Ward promete medidas para combater racismo e ódio. *GE*, 4 jun. 2020. Disponível em: https://ge.globo.com/e-sportv/noticia/call-of-duty-infinity-ward-promete-medidas-para-combater-racismo-e-odio.ghtml. Acesso em: 14 jul. 2021.

(mais de R$ 1 milhão conforme a cotação da época) para organizações que buscam combater o preconceito racial (dos US$ 200 mil doados, metade foi destinada ao movimento Black Lives Matter dos EUA).[501] Por mais que, à primeira vista, não passassem de atos protocolares, podemos compreender que os posicionamentos públicos das empresas dos jogos digitais em prol da causa negra era um passo notável, uma vez que, seguindo à risca a lógica do mercado, muitas delas procuram adotar uma postura neutra ou alheia às questões sociais.

Mais importante do que as companhias, contudo, era os jogadores do universo dos jogos eletrônicos se posicionarem. E eles não apenas fizeram isso como foram à luta também. No torneio internacional ESL One Cologne do jogo de tiro de primeira pessoa "Counter-Strike: Global Offensive (CS:GO)", as equipes semifinalistas, Chaos e Liquid, possivelmente inspiradas pelos atletas estadunidenses, sobretudo do basquete, juntas fizeram um pedido e conseguiram adiar a competição "para trazer atenção ao que realmente importa e protestar contra o racismo sistemático e a brutalidade policial que assola o país [EUA]".[502]

Assim como nos EUA, no Brasil não seria diferente. Os profissionais do *eSports* também se apresentavam dispostos a combater a discriminação racial. Um dos primeiros a se manifestar foi o jogador do jogo League of Legends (LoL), Francisco Natanael Braz do Espírito Santo Mirando, conhecido popularmente pelo apelido de "fNb". Em sua participação no podcast "Early Game", do site *GloboEsporte.com,* ele falou sobre a alienação dos jogadores profissionais de videogame em relação às questões sociais:

> Acredito que só 20% dos jogadores profissionais não estão na bolha. E acho que 20% eu ainda estou chutando alto. A grande maioria vive dentro dessa bolha e, quando essas notícias que chocam o mundo acontecem e temos que nos posicionar, acredito que muitos não se posicionam porque não sabem como lidar, porque não acompanham as notícias do dia a dia e coisas assim.[503]

---

[501] Pokémon Company doa mais de R$ 1 milhão para combate ao racismo. *GE.com*, 3 jun. 2020. Disponível em: https://ge.globo.com/e-sportv/noticia/pokemon-company-doa-mais-de-r-1-milhao-para-combate-ao-racismo. ghtml. Acesso em: 14 jul. 2021.

[502] ESL Cologne: Chaos protesta contra racismo nos EUA, Liquid apoia e semi é adiada. *GE*, 27 ago. 2020. Disponível em: https://ge.globo.com/esports/csgo/noticia/esl-one-cologne-2020-chaos-team-liquid-protes-to-racismo-eua-semifinal-adiada.ghtml. Acesso em: 14 jul. 2021.

[503] fNb fala sobre posicionamento e racismo no Early Game: "Só 20% dos jogadores não estão na bolha". *GE*, 4 jun. 2020. Disponível em: https://ge.globo.com/e-sportv/lol/noticia/fnb-fala-sobre-posicionamento-e-racis-mo-no-early-game-so-20percent-dos-jogadores-nao-estao-na-bolha.ghtml. Acesso em: 15 jul. 2021.

A bolha precisava ser furada. Segundo o professor do Departamento de Psicologia Social e do Trabalho da Universidade de São Paulo (USP), José Moura Gonçalves Filho, muitas vezes, "o racismo se faz de racistas sonolentos",[504] quer dizer, das pessoas, especialmente aquelas inseridas nas camadas mais elevadas, que podem até apresentar convicções antirracistas, no entanto, não possuem consciência dos mecanismos de dominação racial que regem a sociedade. Mais do que isso, por mais que as causas do racismo, nas palavras do sociólogo francês Michel Wieviorka, possam ser "camufladas, não detectáveis aparentemente", os seus "efeitos são tangíveis".[505] Sim, eram tangíveis e cruéis. Logo, parafraseando o argumento supra de José Moura Gonçalves Filho, estava mais do que na hora de despertar os sonolentos do mundo dos games, pois, à medida que eles dormiam, a extrema-direita ia avançando e casos de discriminação racial contra brasileiros iam se tornando cada vez mais recorrentes. A título de ilustração, o jogador profissional do jogo de futebol Fifa, da equipe do Cruzeiro, Josaci Senna, conhecido popularmente pelo apelido de "Senna do Boné", foi um dos primeiros a sofrer com as ofensivas preconceituosas nas redes sociais. De forma privada, um perfil chamado "ELRRABOOO", ao que tudo indicava argentino, mandou uma mensagem chamando-o de "macaco"[506] (importante ressaltar que dentro do jogo Fifa há emblemas antirracistas para tentar inibir a propagação de mensagens discriminatórias)[507] **(os ataques racistas dos argentinos contra os brasileiros serão discutidos mais para frente).**

A ira dos racistas não pararia por aí. De acordo com Wieviorka, "o racismo é sempre uma violência, na medida em que constitui uma negação daquele que é a sua vítima, uma alteração da humanidade da qual é portador".[508] Portanto, mesmo que não cause nenhuma consequência sobre a integridade física da vítima, o racismo é, sobretudo, uma violência simbólica, pois visa atingir a moral da pessoa e colocar entraves que prejudiquem a sua vida social, política e econômica.[509] Sendo assim, além de Senna, outros

---

[504] *Apud* KON, Noemi Moritz; SILVA, Maria Lúcia da; ABUD, Cristiane Curi. *O racismo e o negro no Brasil: questões para a psicanálise.* São Paulo: Editora Perspectiva, 2017. p. 144.

[505] WIEVIORKA, Michel. *O racismo, uma introdução.* São Paulo: Editora Perspectiva, 2007. p. 32.

[506] Jogador de eSports do Cruzeiro sofre ofensa racista de rival, e clube se manifesta na internet. *GE*, 23 nov. 2020. Disponível em: https://ge.globo.com/futebol/times/cruzeiro/noticia/jogador-de-esports-do-cruzeiro-sofre-ofensa-racista-de-rival-e-clube-se-manifesta-na-internet.ghtml. Acesso em: 15 jul. 2021.

[507] POVOLERI, Bruno. FIFA 21: EA contraria Justiça e bane usuário após caso de racismo. *GE*, 4 mar. 2021. Disponível em: https://ge.globo.com/esports/fifa/noticia/fifa-21-ea-contraria-justica-e-bane-usuario-apos-caso-de-racismo.ghtml. Acesso em: 15 jul. 2021.

[508] WIEVIORKA, Michel. *O racismo, uma introdução.* São Paulo: Editora Perspectiva, 2007. p. 71.

[509] WIEVIORKA, Michel. *O racismo, uma introdução.* São Paulo: Editora Perspectiva, 2007. p. 71.

streamers, ou seja, criadores de conteúdo digital encontravam-se sob a mira de ataques de grupos supremacistas que visavam, por meio da intimidação e de insultos que pudessem abalar o psicológico, prejudicar ou até mesmo acabar com a carreira de seus alvos. O *streamer* Victor "El Mito", por exemplo, seria uma dessas vítimas, porém, ao contrário do seu companheiro de profissão, dessa vez, os insultos partiram, ao que tudo indicava, de seus compatriotas. Enquanto jogava "Free Fire", um jogo de *battle royale,*[510] durante uma *live* transmitida pelo YouTube, os agressores utilizaram o "SuperChat" (ferramenta que por meio de doações em dinheiro permite mandar recados ao *streamer* e que fica visível para todos que estão assistindo) para atacá-lo. Dessa maneira, realizando doações em pequenos valores, mensagens como "macaco" e "preto" apareceram na transmissão do "El Mito". Em tom de desabafo, após o caso, a mãe do criador de conteúdo digital, Juliana Ferreira de Souza, deu a seguinte declaração: "Eu sempre peço que entrem nos perfis de todos aqueles que cometem atos racistas e denunciem, pois precisamos tirar a arma deles, que é a internet nesses casos".[511]

Os jogadores profissionais de "Free Fire", aliás, pareciam ser o alvo preferencial dos racistas para destilar o seu veneno. O *gamer,* isto é, o jogador de videogame, Gustavo "One9" recebeu mensagens, em forma de áudios, preconceituosas em suas mídias digitais. Ao que parecia pelo tom de voz, era um jovem que havia mandado os áudios.[512] Caso semelhante aconteceu com outro jogador. João Marcos Pereira, conhecido popularmente como João "JM777", depois de ser rebaixado com a equipe de jogos eletrônicos do Flamengo na Liga Brasileira de Free Fire (LBFF 4) – o equivalente ao campeonato brasileiro de futebol –, recebeu insultos racistas de um torcedor do próprio time rubro-negro. A identidade do agressor não foi revelada, no entanto, "JM777" publicou uma postagem mostrando os ataques que sofreu.[513]

No universo do *eSports,* os homens não eram os únicos a sofrerem com as investidas preconceituosas. A *streamer* Maria Clara Lombardi,

---

[510] Gênero de jogos em que os jogadores lutam entre si para ser o último sobrevivente.

[511] Free Fire: El Mito é alvo de racismo durante live. *GE*, 27 jan. 2021. Disponível em: https://ge.globo.com/esports/blogs/call-do-gb12/post/2021/01/27/free-fire-el-mito-e-alvo-de-racismo-durante-live.ghtml. Acesso em: 15 jul. 2021.

[512] TARTAGLIA, Rafael. Free Fire: one9, da FURIA, sofre racismo após farpas à LOUD; entenda. *GE*, 6 mar. 2021. Disponível em: https://ge.globo.com/esports/free-fire/noticia/free-fire-one9-da-furia-sofre-racismo-apos-farpar-a-loud-entenda.ghtml. Acesso em: 16 jul. 2021.

[513] LBFF 2021: JM777, do Flamengo, sofre racismo após rebaixamento. *GE*, 16 mar. 2021. Disponível em: https://ge.globo.com/esports/free-fire/noticia/lbff-2021-jm777-do-flamengo-sofre-racismo-apos-rebaixamento.ghtml#:~:text=Jo%C3%A3o%20%22JM777%22%2C%20jogador%20de,ter%20ficado%20na%20pen%C3%BAltima%20coloca%C3%A7%C3%A3o. Acesso em: 16 jul. 2021.

conhecida pelo apelido de Maria Russa, também não escapou da ira dos supremacistas. Enquanto jogava o jogo de tiro em equipe "Rainbow Six Siege", durante uma transmissão ao vivo, membros do time adversário, por meio do chat do jogo, começaram a ofendê-la com conotações discriminatórias. O mais impressionante, ou, melhor dizendo, revoltante, era que Maria Russa estava jogando de forma recreativa, ou seja, não estava participando de nenhum campeonato ou algo do tipo. Em outras palavras, os ataques a ela foram simplesmente gratuitos, sem qualquer justificativa (não que ataques racistas tenham justificativa). No dia seguinte ao episódio, a *streamer* publicou uma postagem denunciando os agressores e, como não poderia ser diferente, recebeu apoio da comunidade dos *games*.[514]

As ofensivas racistas mais ferozes, no entanto, foram direcionadas para outra *streamer*. Ana Beatriz "Preta" Souza mal podia suspeitar que se encontrava no centro da fúria de um grupo anônimo supremacista. Integrantes desse grupo, com nicknames, isto é, nomes de contas, preconceituosos, invadiram a *live* de "Preta" para insultá-la. Como se não bastassem as ofensas, os agressores resolveram dar um passo a mais: ordenaram que a *streamer* gravasse um vídeo na qual diminuísse a sua "raça" e crença (ela é umbandista), caso contrário, ela seria atacada mais vezes por eles e outras agremiações supremacistas. A investida contra "Preta", importante ressaltar, não foi um ataque amador, longe disso, foi muito bem arquitetada, pois não somente a atacaram no chat da Twitch (plataforma que transmite as *lives)*, como também utilizaram o chat do jogo LoL que ela jogava. Em entrevista ao *GloboEsporte.com,* "Preta" contou que abandonou a *live* por um momento para chorar, porém conseguiu se recompor e voltou à transmissão. Além disso, ela desabafou sobre o caso:

> Os ataques foram bem mais fundos. Eles falaram da minha religião, falaram da minha cor. Eu ironizei todos eles e continuei minha live. Eu sempre fui aberta na minha stream [canal de transmissão]. Sempre falei sobre minha religião e sobre como algumas pessoas se sentem representadas com uma mulher negra crescendo na plataforma.[515]

Segundo o professor José Moura Gonçalves Filho,

---

[514] R6: ex-jogadora e streamer, Russa sofre ataques racistas durante live. *GE*, 27 nov. 2020. Disponível em: https://ge.globo.com/esports/rainbow-6/noticia/r6-ex-jogadora-e-streamer-russa-sofre-ataques-racistas-durante-live.ghtml. Acesso em: 16 jul. 2021.

[515] QUEIROGA, Luiz. Twitch: Streamer sofre racismo, intolerância religiosa e recebe ameaças. *GE*, 14 jan. 2021. Disponível em: https://ge.globo.com/esports/noticia/twitch-streamer-sofre-racismo-intolerancia-religiosa-e-recebe-ameacas.ghtml. Acesso em: 16 jul. 2021.

> [...]. A humilhação de um negro é praticada de modo nunca destinado apenas a ele. O ataque a "um negro" é sempre um ataque "aos negros". O ataque racista deve valer a muitos, a todos os negros. É um ataque exemplar, contra um grupo, e que representa os interesses do grupo atacante.[516]

Sem dúvidas, por mais que os ataques fossem concentrados em "Preta", eles poderiam valer para toda a comunidade afro-brasileira. Entretanto, se, por um lado, os racistas destilavam o seu ódio; por outro lado, os cidadãos comprometidos com os pilares democráticos de igualdade racial não tardariam a dar a resposta. Com a repercussão do caso supra, pessoas e movimentos, dentre eles, o coletivo negro de criadores de conteúdo digital, "Wakanda Streamers", saíram em defesa da *streamer* nas redes sociais.[517]

Todas as frentes deveriam estar em alerta. A batalha contra o racismo era travada em todas as modalidades esportivas. Os atletas – aqueles compromissados em lutar por uma sociedade mais justa e igualitária – sabiam que essa era uma partida que eles não poderiam perder. Dessa maneira, era imprescindível que o esporte mais popular do Brasil não ficasse em silêncio diante desse cenário todo. Estava na hora de expulsar o racismo para fora dos gramados.

3.4 História, represálias e lutas no futebol brasileiro

O futebol está na cabeça, no coração e no pé dos brasileiros. Ele é capaz de parar a nação e fazer com que milhões de pessoas se emocionem – de alegria ou de tristeza – ao mesmo tempo. Entretanto, se o preconceito racial se confunde com a história do país, com o futebol não poderia ser diferente. De acordo com o historiador e pesquisador Ricardo Pinto dos Santos[518], o racismo foi emblemático e determinante desde a chegada até a consolidação do referido esporte no Brasil. Pior ainda. O constante sucesso de jogadores negros mascara a discriminação racial impregnada no esporte bretão (como o futebol também é conhecido). Segundo o sociólogo e professor da Faculdade de Educação da UFRJ e criador e coordenador do Laboratório de Pesquisa em Desigualdade e Diversidade de Corpo, Raça e Gênero (Ladecorgen), José Jairo Vieira, antes

---

[516] *Apud* KON, Noemi Moritz; SILVA, Maria Lúcia da; ABUD, Cristiane Curi. *O racismo e o negro no Brasil: questões para a psicanálise.* São Paulo: Editora Perspectiva, 2017. p. 148.

[517] QUEIROGA, Luiz. Twitch: Streamer sofre racismo, intolerância religiosa e recebe ameaças. *GE*, 14 jan. 2021. Disponível em: https://ge.globo.com/esports/noticia/twitch-streamer-sofre-racismo-intolerancia-religiosa-e-recebe-ameacas.ghtml. Acesso em: 16 jul. 2021.

[518] SANTOS, 2020. p. 42.

> [...] se perguntarmos aos participantes de um bate-papo ima-
> ginário numa mesa de bar sobre a existência do racismo no
> futebol, a resposta mais esperada é que o racismo não existe,
> e darão vários exemplos de excelentes jogadores negros que
> atuam em vários times, em vários países e sobretudo em
> várias posições.[519]

Esse tipo de pensamento, no entanto, encontra-se hoje sob questio-namento. Sim, por mais que alguns tentassem negar, a discriminação racial era figura carimbada no mundo do futebol e, no primeiro momento, quem começou a desmascará-la foram as arquibancadas. Em resposta à ameaça do golpe, com as consequências conhecidas, inclusive, o recrudescimento do racismo, conforme os repórteres do site de notícias de esporte *GloboEsporte.com*, Pedro Cruz e Gustavo Pêna, ao longo dos anos, o número de membros de grupos antifascistas presentes nas torcidas passou a crescer de forma significativa.[520] Mais do que conquistarem novos integrantes, esses coletivos de torcedores passaram a organizar atos em prol da democracia e da causa negra. Na capital de São Paulo, como visto anteriormente, setores mais progressistas das torcidas organizadas dos clubes paulistas se uniram e tomaram as ruas. A mesma cena se repetira na cidade de Belém, capital do Pará: deixando para trás uma histórica e fervorosa rivalidade, grupos antifascistas do Paysandu e Remo, a PSC Antifa – Frente 1914 – e RemoAntifa caminharam lado a lado pelas ruas da cidade clamando por justiça racial. Segundo um dos membros da PSC Antifa – Frente 1914 –, Midi Flores, em entrevista ao referido site de notícias de esporte, a manifestação se dava porque

> [...] a democracia está ameaçada desde a eleição da chapa Bol-
> sonaro/Mourão. Eles representavam o retrocesso, discurso
> de ódio contra os setores que sofrem opressão, exaltação a
> torturadores. Hoje, temos o aprofundamento disso, o descaso
> com a vida da população durante a pandemia, desrespeito
> com profissionais da imprensa, ameaças direta de fechamento
> das instituições democráticas.[521]

---

[519] VIEIRA, José Jairo. *As relações étnico-raciais e o futebol do Rio de Janeiro*: mitos, discriminação e mobilidade social. Rio de Janeiro: Editora Mauad X, 2017. p. 12.

[520] CRUZ, Pedro; PÊNA, Gustavo. Torcedores de Remo e Paysandu superam rivalidade e se unem em movimento pró-democracia. *GE*, 1 jun. 2020. Disponível em: https://ge.globo.com/pa/futebol/noticia/torcedores-de-remo-e-paysandu-superam-rivalidade-e-se-unem-em-movimento-pro-democracia.ghtml. Acesso em: 17 jul. 2021.

[521] CRUZ, Pedro; PÊNA, Gustavo. Torcedores de Remo e Paysandu superam rivalidade e se unem em movimento pró-democracia. *GE*, 1 jun. 2020. Disponível em: https://ge.globo.com/pa/futebol/noticia/torcedores-de-remo-e-paysandu-superam-rivalidade-e-se-unem-em-movimento-pro-democracia.ghtml. Acesso em: 17 jul. 2021.

Rivais nas arquibancadas, mas unidos nas ruas. Assim como Flores, o membro do grupo AntifaRemo Thiago Braga possuía a mesma linha de pensamento. Para ele, em entrevista ao mesmo veículo de comunicação, hoje em dia as

> [...] pessoas não escondem mais seu preconceito, ao contrário, o exibem com orgulho e a todo momento atentam contra a democracia e suas instituições, como o Congresso Nacional e o STF. É inadmissível que um chefe do Executivo [Jair Bolsonaro] apoie o fechamento destas instituições, mas ele o faz abertamente e nada acontece.[522]

A aliança entre torcidas adversárias, todavia, não se limitou apenas a São Paulo e Belém. Em Belo Horizonte, Minas Gerais, torcedores dos três principais times do estado, Atlético-MG, Cruzeiro e América-MG, reuniram-se na Avenida Afonso Pena, mais precisamente na Praça da Liberdade, para defender a democracia e protestar contra a injustiça racial. A passeata terminou com os torcedores ocupando um dos cartões postais mais famosos da capital mineira, a Praça Sete.[523]

Mais do que juntar torcedores rivais, as marchas promovidas pelos grupos antifascistas escancararam que o esporte, nesse caso específico o futebol, e a política são coisas inseparáveis. Segundo o filósofo Silvio Almeida, em sua participação no podcast Ubuntu Futebol Clube, do site *GloboEsporte.com,* ao

> [...] falar de esporte é falar de algo que é desenvolvido em determinadas condições sociais e econômicas. A gente não pode retirar o esporte das reflexões que nós fazemos sobre política, economia, sobre cultura de uma maneira geral. O futebol é influenciado por todas as transformações no campo da economia, da política e da cultura. Assim como o racismo faz parte desse processo.[524]

Atos políticos dentro do mundo do futebol brasileiro, no entanto, não são de agora. Em 14 de março de 2018, uma das maiores tragédias da história da política brasileira aconteceu. Saindo por volta 21h da Casa das Pretas,

---

[522] CRUZ, Pedro; PÊNA, Gustavo. Torcedores de Remo e Paysandu superam rivalidade e se unem em movimento pró-democracia. *GE*, 1 jun. 2020. Disponível em: https://ge.globo.com/pa/futebol/noticia/torcedores-de-remo-e-paysandu-superam-rivalidade-e-se-unem-em-movimento-pro-democracia.ghtml. Acesso em: 17 jul. 2021.

[523] Torcedores de América-MG, Atlético-MG e Cruzeiro se unem em ato contra o racismo e a favor da democracia. *GE*, 7 jun. 2020. Disponível em: https://ge.globo.com/mg/futebol/noticia/torcedores-de-america-mg-atletico-mg-e-cruzeiro-se-unem-em-ato-contra-o-racismo-e-a-favor-da-democracia.ghtml. Acesso em: 17 jul. 2021.

[524] Ubuntu Esporte Clube: filósofo Silvio de Almeida debate o racismo estrutural no futebol. *GE*, 5 ago. 2020. Disponível em: https://ge.globo.com/futebol/noticia/ubuntu-esporte-clube-filosofo-silvio-de-almeida-debate-o-racismo-estrutural-no-futebol.ghtml. Acesso em: 17 jul. 2021.

depois de participar de um debate com jovens negras, a socióloga, ativista e então vereadora carioca pelo Psol, Marielle Francisco da Silva, conhecida mais como Marielle Franco, entrou no carro de seu motorista, Anderson Gomes. Mal sabiam os dois que esses seriam os últimos minutos de suas vidas. Ao saírem do local, cerca de quatro quilômetros depois, um carro passou ao lado e disparou 13 vezes contra eles. Nem Marielle e nem Anderson resistiram aos tiros que levaram e acabaram falecendo.[525] Com a comoção nacional e internacional que o episódio provocou, não demorou muito para que manifestações de torcedores pedindo justiça à vereadora e ao motorista aparecessem nas arquibancadas. No jogo entre Cruzeiro e Patrocinense, em 17 de março de 2018, por exemplo, cruzeirenses estenderam no Mineirão uma faixa com os dizeres: "#MariellePresente".[526] Gesto semelhante foi feito no clássico entre Flamengo e Fluminense, no dia 22 de março de 2018, com as duas torcidas levando faixas em homenagem a ela.[527] Um ano depois do assassinato – até então sem respostas – um grupo de torcedores do Náutico, no duelo pernambucano contra o Santa Cruz, em forma de protesto, estendeu a seguinte faixa no estádio: "Quem mandou matar Marielle?".[528]

Se viajarmos ainda mais no tempo, contudo, descobriremos que os laços entre futebol e a política são bem mais estreitos no Brasil. No decorrer do golpe de 1964, quando João Belchior Marques Goulart (1961-1964), ou apenas João Goulart, era deposto do cargo de presidente para a entrada do militar Humberto de Alencar Castello Branco (1964-1967), mais conhecido como Castello Branco, nas palavras do ex-jogador e ídolo da torcida palmeirense que atuou pelo clube alviverde nas décadas de 1960 e 1970, Olegário Toloi de Oliveira, conhecido popularmente pelo apelido de Dudu, o futebol funcionou como uma "[...] válvula de escape para que o povo se acalmasse, se tranquilizasse e mostrasse que estava havendo uma paz no Brasil todo, que não havia guerra nem nada".[529]

---

[525] Caso Marielle, Memória Globo. *G1*, 2 dez. 2021. Disponível em: https://memoriaglobo.globo.com/jornalismo/coberturas/noticia/caso-marielle.ghtml#ancora_1. Acesso em: 18 mar. 2023.

[526] SIMÕES, Alexandre. #Marielle Presente: torcida cruzeirense faz protesto pelo assassinato de vereadora do Rio de Janeiro. *Hoje em Dia*, 17 mar. 2018. Disponível em: https://www.hojeemdia.com.br/marielle-presente-torcida-cruzeirense-faz-protesto-pelo-assassinato-de-vereadora-do-rio-de-janeiro-1.606941. Acesso em: 18 mar. 2023.

[527] Torcidas do Flamengo e Fluminense homenageiam Marielle Franco no Nilton Santos. *Lance!*, 22 mar. 2018. Disponível em: https://www.lance.com.br/futebol-nacional/torcidas-flamengo-fluminense-homenageiam-marielle-franco-nilton-santos.html. Acesso em: 18 mar. 2023.

[528] FERREIRA, William. Em faixa, torcedores do Náutico protestam e perguntam: "Quem mandou matar Marielle?" *Torcedores.com*, 18 mar. 2019. Disponível em: https://www.torcedores.com/noticias/2019/03/torcida-nautico-marielle-franco. Acesso em: 18 mar. 2023.

[529] *apud* FLORENZANO, José Paulo. *A democracia corinthiana*: práticas de liberdade no futebol brasileiro. São Paulo: Editora EDUC FAPESP, 2009. p. 25.

Posteriormente, ao se instalarem no poder, os militares, de acordo com o antropólogo e professor da Pontifícia Universidade Católica de São Paulo (PUC-SP) José Paulo Florenzano, acreditaram que poderiam manipular o esporte bretão como uma espécie de "arma ideológica", capaz de

> [...] apaziguar e narcotizar as camadas populares, proporcionando-lhes a válvula de escape necessária para contra-arrestar a repressão política e as tensões geradas no mundo do trabalho.[530]

Dessa maneira, o regime autoritário convertia a modalidade esportiva mais popular do país, isto é, o futebol em um mecanismo de propaganda ideológica que, melhor do que qualquer outro meio de comunicação, imagem ou discurso, funcionaria para conquistar de forma direta e intensa os corações e as mentes dos brasileiros. Não à toa, o futebol, conforme a crença dos detentores do poder da época, constituía-se no *ópio do povo*.[531]

Se, do ponto de vista da ditadura militar, o referido esporte poderia ser entendido como o *ópio do povo,* da perspectiva dos setores do campo progressista ele poderia se revelar em um instrumento capaz de despertar as massas para a luta em prol da democracia. Durante a vigência do regime militar, ascendia uma classe de atletas-politizados, ou seja, jogadores que almejavam ampliar a atuação do seu campo social por meio de outras práticas culturais e do diálogo com outros atores políticos. Sendo assim, um dos atletas que mais se destacou nessa nova categoria que emergia dos gramados foi o então centroavante José Reinaldo de Lima, ídolo da torcida do Atlético-MG, que defendeu as cores do time durante os anos de 1970 e a primeira metade dos anos 1980. Conhecido popularmente como Reinaldo e apelidado de Rei do Mineirão, o atleta, além de se envolver na luta antirracista **(falarei disso mais para frente)**, também se engajaria na luta política. Após uma entrevista concedida em 1978 ao semanário *Movimento,* ele se tornaria uma das principais figuras do esporte a se colocar publicamente contra o regime militar. Na entrevista, Reinaldo argumentou da seguinte maneira:

> Eles [os militares] fizeram o povo se afastar da política, mas é claro que o povo tem maturidade para votar [a Anistia] vai acontecer mais cedo ou mais tarde porque em tudo deve haver oposição, pois é assim que surgem novas ideias e caminhos

---

[530] FLORENZANO, José Paulo. *A democracia corinthiana:* práticas de liberdade no futebol brasileiro. São Paulo: Editora EDUC FAPESP, 2009. p. 25.

[531] FLORENZANO, José Paulo. *A democracia corinthiana:* práticas de liberdade no futebol brasileiro. São Paulo: Editora EDUC FAPESP, 2009. p. 25; 71.

diferentes. [Quanto à assembleia constituinte enfatizava] que em tudo o povo tem que ter participação. [E mais ainda:] o povo tem direito de votar e escolher seus governantes.[532]

Não tardou muito para que o regime militar lançasse a sua reprimenda contra o então atacante do Galo (como carinhosamente o Atlético-MG é chamado pela sua torcida). No primeiro momento, a Confederação Brasileira de Desportos (CBD) – atualmente Confederação Brasileira de Futebol (CBF) – ameaçou cortá-lo da seleção brasileira que se preparava para disputar a Copa do Mundo da Argentina de 1978. Entretanto, ele não se deixaria intimidar. Ao contrário, determinado, Reinaldo viria a simbolizar uma nova classe de jogadores que, na passagem dos anos 1970 para os anos 1980, combinaria a condição de atleta com a de cidadão,[533] quer dizer, atletas que estavam dispostos a não apenas batalhar pela bola dentro de campo, mas sim a lutar lado a lado com o povo por práticas de liberdade que levariam a sociedade brasileira a um caminho mais democrático e justo. Em palavras mais poéticas, os jogadores, além de usarem a sua magia com os pés para driblar os adversários e encantar os torcedores; passavam também a utilizar a sua voz para despertar as massas e mobilizá-las contra a opressão da ditadura. Com efeito, podemos aplicar nessa situação aquele velho ditado: "o feitiço se virou contra o feiticeiro", pois os militares que pretenderam usar o futebol como uma arma ideológica para "narcotizar" o povo e mantê-lo alheio à política, viram-no sendo transformado em um instrumento de mobilização popular justamente para demovê-los do poder.

Ao falarmos de política, democracia e futebol no Brasil, contudo, não podemos deixar de citar um dos movimentos mais revolucionários esportivos que aconteceu: a Democracia Corinthiana. O movimento que emergia dentro dos muros do Parque São Jorge (sede do Corinthians) não se limitava apenas a discutir questões internas de sua equipe, longe disso, tinha um olhar voltado aos problemas sociais e políticos da sociedade brasileira. Em 1982, por exemplo, Walter Casagrande Jr. e Wladimir Rodrigues dos Santos, popularmente conhecido apenas pelo seu primeiro nome, filiaram-se ao PT, que na época caracterizava-se como uma das principais forças de oposição à ditadura militar. A partir de novembro daquele ano, nas camisas de jogo do Corinthians eram colo-

---

[532] *Apud* FLORENZANO, José Paulo. *A democracia corinthiana:* práticas de liberdade no futebol brasileiro. São Paulo: Editora EDUC FAPESP, 2009. p. 120-121.

[533] FLORENZANO, José Paulo. *A democracia corinthiana*: práticas de liberdade no futebol brasileiro. São Paulo: Editora EDUC FAPESP, 2009. *passim.*

cadas mensagens de cunho político. Mais tarde, quando as eleições foram restabelecidas no país, para incentivar a população a ir às urnas a equipe alvinegra entrou em campo com a seguinte mensagem em suas camisas: "Dia 15 Vote". Posteriormente, em setembro de 1983, durante uma crise econômica que assolou a referida nação tropical, em um gesto de solidariedade aos desempregados que em protestos acampavam no gramado do Parque Ibirapuera em frente à Assembleia Legislativa, Casagrande, representando o movimento corintiano, doou uma quantia em dinheiro arrecada pelos jogadores e, por meio da imprensa, endereçou a seguinte mensagem às autoridades: "Nós vamos apoiá-los até quando eles permaneceram aqui". O ápice da Democracia Corintiana, todavia, viria meses depois, mais precisamente no dia 14 de dezembro, no Morumbi, na final do Campeonato Paulista de 1983, contra o São Paulo. O time do Parque São Jorge conquistaria o bicampeonato estadual que há tempos não vencia. Entretanto, o título de campeão, de certa forma, ficou em segundo plano. Ao entrar no campo, diante de um público de quase 90 mil torcedores, os atletas do Timão (como o Corinthians é apelidado carinhosamente pela sua torcida) estenderam a seguinte faixa: "Ganhar ou perder, mas sempre com democracia".[534]

Diante dessa imagem não resta dúvidas, o futebol e a política andam lado a lado. Mais do que isso, a modalidade esportiva mais popular do Brasil poderia ser compreendida como um dos campos de batalha da luta entre duas ideologias antagônicas. De acordo com Florenzano,

> [...] o futebol, pela sua visibilidade nos meios de comunicação, pela centralidade que ocupava na cultura brasileira, devido à capilaridade que possuía na sociedade, convertia-se no palco onde se dramatizava o embate hegemônico envolvendo visões de mundo contrastantes [...].[535]

Até os dias de hoje, o esporte bretão é palco desse embate hegemônico. Mais recentemente, no pleito presidencial de 2018, jogadores brasileiros de renome aderiram abertamente à candidatura de Bolsonaro, dentre eles, Felipe Melo, Jadson, Diego Souza, Ronaldinho Gaúcho, Rivaldo, Lucas Moura, Carlos Alberto, Roger, Edmundo, Cafu, Dagoberto e Falcão (do futsal). Além do mais, o time inteiro do Athletico-PR (com exceção do

---

[534] FLORENZANO, José Paulo. *A democracia corinthiana*: práticas de liberdade no futebol brasileiro. São Paulo: Editora EDUC FAPESP, 2009. p. 261-263; 402.

[535] FLORENZANO, José Paulo. *A democracia corinthiana*: práticas de liberdade no futebol brasileiro. São Paulo: Editora EDUC FAPESP, 2009. p. 345.

então zagueiro Paulo André) entrou em campo vestido camisetas com um dos slogans de campanha do capitão: "Vamos todos juntos por amor ao Brasil".[536] O apoio não ficava restrito às quatro linhas de campo. Nas arquibancadas, integrantes de torcidas organizadas, de uma maneira ou de outra, declararam-se apoiadores do então presidenciável. No metrô de São Paulo, por exemplo, um grupo de palmeirenses entoou o grito de guerra: "Ô bicharada, toma cuidado, o Bolsonaro vai matar [sic] viado".[537] Grito semelhante seria cantado em Belo Horizonte pela torcida do Atlético-MG contra o seu maior rival: "Ô cruzeirense, toma cuidado, o Bolsonaro vai matar [sic] viado".[538]

Bolsonaro sabia muito bem que podia utilizar-se do futebol para angariar a simpatia de boa parte da população. Não à toa, quando assumiu a cadeira de presidente, comparecia sempre que possível a algum jogo e – por mais que afirmasse que torcia pelo Palmeiras – usava camisas de clubes de Norte a Sul do Brasil. Ele, na verdade, recorria a uma velha estratégia usada na época da ditadura militar por Emílio Garrastazu Médici (1969-1984), que, na função de mandatário do país, para conquistar os corações e as mentes dos brasileiros, tanto do homem rural quanto do homem das metrópoles, exibia-se como um presidente-torcedor, tornando-se figura marcada nos estádios espalhados em solo brasileiro.[539]

Bolsonaro usava a capilaridade do futebol para conquistar as massas, porém, em contrapartida, os torcedores que estavam do lado do campo progressista passaram a também usar o esporte bretão como meio para combater as políticas do então mandatário e lutar pela manutenção da democracia e, por conseguinte, por uma sociedade racialmente mais igualitária. Para o membro da torcida RemoAntifa Thiago Braga, as manifestações lideradas pelas torcidas antifascistas descontruíram a

> [...] narrativa [que futebol e política não se misturam]. O futebol é um movimento popular de grande apelo social, em especial no Brasil, que movimenta as massas. Dentro das torcidas existe todo tipo de diversidade e a política é inerente ao ser humano. É impossível dissociar uma coisa da outra. O

---

[536] Apoio de esportistas a Bolsonaro continua gerando polêmica. *Lance!*, 5 nov. 2018. Disponível em: https://www.lance.com.br/futebol-nacional/jogadores-atletas-causam-polemica-declarar-voto-bolsonaro-veja-lista.html. Acesso em: 18 jul. 2021.

[537] CONINEU, Maria Laura. Contra a violência política. *Revista Veja*, São Paulo, 17 out. 2018.

[538] CASTRO, Carol; MARTINS, Rodrigo. #EleNão. *Carta Capital*, São Paulo, 26 set. 2018.

[539] FLORENZANO, José Paulo. *A democracia corinthiana*: práticas de liberdade no futebol brasileiro. São Paulo: Editora EDUC FAPESP, 2009. p. 59.

futebol tem o poder de transformar a sociedade, assim como a política. E conscientizar os torcedores é preciso, para que o preconceito seja abolido das arquibancadas.[540]

A união faz a força. Deixando a rivalidade futebolística de lado, como vimos anteriormente, torcedores, pelo menos aqueles comprometidos com os pilares da democracia, de diversos clubes se juntaram para lutar contra a discriminação racial. Dessa maneira, estava mais do que na hora de os jogadores, pelo menos aqueles que também compartilhavam os ideais da democracia, vestirem a camisa do time antirracista. E, de fato, alguns vestiram. Um dos primeiros a se colocar em prol da causa negra foi o então meio-campista do Grêmio, Jean Pyerre Casagrande Silveira Corrêa, conhecido apenas como Jean Pyerre. Reforçando a onda dos protestos que aconteciam ao redor do mundo, em suas redes sociais, ele publicou a foto de uma criança segurando o cartaz com a seguinte mensagem: "Am I next?" ("Eu sou o próximo?").[541] Quem se juntou a Jean Pyerre foi o então atacante do Palmeiras, Wesley Ribéiro da Silva, conhecido popularmente apenas como Wesley. Também por meio das mídias digitais, o jogador publicou a imagem de uma manifestação ocorrida no Brasil, na qual se podia ver um cartaz com a frase: "Vidas negras e faveladas importam".[542] A então jogadora do Atlético de Madrid Ludmila da Silva, conhecida apenas como Ludmila, também não deixou de se manifestar sobre o tema. Nas suas redes sociais, ela publicou uma imagem que associava a morte de George Floyd à do menino João Pedro.[543] O posicionamento mais incisivo, todavia, partiu de dois jogadores que se encontravam em times fora dos holofotes da grande imprensa esportiva nacional. Os então zagueiros do Treze, Carlos Breno Barroso Calixto, e do Campinense, Victor Melo Costa, conhecido como Vitão, como bons zagueiros que são, entraram de sola contra a ideia de que jogadores não deveriam se posicionar sobre temas sociais. Para eles, não

---

[540] CRUZ, Pedro; PÊNA, Gustavo. Torcedores de Remo e Paysandu superam rivalidade e se unem em movimento pró-democracia. *GE*, 1 jun. 2020. Disponível em: https://ge.globo.com/pa/futebol/noticia/torcedores-de-remo-e-paysandu-superam-rivalidade-e-se-unem-em-movimento-pro-democracia.ghtml.

[541] Gremistas Thiago Neves e Jean Pyerre engrossam coro contra o racismo. *GE*, 1 jun. 2020. Disponível em: https://ge.globo.com/rs/futebol/times/gremio/noticia/gremistas-thiago-neves-e-jean-pyerre-engrossam-coro-contra-o-racismo.ghtml.

[542] Palmeiras e jogadores se manifestam contra o racismo: "Vidas negras importam". *GE*, 1 jun. 2020. Disponível em: https://ge.globo.com/futebol/times/palmeiras/noticia/palmeiras-e-jogadores-se-manifestam-contra-o-racismo-vidas-negras-importam.ghtml. Acesso em: 18 jul. 2021.

[543] DANTAS, Gabriela. Há quase quatro anos no Atlético de Madrid, Ludmila lembra início: "Chorava e queria ir embora". *GE*, 2 out. 2020. Disponível em: https://ge.globo.com/futebol/futebol-internacional/noticia/ha-quase-quatro-anos-no-atletico-de-madrid-ludmila-lembra-inicio-chorava-e-queria-ir-embora.ghtml. Acesso em: 18 jul. 2021.

apenas os jogadores de futebol deveriam se posicionar, mas sim já havia passado da hora de a sociedade, como um todo, dar uma resposta à altura em prol da democracia e contra os casos de racismo que vinham ocorrendo em solo brasileiro.[544]

Não se observava, contudo, posicionamentos mais militantes dos demais jogadores. De um modo geral, as manifestações se limitavam a postagens nas redes sociais e mesmo assim com mensagens desprovidas de um tom mais crítico. Isso nos conduz para a seguinte questão: afinal de contas, por que os atletas de futebol brasileiros não se engajavam como os atletas estadunidenses? O medo de desagradar dirigentes, patrocinadores e a opinião pública como um todo se torna um empecilho para que muitos atletas não se manifestem sobre temas sensíveis ao debate público. De acordo com o ex-jogador e então comentarista do grupo Globo, Ednaldo Batista Libânio, popularmente conhecido como Grafite, em entrevista ao podcast "Fala, Minha Joia", do site *GloboEsporte.com,*

> [...] é difícil jogadores tomarem posição numa causa. A partir do momento que estou fazendo gol, rendendo, eu posso me posicionar, mas basta eu começar a não render que aquilo vai se voltar contra mim. "Grafite não tá fazendo gol, porque ele tá focado na causa do racismo". Existe isso no futebol. Eu vi pessoas cobrando Neymar por causa disso, mas, da mesma maneira que Neymar tem que ser mais incisivo, eu entendo o lado dele. Porque isso pode ser jogado contra ele, caso ele não jogue bem.[545]

Segundo o pesquisador e líder do Observatório da Discriminação Racial do Futebol, Marcelo Medeiros Carvalho, realmente existe esse medo, pois uma vez que o atleta pensa em se posicionar ele se lembra "da história de jogadores que foram silenciados".[546] No esporte bretão brasileiro, no entanto, já havia jogadores que enfrentaram publicamente, ou, melhor dizendo, dentro de campo as represálias impostas por um sistema que procura de toda maneira bloquear as manifestações antirracistas. Como se

---

[544] ALVES, Pedro. Zagueiros rivais dentro de campo se unem nas redes sociais contra o racismo e a favor da democracia. *GE*, 1 jun. 2020. Disponível em: https://ge.globo.com/pb/futebol/noticia/zagueiros-rivais-dentro-de-campo-se-unem-nas-redes-sociais-contra-o-racismo-e-a-favor-da-democracia.ghtml. Acesso em: 18 jul. 2021.

[545] Grafite, sobre o racismo: "A gente está acostumado com coisas bizarras, que deveria vomitar". *GE*, 5 jun. 2020. Disponível em: https://ge.globo.com/pe/futebol/noticia/grafite-comenta-casos-george-floyd-e-joao-pe-dro-e-avalia-luta-contra-racismo-pode-ser-maior.ghtml. Acesso em: 18 jul. 2021.

[546] NATALE, Dayana. Antirracismo no futebol: por que os atletas no Brasil não repetem o movimento das ligas americanas. *GE*, 20 nov. 2020. Disponível em: https://globoesporte.globo.com/sp/futebol/noticia/futebol-ra-cismo-antirracismo.ghtml. Acesso em: 18 jul. 2021.

esquecer, por exemplo, das comemorações de gols com o punho cerrado de Reinaldo? O ex-atacante do Atlético-MG, como vimos anteriormente, foi um dos primeiros a se colocar abertamente contra a ditadura militar. E mais do que isso. Foi também um dos primeiros jogadores brasileiros a incorporar em suas comemorações um protesto contra o racismo. Em entrevista ao *GloboEsporte.com*, ele conta que o gesto nas suas comemorações de gol foi inspirado nos movimentos estadunidenses antirracistas:

> Comecei a comemorar os gols com o punho cerrado. Era uma alusão ao movimento Black Power dos Panteras Negras, dos pretos norte-americanos. Eu queria dar maior visibilidade a esse movimento aqui no Brasil, onde existe um racismo covarde, um racismo velado. Tanto na sociedade, como no esporte.[547]

Os punhos cerrados de Reinaldo não ficariam esquecidos na história. Assim como o craque do Atlético-MG, no contexto de 2020, o então jogador do São Paulo Danilo das Neves Pinheiro, conhecido popularmente pelo apelido de Tchê Tchê, também não se amedrontaria com as possíveis críticas, e, como um bom volante, mostrou-se disposto a dar um "carrinho" no racismo. O referido jogador não se limitava apenas às mídias digitais. Ao contrário, chegou inclusive a participar de um ato antirracista na capital paulista. Em entrevista ao site *GloboEsporte.com*, mostrando as tatuagens de Martin Luther King e Malcolm X que tem nas pernas, ele explicou os motivos que o levaram a se engajar na causa negra:

> Vim de uma origem muito humilde. Sei o que é ser negro, o que é entrar no shopping e as pessoas olharem tipo: "o que ele está fazendo aqui?" Muitas vezes o direito de sonhar nos é tirado. Porque quando a gente é criança, a gente planeja, tem vários sonhos, mas ao meu ver, o que é vendido é que não temos essa condição.[548]

Tchê Tchê não era o único. Sabendo da força de influência que os atletas tinham na sociedade, a então lateral esquerda do Corinthians, Suellen

---

[547] NATALE, Dayana; CASTRO, Elton de; RUIZ, Felipe; PEREIRA, Guilherme; LUIZ, Levi Guimarães. Nós falamos, mas vocês nos ouvem? Lázaro Ramos e atletas relatam luta contra o racismo. *GE*, 7 jun. 2020. Disponível em: https://ge.globo.com/programas/esporte-espetacular/noticia/nos-falamos-mas-voces-nos-ouvem-lazaro-ramos-e-atletas-relatam-luta-contra-o-racismo.ghtml. Acesso em: 19 jul. 2021.

[548] NATALE, Dayana; CASTRO, Elton de; RUIZ, Felipe; PEREIRA, Guilherme; LUIZ, Levi Guimarães. Nós falamos, mas vocês nos ouvem? Lázaro Ramos e atletas relatam luta contra o racismo. *GE*, 7 jun. 2020. Disponível em: https://ge.globo.com/programas/esporte-espetacular/noticia/nos-falamos-mas-voces-nos-ouvem-lazaro-ramos-e-atletas-relatam-luta-contra-o-racismo.ghtml. Acesso em: 19 jul. 2021.

Serra Rocha, em entrevista ao referido site de notícias de esporte, destacava a importância de militar em prol do movimento negro:

> Foram mais de 300 anos de escravidão e até hoje um negro é morto a cada 23 minutos. As crianças se inspiram em jogadores. Elas têm jogadores como heróis e, por isso, é importante o posicionamento.[549]

Não há dúvidas de que no país encontravam-se jogadores dispostos a romperem a barreira do silêncio. Porém, o medo de enfrentar a opinião pública contrária às pautas que reivindicavam não era o único motivo para que os atletas deixassem de se manifesar, especialmente em relação ao preconceito racial. Na verdade, havia algo mais profundo. De acordo com Carvalho, nunca é simples para um negro falar de racismo, pois para isso deve-se lembrar de "acontecimentos traumáticos", nos quais em muitos casos ele ou alguma outra pessoa negra foi "humilhada, desumanizada, tratada como um objeto associado a algo ruim, feio ou violento [...]". Logo, nas palavras do coordenador do Observatório da Discriminação Racial, no Brasil, onde o racismo constitui-se como algo naturalizado, era

> [...] um pouco desumano desejar que de um dia para outro negros e negras que foram silenciados, oprimidos e que sofreram diversos tipos de represálias tenham opiniões elaboradas para expor em suas redes sociais. Afinal, não basta se posicionar, é preciso ter conteúdo para se comunicar sobre o tema.[550]

Falar do racismo, portanto, não era apenas um dever dos negros. Os brancos tinham que ser cobrados pela falta de comprometimento na luta antirracista. Para o escritor e poeta Luiz Silva, conhecido pelo pseudônimo Cuti,

> [...] racismo não é só tema de negro. Os brancos estão envolvidos até o mais recôndito da alma (para os que acreditam em alma – podemos dizer subjetividade, para os descrentes). Só que não admitem, em sua maioria. [...].[551]

---

[549] GONZAGA, Aluísio; CASTRO, Elton de; ROTSTEIN, Gustavo; SENNA, Lucas de; GOUVEIA, Thiago. "Se tiver um branco e um negro, acusão um negro", diz Marinho, em campanha contra o racismo. *GE*, 5 jul. 2020. Disponível em: https://globoesporte.globo.com/pe/futebol/noticia/vidas-negras-importam-marinho-suellen-e-everton-ribeiro-falam-sobre-o-papel-do-esporte-na-luta-antirracista.ghtml. Acesso em: 19 jul. 2021.

[550] CARVALHO, Marcelo Medeiros de. Artigo: Mais do que cobrar posição dos atletas negros, é preciso entender seu silêncio. *Folha de S. Paulo*, São Paulo, 8 jun. 2020.

[551] *Apud* KON, Noemi Moritz; SILVA, Maria Lúcia da; ABUD, Cristiane Curi. *O racismo e o negro no Brasil:* questões para a psicanálise. São Paulo: Editora Perspectiva, 2017. p. 209.

Alguns jogadores brancos, atendendo ao chamado da comunidade negra, postaram na internet publicações antirracistas. Entretanto, envolvido de corpo e alma com a causa, o então meio-campista do Flamengo, Everton Augusto de Barros Ribeiro, conhecido popularmente como Everton Ribeiro, não se limitou apenas a publicações protocolares. Por meio de suas redes sociais, o jogador começou a abordar de maneira crítica questões relacionadas com a discriminação racial. Em entrevista ao *GloboEsporte.com,* ele destacou a importância de os atletas de se posicionarem na luta antirracista:

> Temos voz para isso. Temos uma população que nos vê como exemplo. Temos a mídia para ser utilizada em grandes causas. Primeiro, temos que nos preparar e conhecer a causa que vamos abordar. É preciso se posicionar sabendo o que está falando e não só por estar em evidência. É aprender para ter argumentos.[552]

O engajamento social de Everton Ribeiro não era de agora. O seu então companheiro de time Diego Ribas da Cunha o apresentou ao projeto do Grupo Cultural AfroReggae, que atua nas favelas do Rio de Janeiro. Com a série de manifestações antirracistas deflagradas no mundo a partir do epicentro localizado nos EUA, Everton concedeu espaço nas suas mídias digitais para que o coordenador do referido projeto, William Reis, pudesse promover debates com personalidades negras para discutir ações de combate ao racismo. Para Reis, o gesto do jogador foi de extrema importância para que mais pessoas se envolvessem em prol da causa negra:

> Historicamente, as pessoas do esporte que se posicionaram a favor de uma luta que tivesse desigualdade sofreram represálias, e de forma alguma ele recuou. Ele tinha muito mais a perder do que ganhar. Mas o mundo é outro. Mesmo ele sendo uma pessoa branca, é importante, porque está dando a influência dele para que as pessoas negras tenham visibilidade e falem do racismo.[553]

O gesto de Everton Ribeiro poderia ser retratado no argumento a seguir da psicanalista Maria Beatriz Costa Carvalho Vannuchi:

---

[552] Everton Ribeiro sem filtro: na volta das entrevistas do Flamengo, capitão vai do futebol ao racismo. *GE,* 10 jun. 2020. Disponível em: https://ge.globo.com/futebol/times/flamengo/noticia/everton-ribeiro-sem-fil-tro-na-volta-das-entrevistas-do-flamengo-capitao-vai-do-futebol-ao-racismo.ghtml. Acesso em: 19 jul. 2021.

[553] SCHMIDT, Felipe. Lives e visitas a favelas: como Everton Ribeiro se aproximou do AfroReggae e deu voz contra o racismo. *GE,* 11 jun. 2020. Disponível em: https://ge.globo.com/futebol/times/flamengo/noticia/lives-e-visitas-a-favelas-como-everton-ribeiro-se-aproximou-do-afroreggae-e-virou-voz-contra-o-racismo.ghtml. Acesso em: 19 jul. 2021.

> Somos todos, brasileiros, tanto brancos como negros ou de qualquer outra coloração, afetados [sem dúvidas, em proporções desiguais] pelos crimes do passado e os atuais [...].[554]

Em outras palavras, Ribeiro era um patriota. Não no sentido deturpado bolsonarista que pregava o ódio contra imigrantes e minorias sociais, mas sim no sentido de que como branco, membro de uma camada social elevada e, sobretudo, como jogador e representante de um time tão popular quanto o Flamengo (até então a maior torcida do Brasil)[555] ele sabia da importância de se colocar a respeito de questões sociais, em especial sobre a luta antirracista:

> A gente tem que entender que temos privilégio. Entender que, entrar em um estabelecimento e não ser olhado com desconfiança é um privilégio. A partir daí, a gente pode direcionar o conhecimento para tentar ajudar. Usar a força da mídia que o futebol me dá, para usar a favor da luta contra o racismo.[556]

De fato, cada vez mais os atletas se manifestavam contra o racismo. Entretanto, conforme Carvalho, a responsabilidade de se posicionar não deveria recair inteiramente sobre os ombros dos jogadores, já que estes seriam "a parte mais frágil do processo". As federações, em especial a Confederação Brasileira de Futebol (CBF) e os clubes, precisavam agir também.[557] Antes, contudo, de entrarmos no mérito dos clubes e federações, é importante realizarmos a seguinte indagação: será que os atletas ainda são "a parte mais frágil do processo?".

A história, de um modo geral, conta-nos que os jogadores, de acordo com a psicóloga, professora da USP e colunista da *Folha de S. Paulo*, Katia Rubio, "tinham corpos, mas não voz", ou seja, possuíam uma projeção na sociedade, porém não participavam das decisões referentes ao esporte e muito menos das questões maiores relacionadas à sociedade. Entretanto,

---

[554] *Apud* KON, Noemi Moritz; SILVA, Maria Lúcia da; ABUD, Cristiane Curi. *O racismo e o negro no Brasil:* questões para a psicanálise. São Paulo: Editora Perspectiva, 2017. p. 67.

[555] Pesquisa mostra Flamengo e Corinthians como as maiores torcidas do Brasil; veja o ranking. *GE*, 19 jul. 2022. Disponível em: https://ge.globo.com/sp/futebol/noticia/2022/07/19/pesquisa-mostra-flamengo-e-corinthians-como-maiores-torcidas-do-brasil-veja-o-ranking.ghtml. Acesso em: 5 maio 2023.

[556] Everton Ribeiro sobre o papel do branco na luta antirracista: "Tem que entender que temos privilégio". *GE*, 4 jul. 2020. Disponível em: https://ge.globo.com/programas/esporte-espetacular/noticia/everton-ribeiro-sobre-o-papel-do-branco-na-luta-antirracista-tem-que-entender-que-temos-privilegio.ghtml. Acesso em: 20 jul. 2021.

[557] NATALE, Dayana. Antirracismo no futebol: por que os atletas no Brasil não repetem o movimento das ligas americanas. *GE*, 20 nov. 2020. Disponível em: https://globoesporte.globo.com/sp/futebol/noticia/futebol-racismo-antirracismo.ghtml. Acesso em: 20 jul. 2021.

ao longo do tempo, esse panorama foi sendo alterado. Hoje em dia, ainda segundo Rubio, os atletas se tornaram o canal de comunicação para muitas mensagens, sejam elas não apenas de caráter comercial, mas também de caráter social e humanitário. Em vista disso, os jogadores deixavam para trás a percepção de serem uma parte isolada da sociedade e viravam porta-vozes de causas sociais.[558] Na verdade, os atletas, principalmente os estadunidenses, deram ao mundo uma lição muito valiosa. Se isolados, os jogadores sofriam represálias e eram silenciados pelo sistema; unidos eles eram bem mais fortes do que qualquer entidade ou liga esportiva. Basta lembrarmo-nos das ações que ocorreram depois da morte de George Floyd. Na NFL, a liga de futebol americano, por exemplo, apesar da norma que proibia qualquer manifestação política, da maioria dos donos das franquias apoiarem Donald Trump e do caso de Colin Kaepernick (visto no Capítulo 2); os jogadores se juntaram, e não apenas voltaram a se ajoelhar nos gramados na execução do hino nacional dos EUA em forma de protesto, como também realizaram diversas ações de cunho político-social que impactaram o resultado final da eleição presidencial de 2020. Já na NBA, os atletas por iniciativa própria paralisaram o andamento da temporada para protestar contra mais uma morte de um afro-estadunidense ocasionada pelas forças policiais. E, para não ficar restrito apenas aos EUA, no futebol, os atletas do PSG e o Istanbul Basaksehir (como visto também no Capítulo 2) abandonaram o campo de jogo na Champions League após um ato racista cometido pelo quarto árbitro. A partir desses exemplos, portanto, era possível afirmar que se os atletas caminhassem na mesma direção, eles tinham o potencial de jogar luz e influenciar qualquer tema social, sem serem impedidos por qualquer entidade esportiva.

Não obstante o poder de moldar a sociedade que os jogadores possuíam, ainda assim, como bem cobrava Carvalho, era fundamental que equipes e entidades esportivas atuassem na luta antirracista. Ao que tudo indicava, pelo menos em um primeiro momento, ainda que de forma tímida, a gestão que comandava o futebol brasileiro buscava se engajar mais em pautas sociais. O ex-jogador e então vice-presidente da Federação Paulista de Futebol (FPF), Mauro da Silva Gomes, conhecido apenas como Mauro Silva, para efeito ilustrativo, defendeu abertamente que os jogadores se manifestassem no combate ao preconceito racial. Para ele, em entrevista à *Folha de S. Paulo,*

---

[558] RUBIO, Katia. A potência da voz dos atletas. *Folha de S. Paulo*, São Paulo, 13 jun. 2020.

> [...] quando o atleta se posiciona, sem dúvida ele contribui. É o legado que pode deixar. Todos os atletas serem sensíveis a isso e fazerem a sociedade ser melhor é também o objetivo do esporte. Você tem um papel social que tem de cumprir.[559]

Sim, não há dúvidas de que os atletas têm um papel social a desempenhar. Isso não exclui, porém, a necessidade dos órgãos esportivos de cumprirem o seu papel social também. Para se ter uma ideia, conforme um levantamento realizado pelo site *GloboEsporte.com,* em 2019, quase metade dos atletas negros que atuavam nas séries A, B e C do campeonato brasileiro sofreram com ataques racistas, sendo que 92,4% dos casos aconteceram dentro dos estádios.[560] Já um estudo mais aprofundado, dirigido pelo Observatório da Discriminação Racial no Futebol, em 2020, aponta que os casos de racismo cresceram um pouco mais de 50% em relação ao ano de 2018. Dos 82 casos analisados pelo observatório, 38 foram direcionados para jogadores e oito fazem parte da torcida. E, pior ainda, apenas 10% dos casos analisados pela pesquisa sofreram algum tipo de punição.[561] Segundo Michel Wieviorka,

> [...] todos os países democráticos dispõem de um arsenal que permite um tratamento legislativo, regulamentar e judiciário do racismo, todos dispõem de recursos repressivos que permitem combater o fenômeno, ao menos em suas expressões mais flagrantes.[562]

Além do mais, continua o autor, os Estados também possuem a capacidade para implementar políticas que não visem apenas a proibir e punir ações discriminatórias, mas sim "tomar o problema a peito e reduzir o impacto e a progressão" do racismo.[563] Por mais que Wieviorka falasse a respeito dos órgãos públicos estatais que regem a sociedade como um todo, podemos transportar o argumento acima para a esfera esportiva. Com efeito, a CBF e as demais federações que comandam o futebol brasileiro dispõem de um amplo "arsenal" para combater o preconceito racial.

---

[559] Cartola com perfil de volante, Mauro Silva controla ansiedade de atletas. *Folha de S. Paulo*, São Paulo, 28 jul. 2020.

[560] NATALE, Dayana. Antirracismo no futebol: por que os atletas no Brasil não repetem o movimento das ligas americanas. *GE*, 20 nov. 2020. Disponível em: https://globoesporte.globo.com/sp/futebol/noticia/futebol-racismo-antirracismo.ghtml. Acesso em: 20 jul. 2021.

[561] Relatório mostra aumento de 52% nos casos de racismo no futebol brasileiro, mas só 10% são punidos. *Observatório da Discriminação Racial no Futebol*, 20 nov. 2020. Disponível no em: https://observatorioracialfutebol.com.br/relatorio-mostra-aumento-de-52-nos-casos-de-racismo-no-futebol-brasileiro-mas-so-10-sao-punidos/. Acesso em: 20 jul. 2021.

[562] WIEVIORKA, Michel. *O racismo, uma introdução*. São Paulo: Editora Perspectiva, 2007. p. 145.

[563] WIEVIORKA, Michel. *O racismo, uma introdução*. São Paulo: Editora Perspectiva, 2007. p. 145.

Entretanto, elas simplesmente não implementavam – pelo menos não em sua total capacidade – esse arsenal. Não adiantava nada, portanto, Mauro Silva dizer que os atletas têm um legado social a ser deixado, se na hora de agir, as entidades mantinham impunes as agressões racistas cometidas dentro do ambiente futebolístico. Já que, se por um lado, os jogadores têm a capacidade de jogar o holofote sobre qualquer problema social; por outro lado, apenas as federações detêm o poder de punir os infratores. A falta de punição, aliás, para Carvalho, era um dos principais pontos para que casos de discriminação racial continuassem a ocorrer:

> As pessoas não acreditam que vai haver punição e muitos não acabam nem denunciando. É preciso que a gente possa dar mais visibilidade aos casos e proteção às vítimas.[564]

O esporte bretão era marcado pelo preconceito racial. Desse modo, segundo a pesquisadora sobre racismo no futebol, Roberta Pereira da Silva, era importante que os negros tivessem uma rede de apoio dentro do referido esporte.[565] Se a CBF e as federações caminhavam a passos lentos para fornecer suporte aos jogadores; os times, por sua vez, agilizavam-se em serem mais firmes no combate à discriminação racial. Nas categorias de base do Corinthians, a título de ilustração, por conta da paralisação das atividades devido à pandemia da Covid-19, o Núcleo Educacional Social Psicológico (Nesp) do Departamento de Formação de Atletas das categorias sub-14, sub-15, sub-16 e sub-17 do time alvinegro paulista escolheu a temática do racismo para discutir semanalmente com as suas jovens promessas. As conversas, que eram realizadas via aplicativo de mensagens, abordavam casos tanto do passado quanto do presente, e, além disso, tinham como objetivo valorizar os ídolos negros que passaram pelo clube.[566]

Felizmente, o Corinthians não era apenas o único time a jogar em prol da causa negra. O Cruzeiro, no Dia da Consciência Negra, realizou

---

[564] CASTRO, Elton de. Relatório mostra aumento de 52% nos casos de racismo no futebol brasileiro, mas só 10% são punidos. *GE*, 20 nov. 2020. Disponível em: https://ge.globo.com/pe/futebol/noticia/relatorio-mostra-aumento-de-52percent-nos-casos-de-racismo-no-futebol-brasileiro-mas-so-10percent-sao-punidos.ghtml. Acesso em: 20 jul. 2021.

[565] GONZAGA, Aluísio; CASTRO, Elton de; ROTSTEIN, Gustavo; SENNA, Lucas de; GOUVEIA, Thiago. "Se tiver um branco e um negro, acusăo um negro", diz Marinho, em campanha contra o racismo. *GE*, 5 jul. 2020. Disponível em: https://globoesporte.globo.com/pe/futebol/noticia/vidas-negras-importam-marinho-suellen-e-everton-ribeiro-falam-sobre-o-papel-do-esporte-na-luta-antirracista.ghtml. Acesso em: 20 jul. 2021.

[566] BRAGA, Marcelo. Base do Corinthians estimula debate sobre racismo, e garoto "troca likes" com Casagrande. *GE*, 22 ago. 2020. Disponível em: https://ge.globo.com/futebol/times/corinthians/noticia/noticias-corinthians-base-debate-racismo-mensagem-casagrande.ghtml. Acesso em: 20 jul. 2021.

uma campanha em parceria com o Observatório da Discriminação Racial no Futebol com frases racistas riscadas em suas camisas.[567] Já o Fortaleza, ao invés do habitual número, colocou um alvo nas costas nas camisas dos seus jogadores afrodescendentes.[568] E o Santa Cruz, por meio das suas redes sociais, divulgou uma nota dizendo que parte do lucro dos produtos oficiais comercializados em suas lojas seria destinada às entidades que lutam contra o racismo e a homofobia.[569]

As ações não pararam por aí. Conforme uma pesquisa realizada pelo Fórum Brasileiro de Segurança Pública, em 2020, o Brasil atingiu o índice de maior número de pessoas mortas pelas mãos da polícia. Ao todo, das 6.416 mortes ocasionadas por agentes de segurança pública, 78,% eram vítimas negras.[570] Assim sendo, diante dessa paisagem aterrorizante, o Observatório da Discriminação Racial no Futebol, em parceria com times, jogadores e personalidades afro-brasileiras, promoveu a campanha #PoderiaSerEu, cujo objetivo era justamente conscientizar a população a respeito do assassinato constante de negros que vinham ocorrendo em solo brasileiro.[571] A seguir manifesto oficial da campanha #PoderiaSerEu:

> A bala perdida que invariavelmente encontra um corpo negro poderia abreviar a minha vida, a vida de algum familiar meu, de algum amigo ou amiga, ou de qualquer pessoa que tem a pele preta. E nós estamos aqui para denunciar o genocídio da população negra. Nós estamos aqui para dizer que não queremos ter nossa vida interrompida. Que não queremos chorar a vida de quem se vai de forma inesperada e abrupta.

---

[567] Dia da Consciência Negra: veja as manifestações dos clubes brasileiros nas redes sociais. *GE*, 20 nov. 2020. Disponível em: https://ge.globo.com/sp/futebol/noticia/dia-da-consciencia-negra-veja-as-manifestacoes-dos-clubes-brasileiros-nas-redes-sociais.ghtml. Acesso em: 21 jul. 2021.

[568] Em campanha contra racismo, jogadores negros do Fortaleza usam camisa com "alvo". *GE*, 2 dez. 2020. Disponível em: https://ge.globo.com/ce/futebol/times/fortaleza/noticia/em-campanha-contra-racismo-joga-dores-negros-do-fortaleza-usam-camisa-com-alvo.ghtml. Acesso em: 21 jul. 2021.

[569] Campanha do Santa Cruz destina parte de recursos para combate ao racismo e homofobia. *GE*, 12 dez. 2020. Disponível em: https://ge.globo.com/pe/futebol/times/santa-cruz/noticia/campanha-do-santa-cruz-destina-parte-de-recursos-para-combate-ao-racismo-e-homofobia.ghtml. Acesso em: 21 jul. 2021.

[570] ACAYABA, Cíntia; REIS, Thiago. N° de mortos pela polícia em 2020 no Brasil bate recorde; 50 cidades concentram mais da metade dos óbitos, revela Anuário. *G1.com*, 15 jul. 2021. Disponível em: https://g1.globo.com/sp/sao-paulo/noticia/2021/07/15/no-de-mortos-pela-policia-em-2020-no-brasil-bate-recorde-50-cida-des-concentram-mais-da-metade-dos-obitos-revela-anuario.ghtml. Acesso em: 21 jul. 2021.

[571] HONÓRIO, Rafael. #PoderiaSerEu: jogadores participam de campanha que alerta para o genocídio de negros. *GE*, 22 jun. 2020. Disponível em: https://ge.globo.com/futebol/noticia/poderiasereu-jogadores-parti-cipam-de-campanha-que-alerta-para-o-genocidio-de-negros.ghtml#:~:text=Com%20o%20objetivo%20de%20alertar,e%20protesta%20contra%20as%20mortes. Acesso em: 21 jul. 2021.

> Não queremos mais ouvir que quem morreu estava no lugar errado na hora errada, que tinha antecedente, que foi um acidente ou um engano.
>
> Vidas Negras Importam! Então, lembre-se: eu poderia não estar aqui se uma dessas balas que não são perdidas tivesse encontrado meu corpo.
>
> Nunca esqueça que #PoderiaSerEu.[572]

Enquanto o movimento antirracista se intensificava no futebol brasileiro; por outro lado, a contracorrente racista insistia em dar as caras. Ataques e gestos discriminatórios tornavam-se mais comuns no cenário futebolístico do país. Uma das vítimas desse tipo de agressão foi o então atacante do Santos, Mário Sérgio Santos Costa, popularmente conhecido pelo apelido de Marinho. No jogo do campeonato estadual paulista, em 2020, entre Santos e Ponte Preta, o então jornalista da Rádio Energia 97 FM, Fabio Benedetti, ao comentar a expulsão de Marinho na partida, disse que falaria as seguintes palavras de reprimenda ao jogador "você está na senzala". A fala de Benedetti nos remete aos tempos da escravidão. Segundo a psicanalista Maria Beatriz Carvalho Vannuchi, a servidão forçada da população negra brasileira, que durou oficialmente até 1888 – o Brasil foi a última nação a abolir a escravidão –, acarretou políticas de desenraizamento, dessocialização e despersonalização dos escravos. Por mais que já se tenha passado mais de 100 anos desde o fim da escravatura e as leis não permitam mais a desumanização dos negros, "algo de estranho permanece projetado neles".[573] Na realidade, de acordo com o pesquisador Ricardo Pinto dos Santos, o fim da abolição não proporcionou a tão sonhada ascensão social e econômica dos afro-brasileiros. Longe disso, a submissão e a deferência continuaram ditando as relações entre brancos e negros. Ou seja, os afrodescendentes haviam conquistado a liberdade, mas ainda não eram reconhecidos como cidadãos.[574] Em outros termos, a abolição da escravidão não significou o fim do racismo. Ao invés disso, a discriminação racial, como demonstrado na fala acima do jornalista, encontrava-se viva no imaginário e no cotidiano brasileiro. Mesmo assim, esse ato racista não podia passar impune. Rapi-

---

[572] HONÓRIO, Rafael. #PoderiaSerEu: jogadores participam de campanha que alerta para o genocídio de negros. *GE*, 22 jun. 2020. Disponível em: https://ge.globo.com/futebol/noticia/poderiasereu-jogadores-participam-de-campanha-que-alerta-para-o-genocidio-de-negros.ghtml#:~:text=Com%20o%20objetivo%20de%20alertar,e%20protesta%20contra%20as%20mortes. Acesso em: 21 jul. 2021.

[573] *Apud* KON, Noemi Moritz; SILVA, Maria Lúcia da; ABUD, Cristiane Curi. *O racismo e o negro no Brasil:* questões para a psicanálise. São Paulo: Editora Perspectiva, 2017. p. 64-65.

[574] PINTO, Ricardo. *História, conceitos e futebol:* racismo e modernidade no futebol fora do eixo (1889-1912). Curitiba: Editora Appris, 2020. p. 48; 53.

damente, tanto a equipe de comunicação do time praiano como também o próprio Marinho em suas redes sociais publicaram postagens repudiando a conduta do jornalista. O atacante, em um vídeo gravado, aparece chorando e dizendo a seguinte mensagem:

> [...] Quando acontece com a gente, a gente sente mais. E eu brigo toda hora. Por isso brigo pela causa, porque quando passamos na pele é horrível. E não podemos deixar isso passar. Eu sei quem eu sou, sei o valor que tenho. E aí, eu fico pensando, porque antigamente eu não tinha voz ativa, aí passavam despercebidas todas essas coisas [...]. E a justiça não pune esses caras preconceituosos, vermes.[575]

Posteriormente, no programa "Bem, Amigos!", do SportTV, do grupo Rede Globo, o jogador voltou a falar sobre o racismo e de que como algumas pessoas tentam minimizar o tema:

> Quando o Hamilton faz isso, o Lebron faz isso lá nos EUA, eles têm muito respeito. Se no Brasil você vai fazer é muito mimimi, "Nutella" [gíria que possui o significado de "frescura"], isso e aquilo. Mas eu vou defender a bandeira porque muita gente passa por isso e não tem voz ativa. Não ligo para o que vão falar de mim. O importante é eu saber, olhar para o próximo, pessoas que passam por isso diariamente, sofrem com isso nos empregos e não podem falar, senão vão ser mandadas embora.[576]

Mal sabia Marinho que, mais tarde, ele se encontraria novamente no meio de um comentário preconceituoso. A relação entre Brasil e Argentina no futebol pode ser definida em uma palavra: rivalidade. Seja em duelos de seleções, seja em disputas entre uma equipe brasileira e argentina, o que não faltam são ingredientes para apimentar essa rivalidade. De acordo com Ricardo Pinto dos Santos, "nada se compara a uma partida entre brasileiros e argentinos". De fato, a rivalidade é tanta que em aproximadamente metade dos jogos entre as seleções de ambos os países houve confusão.[577] O problema, contudo, é quando a tradicional provocação futebolística entre

---

[575] Santos se manifesta após fala de comentarista sobre Marinho: "Não basta não ser racista". *GE*, 31 jul. 2020. Disponível em: https://ge.globo.com/sp/santos-e-regiao/futebol/times/santos/noticia/noticias-santos-marinho-nota-oficial-santos-comentario-racista.ghtml. Acesso em: 22 jul. 2021.

[576] Marinho cita Hamilton e Lebron e protesta contra racismo: "Muita gente ainda crítica". *GE*, 28 set. 2020. Disponível em: https://ge.globo.com/sportv/programas/bem-amigos/noticia/marinho-cita-hamilton-e-lebron-e-protesta-contra-racismo-muita-gente-ainda-critica.ghtml. Acesso em: 22 jul. 2021.

[577] SANTOS, Ricardo Pinto dos. *Entre "rivais"*: futebol, racismo e modernidade no Rio de Janeiro e em Buenos Aires (1897-1924). Rio de Janeiro: Editora Mauad X, 2012. p. 19.

brasileiros e argentinos dá lugar ao racismo. Segundo o professor e especialista em direito antidiscriminatório Adilson José Moreira, o humor pode ser utilizado pelas pessoas racistas para hostilizar as minorias raciais sem perder a cordialidade e, desse modo, não aparecerem como racistas.[578] O confronto entre Boca Juniors e Santos pela Taça Libertadores de 2020 nos proporciona um exemplo. Travestido de tom de brincadeira, o então atacante da equipe argentina, Ramón Darío Ábila, ou apenas Ábila, comentou que trocou a camisa com Marinho ao final da partida, algo habitual no mundo do futebol, ironizando, porém, as denúncias de racismo:

> Troquei com Marinho, com o negro, porque o conheço. Bom, com o moreno, porque agora se você diz "negro", te denunciam. É carinhosamente. Se quem diz "negro" sou eu, o que resta para os outros, não?[579]

Também de forma irônica, o jornal argentino *Diario Olé* publicou a declaração de Ábila com um *emoji* de risada, gerando críticas negativas no Brasil. Aliás, esse mesmo periódico, devemos lembrar, já havia realizado uma capa bem preconceituosa a respeito dos jogadores brasileiros. Em 1996, quando o time nacional estava prestes a enfrentar a Argentina, eles estamparam a seguinte manchete: "Que vengan los macacos" ("Que venha os macacos").[580] O *Olé*, no entanto, não seria o primeiro jornal argentino a cometer esse tipo de atrocidade. Em 1920, segundo o historiador Marcel Diego Tonini, após disputar o Campeonato Sul-Americano no Chile, ficando em terceiro lugar e sem contar com nenhum atleta negro, o Brasil viajou à Argentina para jogar um amistoso beneficente com a seleção local. A partida, por conta de uma chuva torrencial que acontecia em Buenos Aires, acabou sendo adiada. Entretanto, no dia do jogo, o diário *Crítica* publicou uma crônica intitulada: *"Monos em Buenos Aires: un saludo a los 'ilustres hospedes'"* ("*Macacos em Buenos Aires: uma saudação aos 'ilustres hóspedes'"*).[581] De fato, no país portenho havia uma longa tradição de se dirigir aos brasileiros

---

[578] MOREIRA, Adilson. *Racismo recreativo*. São Paulo: Editora Feminismos Plurais, 2019. p. 95-96.

[579] Ábila, do Boca, ridiculariza denúncias de racismo ao relatar troca de camisas com Marinho. *GE*, 10 jan. 2021. Disponível em: https://ge.globo.com/futebol/futebol-internacional/futebol-argentino/noticia/abila-do-boca-gera-polemica-ao-relatar-troca-de-camisa-com-marinho-troquei-com-o-negro.ghtml. Acesso em: 22 jul. 2021.

[580] Ábila, do Boca, ridiculariza denúncias de racismo ao relatar troca de camisas com Marinho. *GE*, 10 jan. 2021. Disponível em: https://ge.globo.com/futebol/futebol-internacional/futebol-argentino/noticia/abila-do-boca-gera-polemica-ao-relatar-troca-de-camisa-com-marinho-troquei-com-o-negro.ghtml. Acesso em: 22 jul. 2021.

[581] TONINI, Marcel Diego. *Dentro e fora de outros gramados*: histórias orais de futebolistas brasileiros negros no continente europeu, 2016. Tese (Doutorado em História) – Faculdade de Filosofia, Letras e Ciências Humanas do Departamento de História, Universidade de São Paulo, São Paulo, 2016. p. 80-81.

com ofensas racistas. De acordo com o jornalista e cronista Mario Leite Rodrigues Filho, conhecido popularmente apenas como Mario Filho, a CBD (atualmente CBF), nas viagens para a Argentina – o jornalista em seu livro *O Negro no Futebol Brasileiro* não revela precisamente o período –, levava apenas atletas brancos para evitar que os brasileiros fossem chamados de "macaquitos": "Assim a torcida de Buenos Aires, que gostava de chamar os brasileiros de 'macaquitos', não podia nem abrir a boca. Não veria um preto [...]". Importante ressaltar, todavia, que essa não era apenas uma peculiaridade, por assim dizer, argentina. Em Montevidéu, capital do Uruguai, a torcida da casa também usava o mesmo termo pejorativo para ofender os jogadores afro-brasileiros.[582]

Os insultos racistas, todavia, não partiam apenas dos *"hermanos"* (apelido dado pelos brasileiros aos argentinos). Pelo contrário, jogadores brasileiros eram vítimas de preconceito de seus próprios compatriotas. Segundo Adilson José Moreira,

> [...] chamar uma pessoa negra de macaco significa emitir a mais perniciosa forma de ódio: é dizer que ela não pode ser vista como um ser humano. Uma sociedade que permite a circulação de discursos que negam a humanidade de um grupo de pessoas permite que eles possam ser discriminados, segregados e exterminados porque propaga a ideia de que eles não são merecedores de empatia.[583]

O discurso de ódio contra os atletas afro-brasileiros era disseminado por todo o país. Depois de marcar o segundo gol na vitória de 2x1 na partida do primeiro jogo da final do campeonato estadual do Paraná, sobre o maior rival, o Coritiba, o então atacante do Athletico-PR, Maycon Vinícius Ferreira da Cruz, conhecido popularmente pelo apelido de Nikão, foi alvo de ataques racistas nas suas redes sociais. Chamado de "macaco" por dois indivíduos, o atacante rebateu as agressões que sofreu:

> É inacreditável e de uma mediocridade sem tamanho o tipo de coisa que leio a cada instante nas redes sociais. Nós, pretos, não somos julgados pelo nosso desempenho, mas pela cor da nossa pele [...].
>
> [...] Se você não enxerga um problema aí, alguma coisa tá errada. Chega de ser julgado pela minha cor, pelo povo que

---

[582] FILHO, Mario. *O negro no futebol brasileiro.* Rio de Janeiro: Editora Mauad X, 2010. p. 145.

[583] MOREIRA, Adilson. *Racismo recreativo.* São Paulo: Editora Feminismos Plurais, 2019. p. 171.

eu represento. E é aquilo que o Mano Brown falou, depois que inventaram a desculpa, nunca mais morreu ninguém.[584]

Jogadores não seriam os únicos alvos. O ex-árbitro e então comentarista da Rede Globo, Paulo César de Oliveira, também esteve na mira dos preconceituosos. No jogo do campeonato brasileiro, em 2020, entre Fluminense e Corinthians, que terminou em vitória de 2x1 para a equipe carioca, após opinar a favor da marcação de um pênalti para o Tricolor das Laranjeiras (como o Fluminense também é conhecido), Paulo César foi chamado de "macaco sem vergonha" nas redes sociais por um telespectador. Sem perder tempo, o ex-árbitro prestou queixa à polícia.[585]

O caso que ganhou mais notoriedade, contudo, seria protagonizado pelo então meio-campista do Bahia, Juan Pablo Ramírez Velásquez, conhecido como Índio Ramírez, e o então meio-campista do Flamengo, Gerson Santos da Silva, conhecido popularmente apenas pelo seu primeiro nome. No jogo valido pelo campeonato brasileiro de 2020, no estádio Maracanã, durante uma discussão envolvendo vários atletas de ambas as equipes, Ramírez teria dito a seguinte frase para Gerson: "Cala a boca, negro". Por mais que o árbitro da partida, Flavio Rodrigues de Souza, tenha relatado o ocorrido em sua súmula, o então meia do Bahia não foi expulso. Após o término da disputa, o então atleta rubro-negro denunciou Ramirez pela sua conduta e a CBF solicitou à Procuradoria do Superior Tribunal de Justiça Desportiva (STJD) que abrisse imediatamente uma investigação sobre o caso.[586]

Tão grave quanto a suposta frase preconceituosa de Índio Ramírez foi a atitude do então técnico do Bahia, Luiz Antônio Venker Menezes, conhecido popularmente como Mano Menezes, que, em resposta às acusações de Gerson, ainda dentro de campo, declarou que o jogador estava de "malandragem".[587] No programa "Bem, Amigos!" do canal SporTV, do Grupo

---

[584] FREIRE, Fernando. Após gol e título, Nikão reage a agressão racista nas redes sociais: "Mediocridade sem tamanho". *GE*, 6 ago. 2020. Disponível em: https://ge.globo.com/pr/futebol/times/athletico-pr/noticia/athletico-nikao-racismo-caso-racista-apos-gol-e-titulo-nikao-reage-a-agressao-racista-nas-redes-sociais-mediocridade-sem-tamanho.ghtml. Acesso em: 22 jul. 2021.

[585] Paulo César de Oliveira sofre injúrias raciais em rede social e registrará ocorrência: "Inaceitável". *GE*, 16 set. 2020. Disponível em: https://ge.globo.com/futebol/noticia/paulo-cesar-de-oliveira-sofre-injurias-raciais-em-rede-social-e-registrara-ocorrencia-inaceitavel.ghtml. Acesso em: 22 jul. 2021.

[586] CBF solicita ao STJD investigação sobre denúncia de racismo feita por Gerson, do Flamengo. *GE*, 20 dez. 2020. Disponível em: https://ge.globo.com/futebol/times/flamengo/noticia/cbf-solicita-ao-stjd-investigacao-sobre-denuncia-de-racismo-feita-por-gerson-do-flamengo.ghtml. Acesso em: 23 jul. 2021.

[587] Flamengo promete apoiar Gérson na esfera criminal e levar caso ao STJD: "Temos que banir o racismo da nossa sociedade". *GE*, 20 dez. 2020. Disponível em: https://ge.globo.com/futebol/times/flamengo/noticia/joga-

Globo, o jornalista e comentarista Paulo César Vasconcellos, conhecido também pelo apelido de "PC", criticou a postura do treinador:

> Em nenhum momento ele [Mano Menezes] chega e diz: "É, houve isso". Sempre coloca na condicionante. Ninguém vai relatar episódio de injúria racial sem ter acontecido. É similar a uma mulher quando denuncia estupro. Ela não vai inventar estupro. O que tivemos ontem foi aquele episódio em que todo mundo se diz não-racista. Mas aí vem o teste. A prova. E geralmente, na prova, o brasileiro é reprovado. Porque são nos atos, nas ações, nas palavras que você vai mostrar se você é um antirracista. Dizer é fácil, todo mundo diz há séculos. O Brasil tem essa ideia de que aqui foi uma democracia racial, e ainda em que para as novas gerações essa ideia não vai vigorar. O que vimos ontem no Maracanã foi um episódio lamentável de uma semana tristíssima, porque no meio da semana, não nos esqueçamos, o menino Luiz Eduardo, de 11 anos, foi vítima de injúria racial [o caso será abordado mais para frente]. A prática do racismo está se tornando cada vez mais comum. A única diferença em relação a épocas anteriores é que a resposta está sendo muito ativa.[588]

De fato, na prova antirracista os brasileiros sempre falhavam. O argumento apresentado supra por "PC" pode ser ilustrado na pesquisa a seguir. Conforme um estudo realizado pelo jornal *Folha de S. Paulo* e pelo Instituto Datafolha, em 1995, 89% dos entrevistados diziam que o racismo existia no Brasil. Em contrapartida, apenas 10% afirmavam que conheciam pessoas que discriminavam. Entretanto, essa não seria a contradição mais acentuada. Ao serem perguntados se não se importariam que seus filhos ou filhas se casassem com pessoas negras, boa parte demonstrou que não via com bons olhos o casamento interracial, isto é, entre pessoas brancas e negras.[589] Em vista disso, pode-se dizer que muitos brasileiros possuíam orgulho de ser um povo mestiço, até a mestiçagem bater na sua porta.

Voltando ao episódio de racismo envolvendo Gerson e Ramírez. A postura de Mano Menezes, todavia, seria vista com certa complacência por

---

dores-do-flamengo-pedem-medidas-apos-caso-de-racismo-a-gente-esta-fechado-com-o-gerson-e-inaceitavel. ghtml. Acesso em: 23 jul. 2021.

[588] "Bem, Amigos" debate caso Gerson, e PC Vasconcellos cobra postura antirracista: "Dizer é fácil". *GE*, 21 dez. 2020. Disponível em: https://ge.globo.com/sportv/programas/bem-amigos/noticia/bem-amigos-debate-caso-gerson-e-pc-vasconcellos-cobra-postura-antirracista-dizer-e-facil.ghtml. Acesso em: 23 jul. 2021.

[589] MUNANGA *apud* KON, Noemi Moritz; SILVA, Maria Lúcia da; ABUD, Cristiane Curi. *O racismo e o negro no Brasil*: questões para a psicanálise. São Paulo: Editora Perspectiva, 2017. p. 34-35.

outros ex-jogadores, mais precisamente por Alexandre da Silva Mariano, conhecido popularmente como Amaral, e Marcos André Batista Santos, conhecido pelo apelido de Vampeta. Em entrevista à TV Gazeta, Vampeta comentou o caso do Gerson e mencionou uma conversa que teve com Amaral:

> Esse final de semana eu estava em Sorocaba, em um evento com o Amaral, e a gente estava voltando no carro. Ele falava assim para mim: "Vampeta, está muito chato esse negócio na bola de qualquer coisinha [ser racismo]... Pô, você me chama de negão, de macaco, esses negócios assim". Eu estava vendo o jogo, e o Gerson é meio esquentadinho com tudo. Ele joga muito, muito mesmo, merece uma oportunidade na Seleção, mas eu não vi, e sendo reprisado, para tanta... Negro, não sei o quê, no calor do jogo.[590]

Após a sua fala ser ponderada pelos jornalistas presentes no programa, Vampeta tentou se explicar, reforçando o fato de que não apoiava atos discriminatórios:

> Não estou defendendo essas causas, não, pelo amor de Deus. O cara chegar assim no restaurante: "Ôh, seu preto, me dá…". Mas, no futebol, eu jogo bola no Vila Maria, e lá tem de tudo: coreano, boliviano... "Toca a bola, Bolívia. Alemão, toca a bola. Chinês…". E aí? Em São Paulo, chamam a baianada de baiano, no Rio todo mundo é Paraíba. "Toca a bola, negão". Pô…[591]

Obviamente, nem Vampeta nem Amaral pretendiam fazer qualquer apologia ao racismo. É importante, contudo, analisarmos o argumento apresentado por ambos. De fato, nos campos de futebol, especialmente nos de várzea (também conhecidos como "peladas"), os jogadores, principalmente os afrodescendentes, eram "agraciados" com apelidos. Aliás, o que não faltava eram apelidos: Somália, Negrete, Fumaça e o tradicional "negão" eram comuns de serem escutados nas várzeas do Brasil.[592] Entretanto, precisamos entender o que há por trás dessas alcunhas. Segundo Adilson Moreira, o racismo recreativo possui um caráter estratégico, pois

---

[590] Torcida cobra Cruzeiro após postagem de Pottker sobre caso de injúria racial com Gerson. *GE*, 21 dez. 2020. Disponível em: https://ge.globo.com/futebol/times/cruzeiro/noticia/torcida-cobra-cruzeiro-apos-postagem-de-pottker-sobre-caso-de-injuria-racial-com-gerson.ghtml. Acesso em: 23 jul. 2021.

[591] Torcida cobra Cruzeiro após postagem de Pottker sobre caso de injúria racial com Gerson. *GE*, 21 dez. 2020. Disponível em: https://ge.globo.com/futebol/times/cruzeiro/noticia/torcida-cobra-cruzeiro-apos-postagem-de-pottker-sobre-caso-de-injuria-racial-com-gerson.ghtml. Acesso em: 23 jul. 2021.

[592] CASTRO, Elton de; SENNA, Lucas de. Grafite, Fumaça, Somália, Robinho como o racismo recreativo se propaga no esporte. *GE*, 12 mar. 2021. Disponível em: https://ge.globo.com/pe/futebol/noticia/grafite-fumaca-somalia-robinho-como-o-racismo-recreativo-se-propaga-no-esporte.ghtml. Acesso em: 24 jul. 2021.

encobre a hostilidade racial por meio do artifício do humor. Assim sendo, o racismo recreativo, ao colocar piadas discriminatórias como meras formas de humor e que, portanto, não expressam desprezo aos negros, referenda as diferenças de status entre os grupos raciais, propaga a falsa premissa da irrelevância do racismo no país e mantém os indivíduos que contam essas piadas como pessoas comprometidas com o tratamento racial igualitário.[593] Logo, os apelidos dados aos afrodescendentes nas "peladas" nada mais eram do que uma forma de expressão do racismo sem que os brancos perdessem o ar da cordialidade. Aliás, conforme pondera Munanga, o gesto "carinhoso" de receber o apelido nunca era retribuído, uma vez que não se escutava nenhum negro chamar o outro de "brancão". Desse modo, o único jogador que não tinha nome próprio nos campos de várzea era o afro-brasileiro.[594]

Vampeta e Amaral, todavia, não eram os únicos a terem essa linha de raciocínio. Segundo o escritor e poeta Luiz Silva, conhecido pelo pseudônimo Cuti, lembrar o sofrimento que traz o racismo dói tanto que motivou alguns negros a negarem, eles próprios, que o racismo existe e os atinge. Entretanto, para manter essa falsa consciência, eles terão sempre que elaborar um novo esforço psíquico de autoenganação.[595] Quem pretendia se enganar era o então atacante do Cruzeiro, William de Oliveira Pottker, ou apenas William Pottker. Em suas redes sociais, ele publicou a fala de Vampeta com um *emoji* de "palminhas". Boa parte da torcida mineira, no entanto, ao ver a publicação, acabou reprovando a postura de Pottker. Muitos, inclusive, chegaram a pedir o afastamento do atacante à diretoria. Na tentativa de amenizar o caso, a Raposa (como é conhecido o Cruzeiro), por meio de suas mídias digitais, realizou uma postagem antirracista. Porém, era tarde demais. A torcida pedia uma postura mais rígida do clube em relação ao atleta.[596]

Além de William Pottker, o técnico multicampeão, Vanderlei Luxemburgo da Silva, também possuía visão semelhante. Para ele, em entrevista ao jornal *Estado de S. Paulo,* o ato de Ramírez contra Gerson nada mais era

---

[593] MOREIRA, Adilson. *Racismo recreativo*. São Paulo: Editora Feminismos Plurais, 2019. p. 149-151.

[594] *Apud* KON, Noemi Moritz; SILVA, Maria Lúcia da; ABUD, Cristiane Curi. *O racismo e o negro no Brasil:* questões para a psicanálise. São Paulo: Editora Perspectiva, 2017. p. 39-40.

[595] *Apud* KON, Noemi Moritz; SILVA, Maria Lúcia da; ABUD, Cristiane Curi. *O racismo e o negro no Brasil:* questões para a psicanálise. São Paulo: Editora Perspectiva, 2017. p. 206.

[596] Torcida cobra Cruzeiro após postagem de Pottker sobre caso de injúria racial com Gerson. *GE*, 21 dez. 2020. Disponível em: https://ge.globo.com/futebol/times/cruzeiro/noticia/torcida-cobra-cruzeiro-apos-postagem-de-pottker-sobre-caso-de-injuria-racial-com-gerson.ghtml. Acesso em: 23 jul. 2021.

do que uma tentativa de desestabilizar o adversário, algo que supostamente fazia parte da cultura do futebol:

> Eu discuto muito no futebol, que é a minha área. Acho que os atos de racismo no futebol são provocados e eu achava que deveriam ser deixados de lado. Dão muito prestígio, muito moral à maneira como se trata o racismo no futebol. Nada mais é do que uma bobagem, ao meu ver. Aquilo, sim, que o cara fez é racismo puro. Mas no futebol o cara brincar com o outro, gozar o outro para desestabilizar o camarada, dizer que aquilo ali é ato de racismo, não sei. Mas é uma discussão longa.[597]

Desestabilizar o adversário fazia parte do jogo. Racismo não. Uma parte significativa da sociedade brasileira, contudo, caracterizada supra pela fala de Luxemburgo, ainda considera "ofensas raciais como 'piadas', como parte de um suposto espírito irreverente que grassa na cultura popular em virtude da democracia racial".[598] Segundo Moreira, por serem compreendidos como uma mera expressão do humor, muitos atos discriminatórios acabam adquirindo um caráter benigno. Várias decisões judiciais, aliás, sustentaram-se nesse argumento para impedir que ações claramente preconceituosas fossem punidas. Logo, muitas empresas, para se defenderem de acusações de discriminação, afirmam que "os incidentes em questão são apenas brincadeiras que não podem ser interpretadas como ofensa à honra pessoal".[599] Com esse tipo de pensamento imperando, de certa maneira, na sociedade, não é surpreendente, como vimos anteriormente, que boa parte dos casos de racismo que aconteceram dentro da esfera do futebol não sofresse qualquer tipo de punição por parte dos órgãos reguladores do esporte.

A atitude do Bahia, porém, não seria nada complacente com o preconceito racial. Longe disso, a equipe baiana já contava com um núcleo de ações afirmativas cujo intuito era justamente promover bandeiras de causas sociais. Dentre os projetos do Esquadrão de Aço (como o Bahia foi apelidado pela sua torcida), podemos citar o "Não tem jogo sem demarcação": campanha que homenageava os povos indígenas e pedia o reconhecimento de suas terras; "Levante Bandeira": campanha LGBTQIA+ que lutava contra

---

[597] Luxemburgo questiona o que é racismo no futebol: 'Atos são provocados, achava que deveriam ser deixados de lado'. *ESPN*, 4 jun. 2020. Disponível em: https://www.espn.com.br/futebol/artigo/_/id/7010262/luxemburgo-questiona-o-que-e-racismo-no-futebol-atos-sao-provocados-achava=-que-deveriam-ser-deixados-de-lado#:~:text-%E2%80%9CEu%20discuto%20muito%20no%20futebol,uma%20bobagem%2C%20ao%20meu%20ver. Acesso em: 24 jul. 2021.

[598] ALMEIDA, Silvio. *Racismo estrutural*. São Paulo: Editora Feminismos Plurais, 2019. p. 76.

[599] MOREIRA, Adilson. *Racismo recreativo*. São Paulo: Editora Feminismos Plurais, 2019. p. 118-119.

a homofobia; "Me Deixe Torcer": campanha contra os casos de machismo e assédio dentro dos estádios; e "Consciência Negra": campanha contra o racismo, na qual o time homenageou 20 personalidades negras em suas camisas no mês da consciência negra (novembro).[600] Assim sendo, o Bahia não agiria fora dos seus princípios no caso Gerson. O clube, por meio de uma nota oficial, divulgou que Ramírez havia negado veementemente as acusações, no entanto afastou o jogador mesmo assim, até o término das apurações, e destacou que, em casos dessa natureza, "é indispensável, imprescindível e fundamental que a voz da vítima seja preponderante".[601] Posteriormente, o juiz da 36.ª Vara Criminal do Tribunal de Justiça do Estado do Rio de Janeiro, Marcel Laguna Duque Estrada, determinou o arquivamento do inquérito policial do caso.[602] Porém, o episódio não havia acabado. Gerson sabia que estava mais do que na hora de atuar no time antirracista. O jogador procurou o seu staff pessoal para encontrar uma maneira de usar a sua imagem para combater a desigualdade racial. Assim como o seu então companheiro de equipe, Everton Ribeiro, ele pretendia disponibilizar as suas redes sociais para que artistas negros prestassem depoimentos dos casos de racismo pelos quais já passaram.[603]

Entretanto, se quem encontrava-se constantemente sob as luzes dos holofotes da grande mídia sofria com a discriminação racial, imagine aqueles que viviam na sombra do anonimato. De acordo com Kabengele Munanga,

> [...] o racismo é um fenômeno presente em diversas socie-
> dades contemporâneas, latente na cultura, nas instituições e
> no cotidiano das relações entre seres humanos. No entanto,
> há pessoas que não o enxergam ou preferem não vê-lo.[604]

---

[600] MARQUES, Thatiane. Bahia mostra através de frequente ações sociais que não é só futebol; relembre. *Torcedores.com*, 21 out. 2019. Disponível em: https://www.torcedores.com/noticias/2019/10/bahia-mostra-a-traves-de-frequentes-acoes-sociais-que-nao-e-so-futebol-relembre. Acesso em: 24 jul. 2021.

[601] Bahia afasta Ramírez e diz que voz da vítima é preponderante em casos de racismo. *GE*, 21 dez. 2020. Disponível em: https://ge.globo.com/ba/futebol/times/bahia/noticia/bahia-afasta-ramirez-e-diz-que-voz-da-vitima-e-preponderante-em-casos-de-racismo.ghtml. Acesso em: 24 jul. 2021.

[602] ZARKO, Raphael. Ministério Público pede, e juiz decide arquivar inquérito de racismo de Ramírez, do Bahia. *GE*, 9 abr. 2021. Disponível em: https://ge.globo.com/futebol/noticia/ministerio-publico-do-rio-pede-e-juiz-decide-arquivar-inquerito-de-racismo-de-ramirez-meia-do-bahia.ghtml. Acesso em: 25 jul. 2021.

[603] MOTA, Cahê. Mensagem de Neymar e projetos para combater o racismo: Gerson quer ser voz além de inquérito policial. *GE*, 22 dez. 2020. Disponível em: https://ge.globo.com/futebol/times/flamengo/noticia/mensagem-de-neymar-e-projetos-para-combater-o-racismo-gerson-quer-ser-voz-alem-de-inquerito-policial. ghtml. Acesso em: 25 jul. 2021.

[604] *Apud* KON, Noemi Moritz; SILVA, Maria Lúcia da; ABUD, Cristiane Curi. *O racismo e o negro no Brasil:* questões para a psicanálise. São Paulo: Editora Perspectiva, 2017. p. 33.

Sim, o preconceito era algo presente no cotidiano de muitos. Os jogadores do sub-23 do Paysandu George do Nascimento, conhecido pelo apelido de George Pitbull, e Valdemir da Silva, mais conhecido pelo apelido de Debu, não apenas enxergavam o racismo, como o sentiam na pele. Durante o trajeto na volta de um treino de ônibus, uma viatura da polícia interpelou o veículo público e obrigou os dois jovens a descerem para serem revistados. Conforme George, em entrevista ao *GloboEsporte* do Pará, um dos policiais lhe revelou que a abordagem foi realizada por conta de uma denúncia anônima de uma mulher que estaria no transporte coletivo com eles. Entretanto, essa não era a primeira vez que isso teria acontecido com o jogador. Longe disso, era algo quase que habitual:

> Não foi a primeira vez que isso me aconteceu, mas, graças a Deus, eu sempre me mantive bem calmo durante essas situações. Também não devo nada, então não tenho porque ficar nervoso ou algo desse tipo, mas é uma sensação de humilhação, que te faz ficar com muita vergonha. As pessoas te olharem diferente, te julgarem pela aparência, pela cor que você é.[605]

Por mais que fosse algo recorrente na vida de George, o atleta sabia que esse tipo de episódio deveria cessar. Não à toa, ainda em entrevista ao referido programa esportivo, ele não deixou de externar a sua indignação:

> Atualmente a gente vem mostrando muito sobre racismo na televisão, nas redes sociais. Mesmo assim as coisas não mudam, mesmo assim aumentam os casos de racismo no futebol, no trânsito, em qualquer lugar que seja. A minha visão é que as autoridades, as forças maiores, tinham que se pronunciar sobre isso, ter uma pena que seja cumprida, porque já existe [pena], mas a gente vê muita coisa acontecer e ninguém é penalizado, não acontece nada. A gente discute, comenta, mas passam um ou dois dias e tudo "volta ao normal" de novo e ninguém é penalizado.[606]

Esse não seria um acontecimento isolado, e sim o oposto, o que não faltava eram episódios de racismo nas categorias de base de futebol Brasil

---

[605] CRUZ, Pedro; AMÂNCIO, Bruno. Volante do Paysandu denuncia racismo na saída de treino e desabafa: "Dá uma certa revolta". *GE*, 28 out. 2020. Disponível em: https://ge.globo.com/pa/futebol/times/paysandu/noticia/volante-do-paysandu-denuncia-racismo-na-saida-de-treino-e-desabafa-da-uma-certa-revolta.ghtml. Acesso em: 25 jul. 2021.

[606] CRUZ, Pedro; AMÂNCIO, Bruno. Volante do Paysandu denuncia racismo na saída de treino e desabafa: "Dá uma certa revolta". *GE*, 28 out. 2020. Disponível em: https://ge.globo.com/pa/futebol/times/paysandu/noticia/volante-do-paysandu-denuncia-racismo-na-saida-de-treino-e-desabafa-da-uma-certa-revolta.ghtml. Acesso em: 25 jul. 2021.

afora. O caso que mais chocou o país, todavia, aconteceu no município de Caldas Novas, no interior de Goiás. Em um vídeo que circulou pela internet, após um jogo da categoria sub-11 entre Uberlândia Academy e Instituto S.E.T., o jogador do primeiro time, Luiz Eduardo, de apenas 11 anos de idade, aparece sentado no gramado aos prantos. Em meio às lágrimas que escorriam do seu rosto, o garoto contava do ataque racista que havia sido vítima: "O cara falava assim: [sic] 'Fecha o preto aí, ó! Aí eu aguardei para falar no final com os pais. Falou um 'tantão' de vezes". Segundo Moreira, vítimas de mensagens depreciativas raciais sofrem danos psicológicos significativos e também físicos. No momento em que a pessoa está recebendo os ataques, a sua pressão sanguínea aumenta, o seu padrão de respiração muda e ela pode desenvolver comportamentos agressivos. Além disso, há consequências de danos posteriores, tais como baixa autoestima, diminuição da aspiração pessoal e comportamentos depressivos.[607] Não à toa, o garoto encontrava-se aos prantos no gramado. Por sorte, ele não estava desamparado. Além do vídeo, nas redes sociais, o time de Uberlândia emitiu uma nota de repúdio sobre o ocorrido e informou que registrou um Boletim de Ocorrência (BO) na Polícia Militar. O treinador do Instituto S.E.T., Lázaro Caiana de Oliveira, por sua vez, acusado de cometer as agressões verbais, negou veemente as acusações e publicou um vídeo nas mídias digitais com a sua família para se defender. O Instituto S.E.T. também publicou uma nota em defesa do treinador, afirmando que em nenhum momento qualquer membro de sua comissão técnica teria se dirigido de maneira preconceituosa à equipe adversária.[608]

Mais do que abordagens policiais rotineiras e ofensas verbais, o racismo revelava-se para os negros em todos os meios. Na prática, as estruturas hierárquicas do futebol imitavam as estruturas de poder na sociedade. De acordo com Wieviorka, por mais que nas instituições o racismo esteja desqualificado politicamente, interditado por lei e desacreditado aos olhos da classe científica, caso não haja ações para promover os negros, estes continuarão ocupando, em sua grande maioria, postos subalternos economicamente e politicamente, e continuarão sofrendo as discriminações em relação a moradia e educação.[609] No esporte bretão não seria diferente.

---

[607] MOREIRA, Adilson. *Racismo recreativo.* São Paulo: Editora Feminismos Plurais, 2019. p. 173.

[608] 'Fecha o preto aí, ó!': garoto de MG diz em vídeo que sofreu injúria racial em jogo entre escolinhas em Goiás. *GE*, 18 dez. 2020. Disponível em: https://ge.globo.com/mg/triangulo-mineiro/futebol/noticia/fecha-o-preto-ai-o-garoto-de-mg-diz-em-video-que-sofreu-injuria-racial-em-jogo-entre-escolinhas-em-goias.ghtml. Acesso em: 26 jul. 2021.

[609] WIEVIORKA, Michel. *O racismo, uma introdução.* São Paulo: Editora Perspectiva, 2007. p. 32.

Para Silvio Almeida, em entrevista ao podcast "Ubuntu Esporte Clube", do site *GloboEsporte.com,* se, por um lado, os negros eram reverenciados pelas conquistas e pelos talentos que demonstraram dentro de campo; por outro lado, fora dele, nos cargos de confiança e de administração, a presença negra era rara – para não dizer inexistente:

> [...] o futebol vai reproduzir essa lógica. No futebol você tem essa divisão social, racial do trabalho. Os negros são aqueles que estão no campo, aqueles que estão na quadra. Eles são aqueles que vão oferecer o espetáculo do ponto de vista da sua composição. Entretanto, não serão essas mesmas pessoas que vão dirigir. Não são essas mesmas pessoas que vão cuidar da organização.[610]

De fato, o futebol reproduzia essa lógica. E não era apenas nos cargos administrativos. Dentro das quatro linhas, segundo o sociológico José Jairo Vieira, nas posições que exigiam características como liderança, inteligência, controle emocional e habilidade para tomar decisões sob pressão, eram escolhidos majoritariamente jogadores brancos. Já em compensação, naquelas outras posições em que eram requeridas características de força, velocidade, alta emotividade e bons instintos eram preferidos os jogadores negros.[611] Além do mais, uma das posições que por muito tempo ficou renegada aos afro-brasileiros era a de goleiro. Tudo começou na Copa do Mundo de 1950, na derrota amarga para o Uruguai em pleno Maracanã lotado que custaria o título mundial para a seleção brasileira. A partida foi apelidada de "Maracanaço" (junção da palavra Maracanã com fracasso) e a derrota recaiu, de maneira injusta, quase que por completo nos ombros do então goleiro Moacyr Barbosa Nascimento, conhecido apenas como Barbosa. Conforme a análise dos críticos da época, o goleiro teria falhado no segundo gol dos uruguaios – quando o jogo estava empatado por 1 a 1. De lá para cá, perdurou o estigma de que todo goleiro negro na hora decisiva falhava. Para se ter uma ideia, o humorista Francisco Anysio de Oliveira Paula Filho, conhecido popularmente como Chico Anysio, ao comentar sobre a titularidade de Nelson de Jesus da Silva, conhecido no mundo do futebol pelo apelido de Dida, no gol do Brasil na Copa do Mundo de 2006, afirmou que não tinha confiança em goleiro afro-brasileiro: "O último foi Barbosa, de triste memória da seleção brasileira". Curiosamente, Chico Anysio era vascaíno, time pelo qual Barbosa jogou e fez

---

[610] Ubuntu Esporte Clube: filósofo Silvio de Almeida debate o racismo estrutural no futebol. *GE*, 5 ago. 2020. Disponível em: https://ge.globo.com/futebol/noticia/ubuntu-esporte-clube-filosofo-silvio-de-almeida-debate-o-racismo-estrutural-no-futebol.ghtml. Acesso em: 26 jul. 2021.

[611] VIEIRA, José Jairo. *As relações étnico-raciais e o futebol do Rio de Janeiro:* mitos, discriminação e mobilidade social. Rio de Janeiro: Editora Mauad X, 2017. p. 25.

parte de uma das gerações cruzmaltina mais vitoriosas de todos os tempos, o famoso "Expresso da Vitória", que brilhou nos gramados nas décadas de 1940 e 1950. Outro que também mantinha vivo no imaginário esse estigma era o ex-jogador, Edílson da Silva Ferreira, conhecido popularmente pelo apelido de Edílson Capetinha. Ao falar sobre o então goleiro do Palmeiras, Jaílson Marcelino dos Santos, ou então apenas Jaílson, ele disse que goleiros negros eram mais propensos a falhar.[612]

Fora de campo, mais precisamente na função de técnico, os afro-brasileiros também não eram bem-quistos. Quando o Flamengo contratou o técnico português, Jorge Fernando Pinheiro de Jesus, conhecido mais apenas como Jorge Jesus, e depois da sua passagem brilhante pelo rubro-negro carioca, conquistando uma Copa Libertadores e um Campeonato Brasileiro no mesmo ano – algo então inédito – a pauta da grande imprensa era que os treinadores estrangeiros deveriam ter mais oportunidade no futebol brasileiro. Curiosamente, no entanto, em nenhum momento, pelo menos não da maneira como abordaram a questão do técnico estrangeiro, os grandes meios de comunicação esportivos debateram a falta de oportunidades concedidas aos treinadores negros. Conforme um levantamento realizado pelo jornalista e comentarista, Paulo Vinícius Coelho, conhecido pelas suas iniciais "PVC", dos 12 times mais tradicionais do Brasil, apenas três, Vasco, Botafogo e Cruzeiro, tiveram maior número de técnicos negros do que estrangeiros. A título de ilustração, Celso Juarez Roth, ou apenas Celso Roth, que conquistou a primeira Copa Libertadores pelo Internacional, foi um dos três técnicos negros que o Colorado teve até então em toda a sua história; em contrapartida, o clube gaúcho já teve 14 estrangeiros. Se olharmos para as agremiações paulistas, o cenário se mostrava igual: Corinthians e Santos foram as equipes que mais deram oportunidades para treinadores negros, oito para o Timão e seis para o time praiano; por outro lado, Palmeiras e São Paulo deixavam a desejar nesse quesito, enquanto o Alviverde concedeu três oportunidades, o Tricolor deu apenas duas.[613]

No mundo futebolístico, para Vieira, a condição de ter sido um jogador de sucesso facilitava a ascensão do ex-atleta para o cargo de técnico. Entretanto, isso não se refletia para os afro-brasileiros, uma vez que a quantidade de treinadores negros era muito pequena em comparação com os atletas afrodescendentes de sucesso. Assim sendo, não havia dúvidas de que existia

---

[612] RODRIGUES, Bruno. Estigma racista do goleiro negro persiste desde a derrota na Copa de 1950. *Folha de S. Paulo*, São Paulo, 16 jul. 2020.

[613] COELHO, Paulo Vinícius. Xenófobo ou racista? *Folha de S. Paulo*, São Paulo, 12 jun. 2020.

algum tipo de obstáculo discriminatório que restringia a promoção de negros para esse cargo de comando.[614] De fato, para efeito ilustrativo desse argumento, em 2019, havia apenas dois técnicos afro-brasileiros em todo o Campeonato Brasileiro: Roger Machado Marques, então comandante do Bahia, e Marcos Aurélio de Oliveira, conhecido popularmente como Marcão, então interino que foi efetivado pelo Fluminense. Antes de se enfrentarem, tanto Roger quanto Marcão, em entrevista à revista *Lance!*, abordaram a questão racial dentro do futebol. Marcão disse que estudou e se capacitou para ser treinador e teve como influência os técnicos que teve ao longo de sua carreira como jogador:

> [...] Só tive boas referências na minha carreira. E acho que minha experiência de jogador ajuda bastante nisso, mas o futebol se renovou. Evoluiu para outros conceitos. Outro dia vi uma palestra do Marcelo Bielsa onde ele falou que existem mais de 100 táticas de jogo para aplicar. Fui estudar. Me qualificar. Me aprofundar nisso. Trabalhar ao lado de treinadores renomados e promissores me deu mais conhecimento. E em nenhum momento sofri preconceito por isso. Pelo contrário, só recebi incentivos e elogios com os profissionais que trabalhei. Espero que essa chance que o Fluminense me deu, seja duradoura o suficiente para provar que o comando técnico de um time não dependa de cor, mas sim de competência e preparação do profissional.[615]

Roger, por sua vez, afirmou que, dentro de campo, o esporte bretão é um dos espaços mais democráticos que há. Entretanto, fora dos gramados, há questões que precisam ser revistas e reformuladas:

> O fato de sermos negros não deveria ser relevante diante dos desafios que temos. A cor da pele não poderia balizar o conhecimento de ninguém. Sigo acreditando que dentro do campo de jogo, o futebol é o esporte mais democrático e inclusivo que conheço, entretanto, fora das quatro linhas há muito o que ser debatido e resolvido. Eu, Marcão e muitos outros, estamos no mercado não como excludentes e sim como agregadores de conteúdo e valor.[616]

---

[614] VIEIRA, José Jairo. *As relações étnico-raciais e o futebol do Rio de Janeiro*: mitos, discriminação e mobilidade social. Rio de Janeiro: Editora Mauad X, 2017. p. 116.

[615] RODRIGUES, Gabriel. Com os dois únicos técnicos negros da Série A, Fluminense e Bahia se enfrentam, neste sábado, no Maraca. *Lance!*, 12 out. 2019. Disponível em: https://www.lance.com.br/fluminense/bahia-duelam-com-unicos-dois-tecnicos-negros-serie.html#:~:text=Neste%20s%C3%A1bado%2C%20Roger%20e%20Marc%C3%A3o,a%20campanha%20junto%20aos%20clubes. Acesso em: 26 jul. 2021.

[616] RODRIGUES, Gabriel. Com os dois únicos técnicos negros da Série A, Fluminense e Bahia se enfrentam, neste sábado, no Maraca. *Lance!*, 12 out. 2019. Disponível em: https://www.lance.com.br/fluminense/bahia-

Marcão e Roger, de fato, eram dois agregadores, no entanto as estruturas futebolísticas eram excludentes, especialmente para os negros. Um exemplo que ilustra perfeitamente isso é o do ex-jogador e ídolo do Flamengo Jorge Luís Andrade da Silva, conhecido mais apenas como Andrade. Em 2009, o rubro-negro encontrava-se em crise. Comandado pelo então treinador Alexi Stival, conhecido pelo apelido de Cuca, a crítica esportiva apontava que as chances de título dos cariocas eram quase nulas e que o time brigaria para não cair. Depois de um empate sofrível dentro do Maracanã contra o Barueri por 1 a 1, Cuca foi mandado embora. Sem rumo, a diretoria rubro-negra colocou Andrade para comandar o time por um momento. Após dois jogos à frente da equipe, veio a surpresa, ele seria efetivado como treinador. E o improvável aconteceu. Em uma das arrancadas mais inesperadas de toda a história do campeonato brasileiro, o Flamengo conquistou o título e Andrade se tornava o primeiro técnico negro a levantar a taça do Campeonato Brasileiro. A alegria do ídolo flamenguista à frente do time, contudo, duraria pouco. Segundo o psicanalista Frantz Fanon, o afrodescendente quando ocupa uma posição de comando não pode cometer nenhum deslize, senão ele e os demais membros da comunidade negra são condenados. Fanon, a título de ilustração, cita a profissão de médico:

> [...] Sabia, por exemplo, que se um médico negro cometesse um erro, era o seu fim e o dos outros que o seguiriam. Na verdade, o que é que se pode esperar de um médico preto? Desde que tudo corresse bem, punham-no nas nuvens, mas atenção, nada de bobagens, por preço nenhum! O médico negro não saberá jamais a que ponto sua posição está próxima do descrédito [...].[617]

Assim como o médico, o técnico negro também não poderia errar. E não foi diferente com Andrade. Logo no começo da temporada seguinte, com uma combinação de maus resultados e uma nova crise interna, ele seria demitido e, desde então, misteriosamente, não encontraria espaço em nenhum clube de ponta.[618] O ídolo rubro-negro não era o único a sofrer com o preconceito racial. Verdade seja dita, os males do racismo sempre

---

duelam-com-unicos-dois-tecnicos-negros-serie.html#:~:text=Neste%20s%C3%A1bado%2C%20Roger%20e%20Marc%C3%A3o,a%20campanha%20junto%20aos%20clubes. Acesso em: 26 jul. 2021.

[617] FANON, Franz. *Pele negra, máscaras brancas*. Salvador: Editora EDUFBA, 2008. p. 109.

[618] GARCIA, Gustavo. Há 10 anos Andrade assumia o Flamengo rumo ao hexa: "Diziam que íamos brigar para não cair". *GE*, 23 jul. 2019. Disponível em: https://ge.globo.com/rj/serra-lagos-norte/blogs/blog-do-gustavo-garcia/post/2019/07/23/ha-10-anos-andrade-assumia-o-flamengo-rumo-ao-hexa-diziam-que-iamos-brigar-para-nao-cair.ghtml. Acesso em: 26 jul. 2021.

estiveram presentes na história do futebol brasileiro. Nos primórdios do esporte bretão no país, o treinador Gentil Alves Cardoso se destacava pelos seus métodos diferenciados. Quando treinava o pequeno time carioca do Bonsucesso, como se fosse um professor, ele colocava os jogadores sentados nas cadeiras em uma espécie de sala de aula e desenhava no quadro negro as táticas que seriam utilizadas pela equipe no jogo. De acordo com Mario Filho, Cardoso era um revolucionário para o seu tempo: "nunca se vira nada parecido: um treinador ensinando futebol, como se futebol fosse coisa que se ensinasse".[619] Não à toa, Gentil Cardoso chegou a flertar com a possibilidade – ao menos na visão dele – de assumir o comando da seleção brasileira na Copa do Mundo de 1958. Entretanto, pouco antes de o mundial começar, de maneira repentina, o então comandante do São Paulo Futebol Clube, Vicente Ítalo Feola, foi o escolhido para dirigir o Brasil. Mais tarde, Cardoso denunciou o preconceito racial como uma barreira em sua carreira profissional. Nas palavras do historiador estadunidense, Robert M. Levine:

> Gentil Cardoso, conhecido como Moço Preto, foi um dos poucos atletas negros que, perto do fim de sua vida, publicamente, apontou o preconceito racial como impedimento em sua carreira futebolística, e que continuou como treinador depois de se aposentar como jogador. [...] Mas quando foi substituído [entenda-se preterido], no último momento, como dirigente da Copa do Mundo de 1958 por [Vicente] Feola, técnico do São Paulo Futebol Clube, Cardoso queixou-se amargamente, dizendo que a "discriminação baseada na raça (no Brasil) é um fato escondido pela hipocrisia".[620]

Se antes, recorrendo às palavras de Cardoso, a discriminação racial escondia-se atrás da máscara da hipocrisia; agora, no contexto de 2020, ao que tudo indica, ela não fazia mais questão de usar máscara nenhuma para aparecer. Roger Machado, dessa vez como treinador do Grêmio, deparar-se-ia frente a frente com as garras do ódio. No jogo disputado pelo Campeonato Brasileiro da Série B, em 2022, contra o Operário-PR, em Ponta Grossa, Paraná, ele foi alvo de insultos racistas da torcida rival. Para agravar ainda mais o episódio, durante as ofensas disparadas pelos torcedores do Operário, os nomes de sua filha e esposa foram mencionados.[621] Na entrevista coletiva

---

[619] FILHO, Mario. *O negro no futebol brasileiro.* Rio de Janeiro: Editora Mauad X, 2010. p. 190.

[620] *Apud* MEIHY, José Carlos Sebe Bom; WITTER, José Sebastião. *Futebol e cultura:* coletânea de estudos. São Paulo: Editora Arquivo do Estado, 1982. p. 33-34.

[621] Grêmio: Roger devolve xingamentos à torcida após ofensas à esposa e filha. *Uol*, 27 abr. 2022. Disponível em: https://www.uol.com.br/esporte/futebol/ultimas-noticias/2022/04/27/roger-revela-ofensas-a-esposa-e-

depois da partida, Roger denunciou o ocorrido e ressaltou o racismo estrutural que ainda rege a sociedade brasileira. A barbárie, contudo, não acabaria por aí. Ao comentar as falas do então comandante do Tricolor Gaúcho (como o Grêmio também é conhecido), o então jornalista da Rádio Gaúcha, Adroaldo Guerra Filho, conhecido mais pelo seu apelido de "Guerrinha", afirmou que ele deveria "ficar quieto sobre as falas dele" e que "se não tem técnico ou dirigente negro é por causa da competência". Por fim, acrescentou a sua arguição a seguinte frase: "Que tem muito cara chato, mas tem preto que tem alma mais branca que a minha".[622] Diante desse cenário, não restava dúvidas de que o racismo manifestava-se cada vez mais de forma direta, e Roger, em entrevista à agência de notícias Agence France-Presse (AFP), em sua concepção, tinha bem nítido quem era o responsável por isso:

> Os indivíduos [racistas] que estavam escondidos [porque a sociedade os reprimia] se sentem autorizados a se manifestar segundo as posturas e ponto de vista do líder da nação [Bolsonaro, porque estes] são convergentes. Temos que resistir, porque a sua intenção é que retrocedamos, e isso não podemos permitir.[623]

Resistir ao passado. Foi isso que a comunidade afro-brasileira e os setores progressistas e democráticos da sociedade fizeram ao longo de quatro anos de presidência de Jair Bolsonaro. Claramente, o ex-militar no poder simbolizava o retrocesso. Mais precisamente, ele buscava fazer o país caminhar para trás na época – considerada por ele como gloriosa – da ditadura militar. Não à toa, quando o término do seu mandato se aproximava, juntamente à nova eleição presidencial que estava por vir, desde a redemocratização da nação, a ideia de um novo golpe militar nunca esteve tão perto de ser concretizada. Brasil afora, como visto anteriormente, as ruas das grandes cidades se transformaram em campos de batalha ideológicos. De um lado, os apoiadores fiéis e fervorosos de Bolsonaro mostravam-se dispostos a sacrificar tudo pelo seu líder, inclusive a liberdade. Por outro lado, os setores progressistas e democráticos viam-se obrigados a enfrentar de peito aberto as ameaças do capitão.

Assim sendo, ao contrário do que vimos em outros países, nos quais os atos tiveram como pauta única a luta contra o racismo, no Brasil, por

---

filhas-durante-jogo-operario-x-gremio.htm. Acesso em: 15 dez. 2022.

[622] Jornalista faz comentários racistas após entrevista de Roger Machado. *Observatório da Discriminação Racial no Futebol*, 26 ago. 2022. Disponível em: https://observatorioracialfutebol.com.br/jornalista-faz-comentarios-racistas-apos-entrevista-de-roger-machado/. Acesso em: 15 dez. 2022.

[623] ALMONACID, Rodrigo. AFP: "Com Bolsonaro há uma autorização para o racismo", diz Roger Machado. *Folha de S. Paulo*, São Paulo, 28 abr. 2022.

conta desse contexto político, o carro-chefe das manifestações acabou sendo a manutenção da democracia e, por conseguinte, a pauta antirracista foi sendo incorporada. Na verdade, é inimaginável pensar em uma sociedade democrática sem que a luta contra o preconceito racial esteja presente, ainda mais em uma nação como a brasileira em que há um enorme abismo social e racial a ser resolvido. De acordo com as autoras Marcia Campos Eurico e Rachel Gouveia Passos,

> Para o avanço da luta antirracista é fundamental que a apreensão das relações étnico-raciais seja pautada nos espaços das diversas políticas sociais e nas interações cotidianas. A educação para as relações étnico-raciais e as ações, o combate ao preconceito e à discriminação étnico-racial, bem como a responsabilização das instituições e sujeitos pela prática do crime de racismo, são pilares da luta democrática.[624]

Com Bolsonaro no poder, no entanto, os pilares da democracia estavam sendo abalados. Historicamente, verdade seja dita, os negros encontravam-se constantemente sob a mira do aparato repressivo do Estado. Entretanto, com o ex-militar no poder, como vimos anteriormente nas palavras de Ilona Szabó de Carvalho, os policiais tinham uma "licença para matar". Para tornar a paisagem ainda mais sombria à comunidade negra, além do agravamento da violência, programas de assistência pública que visavam à ascensão social dos negros eram desmantelados em nome da meritocracia, esta encarnada no movimento bolsonarista "Minha Cor é o Brasil", cujas finalidades eram relativizar ou negar a existência de racismo no país e manter os afro-brasileiros nos postos subalternos da sociedade. Dessa maneira, a soma da violência com o desmantelamento de políticas públicas e mais as falas discriminatórias do então mandatário autorizava, conforme argumentou Roger supra, os racistas a destilarem o seu veneno publicamente, sem temer as consequências de seus atos. E, de fato, eles fizeram isso. Ao longo do capítulo, pudemos constatar que o racismo não poupou ninguém: atletas de elite a desconhecidos; categorias de base aos principais torneios nacionais; jogadores e juízes, todos, de uma maneira ou de outra, sofreram as dores do preconceito racial. Por isso, os atletas brasileiros, conforme colocado pelo manifesto oficial do movimento *Esporte pela Democracia,* não podiam ficar em silêncio

---

[624] EURICO, Marcia Campos; PASSOS, Rachel Gouveia. Democracia e Lutas Antirracistas. *Revista Em Pauta,* Revista da URJ, 6 jun. 2022.

> [...] diante daquilo que testemunhamos. Precisamos colocar aqui a nossa voz e a nossa indignação, como cidadãos, convocando o legado de honestidade e bravura do esporte em nome do país que queremos e merecemos como Nação: um Brasil justo, igualitário, progressista e, acima de tudo, pactuado com a democracia e o respeito absoluto por TODAS as vidas.[625]

Assim como nos EUA, no Brasil emergia um grupo de atletas que, indo além das suas performances dentro do esporte, estavam dispostos a usarem as suas vozes para lutar pela democracia e por uma sociedade racialmente mais justa. Pois, afinal de contas, para ser um "cidadão de bem" é preciso ser antirracista.

---

[625] *Manifesto oficial do movimento Esporte pela Democracia*. Disponível no link a seguir: https://esportepelademocracia.com/wp/. Acesso em: 26 jul. 2021.

CONCLUSÃO

Punhos Erguidos

Dia 20 de abril de 2021. As ruas das cidades dos Estados Unidos estavam novamente tomadas por multidões. Lojas e empresas de grandes metrópoles, tais como Los Angeles, Indianápolis e Nova York, protegiam as suas fachadas com tábuas de madeira. As tropas da Guarda Nacional estavam em prontidão para agir novamente.[626] Por mais que pareça, o cenário não era de guerra. Longe disso, novos tempos estavam chegando.

Cercado por arames farpados e vigiado pela Guarda Nacional, os olhos dos estadunidenses estavam voltados para o Tribunal Distrital de Saint Paul, em Minnesota. Lá dentro, sentado em uma das cadeiras do tribunal e vestindo macacão laranja, encontrava-se o pivô da revolta que abalou o mundo: o ex-policial Derek Chauvin, responsável pela morte brutal de George Floyd. Após horas de julgamento, os militantes antirracistas dos EUA e – por que não dizer – do mundo se encheram de alegria. Capturado pelas lentes das câmeras de televisão e transmitido ao vivo em rede nacional, o juiz Peter A. Cahil lia o veredito do julgamento de Chauvin. Não podia ser diferente. A justiça havia sido feita. Culpado: essa era a sentença que recai sobre os ombros do ex-policial.[627] As pessoas vibravam. Uma mulher, que acompanha a transmissão do julgamento na loja de conveniências onde Floyd realizou a sua última compra, ao ouvir o veredito gritava com lágrimas caindo do seu rosto: "We matter, we matter" ("Nós importamos, nós importamos"). Em alguns bairros de Minneapolis, em tom de comemoração, pessoas batiam panelas nas janelas ou saíam buzinando de carro pelas ruas. Quem estava em frente ao tribunal erguia os punhos fechados para cima e gritava: "culpado". O

---

[626] MARTÍNEZ, Andrés R. National Guard troops are called to U.S. cities as the jury deliberates in the Chauvin trial. *The New York Times*, Nova York, 20 abr. 2021. Disponível em: https://www.nytimes.com/2021/04/20/us/national-guard-cities-protests.html. Acesso em: 18 dez. 2022.

[627] ARANGO, Tim; DEWAN, Shaila; ELIGON, John; BOGEL-BURROUGHS, Nicolas. Derek Chauvin is found guilty of murdering George Floyd. *The New York Times*, Nova York, 20 abr. 2020. Disponível em: https://www.nytimes.com/2021/04/20/us/chauvin-guilty-murder-george-floyd.html#:~:text=After%20deliberating%20for%20about%2010%20hours%20over%20two%20days%20following,last%20year%20on%20Memorial%20Day. Acesso em: 18 dez. 2022.

mesmo grito foi ecoado em outras grandes cidades pelo país afora.[628] Se há um ano a raiva e a indignação tomavam conta dos EUA; agora eram a esperança e o sentimento de justiça que moviam as pessoas a irem às ruas.

A história é repleta de reviravoltas e de personagens inusitados. Quem iria imaginar que um homem, de 46 anos, desempregado, pai de cinco filhos, sem participar de qualquer causa ativista, sairia de casa em uma tarde para realizar uma compra em uma loja de conveniência qualquer e acabaria por se tornar um símbolo de uma revolução que clamava por justiça e igualdade racial. Se o dono da loja não tivesse suspeitado da nota em dinheiro; se quem atendesse o chamado da ocorrência fosse outro policial e se não houvesse testemunhas dispostas a confrontar, a filmar e a divulgar as imagens da barbárie que acontecia na calçada; bem provável que George Floyd passaria despercebido na história da humanidade. Porém, melhor do que um roteiro de filme de cinema, com cenas de tristeza e desamparo no começo, e com um *plot twist* de esperança e justiça no final, não há dúvidas de que a morte dele se tornou um marco na história dos Estados Unidos e do globo.

Não era um ponto fora da curva. Ao contrário, o corpo sem vida de Floyd estendido no chão da calçada, como visto no Capítulo 1, era o retrato do dia a dia vivido pelos negros nos EUA. Ao longo dos anos, boa parte da comunidade negra foi condicionada a viver de forma segregada da vida social do resto do país, isto é, foram obrigados, de certa maneira, a ocuparem as moradias precárias dos guetos; a frequentarem um sistema educacional deficiente; a serem marginalizados no mercado de trabalho (muitos não conseguiam empregos e quando conseguiam era para ocupar postos subalternos); a viverem sob as garras da violência (abordagem truculenta da polícia ou as guerras provocadas pelas facções criminosas que se instalavam nos guetos) e, por conta disso, diariamente eram mortos ou encarcerados; e ver a assistência social provinda dos órgãos públicos cada vez mais ficarem escassas. Em outras palavras, a promessa do *american dream,* em que qualquer um poderia ser bem-sucedido na Terra Prometida (os EUA) desde que trabalhasse duro para isso, era o verdadeiro pesadelo aos olhos dos afro-estadunidenses. O pesadelo se tornou ainda mais assustador, por assim dizer, quando o líder da extrema-direita, Donald Trump, chegou ao poder carregando consigo uma agenda política reacionária e um discurso de ódio voltado às minorias sociais, sobretudo aos negros, culpados, na visão de Trump, pelas mazelas da nação.

---

[628] DEWAN, Shaila; BOSMAN, Julie. 'We Matter': A moment of catharsis after the Derek Chauvin verdict. *The New York Times*, Nova York, 20 abr. 2021. Disponível em: https://www.nytimes.com/2021/04/20/us/verdict-reaction-chauvin-trial.html. Acesso em: 18 dez. 2022.

Para piorar, somado a isso tudo, veio a pandemia da Covid-19 que acarretou uma enorme crise sanitária e econômica em escala global. Por conseguinte, os afro-estadunidenses, sob uma perspectiva ampla, eram os primeiros da fila a perderem os empregos, a serem contaminados e, consequentemente, mortos em razão do vírus. Diante desse cenário todo, não era de se surpreender que a raiva e a indignação da comunidade negra transbordassem ao ver um de seus filhos implorando em vão pela sua vida enquanto era assassinado sem piedade pelo aparato repressivo do Estado.

A morte de Floyd foi o estopim de uma revolta. Só que dessa vez, não eram só os negros que se revoltavam. Por dias, sob o risco do contágio do coronavírus e retomando as forças proposta pelo Movimento dos Direitos Civis dos anos de 1960, multidões, compostas por negros, brancos, homens, mulheres e crianças, marchavam pelas ruas de peito aberto pedindo o fim da repressão policial e do racismo. Em termos mais poéticos, os punhos fechados se erguiam novamente para o céu e a bandeira da causa negra defendida por Martin Luther King voltava a tremular com força nos mastros. Minneapolis, o começo de tudo e uma cidade acostumada a ficar distante dos holofotes, transformava-se no principal palco de um levante antirracista que viajou para além das fronteiras estadunidenses e chegou em outros países: França, Inglaterra, Japão, Quênia, Austrália, dentre outras tantas nações espalhadas pelo mundo, viram seus povos clamarem por uma sociedade racialmente mais justa.

O levante antirracista não apenas viajou pelo globo, como também adentrou o universo do esporte. No Capítulo 2, demonstrei que os atletas entraram de corpo e alma na luta contra o racismo. Eles perceberam que não bastava impulsionar *hashtags* nas mídias sociais, era preciso agir. Assim sendo, esportistas, das mais diversas modalidades, juntaram-se às multidões nas passeatas para lutar contra o preconceito racial. Não apenas nas ruas, mas passos importantes foram dados dentro das quadras e dos campos. Os jogadores, confrontando os dirigentes das ligas, em forma de protesto, ajoelhavam-se durante a execução do hino nacional estadunidense, e, quando mais um negro foi morto pelas mãos das forças policiais, rapidamente paralisaram os jogos. Mais do que isso, de maneira inédita, as arenas esportivas, cumprindo uma demanda dos atletas, foram transformadas em locais de votação. Logo, no acirrado pleito presidencial de 2020, essa iniciativa dos jogadores foi de suma importância para que o democrata Joe Biden – que, por mais que tenha as suas falhas, representava o lado progressista – vencesse, em uma disputa apertada, o republicano ultraconservador Donald Trump.

No automobilismo, mais precisamente na Fórmula 1 (F1) e na Nascar, argumentei que o racismo se mascarava com o discurso da meritocracia e do nacionalismo. Em um esporte altamente elitista, Hamilton teve que superar as barreiras raciais colocadas pelos dirigentes e outras figuras de destaque da F1 para promover políticas de ações afirmativas que visavam que mais afrodescendentes adentrassem e alcançassem postos elevados dentro do referido esporte. Bubba Wallace, por sua vez, travou de peito aberto uma batalha contra uma tradição secular sulista estadunidense que insistia em exibir símbolos confederados de cunho discriminatório. Graças à sua coragem e aos seus esforços, o piloto conseguiu banir os emblemas dos Estados Confederados das pistas da Nascar e possibilitou que mais membros de grupos sociais minoritários, principalmente os negros que antes, em sua grande maioria, sentiam-se inibidos de irem por conta da ostentação dos símbolos racistas, agora pudessem frequentar as pistas.

Já o esporte mais popular do mundo – o futebol – não poderia ficar alheio à luta antirracista. A escalada de intimidações e ataques preconceituosos contra os jogadores negros nas redes sociais, especialmente quando estes erravam em lances capitais da partida, e a inação de dirigentes para combater esse tipo de crime era assombrosa. Não demoraria muito para que o racismo entrasse em campo. O episódio mais emblemático ocorreu na disputa da Champions League, na França, entre o time da casa Paris Saint-Germain (PSG) e a equipe turca Istanbul Basaksehir, quando o quarto árbitro foi acusado de se dirigir de forma discriminatória ao ex-jogador e então assistente técnico do Istanbul, Pierre Achille Webó Kouamo. De forma inusitada, os atletas de ambos os clubes abandonaram o jogo em protesto. Enquanto os poderosos que comandavam o futebol, para justificar a sua falta de combate, afirmavam que o racismo era um problema da sociedade e não do esporte, e que, portanto, não poderiam fazer muita coisa a respeito, dentro de campo, os jogadores provavam o contrário.

Por fim, depois de percorrer o mundo, a pesquisa chegou ao Brasil. No Capítulo 3, analisei o cenário brasileiro e os protestos contra a discriminação racial que emergiram após a repercussão do caso George Floyd. O país, assim como os EUA, era assolado brutalmente pela pandemia da Covid-19. Os números de contágio e mortes provocadas pelo vírus encontravam-se fora de controle, fruto de campanhas nefastas antimáscaras e antivacinas defendidas pelo então governo de extrema-direita chefiado por Jair Bolsonaro. Acrescentando a isso, a cúpula bolsonarista ainda flertava com a ideia de um golpe militar e pregava a violência policial, com o slogan "bandido bom é bandido morto". Desse modo, as forças de segurança brasileira – que, verdade seja dita, já matavam em grande escala antes do ex-militar assumir o poder – se tornaram uma espécie de máquina de assassinato, cujo alvo preferencial era os negros. Além das balas cuspidas pelos revólveres dos policiais, por trás da cortina de fumaça dos discursos da meritocracia e da falsa democracia racial, a comunidade negra também era alvejada pela política de desmantelamento de programas sociais. Era preciso reagir. Ao contrário do que ocorreu em outros países, no Brasil, devido ao contexto político em que um golpe militar emergia no horizonte, as pautas principais dos protestos foram a manutenção da democracia e, posteriormente, a causa antirracista foi incorporada. Entretanto, importante salientar novamente que democracia e a luta contra o racismo são complementares. Nas palavras da ministra do Ministério da Igualdade Racial do governo democrático eleito em 2022, Anielle Francisco da Silva, mais conhecida como Anielle Franco, irmã da vereadora carioca Marielle Franco, assassinada em 2018: "combater o racismo e o fascismo parte – também – da luta por justiça, reparação e democracia".[629] Logo, não existe democracia sem igualdade racial e vice-versa. Além disso, nas manifestações ocorridas no país, um ponto peculiar chamava a atenção. No primeiro momento, quem encontrava-se na linha de frente dos atos eram coletivos antifascistas de torcedores e setores progressistas das torcidas organizadas dos times de futebol. Mais do que nunca, não obstante ainda a resistência de alguns formadores de opinião em admiti-lo, o esporte e a política andavam lado a lado. Assim sendo, atletas das mais diversas modalidades, incluindo o universo do *eSports,* ou seja, dos jogos eletrônicos, que normalmente fica alheio às questões sociais, passaram a se posicionar firmemente em prol da causa negra.

O futebol brasileiro também vestiu a camisa e entrou em campo contra o preconceito racial. Historicamente, assim como no resto da sociedade brasileira, o racismo pautou a hierarquia do esporte bretão. Em campo, nas funções em que a liderança era primordial, majoritaria-mente os brancos as ocupavam e, em contrapartida, naquelas em que se exigia a força física eram delegadas aos negros. Fora das quatro linhas, a mesma situação se seguia. No principal torneio do país, o Campeonato Brasileiro, eram poucos os times que concediam oportunidades aos trei-nadores negros que, por sua vez, tinham que provar a cada partida que

---

[629] Leia a íntegra o discurso da ministra Anielle Franco. *Uol*, 11 jan. 2023. Disponível em: https://noticias. uol.com.br/politica/ultimas-noticias/2023/01/11/leia-integra-discurso-ministra-anielle-franco.htm. Acesso em: 23 fev. 2023.

eram capazes de comandar suas equipes. Entretanto, jogadores e técnicos que se encontravam do lado democrático e antirracista passaram a erguer as suas vozes contra as injustiças raciais. Além do mais, o Observatório da Discriminação Racial no Futebol, em parceria com clubes e entidades futebolísticas, lançou campanhas, como, por exemplo, a #PoderiaSerEu, para promover a causa negra. De fato, essas vozes e campanhas se faziam mais do que necessárias, pois uma contracorrente racista, autorizada, de certo modo, pela postura de Bolsonaro, ainda se fazia presente nos estádios. Atletas de elite, jogadores das categorias de base, árbitros e treinadores passaram a ser alvo do discurso de ódio propagado pela extrema-direita e, na maioria das vezes, esses ataques não recebiam qualquer tipo de punição. Estava na hora de dar um basta nessa situação. A regra do jogo precisava ser mudada: o respeito deveria imperar e os racistas deveriam ser expulsos.

Punhos fechados e erguidos para cima, pois a luta contínua. Segundo Michel Wieviorka, "o racismo pertence ao presente da humanidade, e não somente ao seu passado".[630] De fato, nas palavras da ministra Anielle Franco,

> [...] após quase quatrocentos anos de escravidão negra, e 133 anos de uma abolição que nunca foi concluída, a população brasileira ainda enfrenta múltiplas faces do racismo que gera condições desiguais de vida e de morte para pessoas negras e não negras no País. Isso não pode ser esquecido e nem colocado de lado.[631]

Por isso, não podemos parar de agir. Devemos criar e implementar fórmulas que sejam capazes de combater com eficácia o preconceito racial. Para a pesquisadora Djamila Taís Ribeiro dos Santos, mais conhecida apenas como Djamila Ribeiro, a melhor alternativa para enfrentar as desigualdades impostas pelo racismo é por meio de políticas públicas de ações afirmativas, tais como investir na valorização da estética negra; ampliar o acesso da população negra a uma educação de qualidade; rechaçar o epistemicídio, ou seja, prestigiar a produção não branca; aumentar o número de afro-descendentes nas redações dos jornais; e lutar contra a violência policial sobre a comunidade negra.[632] Além disso, a principal pauta da discussão

---

[630] WIEVIORKA, Michel. *O racismo, uma introdução*. São Paulo: Editora Perspectiva, 2007. p. 11.

[631] Leia a íntegra o discurso da ministra Anielle Franco. *Uol*, 11 jan. 2023. Disponível em: https://noticias.uol.com.br/politica/ultimas-noticias/2023/01/11/leia-integra-discurso-ministra-anielle-franco.htm. Acesso em: 23 fev. 2023.

[632] RIBEIRO, Djamila. *Pequeno manual antirracista*. São Paulo: Editora Companhia das Letras, 2019. *passim*.

não deveria ser sobre o posicionamento moral e individual das pessoas, mas sim as ações que elas tomam ou deixam de tomar para defrontar o racismo estrutural. Como constatado anteriormente, o preconceito racial é uma invenção dos brancos, portanto a branquitude deveria reconhecer o seu lugar de privilégio. De acordo com Ribeiro, "não se trata de se sentir culpado por ser branco: a questão é se responsabilizar. Diferente da culpa, que leva à inércia, a responsabilidade leva à ação".[633] Em outros termos, recorrendo aos pensamentos da ativista estadunidense Angela Yvonne Davis, mais conhecida como Angela Davis, "numa sociedade racista não basta não ser racista. É necessário ser antirracista".[634]

O embate hegemônico entre duas visões de mundo encontrava-se a todo vapor. Se, sob uma perspectiva, o lado progressista consolidava a sua luta contra o racismo; sob outra perspectiva, a extrema-direita, ao longo do tempo, vem conquistando os corações e as mentes de uma parcela significativa da população mundial. Movimentos ultraconservadores, como, por exemplo, o Brexit no Reino Unido, ou simbolizados nas figuras de Donald Trump nos EUA, Viktor Orbán na Hungria, Jair Bolsonaro no Brasil e Marine Le Pen na França, chegaram ao poder com discursos de ódio contra minorias sociais e imigrantes (destes, Le Pen foi a única a não ganhar a eleição, no entanto ela chegou duas vezes em segundo lugar e é inegável dizer que hoje ela carrega consigo um número expressivo de seguidores). Sendo assim, mais do que nunca, é imprescindível que o discurso antirracista seja transformado em ações. O esporte, por mais que – assim como as demais esferas da sociedade – ainda apresente problemas relacionados ao preconceito racial, por meio da mobilização dos jogadores que alcançaram conquistas relevantes com as suas campanhas, provou-se ser uma peça-chave na luta contra a discriminação racial.

Sim, sem dúvidas, graças aos atletas e ao clamor popular vindo das marchas antirracistas espalhadas pelo mundo, a causa negra avançou nesses anos. Entretanto, a luta antirracista não poderia abandonar as ruas, quadras e campos, pois o destino reservaria novos embates com a extrema-direita. Nas palavras do ex-goleiro Mario Lucio Duarte Costa, conhecido popularmente pelo apelido de Aranha (apesar de falar especificamente sobre o futebol seu argumento pode ser transportado para outras áreas),

---

[633] RIBEIRO, Djamila. *Pequeno manual antirracista*. São Paulo: Editora Companhia das Letras, 2019. p. 13-14; 35-36.

[634] RIVEIRA, Raíssa. Angela Davis: frases marcantes da intelectual e ativista. *Revista Marie Claire*, 12 set. 2022. Disponível em: https://revistamarieclaire.globo.com/Feminismo/noticia/2022/09/angela-davis-frases-marcantes-da-intelectual-e-ativista.html. Acesso em: 17 dez. 2022.

> [...] os tempos são outros e, por vezes, acreditamos que tanto um quanto o outro [preconceito e racismo] abandonaram as quatro linhas do campo de futebol, mas, aqui e ali, somos apresentados aos dois, que resistem teimosamente nas multidões barulhentas das arquibancadas [...].[635]

Aranha, aliás, falava com propriedade. Em 2014, quando defendia as cores do time do Santos, durante um jogo em Porto Alegre contra o Grêmio, o ex-goleiro foi alvo de xingamentos racistas. Movido pelo sentimento de revolta, ele parou o jogo e cobrou que o árbitro tomasse uma atitude a respeito das agressões verbais sofridas da torcida adversária. Posteriormente, nos tribunais esportivos, o Grêmio foi eliminado de forma sumária da competição. Mais do que a punição à equipe porto-alegrense, contudo, Aranha havia jogado luz sobre o problema racial que o país sofria.[636] O ex-goleiro estava coberto de razão. Passados anos de seu episódio, pegando as suas palavras emprestadas, o racismo teimosamente insistia em dar as caras, tanto dentro como fora do Brasil. Comecemos com os casos de fora. Em 2022, ao longo de toda a principal competição de clubes da América Latina, a Taça Libertadores, atos de discriminação racial, cujos alvos preferências eram os brasileiros, foram acontecendo em praticamente toda rodada. Na Argentina, a título de ilustração, um torcedor do River Plate atirou bananas à torcida do Fortaleza e todas que estavam à sua volta riram. No Equador, no jogo entre Emelec e Palmeiras, os palmeirenses que estavam na arquibancada foram chamados de macacos pelos equatorianos. A mesma cena se repetiria no Chile com os flamenguistas em duelo disputado contra a Universidade Católica.[637] Dentro dos estádios brasileiros, o ódio aos afrodescendentes também era visto. Na cidade de Bragança Paulista (interior de São Paulo), torcedores do time argentino Estudiantes imitaram macacos para provocar os que apoiavam o Red Bull Bragantino. E no estádio do Corinthians, a Neo Química Arena, na capital paulistana, a mesma coisa acontecia: torcedores do Boca Juniors faziam gestos de macacos aos corintianos.[638]

Há quem se engane, contudo, que eram apenas os vizinhos latino-americanos que cometiam atos preconceituosos. Pelas lentes das câmeras

---

[635] ARANHA, Mario. *Brasil Tumbeiro*. Campinas, São Paulo: Mostarda Editora, 2021. p. 107.

[636] ARANHA, Mario. *Brasil Tumbeiro*. Campinas, São Paulo: Mostarda Editora, 2021. p. 109-110.

[637] MATTOS, Rodrigo. Libertadores racista das Américas. *Uol*, 29 abr. 2022. Disponível em: https://www.uol.com.br/esporte/futebol/colunas/rodrigo-mattos/2022/04/29/libertadores-racistas-das-americas.htm. Acesso em: 12 jan. 2023.

[638] MATTOS, Rodrigo. Libertadores racista das Américas. *Uol*, 29 abr. 2022. Disponível em: https://www.uol.com.br/esporte/futebol/colunas/rodrigo-mattos/2022/04/29/libertadores-racistas-das-americas.htm. Acesso em: 12 jan. 2023.

dos celulares, brasileiros eram flagrados fazendo gestos discriminatórios. No jogo entre São Paulo e Fluminense, pelo campeonato brasileiro de 2022, disputado no Morumbi, por exemplo, torcedores são-paulinos foram filmados imitando macacos em direção à torcida do tricolor carioca.[639] Posteriormente, no estádio da Arena da Baixada, na cidade de Curitiba, capital do Paraná, foi a vez dos são-paulinos serem os alvos. Uma torcedora do Athletico-PR foi vista imitando um macaco e, segundo relatos de alguns torcedores, bananas foram atiradas no setor visitante.[640] No ano anterior, em 2021, na final da Copa do Brasil contra o Atlético-MG, torcedores do Furacão (como é conhecido o Athletico-PR) já haviam sido denunciados por cometerem gestos racistas similares em direção à torcida rival.[641]

Das arquibancadas ao gramado. Na disputa entre Internacional e Corinthians, valida também pelo Campeonato Brasileiro de 2022, em Porto Alegre, capital do Rio Grande do Sul, o então volante da equipe gaúcha, Edenílson Andrade dos Santos, conhecido popularmente apenas pelo seu primeiro nome, acusou o então lateral do alvinegro paulista, Rafael António Figueiredo Ramos, mais conhecido como Rafael Ramos, de ter lhe chamado de "macaco" durante a partida. Mais tarde, o caso foi levado ao Superior Tribunal de Justiça Desportiva (STJD) e o lateral foi absolvido por unanimidade.[642]

O episódio mais assustador, no entanto, aconteceria na Espanha. O então jovem atacante brasileiro do Real Madrid, Vinicius José Paixão de Oliveira Júnior, popularmente conhecido como Vinicius Júnior ou Vini Júnior, encontrava-se no centro da mira da fúria dos racistas (**falarei de forma mais aprofundada sobre o caso de Vinicius Junior no posfácio**). Tudo começou no programa esportivo espanhol "El Chiringuito de Jugones", da TV Mega. O empresário e convidado do programa Pedro Bravo,

---

[639] Novo vídeo mostra outro torcedor em gesto racista durante São Paulo x Fluminense. *GE*, 18 jul. 2022. Disponível em: https://ge.globo.com/futebol/times/sao-paulo/noticia/2022/07/18/novo-video-mostra-outro-torcedor-em-gesto-racista-durante-sao-paulo-x-fluminense.ghtml. Acesso em: 12 jan. 2023.

[640] COCCETRONBE, Gabriel. Gesto racista de torcedora do Athletico-PR deve gerar punições ao clube. *Uol*, 1 ago. 2022. Disponível em: https://www.uol.com.br/esporte/colunas/lei-em-campo/2022/08/01/gesto-racista-de-torcedora-do-athletico-pr-deve-gerar-punicoes-ao-clube.htm. Acesso em: 12 jan. 2023.

[641] PARIS, Letícia; SENECHAL, Alexandre; MOREIRA, Guilherme. Torcedores do Athletico protagonizam atos de racismo na Arena da Baixada na final da Copa do Brasil; veja vídeos. *GE*, 16 dez. 2021. Disponível em: https://ge.globo.com/pr/futebol/times/athletico-pr/noticia/torcedores-do-athletico-protagonizam-atos-de-racismo-na-arena-da-baixada-na-final-da-copa-do-brasil-veja-videos.ghtml. Acesso em: 12 jan. 2023.

[642] Rafael Ramos, do Corinthians, celebra absolvição no STJD em caso com Edenilson: "aliviado". *GE*, 13 set. 2022. Disponível em: https://ge.globo.com/futebol/times/corinthians/noticia/2022/09/13/rafael-ramos-do-corinthians-celebra-absolvicao-no-stjd-em-caso-com-edenilson-aliviado.ghtml#:~:text=O%20Superior%20Tribunal%20de%20Justi%C3%A7a,recurso%20no%20Pleno%20do%20tribunal. Acesso em: 14 jan. 2023.

ao comentar sobre as danças de Vini Júnior nas celebrações de seus gols – maneira tradicional de comemoração de muitos brasileiros –, afirmou que o jogador deveria respeitar os adversários e "deixar de fazer macaquice":

> Você tem que respeitar o adversário. Quando você faz um gol, se quer dançar, que vá ao sambódromo no Brasil. Aqui [na Espanha] o que você tem que fazer é respeitar os companheiros de profissão, e deixar de fazer macaquice.[643]

A partir daí iniciou-se uma escalada de investidas preconceituosas contra o atacante. No clássico madrileno entre Atlético de Madrid e Real Madrid, valido pelo Campeonato Espanhol de 2022, torcedores "colchoneros" (como é conhecido o Atlético de Madrid) se reuniram em uma das entradas do estádio Metropolitano e entoaram cânticos racistas contra Vini Júnior.[644] Meses depois, também pelo Campeonato Espanhol, foi a vez de a torcida do Valladolid dirigir ataques discriminatórios contra ele, chamando-o inclusive de "negro de merda" e "macaco".[645] O pior, no entanto, estava por vir. Em 2023, novamente a torcida do Atlético de Madrid protagonizou uma cena de ódio. Antes da partida contra o Real Madrid, valido dessa vez pela Copa do Rei, em uma das pontes da capital espanhola, eles penduraram um boneco vestido com a camisa de Vini Junior e com uma corda amarrada pelo pescoço para simular um enforcamento, modo pelo qual vários negros foram assassinados durante os tempos de escravidão. Além disso, estenderam nas grades da ponte uma faixa com os dizeres "Madrid odeia o Real".[646]

Essa, todavia, não era a primeira vez que um boneco negro era enforcado no universo do futebol. No dia 28 de abril de 1996, na curva Sul do estádio Bentegodi, na cidade de Verona, na Itália, ultras (como os torcedores organizados são chamados na Itália) do Hellas Verona, durante o clássico contra o Chievo Verona, para protestar contra a possível contratação do

---

[643] Vinicius Junior é alvo de fala racista em programa de TV esportiva na Espanha, por Léo Lopes. *CNN Brasil*, 11 set. 2022. Disponível no link a seguir: https://www.cnnbrasil.com.br/esporte/vinicius-jr-e-alvo-de-fala-racista-em-programa-de-tv-esportivo-na-espanha/. Acesso em: 14 jan. 2023.

[644] Atlético de Madrid condena racismo da torcida contra Vinicius Júnior. *GloboEsporte.com*, 20 set. 2022. Disponível no link a seguir: https://ge.globo.com/futebol/futebol-internacional/futebol-espanhol/noticia/2022/09/20/atletico-de-madrid-condena-racismo-da-torcida-contra-vinicius-junior.ghtml. Acesso em: 14 jan. 2023.

[645] Vinicius Júnior sofre insultos racistas e condena LaLiga: "Segue sem fazer nada". *GE*, 31 dez. 2022. Disponível em: https://ge.globo.com/futebol/futebol-internacional/futebol-espanhol/noticia/2022/12/31/vinicius-junior-sofre-insultos-racistas-em-valladolid-x-real-madrid-veja.ghtml. Acesso em: 14 jan. 2023.

[646] Torcida do Atlético de Madrid simula enforcamento de Vinicus Junior. *GE*, 26 jan. 2023. Disponível em: https://ge.globo.com/futebol/futebol-internacional/noticia/2023/01/26/torcida-do-atletico-de-madrid-simula-enforcamento-de-vini-jr-antes-de-classico-com-real-madrid.ghtml. Acesso em: 14 jan. 2023.

então atacante holandês, Maickel Ferrier – que seria o primeiro afro-descendente a jogar no time –, amarraram uma corda no pescoço de um boneco de pano de cor preta vestido com a camisa da equipe e que trazia a seguinte mensagem em inglês: *"negro go away"* ("preto vai embora"). Para completar a dramaticidade da cena teatral aterrorizante protagonizada na arquibancada, dois torcedores ainda estavam caracterizados com os típicos trajes brancos usados pelo grupo supremacista estadunidense da Ku Klux Klan. Como consequência da manifestação dos ultras do Hellas Verona, a diretoria do clube desistiu da contratação de Ferrier.[647]

Voltando para o contexto da década de 2020. Os episódios descritos supra demonstram que não se tratava mais da tradicional provocação futebolística entre adversários. O futebol estava sendo utilizado como ferramenta para que nacionalistas e supremacistas pudessem destilar o seu ódio pela sociedade. Nos casos da Taça Libertadores, os torcedores argentinos, por exemplo, poderiam muito bem ter optado pela velha troca de farpas entre quem é melhor, Maradona ou Pelé, Messi ou Neymar, ou então simplesmente se gabar por conquistarem mais a referida taça sul-americana do que os times brasileiros. Entretanto, eles escolheram o caminho do crime e, para agravar ainda mais a situação, sentiam-se imunes a qualquer tipo de punição. Para se ter uma ideia, mesmo quando foi preso por imitar um macaco em direção aos corintianos, um dos torcedores do Boca Juniors, depois de pagar a fiança e voltar ao seu país de origem, ironizou a sua detenção nas redes sociais.[648]

Claramente, somente notas protocolares de repúdio se mostravam cada vez mais insuficientes para impedir o avanço do ódio no futebol e no esporte de modo geral. É preciso implementar campanhas antirracistas eficazes nas arenas esportivas e punições severas aos indivíduos flagrados cometendo atos preconceituosos. Doravante, o movimento de atletas contra o racismo tem que se fazer presente e o seu principal desafio é não deixar arrefecer a iniciativa com o tempo, pois, sem sombras de dúvidas, há um risco cada vez maior que ideologias nacionalistas e supremacistas voltem a liderar e, consequentemente, guiem-nos para um retrocesso social. E isso não vale apenas para o Brasil ou a América Latina, mas sim para o mundo todo.

---

[647] FLORENZANO, José Paulo. Artigo: A Babel do Futebol: Atletas interculturais e torcedores ultras. *Revista de História*, n. 163, p. 149-174, 2010.

[648] Libertadores racista das Américas, Rodrigo Mattos. *Uol*, 29 abr. 2022. Disponível em: https://www.uol.com.br/esporte/futebol/colunas/rodrigo-mattos/2022/04/29/libertadores-racistas-das-americas.htm. Acesso em: 14 jan. 2023.

A luta contra o racismo continua. A nossa pesquisa, contudo, encerra-se por aqui. Para finalizá-la, destacarei a seguir as sábias palavras da filha de George Floyd, Gianna Floyd, então com apenas 6 anos de idade, que, em cima dos ombros do ex-jogador de basquete e amigo da família Stephen Jackson, disse: "O papai mudou o mundo".[649] Sim, Gianna, seu pai mudou o mundo. E mudou para melhor.

---

[649] "O papai mudou o mundo", diz filha de George Floyd. *Carta Capital*, São Paulo, 3 jun. 2020.

POSFÁCIO

Caso Vinicius Junior: O Sonho que Virou Pesadelo

A barbárie voltava a dar as caras na Espanha. Mais uma vez, o jovem atacante brasileiro do Real Madrid, Vinicius Junior, também conhecido como Vini Júnior, foi vítima de mais um ataque racista. A cena de ódio, dessa vez, foi protagonizada por uma parte da torcida do Valencia. Antes mesmo do jogo começar, ao redor do estádio Mestella, um grupo de torcedores do time da casa, sem demonstrar constrangimento e, até mesmo, humanidade gritavam que Vinicius Junior era um "mono" ("macaco" em espanhol).

No decorrer da partida, o cântico racista voltou a ser entoado. Revoltado, como não poderia ser diferente, o brasileiro pediu ao árbitro que o jogo fosse interrompido e, inclusive, chegou a confrontar um dos torcedores atrás do gol que imitava um macaco em sua direção. A sua indignação, no entanto, seria em vão. Na verdade, lhe renderia uma expulsão momentos mais tarde. Após uma confusão generalizada entre jogadores de ambos os clubes, Vini Junior, na tentativa de se desvencilhar de um mata-leão (golpe esse aplicado por alguns policiais em suas abordagens contra negros) que recebia do jogador do Valencia, Hugo Duro, acabou desferindo-lhe um tapa na cara. A equipe de arbitragem, contudo, ao chamar o juiz ao Árbitro Assistente de Vídeo (VAR na sigla em inglês), mostrou apenas o momento em que o atacante atingiu o seu adversário, ignorando completamente o mata-leão que ele recebia segundos antes. Resultado: Vini Junior saiu hostilizado mais uma vez pelos adeptos da casa e Hugo Duro permaneceu em campo para ver o seu time vencer a partida por 1 a 0.

Em seu desabafo, publicado nas redes sociais, o jovem atacante começou com as seguintes palavras: "não é a primeira vez, nem a segunda e nem a terceira". De fato, não era. Ao todo, desde que colocou os pés na Espanha, Vinicius Junior se viu no centro da fúria dos racistas ao menos 10 vezes. Ele mal podia adivinhar que o que parecia ser um sonho, aos poucos, viraria um pesadelo. Nascido em São Gonçalo, no Rio de Janeiro, Vini Junior conseguiu transformar em realidade um dos maiores sonhos dos jovens espalhados pelo Brasil: tornar-se um jogador profissional de futebol. Mais ainda. Conseguiu dar um passo além e ser contratado pelo – considerado por muitos – maior clube de futebol do mundo, o Real Madrid. Com a sua velocidade, a sua ginga e os seus improvisos, não demorou para que o garoto de São Gonçalo conquistasse o carinho da torcida madrilenha e passasse a despontar como um dos principais jogadores de sua equipe.

Ao mesmo tempo que a admiração pelo seu talento crescia, por outro lado, a ira dos racistas aumentava. O primeiro episódio em que foi alvo de xingamentos preconceituosos se deu contra o principal rival do Real Madrid, o Barcelona. Em 24 de outubro de 2021, no estádio do Camp Nou, em Barcelona, um torcedor fez ataques discriminatórios ao brasileiro e o caso foi encaminhado às entidades competentes. Posteriormente, o caso foi arquivado pela polícia sob a justificativa de que não foi possível identificar o agressor. O que parecia ser um fato isolado, ao menos era tratado dessa forma pelas autoridades espanholas, com o passar do tempo foi se intensificando. Em 2021 aconteceu apenas esse episódio, mas em 2022 o número subiu para três, e em 2023 já eram até então seis casos desse tipo.

O auge do ódio contra o atacante brasileiro se deu antes da partida contra o Atlético de Madrid pela Copa do Rei em janeiro de 2023. Torcedores "colchoneros" (como são conhecidos os torcedores do Atlético) penduraram um boneco negro vestido com a camisa de Vini Júnior com uma corda amarrada no pescoço para simular um enforcamento (maneira pela qual vários negros foram assassinados brutalmente durante os tempos de escravidão). Por mais tenha gerado repercussão internacional e despertado a solidariedade da opinião pública de maneira geral, a resposta em relação ao ato de ódio de parte da torcida do Atlético de Madrid ficou restrita a notas de repúdio protocolares e à hashtag *#BailaViniJunior*.

Com a impunidade rolando solta, em seu desabafo, voltando à disputa contra o Valencia, Vini Júnior afirmou que "o campeonato que já foi de Ronaldinho, Ronaldo, Cristiano Ronaldo e Messi hoje é dos racistas". Palavras fortes. Porém, precisas. De fato, com os ataques preconceituosos se repetindo a todo momento, a imagem que, por meio do futebol, a Espanha passava ao mundo era de ser um país em que os racistas agiam livremente.

O racismo, importante esclarecer, estava longe de ser um problema apenas espanhol. Além do mais, Vinícius Júnior não era o único a sofrer com os discursos de ódio vindo das arquibancadas. Casos de discriminação contra negros era algo que já fazia parte do histórico de La Liga (o campeonato espanhol). Em 2021, para pegar um exemplo emblemático dos muitos que poderiam ter sido citados, o próprio Valencia passou por situação parecida. No primeiro tempo da disputa contra o Cádiz, o então zagueiro valacentista,

Mouctar Diakhaby, acusou o seu adversário, Juan Cala, de ter lhe dirigido de maneira preconceituosa. Em solidariedade ao colega de time, os jogadores do Valencia – vejam como as coisas são – abandonaram o campo de jogo. Sim, uma parte da torcida do Valencia que proferiu xingamentos preconceituosos contra Vini Júnior, dois anos antes, via o seu time se recusando a continuar a jogar uma partida por conta de um ato racista.

O caso de Vini Júnior, no entanto, saltava aos olhos. Nunca antes, pelo menos não recentemente, um jogador negro havia sido tão perseguido nos estádios Espanha afora quanto ele. Mas, afinal de contas, por que o jovem atacante brasileiro estava sempre na mira da fúria dos racistas?

Uma das explicações por trás desses ataques era a de que Vinícius Júnior seria um provocador, por conta de seus dribles dentro de campo e pelas "dancinhas" na hora de comemorar os gols. Em primeiro lugar, nada justificava agressões racistas contra o jogador, mesmo se ele se enquadrasse no perfil de provocador. Em segundo lugar, isso não era algo novo no futebol espanhol. Ao contrário, antes de Vini Júnior outros brasileiros, como, por exemplo, Ronaldinho Gaúcho e Neymar quando jogavam pelo Barcelona, apenas para ficar em um passado mais recente, encaixavam-se bem mais nesse perfil. Eles brilharam pelos gramados espanhóis com os seus dribles exuberantes e "bailavam" à vontade nas suas comemorações de gols. Sim, claro, poderiam ter recebido insultos racistas entre um jogo ou outro. Entretanto, nem de longe foram da mesma proporcionalidade do que o atacante do Real Madrid. Os torcedores do Barcelona, aliás, é um bom ponto para realizar uma análise. O que levava uma parte da torcida de um clube que tem Ronaldinho Gaúcho e Neymar como ídolos de sua história a gritar cânticos racistas contra Vinicius Júnior?

Muitos dizem que o futebol constitui-se como um mundo paralelo da sociedade. E, de fato, em alguns momentos parece ser. Enquanto em todas as outras esferas sociais o racismo era cada vez mais combatido – ao menos era o que deveria ser –, no futebol, de certa forma, o racismo ainda era tratado como algo folclórico, como uma mera provocação que fazia parte da tradição e das regras não escritas do esporte.

Na Itália tem um caso que ilustra perfeitamente esse argumento. Em 2019, aos 27 minutos do segundo tempo, na disputa entre Cagliari e Inter de Milão, um pênalti foi marcado para a equipe da Inter. Quando o atacante belga, Romelu Lukaku, pegou a bola para bater o pênalti, uma parte da torcida do Cagliari começou a fazer gestos de macacos. Sem deixar se desestabilizar pelo show de horrores que o atingia, Lukaku conseguiu converter o pênalti, no entanto em forma de protesto não comemorou o gol. Após a partida, o artilheiro belga cobrou ações das federações para combater a discriminação racial nos estádios. Além do mais, ele recebeu o apoio e solidariedade de jogadores ao redor do mundo.

Lukaku, contudo, só não recebeu apoio da Curva Nord, um dos principais grupos ultras (o equivalente à torcida organizada no Brasil) da Inter de Milão. Em uma carta endereçada ao jogador, os ultras da Inter de Milão afirmaram que os torcedores do Cagliari não foram racistas. Sim, isso mesmo. Eles entendiam que os gestos de macacos não passavam de uma maneira encontrada pela torcida adversária para tirar a concentração dele na hora de bater o pênalti. E tem mais. Disseram também que já fizeram coisa parecida e que continuaram a utilizar esse "artifício" contra os rivais.

No Brasil, o caso envolvendo Gerson do Flamengo e Índio Ramirez do Bahia também era emblemático. Em uma discussão acalorada de jogo, o então meio-campista do time baiano teria se dirigido ao flamenguista da seguinte forma: "cala a boca, negro". Gerson, após a partida, denunciou Ramirez e o STJD abriu um inquérito sobre o ocorrido. Entretanto, pouco tempo depois o caso acabou sendo arquivado. Os ex-jogadores Vampeta e Amaral, e o técnico Vanderlei Luxemburgo, ao comentarem sobre o episódio, disseram que não viram nada de mais na suposta fala de Ramirez, que aquilo fazia parte da cultura futebolística de provocar e desestabilizar o adversário.

O folclore, no entanto, não explicava totalmente o que havia por trás do caso de Vini Junior, voltando agora para a Espanha. Na verdade, existia questões político-sociais bem mais profundas. Ao contrário da época em que Ronaldinho Gaúcho e Neymar atuavam pelo Barcelona, era inegável dizer que, infelizmente, no fim da década de 2010 e início da de 2020, a extrema-direita conseguiu angariar apoios significativos ao redor do mudo. Movimentos ultraconservadores, como o Brexit no Reino Unido, ou retratados nas figuras de Donald Trump nos Estados Unidos, Marie Le Pen na França e Jair Bolsonaro no Brasil, chegaram ao poder com discursos de ódio voltados contra as minorias, em especial os negros, e contra a entrada de imigrantes que, supostamente, seriam uma ameaça para a identidade nacional desses países (dos citados, apenas Le Pen não chegou ao poder, no entanto em duas ocasiões consecutivas ela ficou em segundo lugar na eleição presidencial francesa, adquirindo, portanto, um expressivo capital político). Dessa maneira, legitimados, de certa forma, por esses movimentos ultraconservadores, parte da população vinha reivindicando o direito de ser racista e, ademais, sentiam-se autorizados a cometer atos discriminatórios.

Assim sendo, Vini Junior simbolizava tudo aquilo que esses grupos de extrema-direita abominavam: um jovem negro, latino-americano (logo imigrante), de origem humilde e que, acima de tudo, conseguiu superar todos os obstáculos econômicos e sociais para se tornar um vencedor. Isso explicava por que jogo sim e jogo não o brasileiro era hostilizado nos estádios da Espanha. E para piorar ainda mais a sua situação, o então presidente da La Liga, Javier Tebas, era um apoiador declarado do Vox, o partido de extrema-direita espanhol. Não à toa, Tebas não apenas minimizava os casos de racismo como responsabilizava o atacante do *Real Madrid* pelos episódios.

Voltando ao jogo entre Real Madrid e Valencia. Tão grave quanto a postura do então presidente de La Liga foi a cobertura de parte da imprensa espanhola. Eles não apenas buscavam negar os gritos racistas que, naquela altura, já haviam sido filmados e publicados nas redes sociais pelos próprios torcedores do Valencia, como também criaram uma narrativa para colocar Vinicius Junior como o vilão. Ao ser expulso de jogo, o jovem atacante saiu fazendo o número 2 para os adeptos rivais, em uma alusão ao fato de que eles estavam brigando na tabela do campeonato para não serem rebaixados para a segunda divisão – esta sim, uma provocação que faz parte da cultura do futebol. Ao final do jogo e na zona mista (em que os jogadores concedem entrevistas aos repórteres), um jornalista perguntou a Vini Junior se ele "pediria perdão pelo gesto que fez à torcida do Valencia?". Sim, para o jornalista espanhol, o gesto de número 2 do brasileiro foi mais grave do que o crime de racismo que alguns torcedores da equipe da casa haviam cometido.

O caso era complexo. E como todo caso complexo não havia uma solução simples. Com toda essa humilhação e desumanização sofrida constantemente por Vinicius Junior, muitos defendiam que ele deixasse o Real Madrid e passasse a jogar em outro clube, preferencialmente em um time inglês. Sem dúvidas, ao contrário da Espanha, dentro dos estádios do futebol britânico os casos de racismo eram quase inexistentes. A Premier League (o campeonato do Reino Unido) tinha uma parceria com a organização Kick It Out, uma iniciativa que buscava conscientizar e implementar ações dentro das equipes britânicas para combater o preconceito racial. Além do mais, os próprios jogadores da liga apresentavam uma consciência social bem significativa em relação a esse tema. Desde que as manifestações antirracistas dominaram o globo após o caso de George Floyd e inspirados no ex-quarterback, Colin Kaepernick, muitos atletas da Premier League passaram a se ajoelhar antes das partidas como forma de protesto contra o racismo.

Porém, alto lá. Isso não quer dizer que a discriminação racial não estava presente no Reino Unido. Como visto anteriormente, os casos de racismo eram quase inexistentes dentro dos estádios. Fora deles, no entanto, o assunto já era outro. Para se ter uma ideia, em resposta às manifestações antirracistas que afloravam mundo afora em 2020 depois da morte de Floyd, supremacistas promoveram um ato na Praça do Parlamento. Descrevendo-se como patriotas, eles cantavam "Inglaterra, Inglaterra" e estavam todos vestidos com a camisa da seleção inglesa (sim, não era apenas no Brasil que a camisa da seleção era capturada pela extrema-direita). Posteriormente, na Trafalgar Square, uma das principais praças de Londres, os supostos patriotas e manifestantes antirracistas protagonizaram uma batalha campal que só foi encerrada após a chegada em massa da polícia de choque. Isso, claro, sem contar nos inúmeros casos de ataques racistas contra jogadores negros nas redes sociais (**visto no Capítulo 2**).

De fato, não tinha para onde correr. O racismo era um problema que atingia todos os países do mundo, em menor grau em uns e em maior grau em outros. Estava cada vez mais perceptível que esse mal só cessaria a partir do momento em que o globo como um todo se unisse e começasse a implementar políticas que efetivamente combatessem o preconceito racial.

O caso de Vinicius Junior contra torcedores racistas do Valencia, contudo, poderia ser esse ponto de partida. Após a repercussão internacional do caso, ao que tudo indicava, novos ares estavam por vir. O então presidente da Federação Espanhol de Futebol, Luis Rubiales, criticou o então comandante de La Liga pela sua postura e afirmou estar ao lado do brasileiro. O então presidente Lula e a então ministra da Igualdade Racial, Anielle Franco, chegaram a conversar com as autoridades espanholas sobre os episódios racistas. E até mesmo a ONU se manifestou sobre o caso. O desafio, doravante, era fazer com que esses pronunciamentos resultassem em ações concretas e não ficassem apenas em palavras.

Entretanto, como não poderia ser diferente, a manifestação mais incisiva partiu do próprio brasileiro. Ainda recorrendo ao seu desabafo feito nas redes sociais após a partida contra o Valencia, ele escreveu a seguinte frase: "mas eu sou forte e vou até o fim contra os racistas". Em outros termos, o veneno destilado pelos racistas contra o jovem atacante se voltou contra eles. Na tentativa de desumanizá-lo, diminuí-lo e calá-lo, eles acabaram criando mais um símbolo de resistência da causa negra.

Ninguém sabia ao certo se Vini Junior continuaria atuando pelo Real Madrid ou não. Entretanto, duas coisas eram certas. A primeira era que o show de horrores visto em Valencia serviu para mostrar ao planeta que a luta contra o racismo não podia parar. E a segunda era que o lado antirracista agora contava com mais um guerreiro negro. E o nome dele é Vinicius José Paixão de Oliveira Junior.

REFERÊNCIAS

ALMEIDA, Silvio. *Racismo estrutural.* São Paulo: Editora Feminismos Plurais, 2019.

ARANHA, Mario. *Brasil Tumbeiro.* Campinas: Mostarda Editora, 2021.

CASHMORE, Ellis. *Dicionário de relações étnicas e raciais.* 2. ed. São Paulo: Editora Selo Negro, 2000.

CASTELLS, Manuel. *A era da informação:* economia, sociedade e cultura. Vol. II O poder da identidade. São Paulo: Editora Paz e Terra, 1999.

CASTELLS, Manuel. *Redes de indignação e esperança:* movimentos sociais na era da internet. Rio de Janeiro: Editora Zahar, 2013.

CHAIA, Vera; COELHO, Cláudio; CARVALHO, Rodrigo de. *Política e Mídia:* estudo sobre a democracia e os meios de comunicação no Brasil. São Paulo: Editora Anita Garibaldi, 2015.

COSTA, Márcia Regina da. *Os carecas do subúrbio:* caminhos de um nomadismo moderno. São Paulo: Editora Musa, 2000.

FANON, Franz. *Pele negra, máscaras brancas.* Salvador: Editora EDUFBA, 2008.

FILHO, Mario. *O negro no futebol brasileiro.* Rio de Janeiro: Editora Mauad X, 2010.

FLORENZANO, José Paulo. *A democracia corinthiana:* práticas de liberdade no futebol brasileiro. São Paulo: Editora EDUC FAPESP, 2009.

GORN, Elliott J. *Muhammad Ali the people's champ.* Illinois: Editora The University of Illinois Press, 1995.

HARTMANN, Douglas. *Race, culture, and the revolt of the black athlete:* the 1968 olympic protests and their aftermath. Chicago, Estados Unidos: Editora The University of Chicago Press and London, 2003.

KELLNER, Douglas. *A cultura da mídia.* Bauru, São Paulo: Editora EDUSC, 2001.

KEYSSAR, Alexander. *O direito de voto:* a controversa história da democracia nos Estados Unidos. São Paulo: Editora Unesp, 2000.

KON, Noemi Moritz; SILVA, Maria Lúcia da; ABUD, Cristiane Curi. *O racismo e o negro no Brasil:* questões para a psicanálise. São Paulo: Editora Perspectiva, 2017.

MELO, Carlos; MENDES, Conrado Hüber; LOUZANO, Paula; MORICONI, Gabriela; QUINALHA, Renan; REIS, Daniel Aarão; SALLES, João Moreira; SOLANO, Esther; SPEKTOR, Matias; STARLING, Heloisa M.; SINGER, André; VENTURI, Gustavo. *Democracia em risco:* 22 ensaios sobre o Brasil de hoje. São Paulo: Editora Companhia das Letras, 2019.

MEIHY, José Carlos Sebe Bom; WITTER, José Sebastião. *Futebol e cultura:* coletânea de estudos. São Paulo: Editora Arquivo do Estado, 1982.

MILLER, Patrick B.; WIGGINS, David K. *Sport and the color line:* Black athlete and race relations in twentieth century America. Nova York: Editora Routledge, 2003.

MOREIRA, Adilson. *Racismo recreativo.* São Paulo: Editora Feminismos Plurais, 2019.

PINTO, Ricardo. *História, conceitos e futebol:* racismo e modernidade no futebol fora do eixo (1889-1912). Curitiba: Appris, 2020.

RIBEIRO, Djamila. *Pequeno manual antirracista.* São Paulo: Editora Companhia das Letras, 2019.

SANTOS, Ricardo Pinto dos. *Entre "rivais":* futebol, racismo e modernidade no Rio de Janeiro e em Buenos Aires (1897-1924). Rio de Janeiro: Editora Mauad X, 2012.

SLOTERDIJK, Peter. *No mesmo barco:* ensaio sobre a hiperpolítica. São Paulo: Editora Estação Liberdade, 2012.

TAYLOR, keeanga-Yamahtta. *#Vidas negras importam e libertação negra.* São Paulo: Editora Elefante, 2020.

VIEIRA, José Jairo. *As relações étnico-raciais e o futebol do Rio de Janeiro:* mitos, discriminação e mobilidade social. Rio de Janeiro: Editora Mauad X, 2017.

WACQUANT, Loïc. *As duas faces do gueto.* São Paulo: Editora Boitempo, 2008.

WIEVIORKA, Michel. *O racismo, uma introdução.* São Paulo: Editora Perspectiva, 2007.

Trabalhos Acadêmicos

Tese de Doutorado

TONINI, Marcel Diego. *Dentro e fora de outros gramados:* histórias orais de futebolistas brasileiros negros no continente europeu, 2016. Tese (Doutorado em

História) – Faculdade de Filosofia, Letras e Ciências Humanas do Departamento de História, Universidade de São Paulo, São Paulo, 2016.

Artigos

EURICO, Marcia Campos; PASSOS, Rachel Gouveia. Artigo: Democracia e Lutas Antirracistas. *Revista Em Pauta,* Revista da Universidade do Rio de Janeiro – URJ, Rio de Janeiro, v. 20, n. 50, 6 jun. 2022. Disponível em: https://www.e-publicacoes. uerj.br/index.php/revistaempauta/article/view/68511. Acesso em: 23 jan. 2023.

FLORENZANO, Gianluca. *Caso Vinicius Junior*: O Sonho que Virou Pesadelo. Publicado em Núcleo de Estudos em Arte, Mídia e Política da Pontifícia Universidade Católica de São Paulo (NEAMP – PUC-SP). São Paulo, 29 de maio de 2023. Disponível em: https://neamp.org/2023/05/29/caso-vinicius-junior-o-sonho--que-virou-pesadelo/. Acesso em: 16 jun. 2023.

FIORENZANO, J. P. A Babel do futebol: atletas interculturais e torcedores ultras. *Revista de História*, n. 163, p. 149-174, 2010. Disponível em: https://www. revistas.usp.br/revhistoria/article/view/19174. Acesso em: 21 jan. 2023.

Acervo de jornais e sites

New York Times – Seção de Política

'ABSOLUTE chaos', in Minneapolis as protests grow across U.S. *The New York Times,* Nova York, 29 maio 2020. Disponível em: https://www.nytimes.com/2020/05/29/ us/floyd-protests-usa.html#:~:text=Minnesota's%20governor%20said%20the%20 police,charged%20with%20murdering%20George%20Floyd. Acesso em: 22 abr. 2021.

AMERICA'S reckoning on racism spreads beyond policing. *The New York Times,* Nova York, 10 jun. 2020. Disponível em: https://www.nytimes.com/2020/06/10/ us/protests-black-lives-matter-george-floyd.html. Acesso em: 4 maio 2021.

ARANGO, Tim; DEWAN, Shaila; ELIGON, John; BOGEL-BURROUGHS, Nicolas. Derek Chauvin is found guilty of murdering George Floyd. *The New York Times,* Nova York, 20 abr. 2020. Disponível em: https://www.nytimes.com/2021/04/20/ us/chauvin-guilty-murder-george-floyd.html#:~:text=After%20deliberating%20 for%20about%2010%20hours%20over%20two%20days%20following,last%20 year%20on%20Memorial%20Day. Acesso em: 18 dez. 2022.

BAKER, Peter; HABERMAN, Maggie. Trump rebuffs protests over systemic racism and calls police 'great people'. *The New York Times*, Nova York, 8 jun. 2020. Disponível em: https://www.nytimes.com/2020/06/08/us/politics/defund-police-trump.html. Acesso em: 6 maio 2021.

BOKAT-LINDELL, Spencer. Why is police brutality still happening? *The New York Times*, Nova York, 28 maio 2020. Disponível em: https://www.nytimes.com/2020/05/28/opinion/minneapolis-police-brutality.html. Acesso em: 7 maio 2021.

BURCH, Audra D. S.; ELIGON, John. Bystander videos of George Floyd and others are policing the police. *The New York Times*, Nova York, 26 maio 2020. Disponível em: https://www.nytimes.com/2020/05/26/us/george-floyd-minneapolis-police.html. Acesso em: 4 abr. 2021.

CAVE, Damien; ALBECK-RIPA, Livia; MAGRA, Iliana. Huge crowds around the globe march in solidarity against police brutality. *The New York Times*, Nova York, 6 jun. 2020. Disponível em: https://www.nytimes.com/2020/06/06/world/george--floyd-global-protests.html#:~:text=global%2Dprotests.html-,Huge%20Crowds%20Around%20the%20Globe%20March%20in%20Solidarity%20Against%20Police,racism%20in%20their%20own%20countries.. Acesso em: 7 maio 2021.

CITIES on edge as fires burn near White House. *The New York Times*, Nova York, 31 maio 2020. Disponível em: https://www.nytimes.com/2020/05/31/us/george-floyd-protests-live-updates.html. Acesso em: 28 abr. 2021.

CONFESSORE, Nicholas. For whites sensing decline, Donald Trump unleashes words or resistance. *The New York Times*, Nova York, 13 jul. 2016. Disponível em: https://www.nytimes.com/2016/07/14/us/politics/donald-trump-white-identity.html. Acesso em: 29 abr. 2021.

COWAN, Jil. From Sacramento to San Diego, californians join protests. *The New York Times*, Nova York, 1 jun. 2020. Disponível em: https://www.nytimes.com/2020/06/01/us/california-george-floyd-protests.html. Acesso em: 22 abr. 2021.

DEWAN, Shaila; BOSMAN, Julie. 'We Matter': A moment of catharsis after the Derek Chauvin verdict. *The New York Times*, Nova York, 20 abr. 2021. Disponível em: https://www.nytimes.com/2021/04/20/us/verdict-reaction-chauvin-trial.html. Acesso em: 18 dez. 2022.

ELIGON, John; FREYTAS-TAMURA, Kimiko. Today's activism: Spontaneous, leaderless, but not without aim. *The New York Times*, Nova York, 3 jun. 2020.

Disponível em: https://www.nytimes.com/2020/06/03/us/leaders-activists-george-floyd-protests.html. Acesso em: 25 abr. 2021.

ELIGON, John; FURBER, Matt; ROBERTSON, Campbell. Appeals for calm as sprawling protests threaten to spiral out of control. *The New York Times*, Nova York, 30 maio 2020. Disponível em: https://www.nytimes.com/2020/05/30/us/george-floyd-protest-minneapolis.html. Acesso em: 21 abr. 2021.

FERNANDEZ, Manny; BURCH, Audra D. S. George Floyd, from 'I want to touch the world' to 'I can't breathe'. *The New York Times*, Nova York, 4 abr. 2021. Disponível em: https://www.nytimes.com/article/george-floyd-who-is.html. Acesso em: 21 abr. 2021.

FIERY Clashes erupt between police and protesters over George Floyd death. *The New York Times*, Nova York. Estados Unidos, 30 maio 2020. Disponível em: https://www.nytimes.com/2020/05/30/us/minneapolis-floyd-protests.html. Acesso em: 21 abr. 2021.

FURBER, Matt; ELIGON, John, BURCH, Audra D. S. National guard called as Minneapolis erupts in solidarity of George Floyd. *The New York Times*, Nova York, 28 maio 2020. Disponível em: https://www.nytimes.com/2020/05/28/us/george-floyd-minneapolis-protests.html#:~:text=MINNEAPOLIS%20%E2%80%94%20Minnesota's%20governor%20activated%20the,Floyd's%20neck. Acesso em: 5 abr. 2021.

FURBER, Matt; ELIGON, John; BRUCH, Audra D. S. Minneapolis police, long accused of racism, face wrath of wounded city. *The New York Times*, Nova York, 27 maio 2020. Disponível em: https://www.nytimes.com/2020/05/27/us/minneapolis-police.html. Acesso em: 21 abr. 2021.

HABERMAN, Maggie; BURNS, Alexandre. Trump's looting and 'shooting' remarks escalate crisis in Minneapolis. *The New York Times*, Nova York, 29 maio 2020. Disponível em: https://www.nytimes.com/2020/05/29/us/politics/trump-looting-shooting.html. Acesso em: 29 abr. 2021.

HAUSER, Christine; TAYLOR, Derrick Bryson; VIGDOR, Neil. 'Ican`t breathe': 4 minneapolis officers fired after black man dies in custody. *The New York Times*, Nova York, 26 maio 2020. Disponível em: https://www.nytimes.com/2020/05/26/us/minneapolis-police-man-died.html. Acesso em: 24 abr. 2021

HEALY, Jack; BARKER, Kim. Other protests flare and fade. Why this movement already seems different. *The New York Times*, Nova York, 7 jul. 2020. Disponível em:

https://www.nytimes.com/2020/06/07/us/unrest-protests-minneapolis-ending. html. Acesso em: 23 abr. 2021.

HEALY, Jack; SEARCEY, Dionne. Two crises convulse a nation: a pandemic and police violence. *The New York Times*, Nova York, 31 maio 2020. Disponível em: https://www.nytimes.com/2020/05/31/us/george-floyd-protests-coronavirus. html. Acesso em: 25 abr. 2021.

HERNÁNDEZ, Javier C.; MUELLER, Benjamin. Global anger grows over George Floyd death, and becomes an anti-Trump cudgel. *The New York Times*, Nova York, 1 jun. 2020. Disponível em: https://www.nytimes.com/2020/06/01/world/asia/ george-floyd-protest-global.html. Acesso em: 8 maio 2021.

LANDLER, Mark. 'Get rid of them': A statue falls as britain confronts its racist history. *The New York Times*, Nova York, 8 jun. 2020. Disponível em: https://www. nytimes.com/2020/06/08/world/europe/edward-colston-statue-britain-racism. html#:~:text=of%20George%20Floyd-,'Get%20Rid%20of%20Them'%3A%20A%20 Statue%20Falls%20as%20Britain,about%20statues%20of%20Confederate%20 generals. Acesso em: 7 maio 2021.

MACFARQUHAR, Neil. Many claim extremists are sparking protest violence. But which extremists?. *The New York Times*, Nova York, 31 maio 2020. Disponível em: https://www.nytimes.com/2020/05/31/us/george-floyd-protests-white-su-premacists-antifa.html. Acesso em: 22 abr. 2021.

MAHLER, Jonathan; WINES, Michael. Fear is driving voting rights advocates and vigilantes to watch polling stations. *The New York Times*, Nova York, Estados Unidos, 7 nov. 2016. Disponível em: https://www.nytimes.com/2016/11/08/us/ fear-is-driving-voting-rights-advocates-and-vigilantes-to-watch-polling-stations. html. Acesso em: 7 fev. 2022.

MARTÍNEZ, Andrés R. National Guard troops are called to U.S. cities as the jury deliberates in the Chauvin trial. *The New York Times*, Nova York, 20 abr. 2021. Disponível em: https://www.nytimes.com/2021/04/20/us/national-guard-ci-ties-protests.html. Acesso em: 18 dez. 2022.

MCCREESH, Shawn. Protests near White House spiral out of control again. *The New York Times*, Nova York, 31 maio 2020. Disponível em: https://www.nytimes. com/2020/05/31/us/politics/washington-dc-george-floyd-protests.html#:~:tex-t=WASHINGTON%20%E2%80%94%20Despite%20an%2011%20p.m.,with%20 canisters%20of%20tear%20gas. Acesso em: 4 maio 2021.

N.Y. protesters defy curfew, but 10th night of marches ends peacefully. *The New York Times*, Nova York, 6 jun. 2020. Disponível em: https://www.nytimes.com/2020/06/06/nyregion/nyc-protests-george-floyd.html. Acesso em: 19 abr. 2021.

PROTESTS continue to rage after death of George Floyd. *The New York Times*, Nova York, 28 maio 2020. Disponível em: https://www.nytimes.com/2020/05/28/us/george-floyd-national-guard.html#:~:text=Protesters%20breached%20a%20police%20station,were%20reported%20across%20the%20country.&text=This%20briefing%20has%20ended.,death%20of%20George%20Floyd%20here. Acesso em: 4 abr. 2021.

PROTESTS swell in U.S. and beyond as George Floyd is mourned near his birthplace. *The New York Times*, Nova York, 6 jun. 2020. Disponível em: https://www.nytimes.com/2020/06/06/us/protests-today-police-george-floyd.html. Acesso em: 5 maio 2021.

QIU, Linda. Trump's false claim that 'nobody has ever done' more for the black community than he has. *The New York Times*, Nova York, 5 jun. 2020. Disponível em: https://www.nytimes.com/2020/06/05/us/politics/trump-black-african-americans-fact-check.html. Acesso em: 7 maio 2021.

ROBLES, Frances; BURCH, Audra D. S. How did George Floyd die? Here's what we know. *The New York Times*, Nova York, 2 jun. 2020. Disponível em: https://www.nytimes.com/article/george-floyd-autopsy-michael-baden.html. Acesso em: 21 abr. 2021.

STOLBERG, Sherly Gay. 'Pandemic within a pandemic': coronavirus and police brutality roil black communities. *The New York Times*, Nova York, 7 jun. 2020. Disponível em: https://www.nytimes.com/2020/06/07/us/politics/blacks-coronavirus-police-brutality.html. Acesso em: 26 abr. 2021.

SPECIA, Megan. In turnabout, global leaders urge U.S. to protect reporters amid unrest. *The New York Times*, Nova York, 4 jun. 2020. Disponível em: https://www.nytimes.com/2020/06/04/world/attacks-press-george-floyd.html. Acesso em: 27 abr. 2021.

SPECIA, Megan. In turnabout, global leaders urge U.S. to protect reporters amid unrest, por Megan Specia, *The New York Times*, Nova York, 4 jun. 2020. Disponível em: https://www.nytimes.com/2020/06/04/world/attacks-press-george-floyd.html. Acesso em: 27 abr. 2021.

SPECIA, Megan. Top U.K. tea brands urge #solidaritea with anti-racism protests. *The New York Times*, Nova York, 9 jun. 2020. Disponível em: https://www.nytimes.com/2020/06/09/world/europe/yorkshire-tea-pg-tips-black-lives-matter.html. Acesso em: 9 maio 2021.

TAYLOR, Keeanga-Yamahtta. Artigo: "Of course there ares protests. The State is failing black people. *The New York Times*, Nova York, 29 maio 2020. Disponível em: https://www.nytimes.com/2020/05/29/opinion/george-floyd-minneapolis.html. Acesso em: 1 maio 2021.

TEAR gas clears path for Trump to visit church. *The New York Times*, Nova York, 1 jun. 2020. Disponível em: https://www.nytimes.com/2020/06/01/us/floyd--protests-live.html#:~:text=Police%20officers%20used%20tear%20gas,house%20basement%20fire%20Sunday%20night. Acesso em: 5 maio 2021.

WILSON, Michael. Inside a huge Brooklyn protest: 'The world is watching'. *The New York Times*, Nova York, 1 jun. 2020. Disponível em: https://www.nytimes.com/2020/06/01/nyregion/protesters-ny-floyd.html. Acesso em: 27 abr. 2021.

WINES, Michael. 'Looting' comment from Trump dates back to racial unrest of the 1960s. *The New York Times*, Nova York, 29 maio 2020. Disponível em: https://www.nytimes.com/2020/05/29/us/looting-starts-shooting-starts.html#:~:text=shooting%2Dstarts.html-,'Looting'%20Comment%20From%20Trump%20Dates%20Back%20to%20Racial%20Unrest%20of,condemned%20by%20civil%20rights%20groups.. Acesso em: 29 abr. 2021.

The New York Times – Seção de Esporte

ABRAMS, Jonathan; WEINER, Natalie. How the most socially progressive pro league got that way. *The New York Times*, Nova York, 16 out. 2020. Disponível em: https://www.nytimes.com/2020/10/16/sports/basketball/wnba-loeffler-protest-kneeling.html. Acesso em: 24 maio 2021.

BELSON, Ken. As Trump rekindles NFL fight, Goodell sides with players. *The New York Times*, Nova York, 5 jun. 2020. Disponível em: https://www.nytimes.com/2020/06/05/sports/football/trump-anthem-kneeling-kaepernick.html. Acesso em: 27 maio 2021.

BELSON, Ken. Athletes' outpouring on civil unrest rekindles Kaepernick debate in N.F.L. *The New York Times*, Nova York, 31 maio 2020. Disponível em: https://www.nytimes.com/2020/05/31/sports/football/colin-kaepernick-george-floyd.html. Acesso em: 13 maio 2021.

BELSON, Ken. Drew Brees's unchanged stance on kneeling is suddenly out of step. *The New York Times*, Nova York, 4 jun. 2020. Disponível em: https://www.nytimes.com/2020/06/04/sports/football/drew-brees-apology-comments.html#:~:text=apology%2Dcomments.html-,Drew%20Brees's%20Unchanged%20Stance%20on%20Kneeling%20Is%20Suddenly%20Out%20of,first%20said%20so%20in%202016. Acesso em: 15 maio 2021.

BELSON, Ken. Georgia is a political battleground. The Falcons want more voters. *The New York Times*, Nova York, 3 nov. 2020. Disponível em: https://www.nytimes.com/2020/11/03/sports/georgia-voting-atlanta-falcons.html. Acesso em: 23 maio 2021.

BELSON, Ken. In Georgia, pro teams dive into senate races with different playbooks. *The New York Times*, Nova York, 4 jan. 2021. Disponível em: https://www.nytimes.com/2021/01/04/sports/football/atlanta-falcons-dream-georgia-election.html. Acesso em: 24 maio 2021.

BELSON, Ken. Inside one NFL team's attempt to turn protest into action. *The New York Times*, Nova York, 17 set. 2020. Disponível em: https://www.nytimes.com/2020/09/17/sports/football/inside-one-nfl-teams-attempt-to-turn-protest-into-action.html. Acesso em: 23 maio 2021.

BELSON, Ken. NFL season kicks off with players' protesting racism. *The New York Times*, Nova York, 10 set. 2020. Disponível em: https://www.nytimes.com/2020/09/10/sports/nfl-anthem.html. Acesso em: 24 maio 2021.

BELSON, Ken. NFL kicks off season with nods to unrest and focus on anthem. *The New York Times*, Nova York, 13 set. 2020. Disponível em: https://www.nytimes.com/2020/09/13/sports/football/nfl-protests.html#:~:text=N.F.L.-,Kicks%20Off%20Season%20With%20Nods%20to%20Unrest%20and%20Focus%20on,shirts%20against%20hate%20and%20racism. Acesso em: 1 jun. 2021.

BELSON, Ken. The NFL embraces progressive action, but not yet Kaepernick. *The New York Times*, Nova York, 12 jun. 2020. Disponível em: https://www.nytimes.com/2020/09/17/sports/football/inside-one-nfl-teams-attempt-to-turn-protest-into-action.html. Acesso em: 23 maio 2021.

BERGERON, Elena. How putting on a mask raised Naomi Osaka's voice. *The New York Times*, Nova York, 16 dez. 2020. Disponível em: https://www.nytimes.com/2020/12/16/sports/tennis/naomi-osaka-protests-open.html#:~:text=%E2%80%9COnce%20I%20saw%20that%20so,me%20speechless%20and%20quite%20emotional.%E2%80%9D. Acesso em: 21 maio 2021.

BERKMAN, Seth. She found her voice in a WNBA locker room, then used it in Sweden. *The New York Times*, Nova York, 13 jul. 2020. Disponível em: https://www.nytimes.com/2020/07/13/sports/basketball/amanda-zahui-b-new-york-liberty.html. Acesso em: 16 maio 2021.

BLINDER, Alan. SEC warns Mississippi over confederate emblem on state flag. *The New York Times*, Nova York, 18 jun. 2020. Disponível em: https://www.nytimes.com/2020/06/18/sports/sec-mississippi-state-flag.html#:~:text=ATLANTA%20%E2%80%94%20The%20Southeastern%20Conference%20on,of%20its%20most%20intractable%20debates. Acesso em: 10 jun. 2021.

BLINDER, Alan; WITZ, Bily. College athletes, phones in hand, force shift in protest movement. *The New York Times*, Nova York, 12 jun. 2020. Disponível em: https://www.nytimes.com/2020/06/12/sports/ncaafootball/george-floyd-protests-college-sports.html. Acesso em: 16 maio 2021.

BRANCH, John. The anthem debate is back. But now it's standing that's polarizing. *The New York Times*, Nova York, 4 jul. 2020. Disponível em: https://www.nytimes.com/2020/07/04/sports/football/anthem-kneeling-sports.html. Acesso em: 1 jun. 2021.

BRASSIL, Gillian R. WNBA guard Renne Montgomery will skip season to work on social causes. *The New York Times*, Nova York, 18 jun. 2020. Disponível em: https://www.nytimes.com/2020/06/18/sports/renee-montgomery-skip-wnba-season-social-justice.html#:~:text=Atlanta%20Dream%20guard%20Renee%20Montgomery,season%20during%20the%20coronavirus%20pandemic. Acesso em: 17 maio 2021.

CACCIOLA, Scott. Basketball and social justice: Bucks say 'it's harder to do both'. *The New York Times*, Nova York, 9 set. 2020. Disponível em: https://www.nytimes.com/2020/09/09/sports/bucks-protest.html. Acesso em: 19 maio 2021.

CACCIOLA, Scott. 'One of the worst, strangest years': an NBA season like no other. *The New York Times*, Nova York, 30 set. 2020. Disponível em: https://www.nytimes.com/2020/09/30/sports/basketball/covid-nba-unrest-season.html. Acesso em: 22 maio 2021.

CRAMER, Maria. Bubba Wallace wants Nascar to ban the Confederate flag. *The New York Times*, Nova York, 9 jun. 2020. Disponível em: https://www.nytimes.com/2020/06/09/sports/autoracing/bubba-wallace-nascar-confederate-flag.html. Acesso em: 8 jun. 2021.

DEB, Sopan. As protests spur posts from athletes, N.B.A. players take to the streets. *The New York Times*, Nova York, 1 jun. 2020. Disponível em: https://www.nytimes.com/2020/06/01/sports/basketball/george-floyd-nba-protests.html. Acesso em: 14 maio 2021.

DEB, Sopan. Carmelo Anthny calls push for social justice a 'lifelong fight'. *The New York Times*, Nova Yorik, Estados Unidos, 11 de agosto de 2020. Disponível em: https://www.nytimes.com/2020/08/11/sports/basketball/nba-carmelo-anthony.html. Acesso em: 18 maio 2021.

DEB, Sopan. Knicks won't weigh in on George Floyd, Dolan tells employees. *The New York Times*, Nova York, 2 jun. 2020. Disponível em: https://www.nytimes.com/2020/06/02/sports/basketball/knicks-james-dolan-george-floyd.html. Acesso em: 14 maio 2021.

DEB, Sopan. NBA and players' union agree to resume play. *The New York Times*, Nova York, 28 ago. 2020. Disponível em: https://www.nytimes.com/2020/08/28/sports/basketball/nba-playoffs-resume.html#:~:text=playoffs%2Dresume.html-,N.B.A.%20and%20Players'%20Union%20Agree%20to%20Resume%20Play,series%20of%20social%20justice%20efforts. Acesso em: 24 maio 2021.

DRAPE, Joe. Sports officials criticize voting law, but take little action. *The New York Times*, Nova York, 2 abr. 2021. Disponível em: https://www.nytimes.com/2021/04/02/sports/georgia-voting-law-sports-criticism.html. Acesso em: 25 maio 2021.

FUTTERMAN, Matthew. Naomi Osaka returns after protest prompts tournament's pause. *The New York Times*, Nova York, 28 ago. 2020. Disponível em: https://www.nytimes.com/2020/08/28/sports/tennis/naomi-osaka.html. Acesso em: 21 maio 2021.

GENTRY, Dorothy J. A basketball friendship became a tag team for social justice. *The New York Times*, Nova York, 2 set. 2020. Disponível em: https://www.nytimes.com/2020/09/02/sports/basketball/nba-wnba-activism-natasha-cloud.html#:~:text=Natasha%20Cloud%20of%20the%20Mystics,against%20racism%20in%20Washington%2C%20D.C.&text=Like%20the%20rest%20of%20the,Beal%20were%20watching%20history%20unfold.. Acesso em: 18 maio 2021.

HENSLEY-CLANCY, Molly. NWSL players kneel for anthem as League returns to field. *The New York Times*, Nova York, 26 jun. 2020. Disponível em: https://www.nytimes.com/2020/06/26/sports/soccer/nwsl-anthem-protest-kaiya-mccullough.html. Acesso em: 28 maio 2021.

LEVENSON, Michael. Nascar says it will ban confederate flags. *The New York Times*, Nova York, 10 jun. 2020. Disponível em: https://www.nytimes.com/2020/06/10/sports/autoracing/nascar-confederate-flags.html#:~:text=NASCAR%20said%20on%20Wednesday%20that,the%20death%20of%20George%20Floyd. Acesso em: 8 jun. 2021.

KEH, Andrew. For black Nascar fans, change would mean feeling at ease at a race. *The New York Times*, Nova York, 26 jun. 2020. Disponível em: https://www.nytimes.com/2020/06/26/sports/autoracing/nascar-black-fans.html. Acesso em: 10 jun. 2021.

MACUR, Juliet; BLINDER, Alan. Talladega noose incident puts spotlight on Nascar's troubles with racism. *The New York Times*, Nova York, 24 jun. 2020. Disponível em: https://www.nytimes.com/2020/06/24/sports/autoracing/bubba-wallace--noose-nascar.html. Acesso em: 10 jun. 2021.

MACUR, Juliet. Bubba Wallace thankful for flag ban, but Nascar fans might not be. *The New York Times*, Nova York, 13 jun. 2020. Disponível em: https://www.nytimes.com/2020/06/13/sports/bubba-wallace-nascar-confederate-flag.html#:~:text=-confederate%2Dflag.html-,Bubba%20Wallace%20Thankful%20for%20Flag%20Ban%2C%20but%20NASCAR's%20Fans%20Might,as%20a%20symbol%20of%20racism. Acesso em: 8 jun. 2021.

MARTIN, Jonathan. LeBron James and other stars form a voting rights group. *The New York Times*, Nova York, 10 jun. 2020. Disponível em: https://www.nytimes.com/2020/06/10/us/politics/lebron-james-voting-rights.html#:~:text=superstar%20LeBron%20James%20and%20a,in%20this%20fall's%20presidential%20election. Acesso em: 23 maio 2021.

MURUNGI, Miriti. Players have been kneeling for months. Now what? *The New York Times*, Nova York, 20 nov. 2020. Disponível em: https://www.nytimes.com/2021/05/19/sports/soccer/premier-league-kneeling-protest.html. Acesso em: 29 maio 2021.

PANJA, Tariq. Greg Clarke, England's F.A. chief, quits after disastrous testimony. *The New York Times*, Nova York, 10 nov. 2020. Disponível em: https://www.nytimes.com/2020/11/10/sports/soccer/greg-clarke-england-FA.html#:~:text=england%2DFA.html-,Greg%20Clarke%2C%20England's%20F.A.,the%20day%2C%20he%20had%20resigned. Acesso em: 15 jun. 2021.

PARKES, Ian. The usual ending to an odd Formula 1 season. *The New York Times*, Nova York, 11 dez. 2020. Disponível em: https://www.nytimes.com/2020/12/11/sports/autoracing/formula-1-season-lewis-hamilton.html. Acesso em: 7 jun. 2021.

PAYBARAH, Azi; ORTIZ, Aimee. Noose found in Bubba Wallace's garage. *The New York Times*, Nova York, 22 jun. 2020. Disponível em: https://www.nytimes.com/2020/06/26/sports/autoracing/nascar-noose-bubba-wallace.html. Acesso em: 9 jun. 2021.

ROJAS, Rick. Mississippi governor signs law to remove flag with confedetate emblem. *The New York Times*, Nova Yor, Estados Unidos, 30 jun. 2020. Disponível em: https://www.nytimes.com/2020/06/30/us/mississippi-flag.html. Acesso em: 10 jun. 2021.

ROTHENBERG, Ben. Coco Gauff was rising when tennis stopped. She plans on going higher. *The New York Times*, Nova York, 13 ago. 2020. Disponível em: https://www.nytimes.com/2020/08/13/sports/tennis/coco-gauff.html. Acesso em: 16 maio 2021.

SMITH, Luke. Lewis Hamilton is demanding change. *The New York Times*, Nova York, 7 ago. 2020. Disponível em: https://www.nytimes.com/2020/08/07/sports/autoracing/lewis-hamilton-formula-1-diversity.html. Acesso em: 6 jun. 2021.

SMITH, Rory. Champions League match is suspended by accusation of racism. *The New York Times*, Nova York, 8 dez. 2020. Disponível em: https://www.nytimes.com/2020/12/08/sports/soccer/champions-league-racial-abuse.html. Acesso em: 15 jun. 2021.

SMITH, Rory. Soccer isn't blameless in its culture of abuse. *The New York Times*, Nova York, 12 fev. 2021. Disponível em: https://www.nytimes.com/2021/02/12/sports/soccer/racial-abuse-britain.html. Acesso em: 15 jun. 2021.

SMITH, Rory. Soccer's stars find their voice. *The New York Times*, Nova York, 5 jun. 2020. Disponível em: https://www.nytimes.com/2020/06/05/sports/soccer/rory-smith-protests.html. Acesso em: 1 jun. 2021.

STEIN, Marc. A momentous first night back for the NBA. *The New York Times*, Nova York, 31 jul. 2020. Disponível em: https://www.nytimes.com/2020/07/31/sports/basketball/nba-opening-night.html. Acesso em: 18 maio 2021.

STEIN, Marc; DEB, Sopan; BLINDER, Alan. One NBA team walked out. A generation of athletes followed. *The New York Times*, Nova York, 27 ago. 2020. Disponível em: https://www.nytimes.com/2020/08/27/sports/basketball/nba-resume.html. Acesso em: 20 maio 2021.

STEIN, Marc. For the NBA, a long, strange road trip to the finals. *The New York Times*, Nova York, 27 jul. 2020. Disponível em: https://www.nytimes.com/2020/07/27/

sports/basketball/coronavirus-nba-season-bubble-disney-world.html. Acesso em: 17 maio 2021.

STEIN, Marc. LeBron James says he dosen't care if Trump shuns NBA over protest. *The New York Times*, Nova York, 6 ago. 2020. Disponível em: https://www.nytimes.com/2020/08/06/sports/basketball/lebron-james-trump.html. Acesso em: 2 jun. 2021.

STEIN, Marc. Led by NBA, boycotts disrupt pro sports in wake of Blake shooting. *The New York Times*, Nova York, 26 ago. 2020. Disponível em: https://www.nytimes.com/2020/08/26/sports/basketball/nba-boycott-bucks-magic-blake-shooting.html#:~:text=LAKE%20BUENA%20VISTA%2C%20Fla.,Black%20man%20in%20Kenosha%2C%20Wis. Acesso em: 19 maio 2021

STEIN, Marc. Player pushback emerges as NBA works to complete restart plans. *The New York Times*, Nova York, 12 jun. 2020. Disponível em: https://www.nytimes.com/2020/06/12/sports/nba-season-restart-black-lives-matter.html. Acesso em: 15 maio 2021.

STEIN, Marc. Swabs and sensors: memos offer details of life in NBA 'bubble'. *The New York Times*, Nova York, 16 jun. 2020. Disponível em: https://www.nytimes.com/2020/06/16/sports/basketball/nba-bubble-coronavirus-disney-world.html. Acesso em: 15 maio 2021.

STEIN, Marc. The better I got in sports, the worse the racism got. *The New York Times*, Nova York, 31 jul. 2020. Disponível em: https://www.nytimes.com/2020/07/31/sports/basketball/spurs-patty-mills.html. Acesso em: 16 maio 2021.

STREETER, Kurt. Breanna Stewart pushes for change on and off the court. *The New York Times*, Nova York, 14 jun. 2020. Disponível em: https://www.nytimes.com/2020/06/14/sports/basketball/breanna-stewart-wnba-protest.html. Acesso em: 16 maio 2021.

STREETER, Kurt. Kneeling, fiercely debated in the NFL, resonates in protests. *The New York Times*, Nova York, 5 jun. 2020. Disponível em: https://www.nytimes.com/2020/06/05/sports/football/george-floyd-kaepernick-kneeling-nfl-protests.html. Acesso em: 26 maio 2021.

STREETER, Kurt. In NFL, the same old line and verse about hiring black coaches. *The New York Times*, Nova York, 1 fev. 2021. Disponível em: https://www.nytimes.com/2021/02/01/sports/football/NFL-black-coaches-Eric-Bienemy.html. Acesso em: 14 maio 2021.

STREETER, Kurt. The talk of the Super Bowl is quarterbacks, except one. *The New York Times*, Nova York, 25 jan. 2021. Disponível em: https://www.nytimes.com/2021/01/25/sports/football/kaepernick-kneeling-protests-super-bowl.html. Acesso em: 27 maio 2021.

STREETER, Kurt. With walkouts, a new high bar for protests in sports is set. *The New York Times*, Nova York, 27 ago. 2020. Disponível em: https://www.nytimes.com/2020/08/27/sports/basketball/kenosha-nba-protests-players-boycott.html. Acesso em: 13 maio 2021.

TEAGUE, Matthew. Abiding by the confederate flag ban inside Talladega, grudgingly. *The New York Times*, Nova York, 21 jun. 2020. Disponível em: https://www.nytimes.com/2020/06/21/sports/autoracing/talladega-nascar-confederate-flag.html. Acesso em: 9 jun. 2021.

VAJI, Salim. NHL players form coalition to press for diversity in hockey. *The New York Times*, Nova York, 8 jun. 2020. Disponível em: https://www.nytimes.com/2020/06/08/sports/hockey/nhl-hockey-diversity-alliance.html. Acesso em: 29 maio 2021.

WAGNER, James. Activism was unusual for baseball, but not for sports. *The New York Times*, Nova York, 3 abr. 2021. Disponível em: https://www.nytimes.com/2021/04/03/sports/baseball/all-star-georgia-voting-law.html. Acesso em: 25 maio 2021.

WAGNER, James. MLB took 9 days to address George Floyd. Was it too late? *The New York Times*, Nova York, 3 jun. 2020. Disponível em: https://www.nytimes.com/2020/06/03/sports/baseball/george-floyd-protests-baseball-mlb.html. Acesso em: 21 maio 2021.

WAGNER, James. Trump backs out of throwing pitch at Yankees game. *The New York Times*, Nova York, 26 jul. 2020. Disponível em: https://www.nytimes.com/2020/07/26/sports/baseball/trump-yankees-pitch-deblasio.html. Acesso em: 3 jul. 2021.

Folha de S. Paulo

ALMONACID, Rodrigo. AFP: "Com Bolsonaro há uma autorização para o racismo", diz Roger Machado. *Folha de S. Paulo*, São Paulo, 28 abr. 2022.

BALTHAZAR, Ricardo. Auxílio emergencial é insuficiente para manter trabalhador em casa, diz pesquisa. *Folha de S. Paulo*, São Paulo, 13 jun. 2020.

CARAM, Bernardo. Guedes afirma que auxílio emergencial evitou 'quebra-quebra'. *Folha de S. Paulo*, São Paulo, 13 jun. 2020.

Cartola com perfil de volante, Mauro Silva controla ansiedade de atletas. *Folha de S. Paulo*, São Paulo, 28 jul. 2020.

CARVALHO, Ilona Szabó de. Artigo: "Vidas Negras Importam". *Folha de S. Paulo*, São Paulo, 3 jun. 2020.

CARVALHO, Marcelo Medeiros de. Artigo: Mais do que cobrar posição dos atletas negros, é preciso entender seu silência. *Folha de S. Paulo*, São Paulo, 8 jun. 2020.

COELHO, Paulo Vinícius. Xenófobo ou racista? *Folha de S. Paulo*, São Paulo, 12 jun. 2020.

DIAS, Marina. Enquanto militares criticam Trump, atos ficam menores e mais pacíficos. *Folha de S. Paulo*, São Paulo, 6 jun. 2020.

GONÇALVES, Géssica Brandino. Portugueses nem pisavam na África, diz Bolsonaro sobre escravidão. *Folha de S. Paulo*, São Paulo, 31 jul. 2018.

LIMA, Flavia. Sim, somos racistas. *Folha de S. Paulo*, São Paulo, 7 jun. 2020.

LIMA, José Luis Oliveira e CESAR, Camila Torres. Artigo: "E no Brasil, vidas negras importam?". *Folha de S. Paulo*, São Paulo, 15 jun. 2020.

LINHARES, Carolina. Atos contra e a favor de Bolsonaro se repetirão em SP, e a Paulista terá rodízio. *Folha de S. Paulo*, São Paulo, 13 jun. 2020.

MAGNOLI, Demétrio. Artigo: "De King a Floyd, meio século perdido". *Folha de S. Paulo*, São Paulo, 6 jun. 2020.

PINTO, Estela de Souza. Enquanto EUA têm atos pacíficos, Europa registra protestos violentos. *Folha de S. Paulo*, São Paulo, 8 jun. 2020.

PORTO, Walter; FIORATTI, Gustavo. Asfixia. *Folha de S. Paulo*, São Paulo, 2 jun. 2020.

PRESIDENTE da Fundação Palmares chama movimento negro de 'escoria maldita'. *Folha de S. Paulo*, São Paulo, 3 jun. 2020.

REUTERS. Artigo "EUA chegam a 5º noite de atos contra racismo em estado de ebulição". *Folha de S. Paulo*, São Paulo, 31 maio 2020.

REUTERS. Artigo "Atos antirracistas crescem no mundo e tentam recuperar fôlego nos EUA. *Folha de S. Paulo*, São Paulo, 7 jun. 2020.

RIBEIRO, Djamila. Artigo: "A era da inocência acabou". *Folha de S. Paulo*, São Paulo, 5 jun. 2020.

RODRIGUES, Bruno. Estigma racista do goleiro negro persiste desde a derrota na Copa de 1950. *Folha de S. Paulo*, São Paulo,16 jul. 2020.

RUBIO, Katia. A potência da voz dos atletas. *Folha de S. Paulo*, São Paulo, 13 jun. 2020.

SCHWARCZ, Lilian Moritz. Artigo: "Por que os brancos precisam ser antirracistas". *Folha de S. Paulo*, São Paulo, 14 jun. 2020.

SORAGGI, Bruno B.; ZANINI, Fábio; CARVALHO, Daniel; MACHADO, Renato; NOGUEIRA, Italo. Atos anti-Bolsonaro têm aglomerações e gritos contra o racismo. *Folha de S. Paulo*, São Paulo, 8 jun. 2020.

TAVARES, Joelmir. Convocação para ator pró-democracia ganham força, mas ideia divide grupos, por Joelmir Tavares. *Folha de S. Paulo*, São Paulo, 3 jun. 2020.

TAVRES, Joelmir. Grupos contra Bolsonaro vão às ruas, mas sem frente ampla. *Folha de S. Paulo*, São Paulo, 7 jun. 2020.

Globo Esporte

ÁBILA, do Boca, ridiculariza denúncias de racismo ao relatar troca de camisas com Marinho. *GE*, 10 jan. 2021. Disponível em: https://ge.globo.com/futebol/futebol-internacional/futebol-argentino/noticia/abila-do-boca-gera-polemica-ao-relatar-troca-de-camisa-com-marinho-troquei-com-o-negro.ghtml. Acesso em: 22 jul. 2021.

ALVES, Pedro. Zagueiros rivais dentro de campo se unem nas redes sociais contra o racismo e a favor da democracia. *GE,* 1 jun. 2020. Disponível em: https://ge.globo.com/pb/futebol/noticia/zagueiros-rivais-dentro-de-campo-se-unem-nas-redes-sociais-contra-o-racismo-e-a-favor-da-democracia.ghtml. Acesso em: 18 jul. 2021.

ANSU Fati é alvo de racismo de jornal espanhol e Griezmann sai em defesa: "Merece respeito". *GE,* 21 out. 2020. Disponível em: https://ge.globo.com/futebol/futebol-internacional/futebol-espanhol/noticia/ansu-fati-e-alvo-de-racismo-de-jornal-espanhol-e-griezmann-sai-em-defesa-merece-respeito.ghtml. Acesso em: 16 jun. 2021.

APÓS críticas de Lewis Hamilton e da F1, Bernie Ecclestone rebate: "Não tenho culpa se sou branco". *GE,* 28 jun. 2020. Disponível em: https://ge.globo.com/motor/formula-1/noticia/apos-criticas-de-lewis-hamilton-e-da-f1-bernie-ecclestone-rebate-nao-tenho-culpa-se-sou-branco.ghtml. Acesso em: 11 jun. 2021.

ATLETAS que tiveram fotos pichadas com palavras racistas em Paris reagem: "Triste mundo". *GE*, 1 jul. 2020. Disponível em: https://ge.globo.com/olimpiadas/noticia/atletas-que-tiveram-fotos-pichadas-com-palavras-racistas-em-paris-reagem-triste-mundo.ghtml. Acesso em: 21 jun. 2021.

ATLÉTICO de Madrid condena racismo da torcida contra Vinicius Júnior. *GloboEsporte.com*, 20 set. 2022. Disponível no link a seguir: https://ge.globo.com/futebol/futebol-internacional/futebol-espanhol/noticia/2022/09/20/atletico--de-madrid-condena-racismo-da-torcida-contra-vinicius-junior.ghtml. Acesso em: 14 jan. 2023.

BAHIA afasta Ramírez e diz que voz da vítima é preponderante em casos de racismo. *GE*, 21 dez. 2020. Disponível em: https://ge.globo.com/ba/futebol/times/bahia/noticia/bahia-afasta-ramirez-e-diz-que-voz-da-vitima-e-preponderante-em-casos-de-racismo.ghtml. Acesso em: 24 jul. 2021.

"BEM, Amigos" debate caso Gerson, e PC Vasconcellos cobra postura antirracista: "Dizer é fácil". *GE*, 21 dez. 2020. Disponível em: https://ge.globo.com/sportv/programas/bem-amigos/noticia/bem-amigos-debate-caso-gerson-e-pc-vasconcellos-cobra-postura-antirracista-dizer-e-facil.ghtml. Acesso em: 23 jul. 2021.

#BLACKOUTTUESDAY: pilotos e equipes da F1 se juntam em campanha de reflexão sobre racismo, *GE*, 2 jun. 2020. Disponível em: https://ge.globo.com/motor/formula-1/noticia/blackouttuesday-pilotos-da-f1-se-juntam-a-campanha-de-reflexao-sobre-racismo.ghtml. Acesso em: 9 jun. 2021.

BRAGA, Marcelo. Base do Corinthians estimula debate sobre racismo, e garoto "troca likes" com Casagrande. *GE*, 22 ago. 2020. Disponível em: https://ge.globo.com/futebol/times/corinthians/noticia/noticias-corinthians-base-debate-racismo-mensagem-casagrande.ghtml. Acesso em: 20 jul. 2021.

BRASILEIRO é anunciado pelo Zenit e sofre insultos racistas nas redes sociais. *ESPN*, 6 out. 2020. Disponível em: https://www.espn.com.br/futebol/artigo/_/id/7545917/brasileiro-e-anunciado-pelo-zenit-e-sofre-insultos-racistas-nas-redes-sociais. Acesso em: 15 jun. 2021.

BULLÉ, Jamille. Autor de protesto pela morte de George Floyd, Marcus Thuram herdou do pai, Lilian Thuram, a luta antirracista. *GE*, 1 jun. 2020. Disponível em: https://ge.globo.com/futebol/futebol-internacional/noticia/autor-de-protesto-pela-morte-de-george-floyd-marcus-thuram-herdou-do-pai-lilian-thuram-a-luta-antirracista.ghtml. Acesso em: 7 jun. 2021.

CALL of Duty: Infinity Ward promete medidas para combater racismo e ódio. *GE*, 4 jun. 2020. Disponível em: https://ge.globo.com/e-sportv/noticia/call-of-duty-infinity-ward-promete-medidas-para-combater-racismo-e-odio.ghtml. Acesso em: 14 jul. 2021.

CAMPANHA do Santa Cruz destina parte de recursos para combate ao racismo e homofobia. *GE*, 12 dez. 2020. Disponível em: https://ge.globo.com/pe/futebol/times/santa-cruz/noticia/campanha-do-santa-cruz-destina-parte-de-recursos-para-combate-ao-racismo-e-homofobia.ghtml. Acesso em: 21 jul. 2021.

CARATECA espanhol tem mural em sua homenagem pichado com símbolo nazista e insultos racistas. *GE*, 12 jul. 2020. Disponível em: https://ge.globo.com/karate/noticia/carateca-espanhol-tem-mural-em-sua-homenagem-pichado-com-simbolo-nazista-e-insultos-racistas.ghtml. Acesso em: 19 jun. 2021.

CASTRO, Elton de. Relatório mostra aumento de 52% nos casos de racismo no futebol brasileiro, mas só 10% são punidos. *GE*, 20 nov. 2020. Disponível em: https://ge.globo.com/pe/futebol/noticia/relatorio-mostra-aumento-de-52percent-nos-casos-de-racismo-no-futebol-brasileiro-mas-so-10percent-sao-punidos.ghtml. Acesso em: 20 jul. 2021.

CASTRO, Elton de; SENNA, Lucas de. Grafite, Fumaça, Somália, Robinho como o racismo recreativo se propaga no esporte. *GE*, 12 mar. 2021. Disponível em: https://ge.globo.com/pe/futebol/noticia/grafite-fumaca-somalia-robinho-como-o-racismo-recreativo-se-propaga-no-esporte.ghtml. Acesso em: 24 jul. 2021.

CBF solicita ao STJD investigação sobre denúncia de racismo feita por Gerson, do Flamengo. *GE*, 20 dez. 2020. Disponível em: https://ge.globo.com/futebol/times/flamengo/noticia/cbf-solicita-ao-stjd-investigacao-sobre-denuncia-de-racismo-feita-por-gerson-do-flamengo.ghtml. Acesso em: 23 jul. 2021.

CORREDORA britânica revela marcas do racismo: "Clareei a pele em cada fase da minha vida". *GE*, 26 jun. 2020. Disponível em: https://ge.globo.com/atletismo/noticia/corredora-britanica-revela-marcas-do-racismo-clareei-a-pele-em-cada-fase-da-minha-vida.ghtml. Acesso em: 16 maio 2021.

COVINGTON critica boicotes na NBA e MBL: "Executem o trabalho mais difícil. Tornem-se policiais". *GE*, 27 ago. 2020. Disponível em: https://ge.globo.com/combate/noticia/covington-critica-boicotes-na-nba-e-mbl-executem-o-trabalho-mais-dificil-tornem-se-policiais.ghtml. Acesso em: 20 maio 2021.

CRÍTICO dos protestos contra o racismo, Trump diz que Colin Kaepernick merece retornar à NFL. *GE*, 17 jun. 2020. Disponível em: https://ge.globo.com/futebol-americano/noticia/critico-dos-protestos-contra-o-racismo-trump-diz-que-colin-kaepernick-merece-retornar-a-nfl.ghtml. Acesso em: 18 jun. 2021.

CRUZ, Pedro; AMÂNCIO, Bruno. Volante do Paysandu denuncia racismo na saída de treino e desabafa: "Dá uma certa revolta". *GE*, 28 out. 2020. Disponível em: https://ge.globo.com/pa/futebol/times/paysandu/noticia/volante-do-paysandu-denuncia-racismo-na-saida-de-treino-e-desabafa-da-uma-certa-revolta.ghtml. Acesso em: 25 jul. 2021.

CRUZ, Pedro; PÊNA, Gustavo. Torcedores de Remo e Paysandu superam rivalidade e se unem em movimento pró-democracia. *GE*, 1 jun. 2020. Disponível em: https://ge.globo.com/pa/futebol/noticia/torcedores-de-remo-e-paysandu-superam-rivalidade-e-se-unem-em-movimento-pro-democracia.ghtml. Acesso em: 17 jul. 2021.

DANTAS, Gabriela. Há quase quatro anos no Atlético de Madrid, Ludmila lembra início: "Chorava e queria ir embora". *GE*, 2 out. 2020. Disponível em: https://ge.globo.com/futebol/futebol-internacional/noticia/ha-quase-quatro-anos-no-atletico-de-madrid-ludmila-lembra-inicio-chorava-e-queria-ir-embora.ghtml. Acesso em: 18 jul. 2021.

DIA da Consciência Negra: veja as manifestações dos clubes brasileiros nas redes sociais. *GE*, 20 nov. 2020. Disponível em: https://ge.globo.com/sp/futebol/noticia/dia-da-consciencia-negra-veja-as-manifestacoes-dos-clubes-brasileiros-nas-redes-sociais.ghtml. Acesso em: 21 jul. 2021.

DO vôlei para a moda, filha do craque Claudio Adão carrega no sangue a luta contra o racismo, por João Gabriel Rodrigues. *GE*, 13 jul. 2020. Disponível em: https://ge.globo.com/volei/noticia/do-volei-para-a-moda-filha-do-craque-claudio-adao-carrega-no-sangue-a-luta-contra-o-racismo.ghtml. Acesso em: 13 jul. 2021.

EMBAIXADOR da ONU pela educação de qualidade, Hamilton revela diagnóstico de dislexia. *GE*, 17 jun. 2020. Disponível em: https://ge.globo.com/motor/formula-1/noticia/embaixador-da-onu-pela-educacao-de-qualidade-hamilton-revela-diagnostico-de-dislexia.ghtml. Acesso em: 11 jun. 2021.

EM campanha contra racismo, jogadores negros do Fortaleza usam camisa com "alvo". *GE*, 2 dez. 2020. Disponível em: https://ge.globo.com/ce/futebol/times/fortaleza/noticia/em-campanha-contra-racismo-jogadores-negros-do-fortaleza-usam-camisa-com-alvo.ghtml. Acesso em: 21 jul. 2021.

"ENGASGADA", Etiene Medeiros desabafa após campanha: "No Brasil, o racismo é velado". *GE*, 3 jun. 2020. Disponível em: https://ge.globo.com/natacao/noticia/engasgada-etiene-medeiros-desabafa-no-brasil-o-racismo-e-velado.ghtml. Acesso em: 12 jul. 2021.

ESL Cologne: Chaos protesta contra racismo nos EUA, Liquid apoia e semi é adiada. *GE*, 27 ago. 2020. Disponível em: https://ge.globo.com/esports/csgo/noticia/esl-one-cologne-2020-chaos-team-liquid-protesto-racismo-eua-semi-final-adiada.ghtml. Acesso em: 14 jul. 2021.

ETIENE Medeiros cita pouca representatividade na natação: "Não vejo negros chegando". *GE*, 19 ago. 2020. Disponível em: https://ge.globo.com/olimpiadas/noticia/etiene-medeiros-cita-pouca-representatividade-na-natacao-nao-vejo-ne-gros-chegando.ghtml. Acesso em: 12 jul. 2021.

EVERTON Ribeiro sem filtro: na volta das entrevistas do Flamengo, capitão vai do futebol ao racismo. *GE*, 10 jun. 2020. Disponível em: https://ge.globo.com/futebol/times/flamengo/noticia/everton-ribeiro-sem-filtro-na-volta-das-entrevistas-do--flamengo-capitao-vai-do-futebol-ao-racismo.ghtml. Acesso em: 19 jul. 2021.

EVERTON Ribeiro sobre o papel do branco na luta antirracista: "Tem que entender que temos privilégio". *GE*, 4 jul. 2020. Disponível em: https://ge.globo.com/programas/esporte-espetacular/noticia/everton-ribeiro-sobre-o-papel-do-bran-co-na-luta-antirracista-tem-que-entender-que-temos-privilegio.ghtml. Acesso em: 20 jul. 2021.

EVRA rebate dirigente e lembra episódios de racismo na seleção da França: 'Pegue seus macacos'. *ESPN*, 29 set. 2020. Disponível em: https://www.espn.com.br/futebol/artigo/_/id/7507911/evra-rebate-presidente-da-federacao-e-lembra--episodios-de-racismo-no-ct-da-franca-pegue-seus-macacos-e-va-pra-africa. Acesso em: 17 jun. 2021.

EX-ATACANTE, Webó chegou a se reunir com ministro na Turquia por luta contra o racismo. *GE*, 9 dez. 2020. Disponível em: https://ge.globo.com/futebol/futebol-internacional/noticia/ex-atacante-webo-chegou-a-se-reunir-com-minis-tro-na-turquia-por-luta-contra-racismo.ghtml. Acesso em: 19 jun. 2021.

FABIANA defende direito de manifestação política de atletas e critica CBV por usar termo racista. *GE*, 21 set. 2020. Disponível em: https://ge.globo.com/volei/noticia/fabiana-defende-direito-de-manifestacao-politica-de-atletas-e-critica-cbv-por-usar-termo-racista.ghtml. Acesso em: 13 jul. 2021.

'FECHA o preto aí, ó!': garoto de MG diz em vídeo que sofreu injúria racial em jogo entre escolinhas em Goiás. *GE*, 18 dez. 2020. Disponível em: https://ge.globo.com/mg/triangulo-mineiro/futebol/noticia/fecha-o-preto-ai-o-garoto-de-m-g-diz-em-video-que-sofreu-injuria-racial-em-jogo-entre-escolinhas-em-goias.ghtml. Acesso em: 26 jul. 2021.

FLAMENGO promete apoiar Gérson na esfera criminal e levar caso ao STJD: "Temos que banir o racismo da nossa sociedade". *GE*, 20 dez. 2020. Disponível em: https://ge.globo.com/futebol/times/flamengo/noticia/jogadores-do-flamen-go-pedem-medidas-apos-caso-de-racismo-a-gente-esta-fechado-com-o-gerson-e-inaceitavel.ghtml. Acesso em: 23 jul. 2021.

FNB fala sobre posicionamento e racismo no Early Game: "Só 20% dos jogadores não estão na bolha". *GE*, 4 jun. 2020. Disponível em: https://ge.globo.com/e-sportv/lol/noticia/fnb-fala-sobre-posicionamento-e-racismo-no-early-game-so-20per-cent-dos-jogadores-nao-estao-na-bolha.ghtml. Acesso em: 15 jul. 2021.

FORTNITE: Epic Games cita luta contra o racismo e adia Temporada 3. *GE*, 4 jun. 2020. Disponível em: https://ge.globo.com/e-sportv/fortnite/noticia/fort-nite-epic-games-cita-luta-contra-o-racismo-e-adia-temporada-3.ghtml. Acesso em: 14 jul. 2021.

FREE Fire: El Mito é alvo de racismo durante live. *GE*, 27 jan. 2021. Disponível em: https://ge.globo.com/esports/blogs/call-do-gb12/post/2021/01/27/free-fi-re-el-mito-e-alvo-de-racismo-durante-live.ghtml. Acesso em: 15 jul. 2021.

FREIRE, Fernando. Após gol e título, Nikão reage a agressão racista nas redes sociais: "Mediocridade sem tamanho". *GE*, 6 ago. 2020. Disponível em: https://ge.globo.com/pr/futebol/times/athletico-pr/noticia/athletico-nikao-racismo-ca-so-racista-apos-gol-e-titulo-nikao-reage-a-agressao-racista-nas-redes-sociais-mediocridade-sem-tamanho.ghtml. Acesso em: 22 jul. 2021.

GARCIA, Gustavo. Há 10 anos Andrade assumia o Flamengo rumo ao hexa: "Diziam que íamos brigar para não cair". *GE*, 23 jul. 2019. Disponível em: https://ge.globo.com/rj/serra-lagos-norte/blogs/blog-do-gustavo-garcia/post/2019/07/23/ha-10-anos-andrade-assumia-o-flamengo-rumo-ao-hexa-diziam-que-iamos-bri-gar-para-nao-cair.ghtml. Acesso em: 26 jul. 2021.

GONZAGA, Aluísio; CASTRO, Elton de; ROTSTEIN, Gustavo; SENNA, Lucas de; GOUVEIA, Thiago. "Se tiver um branco e um negro, acusam um negro", diz Marinho, em campanha contra o racismo. *GE*, 5 jul. 2020. Disponível em: https://

globoesporte.globo.com/pe/futebol/noticia/vidas-negras-importam-marinho-suellen-e-everton-ribeiro-falam-sobre-o-papel-do-esporte-na-luta-antirracista. ghtml. Acesso em: 19 jul. 2021.

GRAFITE, sobre o racismo: "A gente está acostumado com coisas bizarras, que deveria vomitar". *GE,* 5 jun. 2020. Disponível em: https://ge.globo.com/pe/futebol/noticia/grafite-comenta-casos-george-floyd-e-joao-pedro-e-avalia-luta-contra-racismo-pode-ser-maior.ghtml. Acesso em: 18 jul. 2021.

GREMISTAS Thiago Neves e Jean Pyerre engrossam coro contra o racismo. *GE,* 1 jun. 2020. Disponível em: https://ge.globo.com/rs/futebol/times/gremio/noticia/gremistas-thiago-neves-e-jean-pyerre-engrossam-coro-contra-o-racismo.ghtml. Acesso em: 18 jun. 2021.

HAMILTON indica filmes, livros e petições e pede que estudem sobre racismo. Veja lista do piloto. *GE,* 11 jun. 2020. Disponível em: https://ge.globo.com/motor/formula-1/noticia/hamilton-indica-filmes-livros-e-peticoes-e-pede-que-estu-dem-sobre-racismo-veja-lista-do-piloto.ghtml. Acesso em: 11 jun. 2021.

HAMILTON se diz decepcionado por falas de lendas da F1 sobre racismo na cate-goria. *GE,* 21 jul. 2020. Disponível em: https://ge.globo.com/motor/formula-1/noticia/hamilton-se-diz-decepcionado-por-falas-de-lendas-da-f1-sobre-racis-mo-na-categoria.ghtml. Acesso em: 11 jun. 2021.

HONÓRIO, Rafael. #PoderiaSerEu: jogadores participam de campanha que alerta para o genocídio de negros. *GE,* 22 jun. 2020. Disponível em: https://ge.globo.com/futebol/noticia/poderiasereu-jogadores-participam-de-campanha-que--alerta-para-o-genocidio-de-negros.ghtml#:~:text=Com%20o%20objetivo%20de%20alertar,e%20protesta%20contra%20as%20mortes. Acesso em: 21 jul. 2021.

ISABEL diz em carta que Ana Paula "presta desserviço" no combate ao racismo. *GE,* 6 jun. 2020. Disponível em: https://ge.globo.com/volei/noticia/isabel-di-z-em-carta-que-ana-paula-presta-desservico-no-combate-ao-racismo.ghtml. Acesso em: 13 jul. 2021.

JOGADOR de eSports do Cruzeiro sofre ofensa racista de rival, e clube se manifesta na internet. *GE,* 23 nov. 2020. Disponível em: https://ge.globo.com/futebol/times/cruzeiro/noticia/jogador-de-esports-do-cruzeiro-sofre-ofensa-racista-de-rival-e-clube-se-manifesta-na-internet.ghtml. Acesso em: 15 jul. 2021.

JOGO suspenso do PSG marca nova postura em episódios de racismo no futebol; relembre outros casos. *GE,* 9 dez. 2020. Disponível em: https://ge.globo.com/futebol/

futebol-internacional/noticia/jogo-suspenso-do-psg-marca-nova-postura-em-episo-dios-de-racismo-no-futebol-relembre-outros-casos.ghtml. Acesso em: 18 jun. 2021.

LBFF 2021: JM777, do Flamengo, sofre racismo após rebaixamento. *GE,* 16 mar. 2021. Disponível em: https://ge.globo.com/esports/free-fire/noticia/lbff-2021-jm777-do-flamengo-sofre-racismo-apos-rebaixamento.ghtml#:~:text=-Jo%C3%A3o%20%22JM777%22%2C%20jogador%20de,ter%20ficado%20na%20pen%C3%BAltima%20coloca%C3%A7%C3%A3o. Acesso em: 16 jul. 2021.

LEBRON detona piloto da Nascar que é contra a proibição de bandeira associada à escravidão. *GE,* 12 jun. 2020. Disponível em: https://ge.globo.com/basquete/nba/noticia/lebron-detona-piloto-que-disse-que-deixaria-a-nascar-apos-proi-bicao-de-bandeira-associada-a-escravidao.ghtml. Acesso em: 13 jun. 2021.

LEWIS Hamilton lembra falta de apoio no início da carreira: "Volte para o seu país". *GE,* 19 nov. 2020. Disponível em: https://ge.globo.com/motor/formula-1/noticia/lewis-hamilton-lembra-falta-de-apoio-no-inicio-da-carreira-volte-pa-ra-o-seu-pais.ghtml. Acesso em: 6 jun. 2021.

LIGA francesa diz que "não há provas convincentes" e absolve Neymar e Álvaro González. *GE,* 30 set. 2020. Disponível em: https://ge.globo.com/futebol/futebol-internacional/futebol-frances/noticia/neymar-e-alvaro-gonzalez-sao-absolvidos-por-liga-francesa-por-insuficiencia-de-provas.ghtml. Acesso em: 16 jun. 2021.

MARINHO cita Hamilton e Lebron e protesta contra racismo: "Muita gente ainda crítica". *GE,* 28 set. 2020. Disponível em: https://ge.globo.com/sportv/programas/bem-amigos/noticia/marinho-cita-hamilton-e-lebron-e-protesta-contra-racis-mo-muita-gente-ainda-critica.ghtml. Acesso em: 22 jul. 2021.

MEDALHISTA olímpico, Sandro Viana reforça protesto antirracista: "Esse mal nunca vencerá". *GE,* 31 maio 2020. Disponível em: https://ge.globo.com/am/noticia/medalhista-olimpico-sandro-viana-reforca-protesto-antirracista-esse-mal-que-nunca-vencera.ghtml. Acesso em: 12 jul. 2021.

MENEZES, Bruna Campos de. O que são eSports? Como surgiram e os principais jogos competitivos. *GE,* 1 ago. 2020. Disponível em: https://ge.globo.com/esports/noticia/esports-o-que-sao-como-surgiram-e-tudo-sobre-o-cenario-competitivo.ghtml#:~:text=Os%20eSports%20ou%20esportes%20eletr%C3%B4nicos,de%20stream%20online%20ou%20TV. Acesso em: 14 jul. 2021.

MOTA, Cahê. Mensagem de Neymar e projetos para combater o racismo: Gerson quer ser voz além de inquérito policial. *GE,* 22 dez. 2020. Disponível em: https://

ge.globo.com/futebol/times/flamengo/noticia/mensagem-de-neymar-e-proje-tos-para-combater-o-racismo-gerson-quer-ser-voz-alem-de-inquerito-policial. ghtml. Acesso em: 25 jul. 2021.

NAOMI Osaka responde a quem pediu para não misturar esporte e política: "Vou ficar na sua TV". *GE*, 15 set. 2020. Disponível em: https://ge.globo.com/tenis/noticia/naomi-osaka-responde-a-quem-pediu-para-nao-misturar-esporte-e-po-litica-vou-ficar-na-sua-tv.ghtml. Acesso em: 22 maio 2021.

NATALE, Dayana. Antirracismo no futebol: por que os atletas no Brasil não repe-tem o movimento das ligas americanas. *GE*, 20 nov. 2020. Disponível em: https://globoesporte.globo.com/sp/futebol/noticia/futebol-racismo-antirracismo.ghtml. Acesso em: 18 jul. 2021.

NATALE, Dayana; CASTRO, Elton de; RUIZ, Felipe; PEREIRA, Guilherme; LUIZ, Levi Guimarães. Nós falamos, mas vocês nos ouvem? Lázaro Ramos e atletas rela-tam luta contra o racismo. *GE*, 7 jun. 2020. Disponível em: https://ge.globo.com/programas/esporte-espetacular/noticia/nos-falamos-mas-voces-nos-ouvem-laza-ro-ramos-e-atletas-relatam-luta-contra-o-racismo.ghtml. Acesso em: 3 jul. 2021.

NOVO vídeo mostra outro torcedor em gesto racista durante São Paulo x Flu-minense. *GE*, 18 jul. 2022. Disponível em: https://ge.globo.com/futebol/times/sao-paulo/noticia/2022/07/18/novo-video-mostra-outro-torcedor-em-gesto--racista-durante-sao-paulo-x-fluminense.ghtml. Acesso em: 12 jan. 2023.

"O VÍRUS é o racismo, e nós somos a vacina", diz campeão mundial de boxe em protesto na Inglaterra. *GE*, 6 jun. 2020. Disponível em: https://ge.globo.com/boxe/noticia/o-virus-e-o-racismo-e-nos-somos-a-vacina-diz-campeao-mundial-de-boxe-em-protesto-na-inglaterra.ghtml. Acesso em: 16 maio 2021.

PARIS, Letícia; SENECHAL, Alexandre; MOREIRA, Guilherme. Torcedores do Athletico protagonizam atos de racismo na Arena da Baixada na final da Copa do Brasil; veja vídeos. *GE*, 16 dez. 2021. Disponível em: https://ge.globo.com/pr/futebol/times/athletico-pr/noticia/torcedores-do-athletico-protagonizam-atos-de-racismo-na-arena-da-baixada-na-final-da-copa-do-brasil-veja-videos.ghtml. Acesso em: 12 jan. 2023.

PALMEIRAS e jogadores se manifestam contra o racismo: "Vidas negras importam". *GE*, 1 jun. 2020. Disponível em: https://ge.globo.com/futebol/times/palmeiras/noticia/palmeiras-e-jogadores-se-manifestam-contra-o-racismo-vidas-negras-importam.ghtml. Acesso em: 18 jul. 2021.

PAULO César de Oliveira sofre injúrias raciais em rede social e registrará ocorrência: "Inaceitável". *GE*, 16 set. 2020. Disponível em: https://ge.globo.com/futebol/noticia/paulo-cesar-de-oliveira-sofre-injurias-raciais-em-rede-social-e-registrara-ocorrencia-inaceitavel.ghtml. Acesso em: 22 jul. 2021.

PESQUISA mostra Flamengo e Corinthians como as maiores torcidas do Brasil; veja o ranking. *GE*, 19 jul. 2022. Disponível em: https://ge.globo.com/sp/futebol/noticia/2022/07/19/pesquisa-mostra-flamengo-e-corinthians-como-maiores-torcidas-do-brasil-veja-o-ranking.ghtml. Acesso em: 5 maio 2023.

POKÉMON Company doa mais de R$ 1 milhão para combate ao racismo. GE.com, 3 jun. 2020. Disponível em: https://ge.globo.com/e-sportv/noticia/pokemon-company-doa-mais-de-r-1-milhao-para-combate-ao-racismo.ghtml. Acesso em: 14 jul. 2021.

POLÍCIA inglesa apreende menino de 12 anos por ameaças racistas a Zaha, do Crystal Palace. *GE*, 13 jul. 2020. Disponível em: https://ge.globo.com/futebol/futebol-internacional/futebol-ingles/noticia/policia-inglesa-apreende-menino-de-12-anos-por-ameacas-racistas-a-zaha-do-crystal-palace.ghtml. Acesso em: 20 jun. 2021.

POVOLERI, Bruno. FIFA 21: EA contraria Justiça e bane usuário após caso de racismo. *GE*, 4 mar. 2021. Disponível em: https://ge.globo.com/esports/fifa/noticia/fifa-21-ea-contraria-justica-e-bane-usuario-apos-caso-de-racismo.ghtml. Acesso em: 15 jul. 2021.

PRESIDENTE da federação francesa diz que "racismo não existe no futebol" ao comentar denúncia de Neymar. *GE*, 15 set. 2020. Disponível em: https://ge.globo.com/futebol/futebol-internacional/futebol-frances/noticia/presidente-da-federacao-francesa-diz-que-racismo-nao-existe-no-futebol-ao-comentar-denuncia-de-neymar.ghtml. Acesso em: 17 jun. 2021.

QUEIROGA, Luiz. Twitch: Streamer sofre racismo, intolerância religiosa e recebe ameaças. *GE*, 14 jan. 2021. Disponível em: https://ge.globo.com/esports/noticia/twitch-streamer-sofre-racismo-intolerancia-religiosa-e-recebe-ameacas.ghtml. Acesso em: 16 jul. 2021.

"QUE m... é essa?", reage Hamilton à fala de Ecclestone sobre racismo; ex-chefão pode ser banido de GPs. *GE*, 26 jun. 2020. Disponível em: https://ge.globo.com/motor/formula-1/noticia/que-m-e-essa-reage-hamilton-a-fala-de-ecclestone-sobre-racismo-ex-chefao-pode-ser-banido-de-gps.ghtml. Acesso em: 11 jun. 2021.

RAFAEL Ramos, do Corinthians, celebra absolvição no STJD em caso com Edenilson: "aliviado", *GE,* 13 set. 2022. Disponível em: https://ge.globo.com/futebol/times/corinthians/noticia/2022/09/13/rafael-ramos-do-corinthians-celebra-absolvicao-no-stjd-em-caso-com-edenilson-aliviado.ghtml#:~:text=O%20Superior%20Tribunal%20de%20Justi%C3%A7a,recurso%20no%20Pleno%20do%20tribunal. Acesso em: 14 jan. 2023.

R6: ex-jogadora e streamer, Russa sofre ataques racistas durante live. *GE,* 27 nov. 2020. Disponível em: https://ge.globo.com/esports/rainbow-6/noticia/r6-ex-jogadora-e-streamer-russa-sofre-ataques-racistas-durante-live.ghtml. Acesso em: 16 jul. 2021.

SANTIAGO, Denise. Daiane dos Santos comenta sobre luta contra racismo: "Precisamos educar melhor nossos filhos". *GE,* 2 ago. 2020. Disponível em: https://ge.globo.com/ce/noticia/daiane-dos-santos-comenta-sobre-luta-contra-racismo-precisamos-educar-melhor-nossos-filhos.ghtml. Acesso em: 12 jul. 2021.

SANTOS se manifesta após fala de comentarista sobre Marinho: "Não basta não ser racista". *GE,* 31 jul. 2020. Disponível em: https://ge.globo.com/sp/santos-e-regiao/futebol/times/santos/noticia/noticias-santos-marinho-nota-oficial-santos-comentario-racista.ghtml. Acesso em: 22 jul. 2021.

SCHMIDT, Felipe. Lives e visitas a favelas: como Everton Ribeiro se aproximou do AfroReggae e deu voz contra o racismo. *GE,* 11 jun. 2020. Disponível em: https://ge.globo.com/futebol/times/flamengo/noticia/lives-e-visitas-a-favelas-como-everton-ribeiro-se-aproximou-do-afroreggae-e-virou-voz-contra-o-racismo.ghtml. Acesso em: 19 jul. 2021.

SENNA, Lucas de. "Eu faço parte de um esporte que a gente não vê negros nadando", afirma Etiene Medeiros. *GE,* 25 jul. 2020. Disponível em: https://ge.globo.com/pe/noticia/eu-faco-parte-de-um-esporte-que-a-gente-nao-ve-negros-nadando--afirma-etiene-medeiros.ghtml#:~:text=%C3%A9%20totalmente%20elitista.-,Eu%20fa%C3%A7o%20parte%20de%20um%20esporte%20que%20a%20gente%20n%C3%A3o,veio%20para%20bater%20de%20frente. Acesso em: 12 jul. 2021.

SILÊNCIO pela justiça social antes de Texans X Chiefs na NFL teve vaias de torcedores. *GE,* 11 set. 2020. Disponível em: https://ge.globo.com/futebol-americano/noticia/fas-desrespeitam-silencio-pela-justica-social-com-vaias-antes-de-duelo-entre-texans-e-chiefs-na-nfl.ghtml. Acesso em: 7 jun. 2021.

TARTAGLIA, Rafael. Free Fire: one9, da FURIA, sofre racismo após farpas à LOUD; entenda. *GE,* 6 mar. 2021. Disponível em: https://ge.globo.com/esports/free-fire/

noticia/free-fire-one9-da-furia-sofre-racismo-apos-farpar-a-loud-entenda.ghtml. Acesso em: 16 jul. 2021.

TORCEDORES de América-MG, Atlético-MG e Cruzeiro se unem em ato contra o racismo e a favor da democracia. *GE,* 7 jun. 2020. Disponível em: https://ge.globo.com/mg/futebol/noticia/torcedores-de-america-mg-atletico-mg-e-cruzeiro-se-unem-em-ato-contra-o-racismo-e-a-favor-da-democracia.ghtml. Acesso em: 17 jul. 2021.

TORCIDA cobra Cruzeiro após postagem de Pottker sobre caso de injúria racial com Gerson. *GE,* 21 dez. 2020. Disponível em: https://ge.globo.com/futebol/times/cruzeiro/noticia/torcida-cobra-cruzeiro-apos-postagem-de-pottker-sobre-caso-de-injuria-racial-com-gerson.ghtml. Acesso em: 23 jul. 2021.

TORCIDA do Atlético de Madrid simula enforcamento de Vinicus Junior. *GE,* 26 jan. 2023. Disponível em: https://ge.globo.com/futebol/futebol-internacional/noticia/2023/01/26/torcida-do-atletico-de-madrid-simula-enforcamento-de-vini-jr-antes-de-classico-com-real-madrid.ghtml. Acesso em: 14 jan. 2023.

TRUMP exige que Bubba Wallace se desculpe por engano em suposto ataque racista na Nascar. *GE,* 6 jul. 2020. Disponível em: https://ge.globo.com/motor/noticia/trump-exige-que-bubba-wallace-se-desculpe-por-engano-em-suposto-ataque-racista-na-nascar.ghtml. Acesso em: 12 jun. 2021.

UBUNTU Esporte Clube: filósofo Silvio de Almeida debate o racismo estrutural no futebol. *GE,* 5 ago. 2020. Disponível em: https://ge.globo.com/futebol/noticia/ubuntu-esporte-clube-filosofo-silvio-de-almeida-debate-o-racismo-estrutural-no-futebol.ghtml. Acesso em: 17 jul. 2021.

VAIAS contra protesto antirracista de jogadores marcam primeira partida nos EUA com público no estádio. *GE,* 13 ago. 2020. Disponível em: https://ge.globo.com/futebol/futebol-internacional/noticia/vaias-contra-protesto-antirracista-de-jogadores-marca-primeira-partida-da-mls-com-publico-no-estadio.ghtml. Acesso em: 7 jun. 2022.

VÍDEO: Nigeriano Israel Adesanya se emociona e discursa em ato contra racismo na Nova Zelândia. *Ge.com,* 2 jun. 2020. Disponível em: https://ge.globo.com/combate/noticia/video-nigeriano-israel-adesanya-se-emociona-e-discursa-em-ato-contra-racismo-na-nova-zelandia.ghtml. Acesso em: 17 maio 2021.

VINICIUS Júnior sofre insultos racistas e condena LaLiga: "Segue sem fazer nada". *GE,* 31 dez. 2022. Disponível em: https://ge.globo.com/futebol/futebol-internacional/futebol-espanhol/noticia/2022/12/31/vinicius-junior-sofre-insultos-racistas-em-valladolid-x-real-madrid-veja.ghtml. Acesso em: 14 jan. 2023.

WILLIAN é alvo de racismo nas redes sociais e denuncia: "Algo precisa mudar". *GE,* 19 fev. 2021. Disponível em: https://ge.globo.com/futebol/futebol-internacional/ futebol-ingles/noticia/willian-e-alvo-de-racismo-nas-redes-sociais-e-denuncia-algo-precisa-mudar.ghtml. Acesso em: 15 jun. 2021.

ZARKO, Raphael. Ministério Público pede, e juiz decide arquivar inquérito de racismo de Ramírez, do Bahia. *GE,* 9 abr. 2021. Disponível em: https://ge.globo. com/futebol/noticia/ministerio-publico-do-rio-pede-e-juiz-decide-arquivar-inquerito-de-racismo-de-ramirez-meia-do-bahia.ghtml. Acesso em: 25 jul. 2021.

Demais jornais e sites

ACAYABA, Cíntia; REIS, Thiago. N° de mortos pela polícia em 2020 no Brasil bate recorde; 50 cidades concentram mais da metade dos óbitos, revela Anuário. *G1.com,* 15 jul. 2021. Disponível em: https://g1.globo.com/sp/sao-paulo/noticia/2021/07/15/no-de-mortos-pela-policia-em-2020-no-brasil-bate-recorde-50-cidades-concentram-mais-da-metade-dos-obitos-revela-anuario.ghtml. Acesso em: 21 jul. 2021.

APOIADORES de Trump invadem Congresso dos EUA. *G1,* 6 jan. 2021. Disponível em: https://g1.globo.com/mundo/noticia/2021/01/06/manifestantes-pro-trump-invadem-congresso-americano.ghtml. Acesso em: 1 maio 2021.

APOIO de esportistas a Bolsonaro continua gerando polêmica. *Lance!,* 5 nov. 2018. Disponível em: https://www.lance.com.br/futebol-nacional/jogadores-atletas-causam-polemica-declarar-voto-bolsonaro-veja-lista.html. Acesso em: 18 jul. 2021.

ARTIGO da France Presse "Após morte de George Floyd, onda de manifestações contra o racismo chega à Espanha e à Itália". *G1,* 7 jun. 2020. Disponível em: https://g1.globo.com/mundo/noticia/2020/06/07/apos-morte-de-george-floyd-onda-de-manifestacoes-contra-racismo-chega-a-espanha-e-a-italia.ghtml. Acesso em: 15 jun. 2021.

BOLSONARO diz que política de cota é 'equivocada' e que política de combate ao preconceito é 'coitadismo'. *G1,* 24 out. 2018. Disponível em: https://g1.globo.com/ politica/eleicoes/2018/noticia/2018/10/24/bolsonaro-diz-ser-contra-cotas-e-que-politica-de-combate-ao-preconceito-e-coitadismo.ghtml. Acesso em: 4 jul. 2021.

BRASIL tem de deixar de ser 'país de maricas' e enfrentar pandemia 'de peito aberto', diz Bolsonaro. *G1*, 10 nov. 2020. Disponível em: https://g1.globo.com/politica/noticia/2020/11/10/bolsonaro-diz-que-brasil-tem-de-deixar-de-ser-pais-de-maricas-e-enfrentar-pandemia-de-peito-aberto.ghtml. Acesso em: 7 jan. 2023.

CASO Marielle, Memória Globo. *G1*, 2 dez. 2021. Disponível em: https://memoriaglobo.globo.com/jornalismo/coberturas/noticia/caso-marielle.ghtml#ancora_1. Acesso em: 18 mar. 2023.

CASTRO, Carol; MARTINS, Rodrigo. #EleNão. *Carta Capital*, São Paulo, 26 set. 2018.

CBV repudia fala de Carol Solberg contra Bolsonaro e promete medidas. *Lance!*, 20 set. 2020. Disponível em: https://www.lance.com.br/volei/cbv-repudia-fala-carol-solberg-contra-bolsonaro-promete-medidas.html. Acesso em: 13 jul. 2021.

COCCETRONBE, Gabriel. Gesto racista de torcedora do Athletico-PR deve gerar punições ao clube. *Uol*, 1 ago. 2022. Disponível em: https://www.uol.com.br/esporte/colunas/lei-em-campo/2022/08/01/gesto-racista-de-torcedora-do-athletico-pr-deve-gerar-punicoes-ao-clube.htm. Acesso em: 12 jan. 2023.

CONINEU, Maria Laura. Contra a violência política. *Revista Veja*, São Paulo, 17 out. 2018.

ELKS, Sonia. Serena Williams afirma ser desvalorizada como mulher negra no tênis. *Agência Brasil*, Londres, 6 out. 2020. Disponível em: https://agenciabrasil.ebc.com.br/esportes/noticia/2020-10/serena-williams-afirma-ser-desvaloriza-da-como-mulher-negra-no-tenis. Acesso em: 3 mar. 2021.

EM culto, Bolsonaro diz que 'minorias' devem 'se manter na linha' e volta a insinuar fraude em eleições. *Carta Capital*, São Paulo, 5 out. 2021. Disponível em: https://www.cartacapital.com.br/politica/em-culto-bolsonaro-diz-que-minorias-devem--se-manter-na-linha-e-volta-a-insinuar-fraude-em-eleicoes/#:~:text=Pol%C3%A-Dtica-,Em%20culto%2C%20Bolsonaro%20diz%20que%20'minorias'%20devem%20'se,a%20insinuar%20fraude%20em%20elei%C3%A7%C3%B5es&text=O%20presi-dente%20Jair%20Bolsonaro%20refor%C3%A7ou,durante%20cerim%C3%B4nia%20religiosa%20em%20Bras%C3%ADlia. Acesso em: 5 jul. 2022.

EM protesto contra o racismo, Henry desativa redes sociais e dispara: 'É muito tóxico para ser ignorado'. *ESPN*, 27 mar. 2021. Disponível em: https://www.espn.com.br/futebol/artigo/_/id/8381601/em-protesto-contra-o-racismo-thierry-henry-ex-arsenal-e-barcelona-desativa-redes-sociais-e-dispara-e-muito-toxico-para-ser-ignorado. Acesso em: 17 jun. 2021.

ENTENDA o caso do adolescente negro assassinado na Flórida. *BBC News Brasil*, 23 mar. 2012. Disponível em: https://www.bbc.com/portuguese/noticias/2012/03/120323_entenda_trayvon_florida_cc. Acesso em: 7 abr. 2021.

EVENTO bolsonarista sobre a inexistência do racismo é criticado e suspenso. *Uol*, 15 jul. 2022. Disponível em: https://noticias.uol.com.br/cotidiano/ultimas-noticias/2022/07/15/evento-bolsonarista-sobre-inexistencia-do-racismo-e-criticado-e-suspenso.htm. Acesso em: 10 jan. 2023.

EX-JOGADORA de vôlei Ana Paula é acusada de racismo nas redes sociais. *Lance*, 5 jun. 2020. Disponível em: https://www.lance.com.br/fora-de-campo/jogadora-ana-paula-acusada-racismo-nas-redes-sociais.html. Acesso em: 13 jul. 2021.

FAUS, Joan. O jovem negro morto recebeu pelo menos seis disparos de um policial. *El País*, Washington, 18 ago. 2014. Disponível em: https://brasil.elpais.com/brasil/2014/08/18/internacional/1408393124_372696.html. Acesso em: 3 maio 2022.

FERRAZ, Adriana. Bolsonaro diz que é preciso 'enfrentar vírus como homem e não como moleque'. *Estado de S. Paulo*, São Paulo, 29 mar. 2020. Disponível em: https://noticias.uol.com.br/ultimas-noticias/agencia-estado/2020/03/29/bolsonaro-diz-que-e-preciso-enfrentar-virus-como-homem-e-nao-como-moleque.htm. Acesso em: 7 jan. 2023.

FERREIRA, William. Em faixa, torcedores do Náutico protestam e perguntam: "Quem mandou matar Marielle?". *Torcedores.com*, 18 mar. 2019. Disponível em: https://www.torcedores.com/noticias/2019/03/torcida-nautico-marielle-franco. Acesso em: 18 mar. 2023.

GEORGE Floyd: o que aconteceu antes da prisão e como foram seus últimos 30 minutos de vida. *BBC News Mundo*, 31 maio 2020. Disponível em: https://www.bbc.com/portuguese/internacional-52868252. Acesso em: 3 abr. 2021.

GLOBONEWS faz autocritica inédita sobre brancos discutindo racismo e escala só negros para o Em Pauta. *Folha de S. Paulo*, 3 jun. 2020. Disponível em: https://telepadi.folha.uol.com.br/globonews-faz-autocritica-inedita-sobre-brancos-discutindo-racismo-e-escala-so-negros-para-o-em-pauta/. Acesso em: 11 jul. 2021.

GOMES, Giovanna. A brutal morte de Freddie Gray por policiais nos EUA. *Uol*, São Paulo, 13 jan. 2021. Disponível em: https://aventurasnahistoria.uol.com.br/noticias/reportagem/a-brutal-morte-de-freddie-gray-por-policiais-nos-eua.phtml. Acesso em: 25 maio 2022.

GRÊMIO: Roger devolve xingamentos à torcida após ofensas à esposa e filha. *Uol*, 27 abr. 2022. Disponível em: https://www.uol.com.br/esporte/futebol/ultimas-noticias/2022/04/27/roger-revela-ofensas-a-esposa-e-filhas-durante-jogo-operario-x-gremio.htm. Acesso em: 15 dez. 2022.

HISTÓRICO da pandemia de COVID-19. Organização Pan-Americana de Saúde (OPAS). Disponível em: https://www.paho.org/pt/covid19/historico-da-pandemia-covid-19. Acesso em: 5 fev. 2023.

HOMEM negro é espancado até a morte em supermercado do grupo Carrefour em Porto Alegre. *G1*, 20 nov. 2020. Disponível em: https://g1.globo.com/rs/rio-grande-do-sul/noticia/2020/11/20/homem-negro-e-espancado-ate-a-morte-em-supermercado-do-grupo-carrefour-em-porto-alegre.ghtml. Acesso em: 5 jul. 2021.

JORNALISTA faz comentários racistas após entrevista de Roger Machado. *Observatório da Discriminação Racial no Futebol*, 26 ago. 2022. Disponível em: https://observatorioracialfutebol.com.br/jornalista-faz-comentarios-racistas-apos-entrevista-de-roger-machado/. Acesso em: 15 dez. 2022.

LEIA a íntegra o discurso da ministra Anielle Franco. *Uol*, 11 jan. 2023. Disponível em: https://noticias.uol.com.br/politica/ultimas-noticias/2023/01/11/leia-integra-discurso-ministra-anielle-franco.htm. Acesso em: 23 fev. 2023.

LUXEMBURGO questiona o que é racismo no futebol: 'Atos são provocados, achava que deveriam ser deixados de lado'. *ESPN*, 4 jun. 2020. Disponível em: https://www.espn.com.br/futebol/artigo/_/id/7010262/luxemburgo-questiona-o-que-e-racismo-no-futebol-atos-sao-provocados-achava-que-deveriam-ser-deixados-de-lado#:~:text=%E2%80%9CEu%20discuto%20muito%20no%20futebol,uma%20bobagem%2C%20ao%20meu%20ver. Acesso em: 24 jul. 2021.

MARCELLO, Carolina. Música Minha Alma (A Paz Que Eu Não Quero). *Cultura Genial.* Disponível em: https://www.culturagenial.com/musica-a-minha-alma-de-o-rappa/#:~:text=Significado,-A%20música%20surge&text=Evidenciando%20os%20desequilíbrios%20de%20uma,o%20silêncio%20e%20a%20discriminação. Acesso em: 5 dez. 2022.

MARQUES, Thatiane. Bahia mostra através de frequente ações sociais que não é só futebol; relembre. *Torcedores.com*, 21 out. 2019. Disponível em: https://www.torcedores.com/noticias/2019/10/bahia-mostra-atraves-de-frequentes-acoes-sociais-que-nao-e-so-futebol-relembre. Acesso em: 24 jul. 2021.

MATTOS, Rodrigo. Libertadores racista das Américas. *Uol*, 29 abr. 2022. Disponível em: https://www.uol.com.br/esporte/futebol/colunas/rodrigo-mattos/2022/04/29/libertadores-racistas-das-americas.htm. Acesso em: 12 jan. 2023.

MEC revoga portaria que acabava com incentivo a cotas para negros, indígenas e pessoas com deficiência na pós-graduação. *G1*, 23 jun. 2020. Disponível em: https://g1.globo.com/educacao/noticia/2020/06/23/mec-revoga-portaria-que-acabava-com-incentivo-a-cotas-para-negros-indigenas-e-pessoas-com-deficiencia-na-pos-graduacao.ghtml. Acesso em: 4 jul. 2021.

MILÍCIAS controlam 57% do território da cidade do Rio de Janeiro, diz pesquisa. *CNN Brasil*, 19 out. 2022. Disponível em: https://www.cnnbrasil.com.br/nacional/milicias-controlam-57-do-territorio-da-cidade-do-rio-de-janeiro-diz-pesquisa/. Acesso em: 27 nov. 2022.

2 MOMENTOS em que Bolsonaro chamou a covid-19 de 'gripezinha', o que agora nega. *BBC News Brasil*, 27 nov. 2020. Disponível em: https://www.bbc.com/portuguese/brasil-55107536. Acesso em: 7 jan. 2023.

MOREIRA, Matheus. FHC anuncia apoio a Lula no segundo turno. *G1*, 5 out. 2022. Disponível em: https://g1.globo.com/politica/eleicoes/2022/noticia/2022/10/05/fhc-anuncia-apoio-a-lula-no-segundo-turno.ghtml. Acesso em: 7 jan. 2023.

NBA já teve outros boicotes nas décadas de 50 e 60 também ligados ao racismo. *ESPN*, 27 ago. 2020. Disponível em: https://www.espn.com.br/nba/artigo/_/id/7347451/nba-ja-teve-outros-boicotes-nas-decadas-de-50-e-60-tambem-ligados-ao-racismo#:~:text=Na%20sequ%C3%AAncia%2C%20Houston%20Rockets%20x,dos%20atletas%20n%C3%A3o%20%C3%A9%20in%C3%A9dita. Acesso em: 19 maio 2021.

NBA: Kyrie Irving não teria tomado vacina 'em protesto pelos que perderam seus empregos', diz site. *ESPN Brasil*, 12 out. 2021. Disponível em: https://www.espn.com.br/nba/artigo/_/id/9349155/nba-kyrie-irving-nao-teria-tomado-vacina-protesto-pelos-perderam-empregos-diz-site. Acesso em: 17 maio 2021.

OLIVEIRA, Marina. Bolsonaro defendeu população armada para ir às ruas contra decretos de prefeitos e governadores. *Uol*, 22 maio 2020. Disponível em: https://congressoemfoco.uol.com.br/area/governo/bolsonaro-defendeu-populacao-armada-para-ir-as-ruas-contra-decretos-de-prefeitos-e-governadores/. Acesso em: 3 jul. 2021.

"O PAPAI mudou o mundo", diz filha de George Floyd. *Carta Capital*, São Paulo, 3 jun. 2020.

PAGNO, Mariana. Morte de Isabel Salgado foi causada por doença pulmonar; entenda a SARA, síndrome que afetou ex-jogadora. *G1*, 17 nov. 2022. Disponível em: https://g1.globo.com/saude/noticia/2022/11/17/morte-de-isabel-salgado-foi-causada-por-doenca-pulmonar-entenda-a-sara-sindrome-que-afetou-ex-jogadora.ghtml. Acesso em: 13 jul. 2021

PÁGINA da organização Blue Lives Matter. Disponível em https://www.police-livesmatterusa.org/#days-of-crisis. Acesso em: 21 maio 2021.

PASSO a passo da prisão de Garner. *O Globo*, Rio de Janeiro. Disponível em: https://oglobo.globo.com/mundo/passo-passo-da-prisao-de-eric-garner-14735161. Acesso em: 25 maio 2022.

'QUEREM levar bandeira do racismo para trazer violência', diz Ana Paula sobre protestos por João Alberto. *Jovem Pan*, 24 nov. 2020. Disponível em: https://jovempan.com.br/programas/os-pingos-nos-is/querem-levar-bandeira-do-racismo-para-trazer-violencia-diz-ana-paula-sobre-protestos-por-joao-alberto. html. Acesso em: 13 jul. 2021.

RELATÓRIO mostra aumento de 52% nos casos de racismo no futebol brasileiro, mas só 10% são punidos. *Observatório da Discriminação Racial no Futebol*, 20 nov. 2020. Disponível no em: https://observatorioracialfutebol.com.br/relatorio-mostra-aumento-de-52-nos-casos-de-racismo-no-futebol-brasileiro-mas-so-10-sao-punidos/. Acesso em: 20 jul. 2021.

REUTERS Artigo. Manifestantes contra o racismo e extrema-direita se enfrentam em Londres. *O Globo*, 13 jun. 2020. Disponível em: https://oglobo.globo.com/mundo/manifestantes-contra-racismo-extrema-direita-se-enfrentam-em-londres-24478381. Acesso em: 8 maio 2021.

RIVEIRA, Raíssa. Angela Davis: frases marcantes da intelectual e ativista. *Revista Marie Claire*, 12 set. 2022. Disponível em: https://revistamarieclaire.globo.com/Feminismo/noticia/2022/09/angela-davis-frases-marcantes-da-intelectual-e-ativista.html. Acesso em: 17 dez. 2022.

RODRIGUES, Gabriel. Com os dois únicos técnicos negros da Série A, Fluminense e Bahia se enfrentam, neste sábado, no Maraca. *Lance!*, 12 out. 2019. Disponível em: https://www.lance.com.br/fluminense/bahia-duelam-com-unicos-dois-tecnicos-negros-serie.html#:~:text=Neste%20s%C3%A1bado%2C%20Roger%20e%20Marc%C3%A3o,a%20campanha%20junto%20aos%20clubes. Acesso em: 26 jul. 2021.

RODRIGUES, Henrique. Portugal: Brasileiros se filiam à extrema-direita e reclama de racismo e xenofobia. *Revista Fórum*, 13 fev. 2022. Disponível em: https://

revistaforum.com.br/global/2022/2/13/portugal-brasileiros-se-filiam-extrema-direita-reclamam-de-racismo-xenofobia-110074.html. Acesso em: 5 maio 2022.

SIMÕES, Alexandre. #Marielle Presente: torcida cruzeirense faz protesto pelo assassinato de vereadora do Rio de Janeiro. *Hoje em Dia*, 17 mar. 2018. Disponível em: https://www.hojeemdia.com.br/marielle-presente-torcida-cruzeirense-faz-protesto-pelo-assassinato-de-vereadora-do-rio-de-janeiro-1.606941. Acesso em: 18 mar. 2023.

'SOU daltônico: todos têm a mesma cor', diz Bolsonaro sem citar morte no RS. *Uol*, 20 nov. 2020. Disponível em: https://noticias.uol.com.br/politica/ultimas-noticias/2020/11/20/bolsonaro-ignora-racismo-no-brasil-sou-daltonico-todos-tem-a-mesma-cor.htm. Acesso em: 5 jul. 2021.

TORCIDAS do Flamengo e Fluminense homenageiam Marielle Franco no Nilton Santos. *Lance!*, 22 mar. 2018. Disponível em: https://www.lance.com.br/futebol-nacional/torcidas-flamengo-fluminense-homenageiam-marielle-franco-nilton-santos.html. Acesso em: 18 mar. 2023.

VINICIUS Junior é alvo de fala racista em programa de TV esportiva na Espanha, por Léo Lopes. *CNN Brasil*, 11 set. 2022. Disponível em: https://www.cnnbrasil.com.br/esporte/vinicius-jr-e-alvo-de-fala-racista-em-programa-de-tv-esportivo-na-espanha/. Acesso em: 14 jan. 2023.

WILLIAM Waack é acusado de racismo após divulgação de vídeo. *Revista Veja*, São Paulo, 8 nov. 2017. Disponível em: https://veja.abril.com.br/cultura/william-waack-e-acusado-de-racismo-apos-vazamento-de-video/. Acesso em: 12 jul. 2021.

XAVIER, Getúlio. Bolsonaro volta a defender liberação de armas: 'É garantia da vida dos cidadãos de bem'. *Carta Capital*, São Paulo, 20 abr. 2022.

Redes Sociais

ABREU, Tiffany. "Todas as vidas são importantes, a luta pela igualdade, pelo respeito e pela cidadania por um país mais democrático e igualitário é constante". 1 set. 2020. Instagram: @tiffanyabreu10. Disponível em: https://www.instagram.com/p/CEl8WmdBAnr/. Acesso em: 12 jul. 2021.

FARE (@farenet). "The Ukrainian cup semi-final on June 17 saw fans of second league FC Minaj displaying a banner that read: 'Free Derek Chauvin'. It refers to the policeman who killed George Floyd". 22 jun. 2020. Tweet. Disponível em: https://twitter.com/farenet/status/1275009713709735938. Acesso em: 17 mar. 2022.

NORMAN, Derek M (@derek_m_norman). "A police officer kneels with demonstrators at Barclays Center in Brooklyn". 31 maio 2020. Tweet. Disponível em: https://twitter.com/derek_m_norman/status/1267279241177112576?ref_src=twsrc%5Etfw%7Ctwcamp%5Etweetembed%7Ctwterm%5E1267279241177112576%7Ctwgr%5E1f5b8f9689132ad35b1c95dae05b1148e6d21d60%7Ctwcon%5Es1_&ref_url=https%3A%2F%2Fwww.nytimes.com%2F2020%2F05%2F31%2Fnyregion%2Fnyc-protests-george-floyd.html. Acesso em: 6 maio 2021.